2018年4月2日，中国创客导师、华兴资本董事长兼CEO包凡（左一），中国创客导师、赛富投资基金首席合伙人阎焱（左二），中国创客导师、新浪董事长兼CEO、微博董事长曹国伟（左三），新京报社社长宋甘澍（左四），寻找中国创客发起人、中国创客导师、北京文投集团总经理戴自更（右三），中国创客导师、信中利资本集团创始人、董事长汪潮涌（右二），中国创客导师、优客工场创始人兼董事长毛大庆（右一）一起为寻找中国创客第四季拉开帷幕。

2018年4月寻找中国创客第四季启动峰会上，中国创客导师、真格基金创始人徐小平发表演讲。

2018年4月寻找中国创客第四季启动峰会上，中国创客导师、新浪董事长兼CEO、微博董事长曹国伟发表演讲。

2018年4月寻找中国创客第四季启动峰会上，中国创客导师、北京文投集团总经理戴自更发表演讲。

2018年4月寻找中国创客第四季启动峰会上，中国创客导师、赛富投资基金首席合伙人阎焱发表演讲。

2018年4月寻找中国创客第四季启动峰会上，中国创客导师、信中利资本集团创始人、董事长汪潮涌发表演讲。

2018 年 4 月寻找中国创客第四季启动峰会上，中国创客导师、华兴资本董事长兼首席执行官包凡发表演讲。

2018 年 8 月，中国创客导师、神州数码集团股份有限公司董事长兼总裁郭为在前沿科技北京专场路演上与创业者们交流。

2018 年 8 月，中国创客导师、优客工场创始人毛大庆在教育专场路演上提问。

2018年11月，中国创客导师、阿里巴巴集团董事局主席马云与中国创客导师、北京文投集团总经理戴自更在乌镇世界互联网大会上合影。

乌镇旅游股份有限公司总裁、北京古北水镇旅游有限公司总裁陈向宏（左）、中国工程院院士倪光南（中）、中国创客导师、北京文投集团总经理戴自更（右）在2018乌镇创客之夜与创业者和投资人交流。

2018 乌镇创客之夜，中国创客导师、新东方教育科技集团董事长、洪泰基金创始合伙人俞敏洪（左）为年度中国创客叮当快药创始人兼董事长杨文龙（右）颁奖。

2018 乌镇创客之夜，中国创客导师、IDG 资本创始董事长熊晓鸽（左）为年度中国创客共享际联合创始人潘振华（右）颁奖。

2019年1月，中国创客导师、联想控股股份有限公司董事长、联想集团创始人柳传志与中国创客导师、北京文投集团总经理戴自更在活动上合影。

郎永淳、张泉灵主持2018乌镇创客之夜。

2018 乌镇创客之夜，颁奖嘉宾和创业者们合影留念。

2018 乌镇创客之夜后，戴自更、俞敏洪、毛大庆等中国创客导师和创业者们围炉夜话。

REDEFINE CHINESE MAKERS

重新定义中国创客

好公司成长手册

戴自更 主编

人民日报出版社

图书在版编目（CIP）数据

重新定义中国创客 ： 好公司成长手册 / 戴自更主编 .
— 北京 ： 人民日报出版社， 2019.1
ISBN 978-7-5115-5796-4

Ⅰ . ①重… Ⅱ . ①戴… Ⅲ . ①企业管理—研究—中国
Ⅳ . ① F279.23

中国版本图书馆 CIP 数据核字（2018）第 300744 号

书　　名：重新定义中国创客 ： 好公司成长手册
主　　编：戴自更

出 版 人：董　伟
特约策划：李银凤　王晓彩
责任编辑：张炜煜
封面设计：李尘工作室

出版发行：人民日报出版社
社　　址：北京金台西路 2 号
邮政编码：100733
发行热线：（010）65369527　65369509　65369510　65369846
邮购热线：（010）65369530　65363527
编辑热线：（010）65369514
网　　址：www.peopledailypress.com
经　　销：新华书店
印　　刷：三河市华润印刷有限公司

开　　本：710mm×1000mm　1/16
字　　数：380 千
印　　张：28
印　　次：2019 年 3 月第 1 版　2019 年 3 月第 1 次印刷

书　　号：ISBN 978-7-5115-5796-4
定　　价：78.00 元

中国创客导师推荐语

柳传志

世界上分两种人：一种是过日子的人，一种是奔日子的人。过日子的人，舒舒服服地把自己家的日子经营好，是人之常情；但奔日子的人有更高的追求、有奔赴的目标，他们比过日子的人更辛苦，却是社会发展进步的主力。这个社会，需要更多奔日子的人。

俞敏洪

本书是对中国创投行业的系统总结和讲述，其中有很多醒世恒言和深刻反思。复盘是企业管理的主要方式，而复盘也恰好是这本书的应有之意。

李开复

寻找中国创客从2015年启动，一直关注创投界最新的技术、模式、商业变革创新，通过系列活动评选出年度中国创投界的坐标公司和人物，这些人和事也是中国在大时代里的小坐标。这本浓缩版的新书，值得阅读。

熊晓鸽

过去大量的消费互联网公司，赢在市场，赢在中国。下一轮巨大的机会将在哪里？相信你会从本书中找到答案。

徐小平

本书记录了这一年创投领域的风起云涌、起起落落。“温故而知新”，回望过去黄金时代，迎接创投白金时代！

阎　焱

中国创业的寒冬是否已经降临？本书提供了对当下中国创投行业最好的观察视角。若想了解中国创投的真实状况，你就来读读这本书吧！

郭　为

寻找中国创客活动是媒体与科技的创新结合，创造了精彩的开篇。我很高兴看到不同年代的创业者们聚集在这个平台上继续活跃，充满力量地前行。祝愿所有富有创客精神的人们，收获更多。

周鸿祎

四年来，我都是寻找中国创客的导师，但 2018 年感受很不一样。在出炉的创客五十强甚至十强中，可以看出新一轮的技术革命。商业模式创新的风潮正在被技术创新所代替，资本也开始寻求长期效益，更看重内功深厚的创业团队。

毛大庆

从评选出的 2018 年度十大中国创客身上，可以窥见，创投行业不再盲目追逐风口，过去几年依靠密集融资和大额补贴的商业项目不再受到投资人的青睐。修炼内功、扎实发展成为行业主流。

序言一

读书与复盘我的 25 年创业路

俞敏洪

我推荐老戴主编的这本书，因为它像一面镜子，折射了我们创业大潮中的转折之年。

《重新定义中国创客——好公司成长手册》是对中国创投行业的系统总结和讲述，其中有很多醒世恒言和深刻反思。我们做企业非常看重复盘，而这恰好是这本书的应有之意，它在极大程度上对创投行业转折之年进行了复盘，创业企业的成长与挣扎、资本的狂奔与刹闸，都在书里有所展现。

黑格尔说过："人类从历史中学到的唯一的教训，就是人类没有从历史中吸取任何教训。"我自己不这么认为，人类就是在不断反思中进步的。作为个人，我也是在不断自省和反思中取得进步的。新东方走过 25 年，我也注重对过去的 25 年做一次系统性的反思和讲述，这十分必要。

而这本书的价值也在于对创投行业所进行的复盘。老戴、跃春是媒体出身，素宏他们每次找我采访所提的问题也都有直接而犀利的思考。创业企业、投资机构和整个国家政策之间如何互动、如何共同去推动社会进步，创造美好生活，这是我们共同的价值追求。

记者记录时代，而我们做企业，也要经常对发生的事情进行还原和思考，复盘是企业管理中最常用的手法之一，通过复盘发现问题、解决问题、提升效率。我养成了每年、每月、每周、每日复盘的习惯。这一习惯的养成，让我受益良多，我逐渐过上了理智而有效的生活，同时也能够更加看透生命的本质和重点。

读这本书时，我也在对自己的创业路进行复盘，有五点想跟大家一起分享。

第一点，摆正利益。新东方现在每年仍然以40%的速度在发展，但我只想说，新东方发展到今天也是各种利益互相博弈的过程。如果没有未来更多的利益，怎么能把新东方做大呢？5万员工愿意在新东方工作，也是有个人利益的，并且新东方的发展跟他们自身的利益息息相关。

也总有人问我，为什么有些人选择离开新东方自己出去创业？因为他们发现了更大的利益和成长空间，任何成长空间都意味着背后有巨大的舞台。所以利益不可怕，可怕的是在什么立场下考虑你个人的利益或国家的利益。就像我们通常讲的家国情怀，即使我们有个人的私情，也可以有国家情怀，你站在更大的利益、更高的高度来考虑事业发展，或者你的创业参与国家建设和世界建设，你抱着家国情怀来思考自己的未来，肯定比你抱着私情和私利思考未来要更加宏大。

其实很多人都不明白的一件事情是，他以为守着最有利于自己的那个利益、对自己最有好处的时候，其实恰恰失去了未来可以获得的更大事业和利益。中国有一句话叫作“吃亏是福”，当你把个人利益忘掉的时候，整个世界就是你的了。

第二点，契约精神和诚实守信。遵守一个国家和地区的风俗和习惯，这件事情是中国能够发展，也是中国能够融入世界的前提条件。中国在发展过程中不断地纠正自己，并积极寻求参与世界规矩，进入WTO之后，我们一直在谨慎处理国家与国家之间的利益关系。

当你知道了对方很明确的规矩以后，如果还知错犯错，故意去违反规矩，是不对的。新东方上市，我用了整整一个月研究美国上市公司法案，之后新东方所有行为、规矩我都照着那个规范去做。所以到2012年一个公司攻击新东方的时候，我半点恐惧都没有，因为他们写的所谓新东方作弊、捏造虚假数据的报告几乎没有一项是真实的。当时我什么都没干，迅速给新东方所有的管理者和老师们重新建立了期权计划，最后每个老师都拿到了两倍以上的期权增长价值。新东方股票价格从刚开始的9块钱到现在的100块钱，这就是遵循契约精神的好处。

我们既然想融入世界，就要守世界规矩，这件事情非常重要。

第三点，大家不要低估个体力量对世界的影响。不要想着自己做的事情对这个世界没有什么意义，所以就顺应大势，能捞点好处就捞点好处，这是不对的。我觉得人活着是独立意志和独立思想的表达，尽管独立意志和独立思想会受到国家、地域、宗教等因素的影响，但是对于每一个年轻人来说，你坚持思考世界如何变得更好，自己如何在世界变得更好的过程中发挥作用，也许对结局没有影响，但你怎么知道自己所做的事情不是太平洋中的一只正扇动翅膀的蝴蝶呢？你怎么知道自己说的哪句话、做的哪件事，不会在未来随着“蝴蝶效应”影响世界呢？

比如中国农村小学生大部分是留守儿童，父母不在身边，在无人监管的情况下，他们沉迷于游戏，耽误学业，这是特别要命的事情。而新东方每年投入几千万用于对农村孩子的扶贫经费，这个经费如何用在孩子的学习上，而不是游戏上，这件事情很重要。也许我们可以从第一个孩子做起，也许我们可以从一个村的孩子做起，也许可以从一个县的孩子做起，总而言之要“做”！

我特别愿意回忆我们在北大的时候。我在北大的十年，我觉得是北大最好的十年。因为我们进北大的时候刚好是改革开放初期，各种思想禁锢解开了，同学们的经历比较多样，有比我们大 10 岁的、有参过军的、有当过干部的、有下过乡的，还有我这样什么都没有经历过的，到北大以后大家一起读书，真的受到了太多独立精神、自由思想的熏陶，所以养成了什么东西都愿意提出一点质疑的习惯。

第四点，相比我们这些“中老年人”，突破精神和进步的能力依然是年轻人成长最重要的因素。突破精神包括三个方面：个性突破、场景突破和见识突破。

个性突破，就是我们每个人都会有个性曲线，比如我的个性是不够果断、犹豫不决，这给新东方带来了无数伤害，后来新东方要继续发展，就需要我变得更加果断、更加坚决、更加不怕伤害别人，后来我逐步做到了。因为我知道，如果你不改变，就不可能有未来。

场景突破也很重要。我如果还在北大，今天就是北大的一个普通老师，但是我离开了北大，离开了这样一棵大树，出来做新东方，结果就是独自奔赴生死战场，这个过程中场景变了，你的一切都在改变。某个场景不顺的时候，最后的方法就是场景改变——这就叫作“树挪死，人挪活”。

还有就是见识突破。人的见识是有高低的，人一辈子有几个“识”：一个是知识，这个没有高低之分，是我们通过学习获得的；一个是胆识，说明你的胆量的大小；一个是见识，见识和知识没有关系，见识很重要，见识的高低是由你见识到的不同的人和事决定的。

光读书是不能全面进步的，读书是进步的途径，但是通过创新和合作也可以保证人的进步，通过旅行也可以保证进步。但还有一种进步容易被忽视。现在中国人相对来说比较浮躁，所以有一件事情别忘了，就是“深度学习”。深度学习不是机器的深度学习，是人的深度学习，这件事情非常重要。中国真正静下心把技术核心掌握在自己手里，这个事情可能需要你们这一代人去完成。

第五点，在一个几乎没有任何确定性的时代，我们依然要做确定的事情。有一件事情一定不会错——永远站在思想和科技的前沿，永远站在世界的角度为中国的发展、为自己、为家庭、为你我做事情。这件事情永远不会错、不会变，要变的就是我们的思想，要变的就是我们对高科技的拥抱，这点我相信很多人一定比我做得好。

如果不做新东方，我可能是特别优秀的诗人，虽然不能隐居山林、诗酒人生，但是我们也希望能够在大时代里坚持自己的一些原则。

我和老戴都希望找到有责任感的创业者，投资一些真正做事业的创业者，除了给钱，还希望跟创业者平等交流，在投后等方面提供更大帮助。其实这本书正好反映了我们筛选项目的标准、做投资时的“有所为、有所不为”。希望你在读这本书时，能够遇到更好的自己。

读《重新定义中国创客——好公司成长手册》的四个理由

戴自更

改革开放40年如期而至。回望过去40年中国走过的路，有两个词始终贯穿其中，就是“创新”与“创业”。改革开放的总设计师邓小平说，搞改革开放，就是要“杀出一条血路”。此后亿万人民“八仙过海——各显神通”，推动中国经济在一浪接一浪的前赴后继中不断跃升，书写了无比壮美的历史画卷，也最好地诠释了何为创业、何为创新。

作为曾经的媒体人，现在又转型做投资，我有幸见证并参与了这个波澜壮阔的时代，寻找中国创客也发轫于此。自从4年前创建这个平台以来，我得以近距离地接触创业企业，对新技术、新经济、新的商业模式，乃至对中国经济的发展趋势有了更多的体悟、了解和思考。

为什么中国的创业大潮在前几年呈澎湃之势，犹如星火燎原，一夜之间走红大江南北？为什么最近一年这股大潮后继乏力，并呈现衰退迹象？为什么中国式创业总有一哄而起、一哄而散的嫌疑？为什么国内的创业者总欠缺一些责任和情怀，过早地、更多地关注自身利益，而不是企业的前景、投资人的诉求？为什么中国的创业企业更多的是在模仿和复制，而缺少技术含量？为什么很多创业者在把自己的设想、市场痛点转化成优质的产品及良好的用户体验上，最后却屡屡败北？为什么投资机构数量多、规模大，但似乎很难推动中国的创业环境、创业模式和创业者素质的提升和改变?

潮起潮落,熙来攘往。创业永远是很多人的梦想,在他们心目中,世上还有什么可以与“创造”这样美好的体验媲美?“这是与上帝一样的职业”,一个创业者这样告诉我。我能理解他的感觉——用自己的双手、智慧、心血孵育出刻有自己DNA的产品或者事业,为世人所接受,甚至热爱,这确实是一种令人神往的人生选择。

但是创业真的充满艰难险阻,遭逢百转千回,难免九死一生。我们看到的是马云的成功,但是马云说过,他的十次成功的背后,还有一百次、一千次的失败。乔布斯曾经丢掉自己创立的公司,比尔·盖茨曾经选错合作伙伴,至于我们身边创业失败的例子更是不胜枚举。托尔斯泰说,幸福的家庭是相似的,不幸的家庭各有各的不幸。套用在创业企业上,就是成功的创业企业是相似的,失败的创业企业各有各的失败原因。

如何减少失败增加成功?也许《重新定义中国创客——好公司成长手册》可以提供一点启示,包括警示。如果你是创业者或者即将成为创业者,它将告诉你,什么样的创业方向、创业伙伴、创业路径、创业态度才有可能到达成功的彼岸。如果你是投资人或者即将成为投资人,它将告诉你,现在的投资赛道怎么样,将来的赛道在哪里;哪些项目可能是滑铁卢,哪些项目可能是斯大林格勒;告诉你该如何判断市场的大趋势、一个优秀的创业者应该具备的素质和一个成功的创业企业应该有的特质。

作为《重新定义中国创客——好公司成长手册》的主编,我想在这里郑重阐述一下不得不读这本书的四个理由。

第一个理由:这本书收录了中国最顶尖的企业家和投资人对创业者的忠告和建议,告诉你创业是什么,怎样创业,如何才能在竞争中获胜,如何在逆境中活下去并有所作为。

怎样创业?周鸿祎说,优秀的创客从来都是把梦想凝聚到简单的产品上,创业就是了解用户痛点,深耕用户需求,利用技术进行创新,踏踏实实做产品,这才是王道。郭为说,创业者不要总想把事情做大,应该聚焦一点。要逼迫自己去寻找一种不按常理出牌的颠覆性技术，要有对市场和技术的洞察力。

何时创业最好？阎焱说，创业没有上、下场，任何时候都可以创业，关键是弄清楚大的方向和趋势。今后五年是中国年轻人创业最好的时代。

创业者要有怎样的素质？柳传志说，必须具备很强的定力和克服困难的毅力，要经得起击打，要有学习能力，要知道调整战略。沈南鹏说，创业者要有好奇心和探索精神，要关注社会变革和技术进步，要有在变革中寻找创业机会的能力。

如何应对环境变化？马云说，创业者不要管太多的外部环境，环境总是不会太好的。一个有头脑的企业家要在阳光灿烂时去修屋顶，企业要在业绩最好的时候去改革。如果下雪才去修屋顶，人会掉下去。

如何找到好的投资项目？包凡说，未来几十年，新经济将是中国经济增长和财富创造的引擎。曹国伟说，做创投不要追风，一个行业如果谁都可以进去，说明门槛很低，拼的是钱，就要谨慎。熊晓鸽说，过去我们把世界上最好的商业模式学到手、引进来，结合中国庞大的消费市场，这是前一阶段创业型公司成功的捷径，接下来，要专注于以“硬科技”为核心的技术创新，从“放眼世界，赢在中国”，转向“立足中国，赢在世界”。

这些曾经在商海出生入死、在投行纵横捭阖而终于修成正果的“中国创客导师”，他们对创业的体验、感悟和警告，对众多的创业者、投资人和企业管理者，具有教科书般的意义，这本书中收录的他们的演讲十分珍贵，其中有不少甚至还尚未公开。这是本书值得一读的第一个理由。

第二个理由：这本书忠实地记录了刚刚过去的 2018 年发生在创投界的诸多典型案例。2018 年被称作“中国创投的转折之年”，用一句白话形容，就是凛冬降临，但万物萧索中也有傲霜斗雪的另类。称其为转折之年，具体有哪些标志？当下的格局是必然还是偶然？创投将走向何方？未来的机会在哪里？

当下创投行业确实面临很大困境，宏观经济因素累加，投资机构与创业者经历大考。2014 年、2015 年起推高的资本泡沫正在破裂。前几年顺风顺水的基金，陡然间遇到了资金募集困难的问题，很多知名基金也面临来自市场的严厉审视。数据显示，2018 年上半年募资总额约为 3800 亿元，对比 2017 年上半年的募资额8600亿元，同比降幅约为56%。募资难迅速传导给创业端，创业企业融资难问题凸显，可以预见2019年会有更多的创业企业因为融不到钱而倒闭。

二级市场成为更加重要的募资渠道和退出渠道，赴美、赴港上市潮迭起，过去一年，爱奇艺、小米、哔哩哔哩、美团、平安好医生等，扎堆上市、排队敲钟，移动互联网创业迎来收获期。但上市火热的另一面却是上市破发、市值倒挂的冰冷与尴尬。我统计了2018年赴美、赴港上市的33家内地新经济企业，55%按最低发行价发行，8家公司开盘即破发；截至12月下旬，股价仍高于发行价的只有8家，79%的公司市值低于上市首日，其中18%的公司市值几近腰斩，最大跌幅超过70%。

同时，我们也看到拼多多、趣头条等快公司的崛起与上市，带来山寨、侵权、低俗、消费降级等质疑与争议。还有滴滴顺风车事件、网游审批的紧急冻结、影视行业税收监管、自媒体清理整顿等带来行业连锁反应，考问创业企业的社会责任，股价与市值都已证明：社会责任上的欠账，终究是要加倍偿还的。

站在创投行业的转折点上，我们看到的是冰火两重天的景象。这一边，区块链泡沫破裂、P2P行业大撤退、影视娱乐陷入低谷、共享单车纷纷倒闭，背后凸显了监管风险高企、伪需求和假繁荣；而另一边，以高端芯片、人工智能应用为代表的高新技术，以医疗健康、素质教育为代表的社会刚需，不断涌现内功深厚、扎实发展的创业新秀，在“寒冬”中实现跨越式发展，成为赛道的领跑者。转折之年也是转型之年，创投行业不再盲目追逐风口，过去几年依靠密集融资和大额补贴的商业项目不再受到投资人的青睐，资本回归理性，伪需求、伪痛点正在被市场加速淘汰，中国必然要完成从以模式创新为主到以技术创新为主的转型。

创业维艰，科创板为整个行业带来曙光。2018年11月，国家主席习近平在首届中国国际进口博览会上表示，将在上海证券交易所设立科创板并试点注册制。此举被认为将会有利于早期的科技公司获得融资和快速成长，让更多优秀创业企业留在国内，避免扎堆境外上市；同时，也为投资机构增加了更有效率的退出通道。随着相关政策的出台和科创板的正式启动，我们对创新创业环境抱有更大的期待。

记录纵横交织的机遇与风险，这本在转折之年写下的书，用事实带给你更多的思考。

第三个理由，这本书提供了成功创业公司的样本，告诉你真正的创业者是如何度过“寒冬”的。

寻找中国创客已举办了4年，我们的评选标准从来没有改变过：1.在科技领域有重大突破；2.创建新的商业模式；3.对固有的生产方式和生活方式带来重大变革；4.借鉴国外模式，结合中国实际，在规模上、品质上实现超越；5.创业者有造福人类的伟大理想，有推动社会进步的使命感。创业模式可以各有不同，但第5条是入选创业团队必须具备的条件。我们的Slogan是“寻找影响未来的伟大公司”，什么是“伟大公司”？只有创新、盈利，甚至成功，还远远不够，创业者的情怀与价值追求才是“伟大”的基因。

寻找中国创客第四季共有3400多个项目参赛，创历史新高。我们按照行业赛道划分，依照创新性、应用场景、运营能力、融资能力等多个维度，从中筛选出200多个项目入围年度路演。11场年度路演上，中国创客导师与来自高校、科研院所、业界的10多位专家学者及来自70多家投资机构的88位合伙人现场打分，评选出年度中国创客50强。16位中国创客导师再对50强投票，最终选出年度10大中国创客。

根据统计，年度50强创客企业的平均估值在10亿人民币左右；融资轮次在天使轮到A轮的早期项目有35家，占比70%；超过50%的企业成立不到三年。尽管市场普遍遭遇融资难的问题，但50强企业中有39家在最近一年获得融资，其中20家融资数额在1亿人民币以上，发展最快的企业从创立到成长为估值10亿美元的“独角兽”，只用了10个月的时间。

本书的“高光”篇章，我们留给了十大中国创客：安翰医疗、叮当快药、共享际、火花思维、瑞幸咖啡、Roadstar.ai、数澜科技、天空之城影业、Video++、VIP陪练。十大中国创客的创业故事以及商业模式都在书中一一展示。虽然各有各的成功，但从他们身上，我们可以总结几点共同之处，相信可以给“寒冬”中的创业者们更多启示。

1.创业者要心怀理想、脚踏实地。当资本回归理性，“伪需求”被市场淘汰，真正拥有自主技术创新的企业涌现出来；通过修炼内功、扎实发展来解决需求痛点、服务社会的企业才会成为行业主流。

2. 创业要顺势而为，精准把握行业趋势和需求痛点。比如人工智能已经进入到真正的应用落地阶段，十大中国创客至少有一半的项目是人工智能技术在各个领域的应用，包括 AI+ 医疗、AI+ 教育、AI+ 企业服务、AI+ 娱乐等。

3. 创业团队要有超强执行力，快速发展、超越同行是成功的基础。10 大创客企业平均成立运营时间不到 3 年，且均在最近一年获得新的融资，融资总额超过 40 亿人民币。

4. 打破行业领域界限，成为跨界融合的“新物种”。除了人工智能技术的跨界应用，我们还可以看到健康 + 零售、线上 + 线下、城市改造 + 共享办公 + 生活方式等诸多成功的跨界融合案例。

我认为，比起前三年的获奖者，这一届的年度中国创客更具样本价值。如何在“寒流”来临之际仍能获得高速发展？如何在更谨慎、严格的审视下脱颖而出？对于真正的创业者而言，严冬正是最好的机遇。

第四个理由，这本书是寻找中国创客一年心血的总结，我们更加清楚地知道：重新定义中国创客就是初心、坚持与使命。

中国创新正在“加速度”，以科技、创业、投资为引擎的创新经济已成为中国经济最具活力的部分。寻找中国创客也在 2018 年 4 月进行了全方位的升级，升级后的“山水创投”努力打造集创客大赛、创投媒体、品牌活动和风险投资为一体的多功能创投服务平台，以期为优秀的创业者们提供全方面的创投服务。具体而言，我们做了三个方面的升级。

首先是寻找中国创客评选大赛升级。年度路演常态化，平均每个月筛选一个行业的项目并进行专场路演；路演评委阵容扩大，除了创客导师、投资机构合伙人，还有各领域的专家参与；加强与一线投资机构合作，扩大项目源，参赛项目增加了 70%；细化并规范评选标准，以保证大赛的公正性和权威性。

其次是报道升级。记录创业时代，是寻找中国创客的重要使命。寻找中国创客新增了“创头条、深探、资本论、导师来了、解剖‘独角兽’、一个好项目”等栏目，涵盖热点事件、调查报道、人物专访、项目报道等多领域，持续以专业的眼光产出反映创业时代脉搏的优质报道。国产芯片引发行业大讨论之际，推出围绕“创客芯事”系列策划报道，解码国产芯片行业发展的来龙去脉。在中国风险投资走过20年之际，推出“远见2018”系列报道，专访熊晓鸽、徐小平、张颖、孙东升、许达来等创投行业的亲历者和见证者。这些优秀报道都已集纳在本书中。

第三是投资升级。山水创投真正开始做投资是2017年以后的事了，针对寻找中国创客平台上筛选出的优秀项目，以投资的方式帮助创业者共同成长。

常有人问我，寻找中国创客究竟与其他的创投平台有什么不同之处？我总结过几点：1.邀请中国最顶尖的一批企业家和投资人作为中国创客导师和大赛评委；2.媒体人拥有在价值发现和趋势把握上的敏锐度和眼光；3.与一线投资机构紧密合作，共建共享项目源；4.拥有专业的品牌活动策划能力和服务能力。

透过这本书，最想展示的还是我们的初心：重新定义中国创客。

中国改革开放40年，中国股票市场30年，互联网进入公众生活不过25年，风险投资刚满20年，而创业创新的风起云涌则是近5年的事。作为中国经济最具活力的部分，创业者正在成为主流人群：今天成功的企业家们，无一不是当年的创客；今天的创业企业，一定会产生一批伟大的公司。同时我们也看到，创业环境、创业机制体制和创业者的不成熟所带来的经济问题、社会问题也很多——中国经济需要什么样的创客？中国创新需要什么样的创客？放眼世界，中国创客应当具备什么样的特质？寻找中国创客持续发现、关注、筛选优秀的创业企业和创业者，总结成功企业的经验和优秀创业者的特质，为中国创业者画像，助力国家创新战略，这就是我们的初心。

寻找中国创客走过了4年，已成为中国创投界一个独特的风向标，但“重新定义中国创客”的事业还需要10年、20年、30年的积累与沉淀。不忘初心、持之以恒、不辱使命，这是我们的愿景。

创业时代，风起云涌，潮起潮落。我希望《重新定义中国创客——好公司成长手册》这本书能传递一个明确的信号：这是属于中国创业者最好的时代，寻找中国创客身处其中，在见证伟大时代的同时，始终与优秀创业者同行！

2018年12月29日

目录 CONTENTS

第一篇　导师来了

第二篇 创势力

附录

第一篇

导师来了

创业者要有高远的追求、很强的定力，以及克服困难的毅力。创业不能浮躁，所谓浮躁就是把长跑变成短跑，恨不得立刻就能取得什么成就。相反，创业者要不停地调整目标，同时经得住击打。然后还要有学习能力，遇事知道如何调整和制定战略。最后是以身作则，这是决定事情成败的唯一条件。

柳传志

中国创客导师　柳传志
联想控股股份有限公司董事长、
联想集团创始人

改革开放的历史像一本书，蕴藏着中国的未来

柳传志

在若干年前，中国的制造业因为技术投入少，所以难以掌握核心技术，以至于利润低下，被国人诟病为“只有中国制造，没有中国创造”，话其实也不错，但只有身临其境的人才知道这就是历史的过程。

海尔的各种家用电器在全世界登堂入室的时候，我会想起海尔刚成立时，张瑞敏自己定的工厂管理规则中有这样两条：不准在车间随地大小便，不准哄抢工厂物资。这是原话。这说明了当时的车间是什么样子的。当我们的联想集团成为电脑领域第一的时候，我会想起我们第一块主机板是在香港柴湾一个凌乱不堪的作坊里生产出来的。李东生的TCL、李书福的吉利汽车等，无数个今天产值过百亿、过千亿的民营企业、乡镇企业，当年都是从难以想象的简陋、艰辛、困难之中起步的。

正是中国共产党和中国政府领导的改革开放充分调动了民营企业的积极性。开放，打开了我们的眼界，让我们看到了什么是先进的产品，什么是先进的技术，什么是先进的管理，什么是先进的生活。改革，是政府指引我们走社会主义的市场经济道路，从机制、体制上为企业的发展奠定了基础，使我们有了超越的动力和能力。

改革开放的历史像是一本书，是一页一页装订而成的。制造业的第一页就是张瑞敏的不许随地大小便的车间，第二页可能就是所谓没有技术含量的中国制造。曾几何时，历史便翻到了今天这一页，中国专利的数量已经超越了美国，直逼日本，成为世界第二。

这说明中国的经济进步需要一步一步、脚踏实地地向前迈进，不可能是一蹴而就的。

今天的中国在高技术领域，无论是AI还是生命科学、新材料、新能源，我们有太多的远不如人的地方，这是我们必须深刻认识到的。但只要改革开放继续下去，我们就会不断地提高眼界，打实基础，努力积累，在高科技领域高高地跃起，去创新、去超越，向更高的目标挺进。

中国和世界的历史告诉我们，要屹立于世界民族之林，不但要富，而且要强，什么是强？拥有雄厚的科技力量，无穷的科技创新底蕴才算得上强。

而这注定就是中关村科技企业必须肩负的历史使命。国家对中关村倾注了太多的期望，北京市的领导对中关村也付出了太多的心血，中关村也经历过太多的坎坷和磨难。

厚积薄发，自2000年以来，中关村集科技力量、资本、企业管理人才于一体，高科技企业进入了爆发式的发展阶段，终于成为北京市的重要经济支柱，成为中国高科技园区的领头羊。

我们中关村的企业家会牢牢记住自己的使命和责任，为中国的发展、为人类的进步贡献出我们的力量！

（2018年11月，在中关村论坛欢迎晚宴上的演讲）

柳传志哽咽背后：一场技术投票却成了企业“不爱国”，这太荒谬

刘素宏 / 文

已经不再担任联想集团任何职务的柳传志这一次再“出山”，收拾联想面临的一场空前的舆论危机。在流出的一段柳传志的录音中，74 岁的他字字铿锵，谈到有人要把“卖国”的帽子扣到联想头上，他难掩愤怒。

2018 年 5 月 16 日，中国创客导师、联想控股董事长、联想集团创始人柳传志，联合他的接班人杨元庆、联想控股总裁朱立南向联想集团全体同人发出了一封信，题为《联想荣誉保卫战》。这封信详细地讲明了联想参与“5G 标准投票”事件的过程，柳传志还特意点出与华为任正非通话，“任总对我表示，联想在 5G 标准的投票过程中的做法没有任何问题，并对联想对华为的支持表示感谢。我们一致认为，中国企业应团结，不能被外人所挑拨”。公开信发出后，得到马云、周鸿祎等众多企业家声援。

随着多方信息的披露，以下事实已经澄清：此前网上有言论指责联想 2016 年两次 3GPP（Third Generation Partnership Project）会议上，没有支持华为提出的 5G 技术标准，致使其败给高通等外国厂商。而事实是，“第一轮（里斯本会议）投票的时候，联想集团基于自身前期技术和专利储备，选择了 LDPC 技术方案。在第二轮投票（内华达会议）时，我们综合考虑国家整体产业合作、创新与发展，坚决选择了联想之前没有太多技术积累的 Polar 码方案”。柳传志写道。

此前自媒体提出，联想在“短码投票”中投了弃权票，最终使得华为惜败。而据多家媒体报道，最终会议纪要中并未发现相关记录。

全程参与了这几次会议的联想副总裁、无线研究实验室负责人黄莹在接受

财新记者采访时也表示，“联想从未投过弃权票”。即自媒体们所谓的联想弃权票之说子虚乌有。

情绪比事实更容易传播，冷静来看，通过5G标准来批评联想卖国，逻辑荒谬。荒谬之一，把一场正常的技术标准探讨、商业决策与爱国、民族情绪混为一谈，把一场国际化的技术标准探讨里的投票，联系到企业爱不爱国，甚至扣上“卖国贼”的帽子，让人不寒而栗。

背后更深层的问题是，我们的文化中是否缺乏一种对于商业价值的正确审视？是否缺乏评价企业的正确价值观？用民族性去替代企业价值，用情绪去取代事实，会让辛苦建构的商业文明回到草莽时代。

须知，6月是5G标准制定关键节点。

全球5G标准的制定，很大程度上取决于中、美、欧三方企业阵营的竞争和角逐，而不是单一取决于联想一家的投票，也不取决于联想与华为的博弈，更何况，在这件事情上，联想与华为等中国公司的利益高度相关。

荒谬之二，错误地去引导商业竞争，华为与联想作为通信巨头，确实有竞争，但企业之间的关系绝非恶意打压，在全球化语系中，需要中国企业抱团合力之处，却被忽略。这是对竞争的错误理解。

更加荒谬的是，这场源自自媒体的讨伐，仅仅靠情绪以及未经核证的消息，就让舆论掀起滔天巨浪。

这场舆论旋涡中，没有旁观者。因为背后荒谬的价值观，会让所有人受害。

又想起哈耶克的那句箴言，“社会的进程只能因观念的改变而改变”。

一念一菩提，我们从不放弃对商业巨头的审视，但也从不纵容用情绪与狭隘的民族性去绑架、误伤企业的这种危险的价值观。

现在的经济形势不好，但不一定是坏事情。这时候创业者要该宰的宰，该缩的缩，但是理想不能丢。要想清楚你有什么、要什么、放弃什么，总会有生存的方法。创业者还要在阳光灿烂的时候修理屋顶，公司在业绩最好、利润最好、士气最好的时候必须改革，千万不要下雪了才去整修，那样的话，可能就摔死在了屋顶上。

中国创客导师 马云
阿里巴巴集团董事局主席

制造业不会消失，只有落后的制造业会消失

马　云

阿里很荣幸能够发展到今天，也很荣幸能够为这些基础科学做一点事情。大家探讨的“数学有什么用”，我认为因为“无用之用”，才是最大的价值。我们这个世界适应了任何事情希望都要有价值，都要能够马上采取效应，但是没有人类背后巨大的付出，就不可能有今天美好的未来，所有人都想要马上收获，就不可能有未来。

制造业不会消失，只有落后的制造业会消失

有人说实体制造业正在消失，我认为制造业不会消失，只有落后的制造业才会消失。技术革命将会有50年，未来的30年将会是应用变革深入方方面面，不仅是技术的变革，更是思想意识的变革。IT主要是为了控制未来，而DT是要创造未来；IT把人变成了机器，而DT要把机器变成和人一样。

IT时代诞生了制造业，而DT时代要诞生创造；IT时代基本上依赖于知识，而DT时代要发挥人类的智慧；IT时代是以我为主，而DT时代是以利他为主。DT时代是平台思想，大家说什么是平台思想，平台不是规模，平台是利他，平台是Enable Others（赋能别人），平台是为了让别人做得更好。

有人说我的企业做大了，我自然会变成平台，我认为你只有让别人做得更好，让别人更加强大，只有具有这样的思想，你才可能成为平台。IT要求标准化、规模化，而DT要求独特化、个性化、灵活性，新制造就是基于DT时代思想的制造业。

未来10年到15年，传统制造业企业将会非常痛苦，今天的外部环境下，

在技术变革的大趋势下，依靠传统的资源消耗型企业必定越来越难，挑战也会越来越大，不拥抱新制造业的企业，就如同盲人开车，你都不知道谁是你的客户，客户到底需要什么。

所有的制造业要保持高度清醒的认识，不能安于现状，特别是现在有些制造业利用了互联网，拓展了自己的营销，带动了一定的销售额，但是这并不表明你们具备了明天的能力，制造业不管你已经拥抱互联网还是没有拥抱互联网，必须思考未来的制造业该如何去走，未来成功的制造业一定是用好互联网，一定是IoT，一定是云计算、大数据的新型制造业企业，因为不用好这些新技术的企业都会失败，不是制造业不行，是落后的制造业不行，是你的制造业不行。

新制造会重新定义制造

新制造将会重新定义制造业，新制造业将会重新定义客户市场，重新定义供应链，重新定义所有的制造和商业的运营和服务，它是一场技术的革命，不是互联网企业和传统行业结合就是新制造，也不是一个产品中加上芯片就是新制造，定义新制造的标准主要看它是不是按需定制，是不是个性化，是不是智能化。工业时代人类发明了流水线，可以规模化、标准化生产，数据时代可能也是流水线，但流水线上却是个性化的生产。

工业时代考验的是生产一样东西的能力，而数据时代考验的是生产不一样东西的能力。以前流水线5分钟可能生产2000件同样的衣服很厉害，今后5分钟要生产2000件不同的衣服更厉害。20年以前全城市、全村、全省的姑娘穿一件衣服是流行的，而现在每个姑娘要穿的衣服都必须是不一样的。

按需制造的核心是数据，以前制造业靠电，未来的制造业靠数据，数据是制造业必不可少的生产资料，以前制造业发展好不好是看电力指数，未来我们看数据，看计算指数。IoT、芯片、人工智能、大数据、云计算，所有这些都会像蒸汽机、石油改变手工业一样，改变今天的生产车间。

IoT现在才刚刚开始，今天的IoT企业很多还是只追求卖硬件、卖软件，只不过找一个理由，卖得更好而已。但是物联网的本质，首先必须是一个智联网，没有智能的物联网，我们认为这是一个植物人，其实我们有很多摄像头，而且都已经联网了，但是没有计算能力去处理，没有人工智能，摄像头只能用来罚款，这是对数据的浪费。

芯片是核心技术，我们确实跟发达国家和发达企业有不少的差距，但是在IoT、芯片领域，我们有机会换道超车，中国拥有全球最大的互联网用户和市场，有机会发展自己的芯片，很多时候因为基础不好，才有可能跨越性发展。

大数据、云计算，驱动未来制造业的数据。大数据是生产资料，云计算是生产力，互联网是生产关系。大数据不是数据大，只有计算能力强，大计算加云计算才是我们今天所说的大数据。

过去制造业和互联网企业互相看不上。传统制造业说没有我们，哪来的电子商务；电子商务说没有我们，你们到底卖给谁。未来不管看得上还是看不上，我们都需要结合起来过日子，因为谁也离不开谁。未来的数据，算法的专家不是在互联网公司内部工作，而是在车间里面写代码。新制造是服务制造业，我们要明白未来没有纯制造业，也没有纯服务业，不能再寄希望于制造业创造就业。

现在有人不断在提，要通过制造业回归就业，我认为这是不对的。未来的制造业不是就业的大军，因为未来的制造业可能都是人工智能、可能都是机器人，未来真正创造就业的主要力量是服务业。新零售是线上和线下的融合，制造业不是我们想象中的实体和虚拟的融合，是制造业和服务业的融合。新制造是制造业和服务业的完美结合。新制造的竞争力不在于制造本身，而是在于制造背后的创造思想、体验、感受以及服务能力。

未来创造就业的重点不是制造业，我认为像中国这样的国家，一定是现代服务业成为就业的主要发动机，因为流水线上的大部分工作都会标准化，只要是标准化的机器，都可以取代，但体验、服务和创新创造未必是机器能够替代的。

（2018年9月，在杭州云栖大会现场上的演讲，张姝欣整理）

马云归去来兮

万珮　刘素宏 / 文

2018年9月10日，马云宣布了一个重要的传承计划：将于2019年的教师节退休，阿里巴巴董事局主席将由现任CEO张勇接任。

在这之前，马云对媒体表示，这是认真准备了10年的计划，让年青一代接班，解开企业传承发展的问题，并不是媒体报道的“退任”或是“退休”。

“归去来兮，田园将芜胡不归？”马云认为，他退休不是一个时代的结束，而是一个时代的开始。当年在西湖边上学英语做老师，憧憬世界的马云，以独特的演讲能力在商业世界中独树一帜。而如今，他屡次向外界释放了想做回英语老师的愿望。

来去之间，英语老师的跨界“玩心”越来越重，成了被阿里巴巴耽误的艺术家。最近在中非论坛上接待外国5位元首，前不久与92岁高龄的马来西亚总理马哈蒂尔对谈，这是马云民间大使的一面；去非洲关注野生动物保护，这是马云公益的一面；出演《功守道》，这是马云的演员一面。

阎焱曾经作为软银代表担任阿里巴巴董事，他评价马云：“他是我所认识的billionaire（亿万富翁）中最活泼，并一直保持着真诚与活泼天性的人。”

第二次“退休”，机会留给年轻人

五年前，马云在淘宝十周年时，卸任阿里巴巴集团CEO一职，由陆兆禧接任。当时他形容自己的心情是“新娘子结婚，除了会傻笑，真的不知道该干什么”。在卸任前的一段时间里，马云看起来颇为不务正业，当起了证婚人，在西溪湿地为太极禅苑揭幕，淘宝十周年庆典上更是身穿潮服忘情演唱。

不过马云在离开时留给陆兆禧的是一个架构清晰的阿里巴巴。2013 年年初，阿里巴巴拆分为天猫、物流、航旅、聚划算等 25 个事业部，原来淘宝、天猫、阿里巴巴的 B2B 架构将被彻底打破。

“这是阿里 13 年来最艰难的一次组织。”马云当时认为，把大公司拆小的原因有二：一是给更多年轻领导者创新发展的机会；二是希望各事业部不局限于自己本身的利益和 KPI（关键绩效指标），而以整体生态系统中“各种群”的健康发展为重，能够对产业或其所在行业产生深刻影响。

历史总是相似的，这次辞职传闻同样有迹可循。阿里巴巴相关财报文件透露，将于 2019 年之前完成对 VIE 架构（可变利益实体）的调整完善，具体而言就是减少马云和谢世煌的个人控制力，由阿里巴巴合伙人和高管们集体控制，目的是规避“关键人风险”。

有分析称，马云辞任董事局主席一职后，使得他不再受该岗位的约束，“关键人风险”问题凸显，对 VIE 架构进行调整则可以减少马云个人对公司的影响。

在 2017 年湖畔大学的开学典礼上，马云曾称，已经安排好了公司的接班制度，即使离开，也不会出现太大问题。不过当时，马云表示还没有到退休的时间。

谈及为何退休，马云在接受彭博社的采访时说道，“我可能永远也做不到像比尔·盖茨一样富有，但是可以比他更早退休”。此外，他还认为，相比于掌管企业，当老师更得心应手。

其实，马云退隐并不奇怪。此次的传承计划或许是马云为其“退休”铺路。

在外界看来，马云的决策是“飘在空中”的，他并不负责具体业务，对阿里的指导在于大方向，底下的人发挥空间很大。

放权是他一直以来的风格。马云在阿里内部的绰号叫“风清扬”（金庸武侠小说《笑傲江湖》中的人物），喜爱“风清扬”是因为他武功盖世却隐居深山，同时还培养了令狐冲。所以马云在创办阿里之初就立下规矩，在阿里的江湖中要有接班人制度，培养年轻的“武林高手”来掌舵阿里巴巴。“要相信年轻人。”马云说。

被阿里耽误的跨界艺术家马云

马云觉得自己是误打误撞才进了商业世界，本来想干两年就走，没想到一干就是20年。

除企业家身份以外，马云也确实爱好颇多：唱歌、演戏、画画、表演魔术、打太极等。有人戏称他是“一个被阿里巴巴耽误了的艺术家”。

不过马云认为，管理企业和艺术一脉相承，领导力本身就是一门艺术，淘宝和阿里巴巴也可以称为“艺术作品”。

马云似乎是跨界最多的企业家之一，这或许源于他小时候天马行空的梦想。“我小时候有许多梦想，但大部分都没有实现，现在我已经53岁了，在过去的30多年里，我一直都在努力地工作。现在我觉得，是时候想想我童年和年轻时的梦想了。唱歌、演戏、画画，我想尝试所有事情。”

2017年11月，马云和王菲合唱了《风清扬》，这首歌在虾米上一经发布，便迅速蹿升到亚洲新歌榜第13名。

在微博上，马云调侃自己是“业余KTV歌手”，与王菲合作是“乡土音配天籁”。当然，马云的“歌唱才华”此前在阿里巴巴的年会上就有所展现。

马云在唱歌这件事上态度是认真的。高晓松说，《风清扬》是他从业20多年以来投入精力最多的作品之一，他看到马云从早到晚都拿着小样举着手机练习。

2017年，马云还和李连杰等多位演员一起，实现了自己的“演员梦”。他主演的一部时长20分钟的微电影《功守道》于2017年11月在优酷播出，并在片中饰演了一位貌不惊人的中年男子路过“华山派”大门时，脑补出自己过五关斩六将夺得武林秘籍的故事。

《功守道》的拍摄与马云的另一个众所周知的爱好——打太极拳有关。拍摄这部片子的目的之一就是将太极文化推入奥运会，此前在奥运会中，还没有一个真正属于中国的项目。

马云痴迷于太极甚至早于创立阿里巴巴，在1998年他刚大学毕业时，就在西湖边上的公园里学习打太极拳，师从多位太极拳老师，至今近30年。

微博名一直是“乡村教师代言人——马云”的老马称，此后他将把更多精力花在慈善和教育上，为此他准备了十年，成立了马云基金会。

其官网显示，马云公益基金会将致力于公益，而非慈善，希望授人以渔，而非授人以鱼。该基金将在全球范围内帮助弱势群体享受优质教育，关注老师素质的全面提升，此外公益事业还将扩展到环保、健康和培育青年企业家等领域。

阿里可以没有马云吗？

在马云退休的消息漫天飞舞之时，另一电商巨头，京东的掌舵人刘强东正身陷性侵丑闻的旋涡之中。京东官方忙着发声明表示，刘强东将一如既往地掌管京东的日常运营，不会离开。

如果说刘强东是一个掌控欲极强的企业家,那么马云的形象更像是一个“世外高人”，他成立合伙人制度，将自己的股权稀释到6.4%，在董事局中和其他成员享有一样的权利，并无特殊。

对于自己的管理艺术，马云曾颇为自得地表示，要强于李彦宏和马化腾。

这或许是受到太极文化的影响，“在太极里，我最欣赏的三个字是‘定、随、舍’。定，即看清自己和将来的趋势，不管发生任何事情，都要镇定面对；随，指只有自己有实力的时候，才能懂得怎么去跟随别人；舍，只有知道自己要什么，才能知道要放弃什么”。

所以有分析认为，京东不能没有刘强东，但是阿里可以没有马云。而建立一种制度，能让企业自行运转下去，正是马云一直以来的期望。

“我对我的团队、对合伙人结构信心十足，虽然很多投资人并不喜欢这种形式。”马云说，“我认为，我们一起对这样一套系统做出了贡献，这可以让公司持久发展。”

所以，如果马云离开阿里巴巴，这家公司仍将由合伙人结构控制，使得阿里巴巴及其关联公司的高管可以共同决定董事会提名。

不过，大佬退休并不意味着能够“一劳永逸”。比如，联想创始人柳传志在2005年宣布退休后，在2009年联想出现盈利危机时复出，直到2011年才再度退休；新希望创始人刘永好在 2013 年宣布辞去新希望六和股份有限公司董事长一职，但外界认为他只是不当船长了，但人还在船上；王石于 2017 年辞去万科董事长一职，彻底宣布退休，但在 2018 年 8 月，他“复出”担任华大基因母公司华大集团联席董事长。

西安交通大学营销学教授郝渊晓认为，对民营企业家来说，不存在退休与否的概念，他们只是退出了决策层，重大战略制定时还是具备影响力的。

创业者要先做人再做事。在国内文化创意产业的高估值现象越来越突出，要警惕文创产业资本的泡沫。此外，创新创业的生态应该是多样化的，不能止步于巨头的怀抱，真正的创新一定是技术创新，中国必然要完成从模式创新到技术创新的转型。

中国创客导师　戴自更

北京市文化投资发展集团总经理

赋予人工智能以良知是我们的使命

戴自更

过去三年，人工智能领域有了突飞猛进的发展，产业迅速升温，落地应用场景迅速拓展，人工智能技术取得全方位的突破。

“这是最好的时代，这是最坏的时代”

中国电子学会公开数据显示，2017 年全球人工智能核心产业规模已超过 370 亿美元，预计 2020 年将超过 1300 亿美元。我国的人工智能产业也初具优势，目前的产业规模为 56 亿美元左右，预计 2020 年将超过 220 亿美元，年均增速接近 65%。

人工智能很热，因此它成为投资界的热门领域。国际研究机构统计，2017 年全球范围内有 154 亿美元的资金投向 AI 领域，比 2016 年增加 140%。2017 年，中国在人工智能领域投入的资金达到 582 亿，单笔融资规模超过 1.6 亿，比 2016 年增长 77%。与此同时，北京市发布关于人工智能的白皮书，截至 2018 年 5 月 8 日，人工智能企业在中国大概有 4040 家，其中 30% 获得了投资，其他 70% 基本没有得到投资人的青睐。因此，在人工智能领域，尤其是创投领域，可以说是机遇和泡沫并存。

技术与资本的共同作用，创造了许多人工智能落地场景的应用，促进产业的升级。比如在深圳，云天励飞基于人脸识别打造的深目系统，过去几年已经协助公安破获 3000 多起案件，在北京、上海、深圳、杭州和成都等地得到商业化的落地。我们 2017 年获得年度创客的深之蓝，它以军用机器人项目转到民用领域，给潜水爱好者带来了很多乐趣。2017 年获奖项目掌上糖医利用数据治疗慢性病等。

人工智能正在大规模地改变我们的生活方式，但历史经验也告诉我们人工智能面临两面性，它可能是天使，也可能是魔鬼。它是打开人类未来之门的钥匙，也是悬在我们头顶的达摩克利斯之剑。狄更斯在《双城记》中写“这是最好的时代，这是最坏的时代；这是智慧的时代，这是愚蠢的时代”。这段话同样适用于即将到来的人工智能时代。

围绕“AI 降临”这个主题，我想从人文视角讲三个关键词。

赋予人工智能以良知

第一个关键词——良知。人工智能的应用应当肩负着推动人类社会进步的责任，赋予人工智能以良知是我们重要的使命。

《人类简史》中有个很有意思的观点：人类自以为驯化了小麦，其实是小麦驯化了人类。一万年前，我们祖先生存的方式是狩猎和采摘果实，他们发现小麦后，就开始把更多的精力投入培育小麦中。人类原本适应爬果树、追动物的身体，开始弯腰捡石块，努力挑水桶，在麦田边定居下来，生理结构和生活方式都因此被彻底改变。

在人工智能不断突破、应用越来越广泛的今天，我们看到，华尔街的投行里、深圳流水线上，越来越多的机器正在取代人类，把人类从繁重的工作中解救出来。大量计算机应用让我们便捷、高效地获得相应的知识和信息服务。人类让机器越来越智能，初心应该是让机器可以造福于人类。

但由此带来的社会问题也越来越严重，比如大量的机器取代人工，引发的大量工人即将失业，劳动力过剩的问题；算法推荐的方式，尽管给我们提供了关注的信息，同时也制造了“信息茧房”，让我们失去了更多有用的知识，眼界变得更加局限，失去了独立思考的能力；随着语音交互识别技术的成熟，我们越来越多地使用语音而非文字沟通，也在使我们书写的功能慢慢弱化。

最近有一部电影《头号玩家》，电影讲述的是未来社会，人类被一家游戏公司统治着，人类的真实生活场景变成了贫民窟。所有人生活的目的就是戴上 VR 头盔到虚拟世界中为所欲为。这部电影告诉我们，科技进步固然是人类发展的第一推动力，但技术的发展，不一定会让人类社会更加美好。

我相信人工智能的发展是无法阻挡的，但任何一项技术的发展都可能造福于人类，推动社会的进步和美好。人工智能的发展不能反人类，不能以人类智能的退化作为代价，这就是良知。

对于未来社会，有人乐观，也有人悲观。霍金接受采访时说道："人类需要控制以人工智能为代表的新兴科技，以防止它们在未来可能对人类生存带来毁灭性的威胁。"也有人对人工智能持不乐观的态度，他认为人类应该把主要的金钱和精力投入大脑自身开发，而不是对人工智能寄予太高的期望。

如何赋予智能机器以良知，已经成为我们眼下最重要的课题。

举例说明，无人驾驶正在高速落地，但它的法律问题依然空白。当无人驾驶汽车遇到极端境况：向前会撞死路人，避让会撞向障碍物导致车内乘客非死即伤，无人驾驶在这时该如何选择？无人驾驶做出选择所依据的算法、大数据、深度学习会如何做出判断？

特斯拉创始人马斯克说，未来我们可能认为人类驾驶汽车是不合法的，不能让一个人驾驶一个两吨重的杀人机器。

赋予人工智能以良知，再由良知上升为法律，保障人工智能造福人类社会，这是人工智能技术发展不可或缺的前提。

大数据的采集和使用必须透明

第二个关键词——透明。大数据的采集、使用，必须透明，警惕数据垄断。

人工智能的发展得益于大数据，来源于人类活动所有的语言、文字、图片、信息、行为和相关的知识。

2018 年 3 月，Facebook 爆出丑闻，超过 5000 万用户信息被盗用。2016 年美国总统大选中，俄罗斯机构盗用 5000 多万用户信息，从而进行定向宣传，改变美国大选最后的结果。大数据的采集和使用所带来的侵犯隐私问题越来越受到重视。前几天有一款手机爆出摄像头升降功能意外牵涉很多软件，他们有针对性地私自采集个人数据。

我们身边的硬件和软件，到底采集和使用了哪些个人数据，这些数据如何采集、如何使用，很多人都不知道。大数据的采集和使用对公众而言是巨大的黑箱，解决这个问题的准则只有一条——透明，个人所有数据的使用应当透明化运行，其中包括且不限于明确告知并征得数据所有人的同意。

目前的大数据基本掌握在几家互联网巨头手中，像谷歌、微软、苹果、Facebook、阿里、腾讯和亚马逊，它们越来越多地垄断了我们的数据。可以想象，基于海量用户数，这些巨头的搜索引擎可以理所当然地看穿每个人的内心世界，电商平台可以轻而易举地掌握你的消费习惯以及钱包的多少。

但这些数据的获取和应用，有时候可能是不透明的，也可能是我们远远不知道的。这显然跟我们保护隐私的法律相违背。由于这些巨头掌握大量的数据，我们的创业领域，尤其是人工智能领域，或多或少都会受到大数据、巨头的垄断，严重伤害我们创业创新的生态多样性。

之前我谈到文创时也提出这个问题，现在很多创业项目都被归于巨头的怀抱中。我相信创业者不应该或者不完全归到巨头中，成为“×× 系”的一员。一定要保证我们创业生态的千姿百态，保证创业环境的丰富多彩。

更鼓励技术创新而非商业模式创新

第三个关键词——创新。真正的创新一定是技术的创新，中国必须完成从商业模式创新到技术创新的转型。

目前全球范围内人工智能领先的国家，主要有美国、中国、日本等国家，尽管中国处于第一梯队，但中国人工智能制造、创新方面远远落后于以美国为首的发达国家。

腾讯研究院的一份报告指出，美国人工智能产业布局主要在基础层、技术层和应用层，尤其在大数据算法、芯片及相关核心产业领域，积累了强大的技术创新优势。

相比较而言，中国在人工智能应用方面取得的主要是商业模式、应用模式和场景方面的领先。我们抓住互联网爆发的契机，依靠中国 14 亿人口红利，虽然这些年中国新经济取得了成绩，但我们原创性、前沿性的科学创新太少。

比如芯片，前段时间中美贸易战，第一个躺枪的是中兴。我们的芯片依靠大量进口，且基本是从美国进口。

这两年我们经历了O2O的熄火，经历了共享经济从一夜爆火到几近崩盘，"新四大发明"也开始受到质疑，中美贸易战目前处于美强我弱的局面。归根结底，是因为我们的创新落在后面。作为创业者，我们更多地鼓励技术创新，而不是把更多的精力、金钱和资源投入商业模式创新。重返科技创新之路，中国的科技才能掌握在我们手中。

目前围绕人工智能的创业在国内风起云涌，但环顾身边，真正有技术含量的独角兽少之又少。这是我们在深圳举办寻找中国创客AI峰会的初衷，我们正处在从热衷模式创新重返科技创新的拐点之上。

这次我们邀请了国内外顶级的科学家、投资人、明星创业者乃至政府官员，共同探讨人工智能领域的创业创新之路。我们希望这个平台能为人工智能技术创新添砖加瓦。我们期待在中国、在深圳、在龙岗有更多关于人工智能的企业涌现出来，有更多影响未来的伟大公司涌现出来。

（2018年7月11日，在寻找中国创客第四季夏季峰会上的演讲）

“人工智能 +”已成为文创产业的最大发动机

戴自更

中国文创产业的巨大空间和发展潜力

关于文化创意产业，让我们先来看三张图表。

图一，中国文创产业的发展非常快。从 2012 年到 2017 年，文化产业增加值增长了 92%，平均年增长超过 18%。

其中，以“互联网 +”为主要形式的文化产业发展更加迅猛，2016 年，“互联网 + 文化”的产业营收达 5752 亿元，同比增长 30.3%。2017 年，这一数据是 7990 亿元，再增长 34.6%。

图二，我们看看全球的数据。2017 年，全球文化创意产业创造产值 2.25 万亿美元，超过电信业全球产值（1.57 万亿美元）。

但从空间分布上看，全球文化创意产业发展极不均衡，主要集中在以美国为核心的北美地区，以英国为核心的欧洲地区。其中美国占市场总额的 43%，欧洲占 34%，亚洲、南太平洋国家只占 19%，中国的占比连 1% 都不到。

图三，中美文创产业数据比较。2017 年中国的 GDP12.7 万亿美元，美国 19.36 万亿美元。2017 年，中国文创产业增加值 0.54 万亿美元，仅占 GDP 的 4.29%；而美国的占比高达 25%。按 GDP 倒推，美国 2017 年文创产业的增加值是 4.84 万亿美元，是中国的 9 倍。

从企业微观层面看，我们以爱奇艺和 Netflix 做比较，爱奇艺目前市值近 150 亿美元，奈飞是 1348 亿美元，后者约是前者的 9 倍。

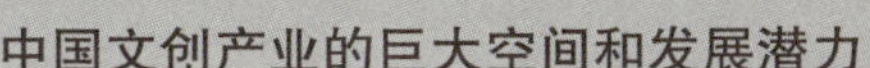

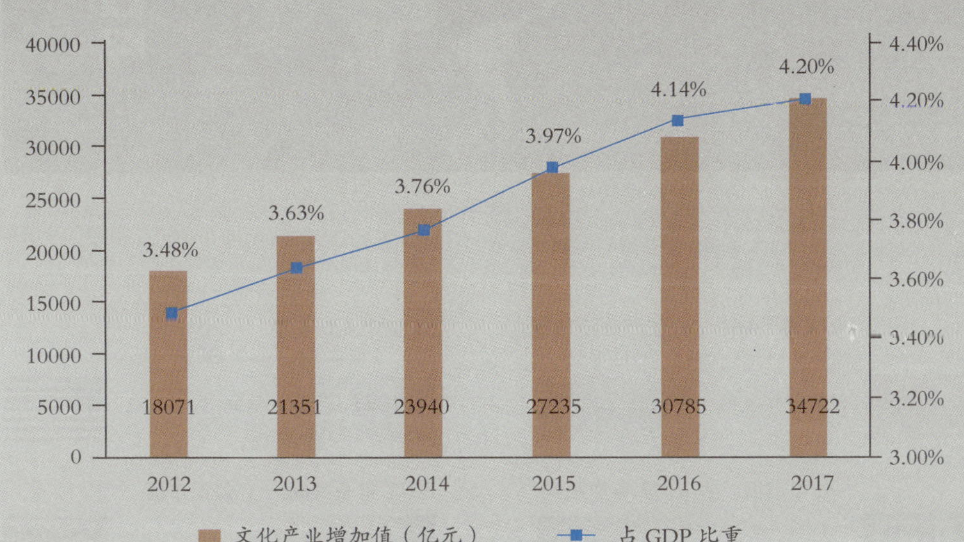

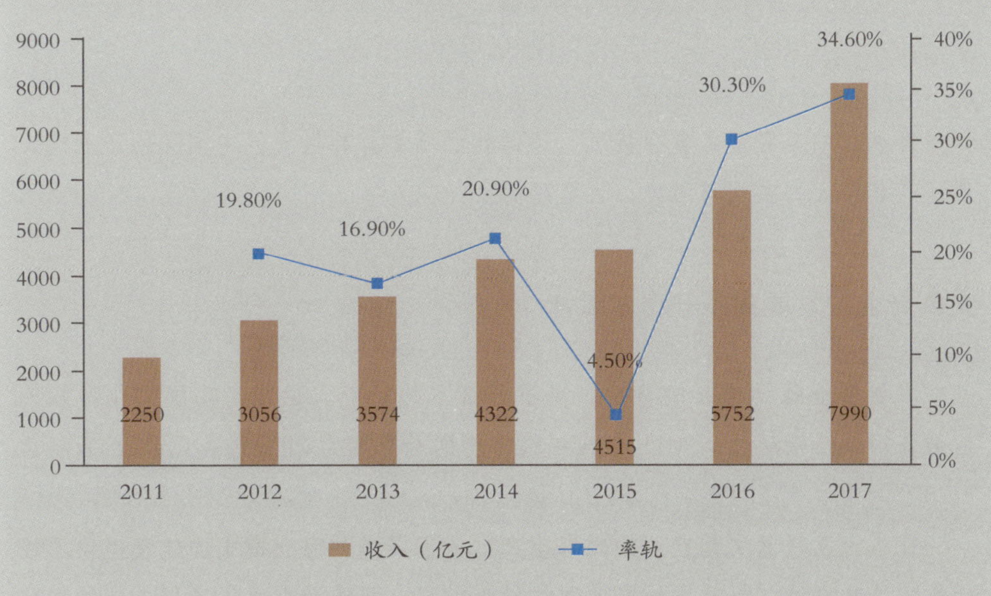

图一 资料来源：国家统计局

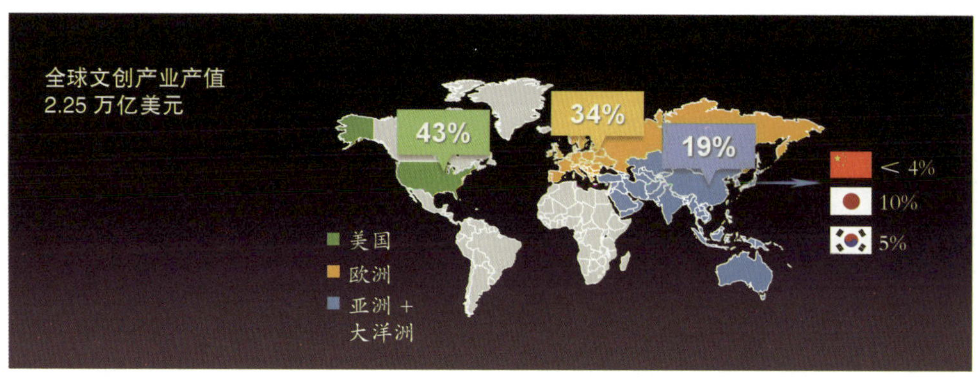

图二

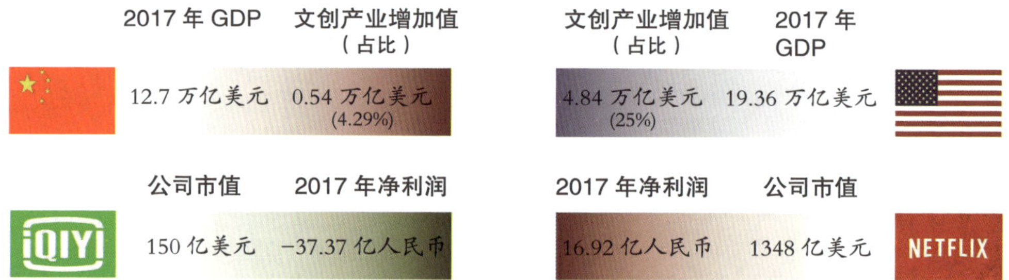

图三

可见，中美经济总量在接近，但结构和质量差异巨大，中国文创产业的发展还有非常大的空间与潜力，大有可为。

文创产业的发展离不开资本赋能

文创产业强劲增长的背后，离不开资本的赋能。近几年我国文化传媒产业融资规模涨幅明显。2015 年在一级市场的融资额为 22.2 亿美元，2016 年为 31.6 亿美元，而 2017 年为 48.9 亿美元。

资本为互联网文创产业的内容生产、传播渠道和商业模式的建设提供了极大的支持和支撑，促使文创产业更快做大做强，既给受众提供了更丰富的文化产品，也获得了财务上的增值。

身处互联网时代，我们已很难想象，如果没有资本的加持，爱奇艺、快手、抖音要如何在快速获得上亿用户的同时，支付视频技术开发、移动互联网渠道投入，引进和生产优质内容所需的高额费用。

我们同样无法想象，如果没有资本推动，喜马拉雅、得到、知乎如何既能培育出更多好作者、好内容，又能花时间、有耐心地教育用户、培养市场，开创“知识付费”的商业模式。

2018 年 3 月，爱奇艺以 110 亿美元的市值在纳斯达克上市，其最被资本市场看好的正是付费用户的快速增长。2018 年第三季度爱奇艺会员收入为 29 亿元，同比增长 78%，首次超越广告收入（24 亿元），成为爱奇艺第一大收入来源。

我们从这张业务发展节点与资本运作节点的对比图上，可以清晰地看到，过去的 8 年，在爱奇艺培养用户付费习惯、打造泛娱乐视频生态的漫长道路上，资本的力量举足轻重。

人工智能正成为文创产业的第一推动力

我是个媒体人，大学毕业后就在报社做记者，2003 年创办了《新京报》，以前总觉得这行业干一辈子没问题。但是随着门户网站的出现，尤其是移动互联网的出现，传统报业受到了前所未有的冲击。

创办《新京报》时，我们的口号是“办中国最好的报纸”，办百年大报；2012 年，我们把口号改成拥抱互联网，“办中国最好的全媒体内容原创平台”，这就是互联网技术的力量。

我的小学老师，已经 84 岁了，日常也在用手机听音乐、看资讯。互联网改变了我们的生活方式、生产方式，甚至影响我们的情感、审美、价值观。随着 5G 的到来，文创产业的互联网化、科技化更是大势所趋，这是一种不可阻挡的潮流。我们看到它对行业的冲击，更应该看到它为整个产业带来的机会与变革。

2016 年被认为是人工智能应用的元年。人工智能不仅介入了游戏开发测试，还打败了多位围棋顶尖高手，合成了张国荣的声音，写出小说和诗歌，甚至在 2017 年还以第一名的速度写出了九寨沟地震的新闻报道。

当然，我不认为真正的创作者和创意者有一天会被人工智能所替代，艺术家一定是最后存在的人类职业。但在很多领域，人工智能正在为文创产业带来重大变革。

比如《纸牌屋》的诞生便是 Netflix 从 3000 万付费用户的数据中总结收视习惯，并根据对用户喜好的精准分析进行创作，这部电视剧的播出让 Netflix 在一季度新增用户超 300 万。

硅谷的数据开发人员运用数据统计和机器学习技术分析电影《星际穿越》。第一部预告片在 Facebook 等社交网络上进行反馈，然后用这些信息告诉电影出品方该如何制作第二部的预告片，该在哪些地区的电影院上映，以及如何进行市场营销。

这一尝试据说节约了 5000 万美元的营销费用，票房效果大幅提升。未来，人工智能技术还将会应用到选角、预算，或是其他电影工作上，电影行业将会被彻底改变。

在国内，我们也正见证类似的变革。在 2018 年寻找中国创客评选大赛中脱颖而出的 Video++，是一家人工智能视觉识别技术的初创公司，它们将视觉识别技术应用到视频中，在不干扰用户观看的前提下，实现精准广告投放和互动体验，彻底颠覆了传统的视频贴片广告、插播广告。

这项技术的商业化应用只有 1 年多时间，但 2018 年财年的营收预计将超过 5 亿元，国内所有大型视频网站都成为它的客户，目前估值已经超过 40 亿。

很多研究报告和产业政策清晰地告诉我们："人工智能 +"已然成为推动文创产业发展的最大发动机，而文化、娱乐、内容行业正在成为继金融、医疗、制造业之后，人工智能最重要的应用领域。

我们的中国创客导师李开复最近在他的 TED 演讲中说：随着人工智能更深入地变革社会分工，让人类解放出更多时间、精力来消费文化产品，思考如何去爱，思考何以为人。我乐观地相信，这样的判断将是人工智能发展给人类社会带来的另一次文艺复兴。

资本赋能人工智能时代文创产业的几点思考

我这几年持续关注文创产业与科技、与资本的关系，最后再与各位分享几点想法。

1. 坚持价值投资，文创产品必须经得起市场的检验。

资本永远青睐有市场前景的产品、可以解决需求痛点的产品、能够提升内容创新水准和传播效果的文化产品。

2. 投资文化创意产业，要增强风险意识、加强风险管控。

文创产业的从业者、投资人，必须增强风险意识，加强风险管控，越是超常规发展、火爆一时，越要警惕发展过程中各种欠账所埋下的隐患。

3. 拓宽退出渠道，支持更多优秀文创企业在国内上市。

11 月 5 日，习近平主席在首届中国国际进口博览会开幕式上宣布：将在上海证券交易所设立科创板并试点注册制。

这对科创企业和投资机构是重大利好。我们期待这些新举措可以在文创领域尽快得到落实，这样能真正推动文创产业的发展。

习近平总书记在党的十九大报告中强调，要推动文化事业和文化产业发展，满足人民过上美好生活的新期待，必须提供丰富的精神食粮。

10月 31 日，中共中央政治局就人工智能发展现状和趋势举行集体学习时，习近平总书记强调，要从保障和改善民生、为人民创造美好生活的需要出发，推动人工智能在人们日常工作、学习、生活中的深度运用，创造更加智能的工作方式和生活方式。

因此，无论是政策导向、技术发展，还是人口红利和市场需求，都让文创产业的大发展充满了机会与空间，文创产业的投资也大有可为。

（2018 年 11 月，在世界互联网大会“金融资本与互联网技术创新”论坛上的演讲，刘素宏整理）

戴自更：
警惕巨头跑马圈地，伤害文创多元生态

刘素宏　张皓月 / 文

2003 年，他创办《新京报》，一纸风行十余年。如今，转型做投资人，寻找中国创客发起人、中国创客导师、北京文投集团总经理戴自更喜欢问，“你说对吗？”他要通过不断询问年轻人、受众，来确认自己对于最新投资风向的判断，他更愿意倾听年轻人的看法。

“有些传统媒体坚持的东西其实并没有完全过时。”他也和身边的年轻人交流看电影的品位，除了少年叛逆期，《美丽心灵》《放牛班的春天》这些是不同代际的人都会喜欢的。

做文创投资，他更喜欢发问，因为他要在不断询问中探底。他的投资价值观和办报的核心理念一样：真、善、美。碎片化的文化消费产品和审丑的调侃需求，大多无法符合他对文化产品的定位。

想投出有长久生命力的产品和项目，这是戴自更对文创领域的期待。除此之外，他还在关注巨头资本跑马圈地下文创项目的生存困境。“我希望文化产业是多元的，多层次的”。

对于投资人而言，除了要发掘好项目，更要尽力为文创创业者提供好的生存空间，这也是他最近一直在思考的问题。

转型投资人，恒定的价值观是真善美

“作为内容生产者，必须传达有价值的东西，要符合真、善、美的欣赏标准，而不是去消解、去恶搞正常的价值体系。”

寻找中国创客：最近（2018 年 5 月）文创圈崔永元爆出了范冰冰、冯小刚阴阳合同的事，你怎么看？

戴自更：阴阳合同其实是这个行业里普遍存在的。从崔永元爆料的角度讲，我认为他是对的。我们的税制等有不完善的地方，但大家必须遵守游戏规则。

寻找中国创客：这件事会不会对影视行业产生更大的影响？

戴自更：要看相关主管部门对这个事件怎么理解，对于纳税规范化确实需要政策方面的明确态度。政策方面如果没有明确态度的话，仅靠企业和从业者自觉的约束是不可能的。

寻找中国创客：这件事映射出影视行业演员薪酬、制作成本高昂，但优秀的内容不多，原因出在哪里？

戴自更：我们能看到影视中技术的改进，但技术只是表象，故事的核心还是人性和价值观。现在很多电影说不清传递了什么。故事、情节都可以变，但背后应该体现文化和价值观。像《阳光灿烂的日子》这样的片子为什么能够打动人？就是因为它充满了真、善、美。像故事里的人物马小军，他调皮捣蛋，有很多缺点，但他身上体现了年轻人的迷茫、困惑，很贴近生活，因此既真实又动人。

寻找中国创客：每代人有每代人的文化，你认为电影传递的价值观应该是恒定的吗？

戴自更：对，目前我们的文化产品建立在没有根基的沙子上，人的审美、情操、价值观都无处安放。每个人都很焦虑、动荡、多变。因为底层的价值取向不统一，卖座的电影既不关精英什么事，也不关大众什么事，很盲目。

寻找中国创客：从办报纸到做投资，你自己恒定的价值观是什么？

戴自更：起码是真、善、美。媒体求真，电影的故事可以是编的，但情感要讲究真实；善就是向上的，好的；美就是审美的感觉是美好的，而不是现在有些人追求的审丑，比如短视频平台上的恶搞段子，它带来的是短暂的流量，但一阵风过去，留下了什么？

寻找中国创客：你对如今的内容生产者有什么建议？

戴自更：我认为作为内容生产者，必须告诉人家一点有价值的东西，要符合真、善、美的欣赏标准，而不是去消解、去恶搞正常的价值体系。

警惕巨头入场催生估值泡沫

“资本一旦把棋下死了，后续的资金跟不上，文创平台和内容很容易就垮台，这是对文化多样性的伤害。”

寻找中国创客：你做投资后，思考最多的问题是什么？

戴自更：我特别想弄明白BAT的整个生态。阿里、腾讯几乎覆盖所有的赛道，有点赢者通吃的局面，但其实扼杀了很多创业者的机会。创业者很难绕开BAT，选择投靠BAT，有一种傍大款的心态，长远来看，这对创新未必有利。

寻找中国创客：但在商言商，你做投资之后，还能保持这种冲撞感吗？毕竟被BAT收购，也不是坏事。

戴自更：我们想投一些有特色的、专注于内容的产品和创业项目，但是慢慢地要么遭遇巨头打压，要么被互联网巨头企业收购，就这两条路。有创业者一开始想着怎么避开BAT，但是避开BAT之后，生存的空间也很小。

寻找中国创客：对于创业者、早期投资人而言，有BAT巨量资金来接盘，不是皆大欢喜吗？

戴自更：表面上看似乎是好事。但是对于创业者和投资人的伤害在于，一是巨头的战略投资推高了估值，制造了泡沫。上市之前先拿一轮BAT的钱已成为趋势，但巨头已不满足于仅仅做PE轮（私募股权投资），当巨头的投资越来越向早期项目蔓延时，对整个创投行业是不利的。项目估值虚高已成为行业问题，动辄100倍，PE真的撑得起吗？

二是大资本给创业公司的独立发展埋下了隐患。估值泡沫做起来不难，但隐患在于，创业者如何继续撑起这么大的估值。初创公司商业模式并未成熟，此时一旦资本不再续命，创业公司就面临崩塌。这样大起大落的悲剧，我们已经在“共享单车”上看到了。

三是要警惕投资节奏被扰乱。资本可以起到加速的作用，但项目的发展一定是有周期的，投资人要抱定这样的价值观，避免心浮气躁，如果都想去赚快钱，都想着尽快让巨头接手，那就违背了创业投资做有价值的事业的初衷。

寻找中国创客：巨头入场对文化领域的威胁是什么？

戴自更：文化内容生产如果被资本绑架，是很麻烦的事情。

我认为文化产业应该是多元的、多层次的。比如，抖音可以活得很好，快手、秒拍也都有它的生存空间。但是现在的资本急功近利，一定要拼出“你死我活”。资本一旦把棋下死了，后续的资金跟不上，文创平台和内容很容易就垮台，这是对文化多样性的伤害。

寻找中国创客：但从另一个角度看，获得巨头投资的文创产品也能得到巨头的平台和流量扶植，不是吗？

戴自更：这其实也是个问题。换个角度看，如果（产品）没有获得平台的投资，那就得不到流量扶植，甚至可能遭遇“封杀”直至被搞死。如果大量的创业项目必须成为“××系”的企业才能生存下去，创新创业的环境怎么可能好？

我认为要警惕这种新型垄断。巨头应该意识到自己的边界，不能去做全生态。法律制度应当对新型垄断做出判断和规制，为创业创新营造更好的环境。

寻找中国创客：在你看来，这件事有解决办法吗？

戴自更：建议完善法律法规，避免巨头企业到处兼并、收购。比如美国的六大电影公司，其实都是良性竞争和合作。我们应该有一个好的游戏规则，避免“你死我活”、非此即彼的资本厮杀对文化生态的影响。

资本逐利，但每一笔投资背后都有价值观

“长远看，有恒定价值观的文化产品才能走得更远，才能为投资者带来更好的回报。”

寻找中国创客：国内文化产品本质是消费品，消费品不在乎长久，而更在乎能不能收割流量或者给投资带来指数级增长？

戴自更：投资当然是为了赚钱，但要挣长远的钱。从投资角度，通过指数级增长退出当然不错，但长远看，有恒定价值观的文化产品才能走得更远，才能为投资者带来更好的回报。

对于投资人来说，每一笔投资背后都有他的价值观。文化需要一种将其视为历史荣耀的敬畏之心，而不是盯着消费的帽子把文化的价值一下子吃干榨净。

这背后是一个普遍的对于文化的价值观认知问题。

文化要讲究价值观，投资要赚钱，而拥有好的价值观的产品一定是会有市场的，一定是可以赚钱的，这两者并不矛盾。

寻找中国创客：你最近关注什么样的文创项目？

戴自更：从内容的角度讲，还是不希望看到粗制滥造的东西。归根结底还是想更关注有价值内核的、能长久的产品。

文化与科技结合将带来更多创业机会

“文创领域未来两大方向值得关注。首先是深耕某个垂直领域的项目，专注、专业、深入，在某个领域做到最好。其次是文化与科技结合的项目。”

寻找中国创客：进行文化产业投资以来，你捕捉到哪些积极的市场信号？

戴自更：付费内容的方式我特别欣赏。电影、电视剧、文学作品等的付费，其实也是在培养用户对知识产权的基本的尊重。我是做媒体出来的，受够了盗版、抄袭对原创的冲击，觉得很无耻。

寻找中国创客：未来文创产业最有可能出现的新商机是什么？

戴自更：在以往单一靠广告变现的时代，日活、时长是关键，获取流量是与广告商谈判的重要筹码。但在今天，随着内容产业的消费升级，用户对于好内容的渴求越来越强烈，支付越来越便利，支付意愿和付费习惯逐渐形成，用户付费率、付费收入正在成为越来越重要的衡量因素。

创业者也不要简单停留在模仿和跟风上。投资人热切盼望市场上出现好的文化产品，而不是一味跟风，赶热度，赚快钱。投资要为好内容提供长久陪伴和助力，尊重文化多元。

我认为，做平台的机遇越来越少，文创领域未来两大方向值得关注。首先是深耕某个垂直领域的项目，专注、专业、深入，在某个领域做到最好。其次是文化与科技结合的项目。今后中国的创业趋势一定会从模式创新到技术创新，文化与技术结合将会产生更多的机会，会诞生更多伟大的产品和公司。

互联网技术催生了更多平台型公司，对好内容的需求越来越强烈，能够生产优质内容的创业项目未来一定大有机会。

中国绝大部分所谓的风口，都是玩概念。产生的所谓新商业模式，其实就是从左口袋倒到右口袋，很难说推动了社会进步。除了资本外，创业者要让自己的商业模式成熟起来，让自己成熟起来，很多人还没达到创业者应该有的成熟状态。

中国创客导师　俞敏洪
新东方教育科技集团董事长、
洪泰基金联合创始人

搞清楚你一生要做的那件大事——给职场新人的六个建议

俞敏洪

今天新员工培训，没想到不少老员工也坐在这儿，这种把自己当作新员工看的心态很好。

新员工到一个地方要“洗心革面”，要把自己放空，这件事情对大家加入洪泰非常重要，包括我在内也是。洪泰现在做的事情，跟新东方这样的企业做的事情，每一件都是完全不一样的。但是三年来，我跟泰哥（洪泰基金创始人盛希泰）合作得一直非常好，我们两个人的分工到现在基本上没变。所以，泰哥常常说，你是旗帜，我是旗手。

对于资本市场和投资，我也经历了一个不断学习和理解的过程。洪泰最初定位是天使（基金），如今我们已经做了资本投资的全产业链，这不仅是因为泰哥对 PE 的熟悉，更重要的是眼光和格局。随着中国和世界格局的变化，新产业出现，高科技带来了各个领域的变革和升级。这种背景下，单纯一个天使基金是很难把事情做大的，需要整个产业链的布局。

当然，这对我们来说是一个巨大挑战，每往一个方向拓展就意味着必须多一个维度的能力，必须调动更多维度和空间的资源。做一个天使基金对我们来说并不难，坦率来说，我个人的钱就可以做 10 期天使基金；而全产业链布局，一个 PE 基金的一期基金可能都得 50 亿到 100 亿，这就意味着我们要动用大量资源。

从人们对我和泰哥的信任，到洪泰在业界立足，到最后人们主动追求我们，这个过程用了差不多 3 年。现在，包括国家层面的、公司层面的、个人层面的不少投资人，已经表现出对洪泰的信任。未来我们必须赢得投资者的主动追随，让对方更加信任我们。到那个时候，洪泰才可能成为中国最强有力的、最值得信任的、高度最高的一家基金公司。

对于职场新人们，我也根据这些年的经验给大家讲一点心得。

初入职场的三个选择：平台、定位、价值观

第一，我们选择自己的发展道路时，选择的是舞台和平台。这个平台一定是适合你的，是能够让你有很大发挥余地的。

这取决于两点，一是你对公司的发展潜力和方向是不是认同；二是对公司领导者的信任，对于整个核心管理团队的信任，这一点非常重要。我们常常看到同样一件事情，一个人能做出来，另一个人是做不出来的。

第二，我们想把自己变成什么样的人。这方面我觉得人一辈子的选择只有两个方向，一是把自己变成精英人士，二是把自己变成专业人士。

精英人士是什么呢？很多人以为就是白领阶层或者做出一点事情的人，其实不是。真正的精英人士是有社会担当的人士，其方向和专业人士的方向是不一样的。

比如，最初我是一个专业人士，后来我往精英方向走了，精英人士可以叫作综合型高级人才，专业人士是专业型高级人才。这两个方向要根据你个人的能力，也要根据你个人的情怀来定。

大部分人的一生可能就是靠自己的某个专业技能吃饭。当然，专业技能做到极高水平是可以上升的，人是可以改变的，但也可以选择停留在这个层面。你会发现，很多创业公司做到一定程度后做不大，是因为创业者的能力有限，无法让公司成为一个有情怀、有担当的公司。

一个人是可以立志的，立什么志向到最后你大概就会变成什么样的人。但我们依然面临一个选择，这个选择就是你到底想成为一个什么样的人。能够安心于自己的专业能力提升，也是蛮重要的。

把自己的未来界定为精英，必须牢记四个词——贡献、责任、无私、情怀；而把自己定位为专业人士，我认为就是要做到雷军所说的专注、极致、创新、颠覆。一个人能做到专注、做到极致、做到创新、做到颠覆，说明你已经变成

了一流专业人才。

第三，人的发展方向其实是由价值观来决定的。你想变成什么样的人背后，你要考虑所持有的终生不能改变的价值观到底是什么。你能不能在这条路上走远，要看你能不能做到王阳明反复讲的“知行合一”。

核心价值观不是你念叨的，也不是你口头上去忽悠人的，而是你自己必须付出行动的。为什么到现在新东方5万多人愿意跟着我干，原因也非常简单，就是他们从来没有被这个地方骗过。在新东方，可以争、可以抢、可以拍桌子，但你不会被俞敏洪坑蒙拐骗了。

制胜职场的三种认知：三个变化、两个极致、四种心态

第一，人的一生是不断变化的一生，主要是三方面变化，第一个叫作个性变化，第二个叫作思维变化，第三个叫作环境变化。我们一生不断经历着这三个变化和升迁，现在有一个新词叫“跃迁”，意思是说你一定要在这三个变化中让自己不断地翻着往前走。

第一个——个性变化。新东方的发展过程，其实也是我个性不断改变的过程。我虽然个性随和，但也要做决断，因为只有我为新东方的最终结果负责任。处于这个位置，我需要为这个位置改变个性。

第二个——思维变化。价值观决定了我们的人生方向，而你的思维决定你的事业空间，这是必然的。比如说，互联网思维和传统思维是不同的概念，人工智能思维和互联网思维也是不同的概念，现在区块链思维跟人工智能思维又是不同的概念。每一个新的观念，你要把它变成你思维的一部分，并且变成指导你行动的一部分，这其实不是那么简单的事情。

第三个——环境变化。当你发现某一种事情在你的人生中遭遇现实困境时，你只有两个选择，一个是你有能力走出这个困境，可以在现实中解决这个困境；另一个是你必须进入另外一种环境。以我自己为例，我在北大时发现解决不了自己的困境，于是出来做新东方，这就是要去改变环境，环境也会改变人。

第二，一个人在公司要做到两个“极致”，第一个是把自己的工作做到极致，第二个是跟周围人的关系融洽到极致。

工作做到极致这件事情大家都明白，但是如何做到极致，其实是挺难的一件事情。大部分的工作只是做到你的直接领导满意为止，勉强过关，所以大部分人其实都是抱着混日子的心态去做的。你要真的把它做到极致，就要不断去钻研，这样才会出现新机遇。做到极致，不是说其他人教你怎么做你就怎么做，而是你必须自己想办法做，超越你本人的状态。

把同事关系融洽到极致，不是说你去拼命讨好别人，只要做到两点就行。第一是要和同事和平相处，别人有什么困难的时候、有什么不方便的时候你帮帮人家；第二是不要在背后搞事。只要做到这两件事情，你就是跟别人的关系恰到好处了。

这两件事情做完了，你在公司就稳如泰山。

第三，我觉得在一个公司做事要有四种心态。

第一种叫作学习心态，就是成长期盼。

第二种叫作合作心态，就是你一个人独自干成不如一起合作来干。

第三种叫作谦让心态，就是说有任何一件事情做成了，或者一个团队做了，一个小组做了，不管你花了多少力气，汇报的时候，如果你是leader的话一定要直接往后退，这都是别人的功劳。即使你不是leader，而leader要把功劳放到你身上，你也要说谢谢大家，有奖金我肯定拿得最少。大家都是同事，千万不要去抢，不要去争，因为你也许可以争一时，比如这一次争了多拿一次奖金，但可能以后别人再合作的时候不会想到你，或者领导提拔你的时候会立马想——这个哥们斤斤计较，不要提拔他。你的机会就被挡住了。很多人自己都不知道是自己挡住了自己的机会。

但第四种是恰恰相反的，叫作担当心态。当遇到真正的问题需要你解决，或者对你来说出现人生非常重大机会的时候一定要争取。当你所在部门缺少领导，而且你认为自己当领导一定能把事做成的时候，千万不能想我是不能当领导的，再选一个领导来。而应该直接到办公室，说把这件事情交给我，给我一段时间来证明自己，做不好我辞职，做好了你给我奖励。

这个时候你就要抢了，机会是抢出来的。如果这个时候你还不抢的话，你可能永远都没有机会了。一方面你要谦让，这是你对同事态度上的；另一方面有机会就要争取。有这四种心态你才能把事情做好。

判断好公司的四个标准

好公司的标准我认为就是四个要素。

第一，能让你得到精神和文化上的满足。你在这个地方身心上还是比较愉快的，整体上你觉得这个地方值得你来。

第二，要有合理的报酬，值得我付出，我的努力和得到的回报是差不多的，至于说是不是过高，高了你可以不吭声，太低了你可以去要求。

第三，这个平台上你的能力在不断增长，而不是总是重复你原有的知识结构，或者重复原有的劳动。

第四，最终荣誉上是不是得到承认了。这不是说一时，也不是说一年，也不是半年，而是你觉得在这个地方最终是被人认可的，被承认的。

最后，我过去写过的一段话，这里再次重述一遍：

每一个人在这个世界上都有自己的位置，人生的发展就是寻找自己位置的过程，不同的生命阶段我们有不同的使命。但我们一辈子就是为一件大事而来的，那件大事的完成需要你心灵的完善和现实的全部努力，每个人要做的就是，搞清楚你一生、这一辈子有什么大事。

这个大事每个人见解不一样，我的人生大事就是竭尽全力帮助年轻人成长。我就讲这么多，谢谢大家！

（2018 年 5 月，在天津洪泰基金新员工培训会上的演讲，
蔡浩爽整理）

俞敏洪：
互联网要有速度，而教育要有温度

蔡浩爽／文

随着互联网和移动互联网的发展，互联网和教育行业的结合成为大家关注的热点。

新东方教育集团董事长俞敏洪认为，教育和人工智能技术的结合展现出一些新趋势，但技术追求速度，教育追求温度，人工智能不会完全取代线下真人教师。

有流量并不代表能把教育做好

寻找中国创客：教育领域，尤其是互联网教育领域在2018年有哪些新趋势？

俞敏洪：一方面是教育和人工智能技术的结合。目前这一结合大部分还处于尝试阶段，还没有真正成熟的产品出现，但我相信未来一定会有好的AI教育产品。

另一方面是教育市场下沉到三、四线城市。这是一个必然趋势，因为一、二线城市的教育市场已经相对饱和，并且由于互联网教育的兴起，教育下沉到三、四线城市也变得更加容易。

寻找中国创客：人工智能技术将给教育行业带来哪些改变？

俞敏洪：毫无疑问，人工智能技术会给教育行业带来重大的冲击和改变，涉及教育行业的方方面面。它是一场革命，是学生学习效率的提升，以及老师教学水平的提升。

另外，人工智能到底是不是能够完成教育的全部任务，截至目前仍难以判

断。因为教育的全部任务包含一个人完整、全面的成长培养，包括情感培养、审美培养等，这是很难用人工智能技术来完成的。

最终，教育还是要回归本质：培养一个完善的人。老师与学生面对面的交流对孩子所产生的影响，是人工智能技术和互联网教育无法取代的。所以，互联网会对教育行业产生影响，但绝对不会像线上电商颠覆传统零售那样剧烈。

寻找中国创客：2018年以来，有很多互联网公司也相继加入K12教育赛道，这些拥有流量的互联网公司入局，会不会改变教育行业目前的竞争格局？

俞敏洪：教育领域是一个巨大的领域，吸引了各方资本，很多互联网公司都希望能够试水，国内几大互联网巨头也都搭建过自己的教育系统。

这些互联网公司也许能凭借算法优势推出教育领域的新模式，如果真的推出了，那值得我们学习。但至少到今天为止，没有互联网公司能把教育真正做好。

我想强调的是，互联网流量跟教育是两个不同的概念，一个拥有流量的公司并不一定能把教育做好。教育是个慢工细活，具备很多专业技巧。互联网要有速度，而教育要有温度。我也呼吁互联网教育从业者，回归教育本质，用高科技的互联网技术实现真正的有温度的教育。

中国企业家最具备企业家精神

寻找中国创客：在第五届世界互联网大会期间，你将参加主题为“新时代的数字经济”的企业家高峰对话。在你看来，什么是企业家精神？

俞敏洪：中国企业家是全世界最具备企业家精神的，也是最具备创新能力的。在我看来，中国企业家其实是分代际的。我们这一代人的特点是比较勤奋肯干，脚踏实地，步步为营。新一代的企业家则比较善于利用技术突破和颠覆性创新。两代企业家都有各自的特点，毫无疑问，面向未来，新一代企业家将会占据更大优势。

寻找中国创客：你的身份除了企业家，还是投资人。在选择被投企业时，你更看重企业的商业模式还是创始人的个人品质？

俞敏洪：两个都会很看重。首先，商业模式要走得通，因为商业模式是否能走通表明了这个创始人是否有常识。当然，进入移动互联网时代，判断商业模式要复杂一点，需要投资人看得更远。

其次，我也非常看重创始人的个人品质，主要是创始人的判断能力、果断力、团队合作能力、容纳能力、对商业的敏感性等。在过去几年，这始终是创始人成功所需具备的重要品质。

寻找中国创客：展望未来五年，你认为世界互联网行业会有哪些趋势？

俞敏洪：随着第二波人工智能浪潮的开始，人类在技术领域已经有很多突破。未来，技术与实体行业的深度融合，将成为一大趋势。

尽管中国的创业质量越来越高，创业者素质越来越强，创业环境越来越好，但也出现了很多问题。创业者如何把握手中的力量，如何去负责任地释放，如何让它为社会造福而不是造祸，至关重要。金钱就是价值观，创业者一定要志存高远，当你把社会责任、公众利益放得比生意更高的时候，获得的不仅是成功，还有尊敬。

中国创客导师　徐小平
真格基金创始人

徐小平：因信任收获的果实比因怀疑失去的更多

蔡浩爽　刘素宏 / 文

如果说“全民天使”是当下中国创投环境的一大浪潮，那么徐小平正是先行者之一。

在徐小平开始涉足投资事业的2006年，天使投资初见雏形。这一年，徐小平50岁，通过新东方上市实现了财务自由。

这是神奇的一年：以百度、阿里巴巴、腾讯、天涯等为代表的互联网产业飞速发展，海外人才从这一年开始大规模回国创业，在第一批互联网浪潮中实现财务自由的创业者们转身扮演起天使投资人的角色。徐小平感到“历史长河溅起一朵浪花，值得纪念”。

数据显示，到了2011年，中国风投总额达到73亿元，成为道琼斯风险资源有记录以来最高的一年。也是在那一年，徐小平、王强联合红杉资本中国成立了真格基金2.0，开始了天使投资的机构化探索。

真格基金最早的目的是支持年轻人实现梦想，截至今日，真格基金已经陆续投资了600余个创业项目，其中不仅包括世纪佳缘、聚美优品、51Talk等上市公司，还包括估值超过10亿美元的独角兽ofo、小红书、VIPKID、罗辑思维等。

投资12年，徐小平很少做尽调（“尽职调查”，又称“谨慎性调查”）。真格基金最为人所熟知的投资逻辑就是“看人”。

不少人对这套略显感性的“投人”理论有所迟疑：不担心被人骗吗？但徐小平说：“在人生的果园里，我因为信任收获的果实比因为怀疑失去的更多。”

“个性最强的天使”

在采访的当天，徐小平准时出现在位于国贸的真格办公室。

“徐老师会想到很多 founder friendly（创始人友好型）的事情，平易近人就是其中的一点。”前红杉资本副总裁、主导了沈南鹏与徐小平、王强合资成立真格 2.0 的胡丹说，“徐老师（做投资）系统性不是最强的，个性却是最强的，美誉度也是最高的。”

作为真格 2.0 的重要出资方，红杉资本全球执行合伙人沈南鹏正是看中了这一点：“徐小平具有的超强影响力，能够吸引到大量创业者。”

2006 年，天使投资混沌未开，徐小平形容自己是在“创世纪”。“我虽然知道天使投资是有意思的事情，但我不好意思对别人讲。”那段时间，徐小平刚刚离开新东方董事会，他的朋友们，例如德意志银行的负责人、美林证券的投行主任都来问：“小平，你干吗呢？”他回答说：“哎呀我没干吗，就是没事儿给别人点钱。”

这种情况一直持续到 2009 年，再有朋友询问徐小平的工作时，徐小平向对方介绍了自己投的项目。“这个时候，我从对方眼中看到了欣赏，也看到了中国天使投资事业的崛起”。

忆及最初走上天使投资之路的机缘，徐小平认为，有两个人为他“点燃了创投事业的第一把火”，一个是新东方前同事钱永强，另一个是新东方合作学校的行政人员洪根强。

2005 年，新东方上市前夕，钱永强通过投资一家互联网公司，两年时间内获得了超过百倍的账面回报。这是第一次，徐小平感受到了天使投资的神奇以及财富创造的魅力。

有了做天使投资的想法后，浙江创业者洪根强成为徐小平投资的第一个人。洪根强是新东方在杭州合作学校的一名行政人员，“我觉得他踏踏实实，特别能干”。2006 年，洪根强告诉徐小平，他要做中国的 Facebook，需要 100 万。徐小平问：“你为什么能做互联网？”洪根强答：“因为我是杭州人。”“杭州人为什么就能做互联网？”“因为阿里巴巴在杭州。”

就这样，“我们两个人一个不懂互联网，一个不懂投资，一拍即合”。徐小平笑着说，“这其实都不能叫投资，更像是鼓励创业”。

“青年导师”身份延续

第一笔投资就奠定了真格“做创业者的垫脚石”的投资风格。

斯坦福商学院可以算作徐小平投资的福地。2005 年，徐小平在这里认识了兰亭集势创始人郭去疾，又在郭去疾的引见下结识聚美优品创始人陈欧。

2006 年，陈欧还在新加坡读大四，和师弟创办了在线游戏对战平台 GG–game。在寻找国内投资人的时候，郭去疾为他引见了徐小平。

决定投资只用了十几分钟。徐小平决意给陈欧提供 18 万美元的投资，占股 10%。

不久，陈欧的游戏公司在国内遭遇水土不服的问题，为了让公司活下来，陈欧两次调整创业方向，这期间，徐小平为了不给陈欧增加压力，有意不主动联系。

最终，转型后的聚美优品上市，18 万美元变成 3 亿美元，徐小平获得数千倍账面回报，这也成为真格有史以来回报率最高的一个案子。

徐小平习惯主动去认识人。他在北京的住处就像一个大型会客室，他经常组织年轻人在这里聚会。每年，徐小平都要花一个月左右的时间在美国东、西海岸作巡回演讲，在哈佛、MIT、斯坦福、伯克利，甚至在谷歌办公室里，鼓励中国留学生和在美华人回国找他创业。

2011 年，时任斯坦福商学院学生会主席胡丹因为听演讲认识了徐小平。徐小平主动询问：“你们有没有想创业的同学？能不能安排我跟他们聊一聊？”

就这样，胡丹连同几个同学租下了斯坦福商学院平时用于喝酒聚会的图书馆，临时为徐小平组织了一场与创业者的见面。徐小平在这个天花板低矮的图书馆坐了超过 10 小时，单独跟每个人聊了 30 分钟左右。

“这实际上种下了很多种子，许多回国创业的人，第一个都来找他。”现任 DCM 高级投资经理的白楠已经记不清楚当初自己找了一个什么样的创业方向跟徐小平聊，但他知道，他那届斯坦福商学院每一位回国创业的同学，都拿了真格基金的钱。

天使投资人徐小平是新东方“青年导师”徐小平身份的延续，他懂得利用自己在青年群体中的影响力，将“天使投资”做成口碑传播。

“有点傻”的老江湖

现任真格基金 CEO 的方爱之，最初看到徐小平的投资风格，甚至担心他会被创业者骗了。

在真格成立初期，有很多创业者上门“忽悠”。每当这个时候，方爱之就会忍不住提醒身边的人：“这个创业者在说谎！徐老师又要被骗了。”

有一次，一个创业者坚持要求徐小平除投资之外，还要帮忙付 MBA 的学费，为了得到投他的机会，徐小平立马点头同意。方爱之和真格早期员工，都觉得徐老师似乎有点傻。

其实，这个“有点傻”的老江湖自有一套判断人的哲学，在谈笑风生之间，已经开始判断。

在胡丹帮助真格处理投资事宜的那段时间，徐小平告诉胡丹：适当接受创业者的某些缺点。“对人性要有一定的容错率，”徐小平说，“人心向善。没有人会刻意带着自己的缺点前进。”最终，这个 MBA 还真没让徐小平亏钱。

“跟真格有过合作的项目，再次创业时经常会送给真格一些股份。”方爱之说。戴威因为创业之前得到过徐小平的指导，在创办 ofo 之后，曾送给徐小平一个点。“当时就值 100 万，现在则超过几千万”。

作为天使基金，真格在过去不过分强调做尽调，不装作比科技创业者更懂技术，不自认比创业者更懂业务，但真格懂人。

只要认准了人，真格给创业者失败的机会。聚美优品陈欧、小红书毛文超等被投企业都是调整了两次甚至多次创业方向之后才最终跑出来的。

在天使投资逐渐崛起的 2011 年，真格决定向机构化发展。当得知曾经帮自己组织过学生见面会的胡丹要入职红杉中国成为沈南鹏的手下时，徐小平第二天就去“挖墙脚”。

虽然没挖来胡丹，但是促成了红杉与真格的合作，也是真格机构化的拐点。

“提出这个构想后，沈南鹏的反应超乎寻常的热烈。”徐小平说。沈南鹏亲自拟定了合伙协议。

彼时，已经做了近 80 笔个人投资的徐小平没有任何系统化的管理，就连一个整理被投项目的表格都没有。徐小平意识到：真格需要一个专业的 CEO。胡丹推荐了自己在斯坦福的师姐、出身投行世家的方爱之。

和以感性著称的徐小平不同，方爱之极重规则感。真格基金刚成立不久，徐小平难得“系统性”一回，主动提出将投过的项目梳理一遍。方爱之和胡丹很开心：终于要搞个公式出来了！

几个人一起，输入已投公司的各种变量，包括创始人学历、创始团队人数、股权比例等，然后找人通过数学里的逻辑回归寻找各个变量之间的规律，结果一大套程序跑完，发现一点规律都没有。徐小平知道后先是一愣，然后发出标志性的大笑：这说明看人这件事要靠直觉，这件事只有我做得了！

不过，最终徐小平这套独家的看人绝技还是被方爱之量化成了包括领导力、决策力、视野等在内的 13 条考评因素，总分 130 分。“如果总分能达 110 分的创业者，一定要抓住”。

前行中的反思者

徐小平曾获评某机构“2011 年度天使投资人”，当时，对方告诉徐小平，中国的知名投资人就 30 多个，机构也屈指可数。2017 年，有 FA 再跟徐小平交流时，这个数字变成了“5000 多家机构，16000 多个投资人”。

“中国创投在过去 10 年完成了从 0 到 100 的飞跃。”说到这里，徐小平忍不住怀念，“我多么希望时光倒流到 10 年前。”那是一个创业者远渡重洋只为寻找 5 万美元、10 万美元的年代，投资人几乎投一个中一个，“但话说回来，在那个年代，没有一个生态来支持创业投资，我肯定又会怀念今天创投繁荣的局面”。

一方面，徐小平说“焦虑是伴随梦想的一种常态”；另一方面，徐小平又对“真正的失误”难以释怀。他常常提到自己因为只专注天使轮而错失 A 轮的美图、柔宇科技，前者已于两年前成功上市，后者的估值也翻了近 1000 倍；

因出于保护被投的情绪，在一个赛道只投一家，因而错失出行领域的巨头滴滴；因为估值问题，险些与找钢网、依图科技这两个独角兽失之交臂。

他坦言："我们应该出于投资的本能去投我们觉得更有竞争的项目，而不是为了保护创业者的情绪放弃更好的投资机会。这是一个错误。"

成立 7 年，真格基金做出了一些改变，比如提出"From A To A"（从天使轮到 A 轮）；比如创立真格失败研究院，收留亏过 300 万元以上的创业者。但从某种程度上来说，真格又没变，From A To A 是投人逻辑的延展，失败研究院是另一种形式的鼓励创业。

有人将徐小平视作大器晚成的代表，50 岁才摸到投资的门槛。而 62 岁的徐小平说：人的一生应该怎么度过呢？做天使投资。单纯的快乐是幼儿园才会有的事情，成年人的快乐叫作"砥砺前行"。

过去20年，创业者与投资人主要是“放眼世界，赢在中国”，即将国外的技术和商业模式引入中国，并仰赖国内庞大的消费市场及资金支持，迅速赢得成功。但也因先天不足，失去了国际市场上的竞争力。所以，未来我们会更专注于以“硬科技”为核心的技术创新，以及为刚性需求提供解决方案的投资机会。立足中国，赢在世界。

中国创客导师 熊晓鸽
IDG资本创始董事长

熊晓鸽：继续投出下一个伟大公司

刘素宏　黎明／文

2003年，熊晓鸽迎来了他在中国做风险投资的第十个年头。这一年，对中国风险投资业同样意义非凡。

在2000年爆发的全球互联网泡沫危机过去三年后，中国互联网行业开始酝酿下一波创业浪潮，资本也开始四处围猎，蓄势待发。

这种迹象很快传导到美国。一年后的夏天，美国硅谷银行组织了一个阵容豪华的考察团来中国考察。紧接着外资创投大举入华，一个风起云涌的创投新纪元开启。

浩浩荡荡的时代大潮中，被推向前台的除了明星创业项目，还有顶级风投机构。IDG资本，无疑是其中最亮眼的风投机构之一。

在它的投资名单里，有腾讯、百度、搜狐、小米、美团、美图、爱奇艺、宜信、携程、搜房、如家等众多明星项目；耕耘中国25年，投出750多家企业，已上市或成功退出的企业超过170家。

"我一直保持记者的心态，我非常热爱这个职业"，熊晓鸽扬起他的娃娃脸说。25年过去，他依然保留着记者职业化的好奇、坚韧，以及一丝孩子气。

"我认为自己有两个职业，一个是记者，一个是投资人。这点从来都没变。"熊晓鸽说。"不忘初心"，他如此解释。

做记者和投资人都需要采访调查

“记者采访记者，有意思！”熊晓鸽以诙谐的口吻，打开了当天采访的话题。

在 IDG 资本北京办公室里，熊晓鸽靠坐在一张办公椅上，桌子上整齐地摞着厚厚一沓资料，略显褪色的硬纸板封皮透着年代感。

“这是我当年在硅谷采访的报纸剪报。”熊晓鸽翻开最上边一本资料册子，一边翻页，一边自豪地介绍当年的经历，这是他心中的荣光。

1987 年，熊晓鸽从波士顿大学毕业，获得新闻传播学硕士学位。三年后，他成为卡纳斯公司旗下《电子导报》亚洲版的主任编辑。这让他有机会以一种全新的视角来审视当时的亚洲和中国。

“我在当时已经开始琢磨亚洲‘四小龙’的兴起。”熊晓鸽回忆。

去过几趟硅谷后，熊晓鸽发现，很多新型创业公司的创始人都是华人，在和他们打交道的过程中，他开始接触到“风险投资”这一概念。这激发了他的兴趣，“就这么开始写起来了，一写就一发不可收拾”。

凭借敏锐的洞察力和出色的文笔，熊晓鸽对硅谷创业者的报道迅速走红。“尤其是那些华人的公司，一看到我的名字就特别有兴趣”，很多创业公司打电话来指名要找他，为了方便外国人发音，熊晓鸽还特意起了一个笔名——Hugo。一方面，这个名字更加朗朗上口，避免了外国读者不知道如何拼读“Xiong”的尴尬；另一方面，他是一个文学青年，爱读《巴黎圣母院》《悲惨世界》，“Hugo”就来自法国作家维克多·雨果的名字。

在《电子导报》做电子产业记者的经历，让他开始对商业有更多思考，同时也看到了电子信息产业在中国的巨大潜能。

1991 年年末，熊晓鸽加入 IDG。1993 年，在美国 IDG 创始人麦戈文先生的支持下，他代表 IDG 与上海科委合作成立了中国第一家合资风投公司，从此迈出了 IDG 资本在中国投资的第一步。

在中国 PC 互联网时代，IDG 资本几乎投出了互联网行业的“半壁江山”，从早期的腾讯、百度、搜狐，到后来的小米、美图等项目，今天绝大多数知名互联网企业背后，都有 IDG 资本的影子。

在宜信公司创始人、CEO 唐宁看来，IDG 资本在中国过去的 20 多年，就是灯塔和标杆。

熊晓鸽的跨界转型，在日后也成为媒体人转型投资人的经典案例。

但熊晓鸽依然强调自己记者的身份。“我现在依然保持着记者的好奇与敏锐，只是现在写的东西不对外报道而已”。在他看来，做记者跟做投资有很多相同的地方，都需要去采访、调查和琢磨。“记者是寻找好的报道对象，投资人是寻找好的投资对象”。

面临行业变革，“投人”策略不变

IDG 资本的前 10 年踏上了中国 PC 互联网创业的浪潮，以一种领跑者的姿态独领风骚。但在过去的 15 年里，IDG 资本不得不迎接来自各方的挑战。

第一个关键节点发生在 2005 年，国外几乎所有的顶级投资机构集体入华，业内称之为“狼来了”，IDG 资本与 Accel Partners 共同发起成立 IDG-Accel 中国成长基金 I，以合资基金的方式强强联合；第二个关键节点发生在 2009 年，创业板开市带来了本土创投机构的崛起，人民币基金纷纷设立。

彼时，IDG 资本面临从未有过的挑战，熊晓鸽清醒地知道 IDG 资本已经失去了先发优势，但他并不惧怕。

“做投资无非就几件事，投哪个行业，哪种产品，以及主要还是投人。”熊晓鸽说。面临行业变革，IDG 资本在历史上不断进化，其投人的核心策略一直未变。

这种对人的看重或许和他做记者的经历有关。相比冰冷的数字游戏和投资才技，熊晓鸽更注重基于自我认知的人文关怀。

采访过程中，当观点交锋时，他会突然说：“你不错！这个说得不错！”甚至兴奋地拿起马克笔在小黑板上讲起他的一些“独家发现”。

这确实不像一个以数字和逻辑驱动的投资人，相比他 20 多年的老搭档周全，熊晓鸽显得更加感性和天马行空。而这两个人的深度互补与信任，也是 IDG 资本多年来形成的合伙制度的缩影。正是这种强调信任的合伙人制度，使得 IDG 资本 20 多年来不断培养输送出新生代投资人，历经多个经济周期仍然有条不紊地运行。

周全是典型的理工男，技术范，务实而低调。在熊晓鸽赴美留学之前，两人就已相识。周全比熊晓鸽早一年赴美，而熊晓鸽选择去美国，也在一定程度上受到了周全越洋电话的鼓励。

熊晓鸽和周全一冷一热，两个性格截然不同的人，却成为亲密无间的挚友。在美国留学期间，周全夫妇做好饭就会叫熊晓鸽去吃，如果周全下班后看到家里冰箱空了，就知道熊晓鸽中午来过了。

1993 年熊晓鸽代表 IDG 回国做投资时，周全请长假以技术顾问的身份回到中国协助熊晓鸽。

熊晓鸽正式邀请周全加盟时，两人谈了三天。周全说："不行，我们俩一起来做这个事情，到时候吵架怎么办？"熊晓鸽说："咱们约定一下，以后什么时候都像现在这样，永远可以吵，有话就直说。"

就这样，两人成为 IDG 资本在中国最早的合伙人，也是搭档最久的一对。两人一文一理，一个像是 IDG 资本的心灵，一个像是 IDG 资本的头脑。熊晓鸽热衷文艺，富有感染力，周全对技术有长期而深刻的积累，对科技领域的投资判断精准。

实际上，两人也偶尔吵架，但他们有自己的解决方法——"不记仇"。"我觉得就是一件互相学习、取长补短的事情。"熊晓鸽总结道。

与得力合伙人架构并行的另一条线是，IDG 资本的投资团队善于抓住被投企业衍生出的更多机遇。

1995 年年底，张朝阳打算从美国回国，在临行前的朋友聚会上，熊晓鸽现场为他唱了一首《送战友》。1998 年，在搜狐最缺钱的时候，IDG 资本联合英特尔公司、道琼斯、晨兴资本向搜狐投资了 220 万美元。

这种思路同样体现在对连续创业者季琦的支持上。从 1999 年到 2005 年，季琦分别参与创办了携程网、如家、汉庭，每次创业，IDG 资本都大力支持，而且是在种子轮或天使轮进入。2008 年金融危机，IDG 资本对季琦力挺并追加投资。后来季琦用"雪中送炭"来形容这种支持。

下一波成长空间会在工业互联网

与回忆往日辉煌相比，熊晓鸽更喜欢放眼未来。

熊晓鸽说，早年做记者，报道很多电子元器件公司都在美国，之后随着亚洲四小龙崛起，很多相关公司迁到亚洲。

从互联网、移动互联网再到人工智能时代，技术创新的时间间隔越来越短，每一波浪潮都孕育了新的机遇，而机遇属于勇立潮头者。

互联网、移动互联网时代造就了一批伟大的公司，而人工智能时代，独角兽辈出，传统行业也在随着产业革命而发生深刻变革，更加巨大的机会正在孕育。

在熊晓鸽看来，过去20多年中国互联网行业的机会都属于消费互联网，但它的红利越来越少，“现在大家开始回过头来看一些硬科技的东西，开始谈论智能制造，所以我认为下一波成长空间应该是在工业互联网、人工智能”。

这是熊晓鸽对未来投资方向的判断。在过去的PC互联网浪潮中，IDG资本投中了BAT中的百度和腾讯，在移动互联网浪潮中，又投中了美图和小米。但熊晓鸽认为，在今天再谈商业模式创新已经不行了，一定要谈hard technology（硬科技），“需要有真正属于自己的IP，真正属于自己的技术”。

在人工智能领域，IDG资本在首轮就投资了商汤科技，如今估值超过60亿美元。“我们就是在寻找这样的公司，我觉得这是我的兴奋点。”熊晓鸽说。

2018年7月，IDG资本宣布聘请著名科幻作家刘慈欣担任“首席畅想官”，刘慈欣以富有想象力、具有人文内涵的科幻作品为人所熟知，他的《三体》被公认为中国科幻文学里程碑之作。这是一个脑洞大开的合作，承载了IDG资本对前沿科技的畅想。

畅想未来需要打破已有的枷锁，投资早期项目常常会面临这样的挑战。

ASR CEO戴保家回忆，IDG资本最初投资他时，其实就已经达成共识，项目短期内不会挣钱。当他的上一个创业项目锐迪科打算从视频业务转向基带时，大部分人都认为转型很难，以往也缺乏相关的成功案例，IDG资本依然选择支持他，这背后其实就是建立在专业基础之上的乐观。

在IDG资本合伙人牛奎光看来，熊晓鸽的乐观、周全的严谨，是完美的搭配。很多早期项目并非完美，很多抉择正是凭借着乐观才投出的，而一旦投下，投资人就不是站在外围评判创始人对与错，而是一起去面对与解决问题。

如今，IDG 资本在内部倡导再次创业的精神，“我们现在最重要的事情是保持创新和学习能力”，熊晓鸽说。因为对于 IDG 资本这家创投机构而言，能否抓住下一波浪潮，投出下一代伟大的企业，将决定其未来能否继续领跑。

在熊晓鸽眼中，没有所谓的大局已定，变革和创新时刻都在发生，这让他感到兴奋。而他想要做的，就是继续投出下一个 BAT 级别的伟大公司。

“要敢于尝试、不怕失败。”熊晓鸽说。

孵化下一个“BAT”不只是风投的目标

熊晓鸽和他创办的 IDG 资本，是中国投资界的资深冒险者。腾讯、百度、搜狐、小米、奇虎 360……一系列今天赫赫有名的中国企业，创始阶段都曾是熊晓鸽的赌注。在一次次的下注过程中，他见证了中国互联网消费时代的到来。

伴随这个时代的出现，熊晓鸽不仅目睹了一批具有企业家精神的创业者的努力，同时也见证了互联网经济的发展逻辑的形成。

概言之，制度宽容、非公有资本能够无障碍进入，是互联网经济繁荣的主要前提。二者共同塑造了互联网经济特有的竞争文化、市场氛围和创新环境。这种环境为熊晓鸽的投资成绩单打下了基础分。

VC 的本质是投资未来。当熊晓鸽投资清单上的创新创业企业一个个变身为商业巨头的时候，怎么寻找未来，就成为新的挑战。

而且，新挑战的变数更多。一方面，在数量需求上，资本还不足以满足创新创业企业的需要。仅从风险投资与 GDP 的比例看，中国还远远落后于欧、美、日等发达经济体。

另一方面，在质量需求上，今天创新的定义已有了重大改变。中国 IP 正在取代过去的移植——优化 IP，成为创新的新识别标准。

更高标准的创新创业，更高程度的资源配置优化，这不仅是投资界，也是中国经济今天最重要的命题之一。新命题的关键是，不仅需要链接微观的利润增长点，也需要更紧密地链接宏观需求。

当下，支持创新创业的政策力度越来越大，金融资本、国有产业资本纷纷进入创新创业领域，数量需求有望得到一定程度的缓解。但同时也要看到，质量需求仍无法得到保证。资金使用上是“撒胡椒面”、投资反馈上是虚假创新等现象，不是没出现过。什么是既符合资本增值，又符合宏观需求的资本配置方式，还需要更多探索。

寻找下一个“BAT”，是熊晓鸽现在的目标。孵化下一个“BAT”，不应只是熊晓鸽一个人和风险资本的目标，金融资本、产业资本都该树立这样的目标，如此，才有可能打造出更多的中国IP，以创新的繁荣，带动经济的繁荣。

创业者掌握趋势、未来发展方向或者创业的机会，非常重要。不少创业者喜欢追风口，这可能跟资本市场、跟投资者钱太多有关系。但是一个行业如果很多人都可以进入，那门槛一定很低，建立长期门槛的能力和机会就会差很多。想追风口，要么有很特殊的优势，要么有钱，但不管怎么样一定要谨慎。

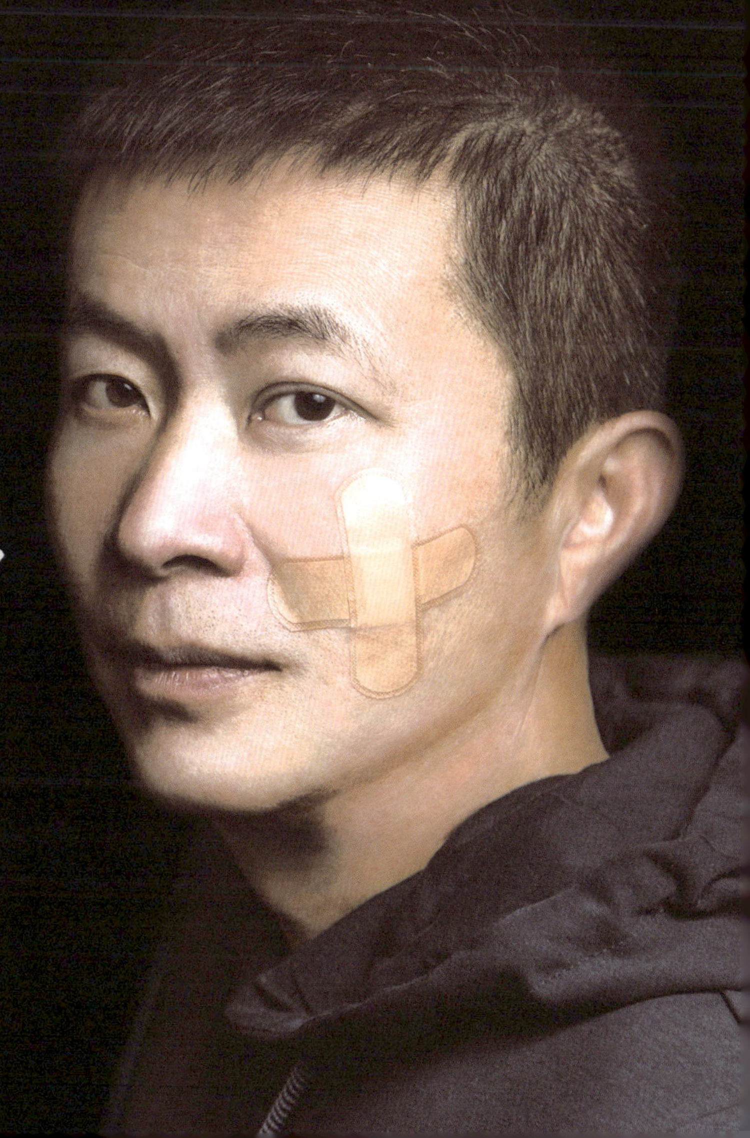

中国创客导师　曹国伟
新浪董事长兼CEO、
微博董事长

微博启示录：创业需要准确判断未来趋势

曹国伟

我从来没创过业。19年前我加入新浪的时候，是作为高管来帮助新浪上市，后来慢慢在公司承担了更多责任。但新浪也投资过一些公司，我也接触过很多创业者，在创业方面也有一些体会。更相关一点的经验是，我在2009年开始领导新浪的第二次创业，就是大家熟悉的微博。

这个过程是很不容易的：2009年8月我们发布了微博，然后迅速成为现象级产品，在市场上火了起来。到2012年，微信出现，再加上很多外部环境变化，微博进入低潮期，也进入了第二个发展周期。2016年前后，因为抓住了短视频、移动等大趋势，微博成功地实现二次崛起。

微博虽然不是一个独立创业公司的项目，但这个过程中遇到很多问题，积累了很多经验和体会，我觉得对创业公司来说很有启发，所以我想分享这方面的内容。

首先，微博能取得这样的成功，跟定位很有关系。

很多人问为什么新浪突然做微博？为什么把全公司的力量都投在微博上？其实这不是一个偶然的决策，也不是一个突发奇想。

早在2006年，我们对新媒体的发展方向就有三个判断。

第一是社交。我们当时的判断是，媒体将会越来越走向互动、走向社交。

当时新浪的内容来源有三个。一是传统媒体，比如《新京报》，我们是非常好的合作伙伴。二是自己生产，我们的很多体育、娱乐、财经新闻都是自己采编，因为这类新闻只有自己做才有时效性、可读性。三是我们重点要打造的，就是互动的社交媒体。博客也好，微博也好，让每个用户能发布、分享、传播，媒体内容的来源会越来越多元化，这是新媒体的发展方向，也是未来最重要的趋势。

第二是移动。从 2006 年开始，我们把做的每个项目都在手机上复制。因为我们认为手机终端、移动终端未来会越来越重要。当时其实没有人想到移动互联网能发展到今天这个阶段，但我们认为是一个趋势，希望能把移动端一起做起来。

第三是多元化。媒体越来越走向多媒体多元化，内容的形式会从图文走向视频。

这三个方向是我们当时对未来趋势的重要判断。其实虽然对方向做出了判断，我们也不是从第一天就突然做出了微博。当我们看准这个行业趋势后，在 2006 年我们成立了互动事业部，专门做符合这个趋势形态的产品，我们做了很多尝试，直到 2009 年我们发现微博是适合我们方向的产品。

无论是微博的早期发展还是二次崛起，坚持的依然是我们最早期对大趋势的判断。

微博从第一天开始，就发布了针对所有移动终端的版本。当时很多人认为微博在学习 Twitter，我们是学习了 Twitter 的机制、产品形式，但是比 Twitter 更早推出移动客户端，而且微博一开始就支持视频，Twitter 在很多年以后才开始支持视频。

微博二次崛起的时候，很多人认为主要是因为对三、四线城市的渗透，以及我们做了很多差异化的动作。这都是非常重要的因素。但有一个核心因素，是我们对短视频行业的判断。

我们很早就投资了秒拍，而且把它作为承载短视频发展很重要的平台。过去两年里微博用户、流量、使用时间的增长，都跟短视频分不开。从结果来看，我们很多判断和布局都是非常有前瞻性的,这也决定了我们成功的概率比较高。

总结我们的很多成功，跟对趋势的判断密切相关。如果是在座各位创业，需要在一个新行业里面发展，对趋势的判断特别重要，如果判断准确，成功的概率就会高很多。

其次，时机非常重要。

我们看到趋势性的东西后，什么时候出手、什么时候发力是非常重要的。

新浪历史上做过很多产品，我们20年前还做过电子商务，因为那时候大家都在学美国学Amazon，但当时中国网民连1000万都不到，所有电商的设施都没有。太早了，所以不成功是必然的。

微博是PC互联网向移动互联网过渡时期的重要产品，是移动互联网上第一个现象级的App，发展得非常快。但那时还不是真正的移动互联网，我们只是把PC的版本复制到了移动版本上，不是按照智能手机的特点开发的产品，所以效率并不高。

2012年年底，我们做了个大胆的决定，就是全面移动化。所有的版本从那天开始，先考虑满足移动端需求，然后再做PC。如果这一个决定再晚一些的话，可能就没有微博的二次崛起。

再次，创业应该符合自身的特点和优势。

新浪历史上做过电商、游戏，还做过搜索。但新浪做的第一个成功的产品是新闻门户，因为有了新闻门户，我们与很多传统媒体结下了深厚友谊，大家一起发展，这是标志性的创新。第二个成功的产品是新浪博客。博客第一年火的时候是非常现象级的产品，一点都不亚于后来的微博。

如果把新闻门户作为1.0的媒体产品，博客就是2.0产品，微博就是一个3.0产品。1.0时代，就是把传统内容搬上网。2.0的时候我们让每个人有地方去发布。到微博的时候，我们不单单是让每个人去发布，还可以让每个人去传播、去分享。这就是媒体发展的三部曲。我们在这三个阶段都做得非常成功。

这其中最重要的原因就是我们抓住了自身的特点和优势，也就是积累了多年的强大媒体基因。其实我也是媒体出身，我是互联网公司CEO里比较少的学新闻出身的，我对媒体的理解，也会帮助我们在新媒体产品上的成功率更高一点。所以创业如果能够符合自己的特点、自身的优势，成功率就会比较高。

最后，就是专注和坚持。

微博成功还有很重要一点，就是我们创立了一个非常独特的机制，让我们非常专注、非常坚持地把这件事做好。在微博早期，整个公司是用all in的态度来对待微博。因为我们觉得在互联网行业能抓住一次机会非常不容易，而这次机会对我们来说成功率比较高，所以一开始我们就非常专注、举全公司之力来做这件事。

我们把微博成立为一个独立公司，让全公司的资源和人才都来支持这个新的事业。在最极致的时候，所有高管的期权只有微博的。我们把这个机制设定在这种非常极致的状态下，就是希望每个员工、每个高管都能在这个新业务里面全力以赴。那时候公司每个部门都负责微博一个方向的支持。这样一种极致和专注，是我们成功非常重要的因素。

在中国互联网或者世界互联网，甚至在IT行业里，一家公司在原有模式上越强大，要探索出一个实现自我超越的新产品或者新模式就越困难。这里面很大程度上跟你的能力、基因、思维方式有关系，所以一旦看准趋势抓住时机，就不要受KPI、现有业务的影响，要全身心地投入新产品里面。

微博上市路演是我非常痛苦的时候，我参加了很多路演，那次是我经历过的最冷的一次。我们走访了七八十个基金，开了七八十个会，几乎没有一个基金下单。为什么呢？很重要的一个原因就是，2014年这些基金已经有很多华人分析师或者投资经理了，这些人往往是微博早期用户，而且是非常重要的用户。他看到我第一件事就说："你们这个东西以前挺好，现在我们不用了，不但我们不用，我的朋友也不用。那这个数字怎么来的？这个增长怎么来的？"所以他对微博一点信心都没有。

但他不理解，微博最初的很多用户在一、二线城市，尤其是高端用户。但在互联网人口红利结束时，再往下到三、四、五、六线城市，还是有很多机会。微博也一样，从一、二线城市到三、四线城市，其实二次崛起很大程度上是向三、四线城市渗透的过程。在这样一个判断下，路演时我们自己是很有信心的。

路演时很多人还会问，有了微信为什么还用微博？我的回答是，这两个产品是不一样的，微信是私人社交，微博是公开社交媒体。这两种定位在市场上同时存在，需求也是同时存在的。

当然我们IPO（首次公开募股）还是很成功的，但是整个市场对我们的态度是一点信心都没有。不过我们坚持下来了，很大程度上取决于我们对趋势的判断、对我们自己发展的信心。

（2018年4月，曹国伟在寻找中国创客第四季启动峰会上的演讲，马芊整理）

创业不要总想把事情做大，实际上应该聚焦于一点。任何企业都是有生命周期的，不可能一种模式走到头。创业者需要逼迫自己去寻找一些不按常理出牌的颠覆性技术，他们很重要的一种能力，就是对市场和技术的洞察力。

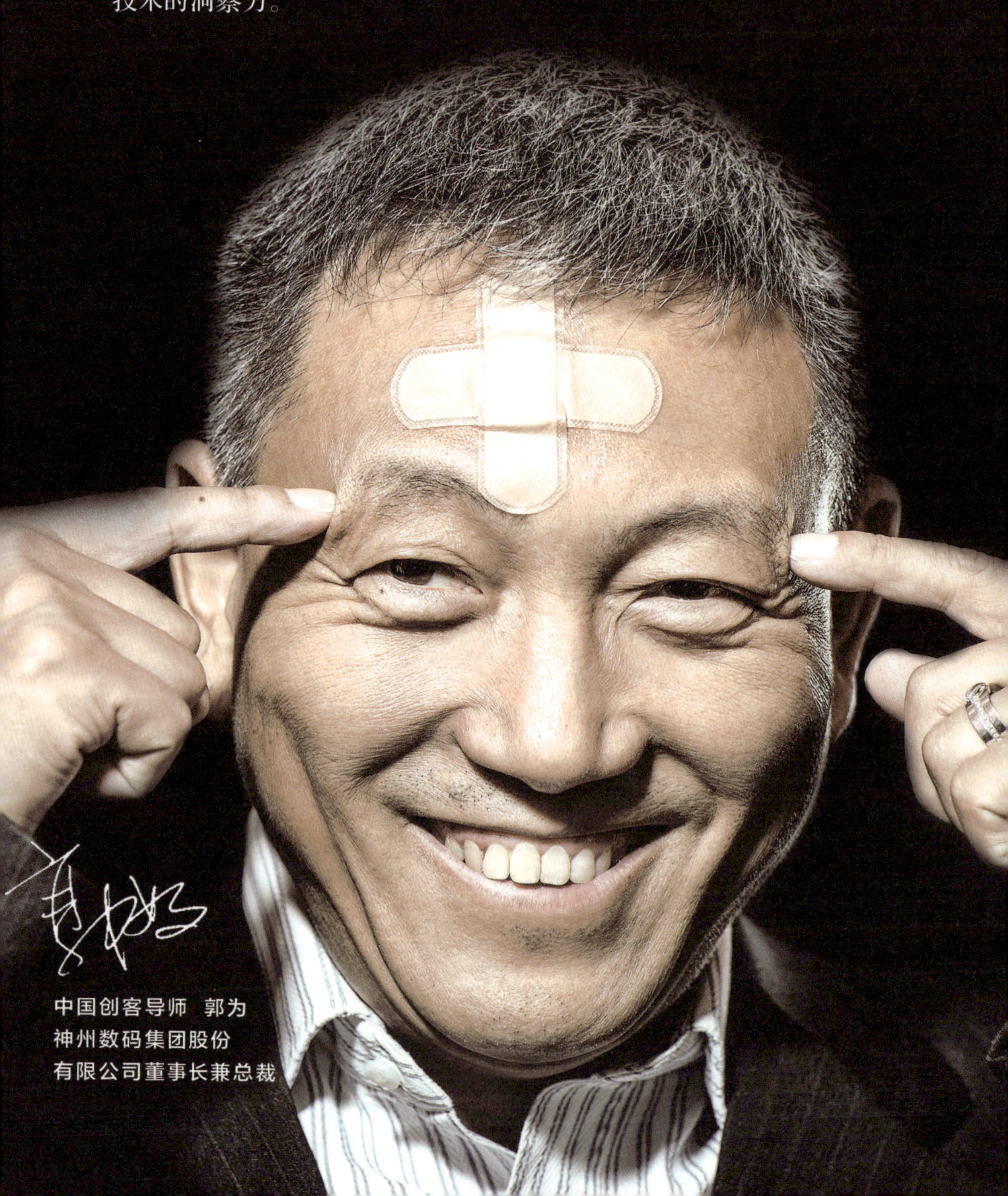

中国创客导师 郭为
神州数码集团股份
有限公司董事长兼总裁

郭为：创业就是不断聚焦，逼迫自己寻找颠覆性技术

刘素宏　刘景丰 / 文

"17 岁只是一个少女的花样年华，女大十八变，充满未知，更值得期待"，穿着公司的绿色纪念 T 恤的郭为说。2018 年 6 月 1 日，神州数码控股有限公司迎来上市 17 年纪念日，中国创客导师、神州数码控股有限公司董事局主席郭为接受寻找中国创客专访。

时间退回到 2000 年，联想誓师大会，郭为、杨元庆分别从柳传志手中接过两面旗帜，从此联想分为两支——神州数码和联想集团。

2001 年神州控股上市，2013 年神州信息上市，2016 年神州数码集团上市。郭为给三家公司圈定了向云计算、大数据转型的战略方向。2018 年 3 月，神州数码集团交出了向云计算业务转型以来的第一份财务报表。报表显示，神州数码集团的云计算业务在 2017 年实现 2 亿元营收，毛利率为 33.3%，毛利水平明显高于主营的 IT 分销业务。

起家传统 IT 分销业务，第二次转型整合 IT 服务，第三次转型大数据和云产业，郭为称自己一直是以"老创客"的心态在适应快速变革的互联网时代。

在接受寻找中国创客采访时，郭为谈及自己走出联想后的 18 年公司发展历程，他称在联想时，一种有保护的成长给了他台阶，但同时也是一种"包袱"，会让人安于现状，为此他需要不断保持洞察力，像"雷达"一样扫描新东西，靠创新力赢得尊重。

18 年的公司管理，他为自己打了及格分。他认为创业的心态就是不断聚焦，在细分领域里成为隐形冠军。在 BAT（中国三大互联网公司：百度、阿里巴巴、腾讯）手握巨量资源的情况下，要做差异化竞争。

谈转型——紧迫感在于如何与未来握手

“神州数码从联想时代开始到现在，实际上已经有30多年的历史沉淀。这种沉淀对创业是不利的，会让人安于现状，不愿意去挑战自我。”

寻找中国创客：神州数码经历了很多迭代期，从最近几次收购看，你们是如何考虑的？

郭为：我们自己也要做云产业，但我觉得我们短期内做不出来像上海云角那样的公司，但通过收、并购的方式可以补足这块能力。从一个简单的成本运算来看，我们要独立做到云角现在的技术水平和市场能力，可能付出的代价比收购还要大。

另外我也希望给企业带来一些创业的基因。神州数码从联想时代开始到现在实际上已经有30多年的历史沉淀。这种沉淀对创业是不利的，会让人安于现状，不愿意去挑战自我。所以我们需要新的血液，给大家一些刺激。

寻找中国创客：正视自己不能做什么，也需要很大勇气。确定自己做不出来的认知来自哪儿？

郭为：直觉，过去的经验。第一次转型从2001年开始，麦肯锡给我们做规划图，实际上从2001年到2007年一直在探索软件业务怎么做。在今天快速变革的时代，没人再给我7年时间来“从0到1”地探索新业务模式成长。

在今天的高度竞争中，传统IT企业在人才竞争上有劣势，要花更多资源以及让员工看到未来性。我的紧迫感始终在于，神州数码如何和未来握手，而不是和过去握手。

寻找中国创客：你怎么迅速捕捉到云角的创始人，如何找到这些代表未来性的新生代创业者？

郭为：没有秘诀，我们也是在市场上不断观察。只有进入市场，与市场其他参与者同呼吸共命运，才能找到创新者。

我始终在和一些前沿技术性的公司、科学家交流，来感知未来技术的方向。保持开放入口的状态，不断学习。

寻找中国创客：人的思维是有惰性的，你决定转型云计算时痛苦吗？

郭为：我不痛苦，我的团队痛苦，因为刚刚转型时他们不知道我在说什么。一个领导者必须对整个市场有洞察力。尤其像我们这种企业，没有任何既有的资源，那就要靠洞察力，比别人先走一步。最痛苦的就是团队在这个过程中接受程度的差异。每次转型都会有人跟不上，于是便会挨骂、被淘汰。

任何的企业都是有生命周期的，没有办法一种模式走到永远。只有不断与时俱进，才能保持生命力。

谈竞争——逼迫自己寻找颠覆性技术

“创新要么需要资本的力量来保护，要么需要行政力量来保护。这种情况下，我们也在逼迫自己去寻找一些不按常理出牌的颠覆性技术，来提升自己。”

寻找中国创客：云计算市场阿里云已经占了将近一半的市场份额，包括腾讯云也接近10%。神州怎么做一个差异化定位？

郭为：我们是一个云管平台。现在企业客户使用的可能不是一种云，不管是公有云还是私有云，都是多云融合，多云融合就需要对各种云进行一个管理，我们就担任这样一个角色。

寻找中国创客：BAT手握大量资源，一旦看好某种模式就可能投入大量资源去做，这种情况下创业者前期铸造的先发优势还存在吗？

郭为：创新要么需要资本的力量来保护，要么需要行政的力量来保护。这种情况下，我们也在逼迫自己去寻找一些不按常理出牌的颠覆性技术，来提升自己。比如，在物流领域我们就有物流数字化的“人机共舞”。另外，大数据的预测将成为整个新零售的成败关键。把货物提前放到离用户最近的仓库里，用大数据来管理货、管理现场，做到“单未下、货先行”。

寻找中国创客：这是智慧物流的一部分，巨头也想做，比如说在“双十一”等节点，神州数码扮演的角色是什么？

郭为：我们在天津武清区建立了一个应用机器人自动分拣的系统，整个系统采用科捷物流“人机共舞”的设计方案。机器人分拣操作区域人车分流，机器人将具备自适应和自学习功能以及信息推送互动系统，分拣准确率将达99.99%，效率比纯人工分拣提升三倍，大大节省了人工。

人机结合，“人机共舞”的库内流程具备很高的弹性，不但极大地提高了人工效率，而且解决了目前仓储机器人应用中的一大难题，在几十倍于平日单量的大促时节，它可以发挥重要作用，缓解物流压力。

谈创新——要“开道超车”探索新道路

“我们只能靠我们的创新力，来赢得别人对我们的尊重。”

寻找中国创客：你怎么定义神州数码在IT时代、DT时代的角色？

郭为：无论身处哪个时代，我们一直定位自己是一个重要的参与者、探索者、实践者。过去我们讲“弯道超车”，现在有人讲“换道超车”，实际上经验告诉我们要“开道超车”，要不断探索新的道路。

当我第一次提出智慧城市的时候，可能大家根本不知道我们做的是什么，因为我们是一种新的模式。但是今天很多人已经非常熟悉这个概念。我们只能靠我们的创新力，来赢得别人对我们的尊重。

寻找中国创客：2010年你在国内提出“智慧城市”概念，并无太多先例可循，如何破局？

郭为：我觉得很兴奋，我们发现了一个“新大陆”。能不能实现，这和我公司的团队、能力有关，要和传统的模式、传统的组织方式去斗争。而且很痛苦的一点是，这些组织方式都是我自己建立的，自己拆自己的庙。

寻找中国创客：你怎么让自己保持始终在前线的状态？

郭为：企业家很重要的能力，就是对市场、对技术的敏感性，也叫洞察力。过去我们是做行业的软件应用，突然有一天我们在扬州考察时发现，这座城市的管理者需要一个融合的管理服务平台，他要把城市里很多信息、数据综合起来，那就是我们最早的智慧城市1.0——城市的电子政务平台。

后来随着互联网，特别是移动互联网的出现，我们感觉到单一的互联网服务比如搜索、电商已经不能满足老百姓需要了，如何让老百姓基于互联网的方式获得综合性的服务是新的需求。于是我们的智慧城市2.0出现，为市民、企业和政府提供融合服务的“一中心三平台”。

寻找中国创客：大数据、人工智能等技术叠加到一起的时候，我们的生活会不会发生像科幻里面的变革？

郭为：不是科幻，是从根本上提升生活质量。比如医学，现在最突出的矛盾就是医疗，很多的家庭因为疾病得不到及时的医治而感到痛苦。怎么解决这个问题呢？第一是大数据下的精准医学，让老百姓少花钱得到最有效的治疗；第二是大数据等技术可以对疑难杂症进行辅助治疗，解决老百姓的痛苦；第三是数据分析可以拿出更有效的诊断、治疗方案。

谈管理——走出联想 18 年，给自己打 60 分

“我们的投资一定是围绕着对未来世界的看法，不是为了赚钱，是为了提升整个公司的创新能力。”

寻找中国创客：2011 年的时候你就卸任了神州控股 CEO 的角色，之后你对自己的定位是什么？

郭为：一个公司的日常经营是一件很烦琐的事。我卸任 CEO 的角色到董事长的位置，是希望能够有机会看到新的东西，为公司的发展起到雷达的作用，扫描一些新的东西。投资辅助于我们整个公司的发展，但我们不是靠投资来生存，我们还是要做自己最擅长的业务。

寻找中国创客：那你所圈定的这些投资目标，它和既有的业务具体怎样战略协同？

郭为：大数据领域最重要的就是如何采集、收集数据，就像在能源时代，首先要把原油和煤矿开采出来，所以挖掘机就很重要。神州控股、北大燕云就是数据的挖掘机，在全球范围内都是最领先的数据采集技术企业，这就是我们的投资。

我们的投资一定是围绕着对未来世界的看法，不是为了赚钱，是为了提升整个公司的创新能力。

寻找中国创客：走出联想之后的这段时间，你对自己管理公司打多少分？

郭为：就算及格吧，60 分。

寻找中国创客：那 40 分要怎么提高呢？

郭为：这大部分是由于历史的原因和我自身的局限性。历史的原因是我们

带着联想的基因，这意味着起步时会有一个良好的台阶，但同样会给你形成一个包袱。从我自身讲，在联想的日子，我一直在一个有保护的环境下成长，不像外面的创业者那样经历过无数次的失败，以及对市场和人性有深刻的洞悉。我自身的局限性也体现在这里。于是我在 2001 年之后经历过一些“摔跟头”的事情，历经几次波折才走上正轨。以前我总想把事情做大，后来我才明白，最好的办法应该是“聚焦”，把事情做到点上。所以今天我们的调整办法就是，在大数据领域里，我们要在某个细分领域里成为“隐形冠军”。

创业没有上、下场，永远都有机会。应该是弄清大的发展方向在哪儿、趋势在哪儿，如果能抓住一个机会，一定要坚持住。在中国这样一个人口众多的巨大市场里面，你的机会很可能多于那些发达国家。所以今后的五年，对中国来说、对年轻人来讲是创业最好的时代。

中国创客导师　阎焱
赛富投资基金首席合伙人

阎焱：
商业模式可以调，创始人不是好领袖没戏

蔡浩爽　刘素宏 / 文

如果有两条路摆在面前：一条平坦宽阔，但没什么起伏；另一条丛林蔽日，但说不定有未知机缘，阎焱一定会选择第二条。

要形容阎焱前 60 年的人生选择，再没有一句评价比他微博上的个人简介更为贴切：不喜欢平庸。

作为中国第一代 VC，阎焱创造的纪录值得被记述：投资盛大，缔造了中国最年轻首富，让世界资本市场意识到在中国做 VCPE 可以赚大钱；通过谈判，使赛富从软银获得独立，引领“VC 独立运动”风潮；在金融危机时逆势注资姚劲波，挽救了风雨飘摇的 58 同城……

雷士照明事件后，阎焱很少接受媒体采访，但江湖上总有他的传说。

如今，坐在办公室上了年头的古董交椅里喝着茶，阎焱像是一个经历了早期资本厮杀、越显岁月积淀的长辈，不再需要使用外在的锐气压人。而当谈起行业乱象时，他针砭时弊的棱角仍在。

从没有上过高中的插队青年到掌管着数十亿美元的顶级投资人，人生对于阎焱来说没有既定之规。他用自己的经历向人们表白：“一定要去尝试，不一定会成功，但至少不会后悔。”

开山辟路的第一代外资 VC

2018 年是阎焱从事投资的第 25 年，他领导的赛富亚洲目前管理着总规模近 60 亿的人民币基金及 40 亿美元基金。目前，赛富已经投资了 400 余家公司，

布局覆盖了消费类产品及服务、科技、传媒、通信、金融服务、医疗、旅游及制造业。

阎焱似乎总能捕捉到每个时代的优秀公司，其中包括一批对中国互联网发展具有很大意义的项目：盛大游戏、银联商务、神州数码、完美时空、58同城以及后来的知乎、映客、探探、如涵、博纳影业、三角兽等。

在阎焱初涉投资的1994年，中国创投尚处于草莽时代。IDGVC在中国还只是公司内部刚成立一年的投资部，投资女王徐新尚未进入本土券商百富勤开始她的第一笔投资，27岁的沈南鹏还在美国，张颖可能还没大学毕业。夹着皮包到处想给人点钱的VC们被和“皮包公司”画了等号。

这一年4月20日，中国接入了第一条国际网络专线，带宽只有64KB/s，网速与即将进入5G时代的今天完全不可同日而语。马云在这个时候还没做中国黄页英文网站，距百度和腾讯的出现也还有5年。

作为最早进入中国的一批外国风险投资机构代表，阎焱见证了国内创投浪潮的从无到有，也为中国VC行业开创了诸多先河。

1998年，“中国风险投资之父”成思危代表中国民主建国会中央委员会提交了《关于借鉴国外经验，尽快发展中国风险投资事业的提案》，中国创投事业曙光微现。41岁的阎焱在这一年力排众议操盘了亚洲基础设施基金AIF对中国海洋石油的2.8亿美元投资。3年后，中海油成功在纽交所上市，带来3倍账面回报。

2003年，互联网泡沫破裂后不久，加入软银亚洲基础设施基金的阎焱捕捉到商机，以4000万美元注资深陷法律纠纷的盛大网络。

后来盛大创下一年内上市的神话，白手起家的陈天桥一时成为中国最年轻的首富。这个案子在两年内带来的账面回报达20余倍，而在阎焱看来，“盛大第一次让全世界资本市场意识到：在中国做风险投资是可以赚大钱的”。

而真正让阎焱在中国创投领域奠定自己江湖地位的，是由其主导的著名“赛富独立事件”。

2005年，盛大等项目已经让阎焱领导的软银亚洲成为全球最赚钱的VC之一，年平均回报率高达90%，但他的身份却有些尴尬。投资回报80%归LP（有限合伙人）思科，GP（一般合伙人）回报20%里的绝大部分归软银和孙正义，阎焱和团队作为基金实际领导者，获得的回报少得可怜。

恰逢孙正义在互联网泡沫中损失了几百亿美元。为收购日本电信，孙正义不得已选择向银行贷款 290 亿美元，而日本银行提出条件：软银必须从所有投资中退出。借此机会，2004 年年底，阎焱就赛富的独立问题与孙正义进行了谈判。

2005 年，双方和平分手，软银亚洲更名为软银赛富，阎焱独立募集到 6.4 亿美元二期基金，其团队掌握 100%GP 的股权。

赛富独立事件标志着“VC 独立运动”的开始。阎焱之后，IDG 开始独立融资，吴尚志离开中金创立了鼎辉，徐新离开霸菱投资创办今日资本，张磊也离开纽交所创建高瓴资本。“取得独立的唯一途径就是能单独融到资。”阎焱跟老友们分享了他的经验，“募不到钱，就只能跟着别人玩儿。”

现在的赛富重点关注中后期投资，克制地不追风口。“如果都去赶‘风口’的话，那好的投资人和不好的投资人还有什么区别？全世界就都跟着一块忽悠呗”。

世上大多数生意的投资逻辑都大同小异，关键的三点就是人、项目和产品，阎焱尤其看重创业者本身。“人的力量最大，商业模式不对还可以调整，创始人如果不是一个好领袖，基本没戏”。

2017 年，赛富亚洲对中国的消费前沿做了跟踪研究，发现以视频为导向的电商是一个非常有趣的行业。“未来，垂直电商可能机会更大，比如专门针对白领的电商。”

拒绝平庸的安徽农村青年

在位于中环世贸 20 层的办公室里，挂着阎焱最喜欢的电影《教父》的海报。

就像逃到西西里的迈克（《教父》主人公之一）没有想到自己最终会成为黑手党家族新一任首领一样，投资人也并不是阎焱最初为自己规划的角色。

追溯阎焱走上投资之路的轨迹，唯一有迹可循的就是他拒绝平庸的性格。“一开始我真的有一个当飞行员的梦想，我也特别不喜欢老干一件事。”

为了实现飞行员的梦，没有上过高中的阎焱在农村插队时自学考上了南京航空学院，没想到去了之后才发现所学专业不是开飞机，而是造飞机。即使毕业后成了“歼-8 Ⅱ改”战斗机的主管工程师，他依旧沮丧地发现，工程师力量太弱小。

1984 年，阎焱考入北京大学社会学系，攻读费孝通先生门下的研究生。当年几千人中只收四名学生，这个从安徽农村出来的年轻人以为，这四个人中怎么也要出一个总理级人物。“我以为考了社会学就可以管理社会，后来发现也不是那么回事儿”。

1986 年，阎焱再次主动追求身份的转变，考入美国普林斯顿大学攻读国际经济政治学博士学位。毕业后进入世界银行成为研究员，一年后他又放弃金饭碗，降薪去了美国知名智库哈德逊研究所。

在研究所期间，阎焱出了一本书叫《胜利后的尝试》。但“世界上看完这本书的人应该不超过 20 个”，不能对世界产生影响，让阎焱再度失望。

1994 年，阎焱 37 岁，在经历了无数次身份的转变后，阎焱毫不讳言，“发现最能改变世界的还是钱”。正好世界银行的老上司向他抛出橄榄枝，邀请他加入美国国际集团新组建的 AIF。

一上来他就投资了上海中桥、中国联通、成绵高速等项目，但一开始路走得并不十分顺利。联通项目注资一年后被迫退出，只补偿了 8% 的单利；高速公路建设项目起初是门好生意，但随着 1996 年 AIF 与惠记集团合资成立的“路劲”在香港上市，地方政府也发现了这块蛋糕，利润越摊越薄。

直到中海油的出现，阎焱遇到了他在 AIF 最著名的案例。

阎焱看好当时中海油对海上油气资源独家的勘探和开采权，也与经历类似的总裁傅成玉惺惺相惜。但彼时中海油刚刚在纽约上市失败，美国国际集团投委会的九名美国董事不相信：如果这门生意真的像你说的这么好，怎么还会上市失败？

被否定的阎焱遇到了时任美国国际集团工委会主席基辛格。基辛格跟他开玩笑：“嘿，年轻人，发生什么事了？我从没看过有人像你这样沮丧。”“我说：‘Henry，如果有这样一家公司，拥有全美所有海上石油、天然气的独家勘探和开采权，它值多少钱？’只一句话，他就明白了”。项目在基辛格的推荐下顺利进行。

不够“圆滑”的“祥和”前辈

今天的阎焱已经像马龙·白兰度饰演的老教父一样，带着点漫不经心的绅士范儿。但在交流中，他的性格又像是小教父迈克，带着点反叛桀骜和一股子执拗劲儿。

在 AIF 的七年，阎焱给基金带去了可观的账面回报，成为基金最年轻的合伙人。这个时候，他性格中的不安分又冒了出来：或许是中海油一事让他意识到了集团的官僚气，也或许是人生需要新的挑战，阎焱在 2001 年选择加入日本软银公司和美国思科共同出资成立的软银亚洲基础设施基金（SAIF）。

那时孙正义希望招一个亚洲裔 CEO，要求是管理过 10 亿美元以上规模基金、有技术背景，阎焱全中。

在 AIF 吃过不能自己拍板的亏，在与孙正义第一次见面时，阎焱就提出条件：即便你是投委会主席，所有的行政事务也都得我说了算。

2008 年金融危机最严重的时候，姚劲波找上门，说公司没钱了，希望赛富能够再追加 300 万美元。“当时我们内部的意见非常两极化”。最后阎焱拍板，跟！

退出中海油董事会时，对方送给他一幅油画。画里的阎焱穿着严谨的西装，双臂相抱，镜片微微反光。“你觉得这像我吗？”阎焱问。问完又自己回答：“不像，其实我是个蛮祥和的人。”

2012 年的雷士照明事件将阎焱卷入舆论旋涡，媒体将来自外资机构的他形容为“门口的野蛮人”，用资本驱逐民营企业家离场。虽然事后对雷士照明吴长江的判罚证明了阎焱的理性和正确，但“强势”的标签已经摘不掉了。

对于这个标签，阎焱有点委屈。“很多人不在意一个人的良知和诚实，只因为你坚守原则就进行批评”。在他看来，自己不过是在遵守规则和维护道德底线。

阎焱难以认可国人所说的“圆滑”。从他喜欢的书就不难发现他与“圆滑”对立的原因：卢梭的《社会契约论》、托克维尔的《论美国的民主》、马克斯·韦伯的《新教伦理与资本主义精神》。

投资交友之道：人品

阎焱不回避资本的逐利，但依然追求投资行为的社会意义。

有次开会时，阎焱曾碰到过一位母亲。“她来找陈天桥，说陈天桥害得她儿子天天沉迷游戏，不去上课”。这让一手帮助盛大成长的阎焱，心里有点不是滋味。

早年跟某大型企业谈合作时，这个公司雇了不少中国戏曲学院的毕业生。后来发现，这些小姑娘主要是陪着在卡拉 OK 厅唱歌跳舞的。

阎焱在采访中多次强调对人本身，尤其是人品的看重。他有一个习惯保留至今：投项目之前，必须跟创始人本人见一面。“面部表情、人的松弛程度都能反映他的内心”。

从事投资多年，阎焱自信很难被创业者在商业模式、技术层面欺骗。“即使这个技术我不懂，我也知道去哪里找懂的人”。失误反而最容易出现在对人的判断上。

马云是阎焱推崇的国内少数有企业家精神的人，大气、仗义、不装，“他的朋友告诉他不要相信记者，但马云说他相信人”。

阎焱也欣赏老友孙正义的专注和不装。第一次见面，孙正义完全没有聊阎焱的履历和投资哲学，而是拿着一个与机顶盒类似，可以连接电视、拨打电话的盒子，跟他聊了两小时。“孙正义有点工程师心态，做什么事情都特别专心，偏爱理工科背景的人”。

有投资人说，焦虑是追逐梦想的常态。从业 25 年，阎焱已经学会跟这种焦虑和解。他给自己安排了充分的休闲时间，有人问他不担心在休假时错过好项目吗？阎焱始终记得李嘉诚的劝诫：“世界这么大，赚钱的机会很多，不用担心错过什么。”

寻找中国创客：你最遗憾错过哪个项目？力排众议推荐过什么项目？

阎焱：没什么遗憾，我从来不这么考虑问题。力排众议的项目，中海油是一个例子，2008 年给 58 同城注资也是。

寻找中国创客：如果不做投资人，你想做什么职业？

阎焱：我 1977 年插队的时候参加高考，毕业后做战斗机的主管工程师，1984 年进入北大成为社会学研究生，1986 年攻读普林斯顿大学国际经济政治学博士，1994 年正式踏入投资圈。如果重来一次，我还会这么过。人生可供选择的机会不多。我不是说我现在有多成功，只是建议一定要多去尝试。

寻找中国创客：你希望你孩子从事什么职业？会做投资人吗？

阎焱：我经常告诉我们家的下一代，如果真正聪明就去学理工科，结果大部分都是读艺术。我只有一个女儿，我对她讲过，你最好不要做任何与钱有关的事业，所以她去搞电影了。我觉得做导演挺好，也不要想着赚钱，天天天马行空，胡思乱想，对女孩子挺好的。

优秀的创客从来都是把梦想凝聚到一个简单的产品上，了解用户的痛点，深耕用户需求，利用技术进行创新，改善用户体验。创业者切忌空谈战略，一味追逐估值。潮水总会退去，踏踏实实做好产品才是王道。

中国创客导师　周鸿祎
360公司董事长兼CEO

周鸿祎：智能硬件迎来市场高峰还需三至五年

薛星星 / 文

随着万物互联时代的到来，网络安全越来越受到社会公众的重视。2018 年，世界互联网大会将“创造互信共治的数字世界——携手共建网络空间命运共同体”定为大会主题，足见网络安全的重要性。作为安全互联网公司 360 集团董事长兼 CEO，周鸿祎认为，应对大安全时代的威胁和隐患，从技术层面来说，要利用安全技术、人工智能等打造整体防御机制，对攻击进行智能化、自动化响应。

“信息安全”进入“大安全”时代

寻找中国创客：2018 年世界互联网大会设立了主题为“普遍安全”的分论坛，360 作为一家以安全为主的互联网企业，你如何理解“普遍安全”？

周鸿祎：普遍安全又可以理解为网络安全的泛化，就是我提出的“大安全”概念。

“万物均要互联，一切皆可编程”，这意味着网络空间的攻击将会穿透虚拟空间，直接映射到物理世界的安全。因此，网络安全的威胁已经从传统网络安全，扩展到国家安全、国防安全、社会安全、家庭安全乃至人身安全，网络安全已经从“信息安全”时代，进入了“大安全”时代。

寻找中国创客：当人们进入“万物互联”的物联网时代时，安全隐患主要都出现在哪些方面？

周鸿祎：万物互联带来的是物联网、车联网和工业互联网，网络攻击不再局限于用户电脑，而是可以通过链接攻击国家的基础设施、公共设施。

寻找中国创客：从行业角度而言，应当如何预防这些安全隐患？

周鸿祎：应对大安全时代的威胁和隐患一定要有大的格局。

首先，政府和民间企业要有协同性。其次，网络安全最终还是靠人，靠安全专家，当前我国网安人才缺口达到70万。最后，从技术层面而言，要利用安全技术、大数据、人工智能、云计算等打造整体的防御机制，对攻击进行智能化、自动化的响应。

2018年，360推出的“安全大脑”就是应对大安全时代的一个整体解决方案。虽然是360提出的，但我们愿意把经验、数据、技术、能力开放出来，赋能网络安全产业。

个人隐私需企业与政府共同维护

寻找中国创客：近年来，某酒店集团会员信息泄露等个人隐私安全事件频发，应当如何保护隐私安全？

周鸿祎：用户应该提高自己的个人信息保护意识，特别是身份信息、财产信息，要先思考，后行动。

比如，用户在支付商品款项时，如发现页面上有“我同意”“授权”等字样的条款选项，要仔细浏览，不要轻易授权“免密支付”等功能。与此同时，用户在设置“免密支付”时，也要考虑到在该平台消费的频率和额度，对于那些使用频度低或平均消费额度较高的平台，用户尽量不要开通免密支付。

对于大规模的用户信息泄露，更重要的是企业要对用户信息负起责任，这就需要尽早立法对企业进行监督。

寻找中国创客：物联网已经成为近年来各大互联网公司发力的重点，智能硬件产品正在进入普通民众的生活之中，但同时市场上也鱼龙混杂，你对目前国内物联网市场的发展是如何思考的？

周鸿祎：我认为IoT、万物互联代表着未来，但目前的智能硬件还处于起步阶段，真正迎来市场高峰，可能还需要三到五年的发展。

寻找中国创客：展望未来五年，你认为世界互联网行业会有哪些趋势？

周鸿祎：移动互联网时代开始过去，下一轮发展的焦点无疑是万物互联与人工智能。

人工智能时代，在AI领域创业，我有几个建议：不建议考虑互联网AI创业，可能当你获得流量时风口已经过去了；很多传统行业希望用数据激活业务，基于这一需求的商业AI创业非常靠谱，但这些行业的公司思维固化，创业者需要抱着服务心态，并且做2B软件的CEO一定要是好销售；对于无人驾驶、AI芯片等全自动化AI创业类型，核心是钻研技术的同时也要考虑为商业服务。

李开复

中国创客导师　李开复
创新工场董事长兼CEO

我的人工智能之悟

李开复

我的演讲是关于人工智能如何与人类共存，以及我们为何需要重新思索人类价值观。我先和大家分享一下我自己价值观转变的心路历程吧。

那是 1991 年 12 月 16 日上午 11 点，我即将初为人父。我的妻子先玲躺在产床上，历经着 12 小时的辛苦分娩。

我人还在她床边，眼睛却不停地瞄着手表——我没有告诉她的是，如果我们的第一个孩子没能在一小时内出生，我将不得不把她留在产房，然后赶回苹果总部，向公司 CEO 作一个关于人工智能的报告。

幸好我的女儿珍妮弗在正午出生了，没让我做出荒唐事来。我把工作摆在家庭前面，为此，我对先玲和珍妮弗抱有歉意。

不过，我向苹果 CEO 作的报告进展得倒是很顺利。1992 年，也就是 26 年前，就在 TED 这个讲台上，苹果公司决定启动我的人工智能项目。我当时笃信我们有了个大发现，显然第二天的《华尔街日报》也是这么想的。

不过事实上就该发现的重要性而言，我的这个人工智能的发现既算不上发现印度，也比不上发现美洲，勉强算得上发现葡萄牙附近的一个小岛吧。

人工智能的发现时代从此便一发不可收拾，接着在大约十年前，几个美国人和加拿大人有了个重大发现，那就是深度学习。深度学习是一款了不起的优化软件，它使用某一狭窄领域内的海量数据，从而做出精准度惊人的决策或预测。比如：

在深度学习接受食物照片的训练后，就能识别出任何食物照片，包括我们最爱的热狗或非热狗食品。

在接受大量交通状况的训练后，深度学习就能比高速公路上的多数人驾驶得更好。

用特朗普总统的所有演讲对其加以训练后，我们就能要求人工智能特朗普总统谈些和人工智能有关的事……甚至是用中文来说。

在美国引领的发现时代中，深度学习是迄今为止最重要的发明，没有之一。自深度学习出现突破以来，我们就迈入了人工智能的实践时代，在这个时代里，要紧的是执行力、产品质量、速度和数据。中国因此顺势而入。

中国的科技执行力是基于令人难以置信的勤奋工作。我差点弃妻子于产房不顾的那事儿，和中国的企业家相比，简直就是"小巫见大巫"了。我在中国做风险投资，有一回见了个声称自己能给员工提供极佳工作生活平衡的初创公司，理由是他们采用 996 工作制。什么是 996 工作制？是从早上 9 点工作到晚上 9 点，一周工作 6 天。中国的大多数其他初创公司采用的是 997 工作制。

由于竞争激烈，中国的产品质量有了大幅提高。硅谷的竞争像古时的战争，交战双方轮流开火。在中国，竞争好似角斗士们在竞技场上毫不设防的殊死搏斗。激烈的竞争逼着企业家们雷厉风行地改进产品，并开发出可立于不败之地的商业模式。所以，微信和微博可以说已演进成比 Facebook 和 Twitter 还优秀的产品了。

中国市场迅速向新产品和新范式张开怀抱。仅在过去 3 年内，移动支付取代现金和信用卡，成了头号交易工具。2017 年，移动支付的交易总额高达 18.8 万亿美元，甚至超过了中国的 GDP。这是怎么做到的呢？中国的移动支付建立在世界顶级的基础设施上：交易费几乎为零，支持小额支付而且点对点。超过 7 亿的中国用户可以互相进行支付转账，无论是在线上还是在线下，是进行借贷还是赠礼，是给孩子、村里的农民还是给乞丐。

中国巨大的市场体量又为之推波助澜，它产生的海量数据是人工智能发展的关键助力。中国拥有数据优势：中国的手机用户比是美国的 3 倍，食品外卖量是美国的 10 倍，移动支付额是美国的 50 倍，共享单车乘骑数是美国的 300 倍。

有了这些海量数据，中国企业的人工智能便如虎添翼。如今，中国在计算机视觉、语音识别、语音合成和机器翻译等领域拥有世界上最有价值的公司。

美国研究人员引领人工智能的发现，中国工程师们则成了人工智能应用的领军人物。这两个超级大国将带来史上最迅猛、最波澜壮阔的技术革命。人工智能将产生前所未有的巨大财富。普华永道估计，到 2030 年，人工智能将带来 16 万亿美元的全球 GDP 增长，这会帮助消除贫穷和饥饿。

然而，人工智能也将严重威胁许多人的生计。工业革命把手工工匠的工作转化成大量常规工作（如生产线工作），但是人工智能革命将彻底取代这些生产线工作。不出 15 年，驾驶、电话销售、卡车司机甚至是放射科医生等类似工作和事务也将被人工智能取而代之。在这场人工智能摧毁工作的浩劫中，唯有创造性工作才能从中全身而退。

然而，人类将面临的最大考验并非失去工作，而是失去生活的意义。工业革命催生的工作伦理给我们很多人洗了脑，让我们相信工作决定了我们生活的意义。

在这波造就工作狂的洗脑浪潮中，我也深受其害，甚至因此差点错过了珍妮弗出生那一刻。曾经的我和我投资的企业家们一道，朝九晚九，一周六天地勤恳工作。

5 年前，我对工作的痴迷戛然而止，因为我被确诊患有第四期淋巴瘤。我的 PET 扫描显示，20 多个恶性肿瘤如火球般喷涌而出，把我的壮志雄心付之一炬。突然间，我面临生命仅剩数月的可能。

在那段极为不安的日子里，我思考良多。我开始看清，把自我价值完全建立在工作成就上是多么愚蠢。

我生活中的优先级完全本末倒置。我疏于关心家庭。我的父亲过世了，我再没机会告诉他我爱他；我的母亲失智了，再也认不出我；我的孩子们都已长大成人。

我在化疗期间读了邦妮·韦尔（Broonie Ware）的书，写的是人们濒死时的懊悔。她发现没人希望自己曾更努力地工作，大家都希望自己曾花更多时间与所爱之人相伴相守。

值得庆幸的是，我的病情现在有所缓解，所以我可以重回 TED 舞台和你们来做分享：我现在花更多时间陪伴我爱的人。我搬到离母亲更近的住所，也会经常与妻子相伴出游。当女儿们回到家中，我会享受跟她们在一起的时光。

我的濒死经历不仅改变了我的生活，也让我重新审视人工智能对于人类的意义。在所有重复性工作上，人工智能都将高出人类一筹。但我们并非因为擅长重复性工作而为人。是爱定义了我们的人性。

爱是我们见证孩子降生那一刻的感动，爱是一见钟情时的悸动，爱让我们向所需之人伸出援手。唯独人类才能爱与被爱。

爱使我们有别于人工智能。无论科幻电影是如何描述的，我可以负责任地告诉各位，人工智能程序没有爱的能力。阿尔法狗或许能在围棋比赛中击败世界冠军，但它无法从胜利中感受到喜悦，也不会在胜利后产生拥抱所爱之人的渴望。

与人工智能相比，人类胜在有创造力和同情心，因此，我们该对之前的图表予以反思，并加上一个新的同情心维度。

常规工作虽会被人工智能取代，但我们可以创造出许多关爱型工作。你们可能会质疑我们是否真需要那么多“服务性”工作。但是在后人工智能时代，你们难道不认为我们需要更多社会工作者来帮助人们平稳过渡吗？你们难道不认为我们需要更多富有同情心的护理人员吗？他们虽然还是使用人工智能进行医疗诊断和治疗，但可以用人性之爱的温暖包裹冷冰冰的机器。你们难道不认为我们需要数以十倍计的教师，来手把手帮助孩子们在这个美丽新世界中生存和发展吗？

况且，我们创造出的财富如此之多，现在该创造以人性关爱为本的工作了，如老年人护工和家庭学校中身兼数职的“老师家长”。

有四种我们与人工智能共事的方式。第一，人工智能将代替我们承担重复性工作。第二，人工智能工具将帮助科学家和艺术家提升创造力。第三，对于非创造性、关爱型工作，人工智能将进行分析思考，人类以温暖和同情心相辅相成。第四，人类将以其独一无二的头脑和心灵，做着只有人类擅长、以人类创造力和同情心才能取胜的工作。这就是人工智能和人类共生的蓝图。

人工智能的发展虽是机缘巧合，但对人类文明来说却来得正好。它将把我们从常规工作中解放出来，迫使我们思考人因何为人。

让我们选择善用机器，互相关爱吧！

（2018 年 4 月在 TED 上的演讲）

李开复：创新工场已不是早期孵化器

刘素宏 / 文

2018 年 4 月 25 日，刚刚赶回北京的中国创客导师、创新工场 CEO 李开复出现在投资会议室。奔走一个月，李开复宣布，创新工场第四期 5 亿美元基金超额募资完成。此时已经离上一期美元基金募资完成过去两年之久，彼时恰逢资本寒冬。

如今，创新工场告别了彼时寒冬，并且进一步明确了 tech VC 的定位，摘掉孵化器帽子，同时，李开复也畅谈从硅谷中心到平行宇宙的新变化，以及中美项目的变化，并对寻找中国创客分析了 AI 芯片的发展。

提前超募，只好劝退部分投资人

2009 年李开复创办创新工场，那时为了募资，金额虽小，却要飞到好多国家，李开复至今还记得自己 2012 年去欧洲融资行李被偷走、没有同行人员，只身前往卢森堡等国家，走过了一段艰辛融资路。

而到了第四期美元基金，李开复却不得不“劝退”一些投资人。

回忆起这次的募资之旅，李开复说，创新工场的老投资人就全部举手表示要继续投，他和 CFO 到了美国，对方说募资一亿，他婉拒，表示一家拿不了那么多钱，融资太多会出问题。从加州到纽约，他只能告诉 CFO 说各自去陪家人，不再需要融资了，除了取消不掉的会议，不再见投资人了。

这一次遇到 LP 热捧后，李开复认为这跟创新工场的历史回报率高有关，创新工场“投出”了 6 家独角兽。更重要的是，国外投资人看到中国领跑人工智能的趋势，创新工场的 AI 研究院也强化了作为投资机构的技术优势。

去孵化，聚焦 VC+AI

创新工场目前的投资轮次越来越靠后。从官网披露的信息来看，目前投资包括 C 轮、D 轮，而 2014 年以前则没有 C 轮以后的投资，这样的策略改变背后是什么？从偏后期项目中能看到哪些早期项目没有的机会？

“很多 C 轮、D 轮的投资是因为 A 轮、B 轮进去之后，持续看好，就会再继续融资，继续保持我们的比例。”李开复举例说摩拜、VIPKID 等都是如此。

他表示，在 C 轮、D 轮进去的项目不会太多，但不排除这样去做的可能。在这点上，与 LP 有沟通，如果有案子在 A 轮、B 轮没有投进去，但因为对行业越发了解，发现真正胜出者，那么在 C 轮、D 轮也会进去。

“所以千万不要把我们看成一个早期的孵化器的机构。我们更接近那些标准 VC 投资的金额。”他曾经投过的项目最高估值在 10 亿美元左右，投资金额达 4000 万美元。

李开复预测，C 轮、D 轮的比例，在第四期的美元基金中会继续增加。但他表示，创新工场不会做 PE，比如有公司邀请工场帮忙做 Pre-IPO，他们会坚持“不懂的不做，专长是在固定的赛道里看得更远、更深”。

随移动支付走向消费型经济

过去 5 年，美国的总 VC 资金量增加了 1 倍，中国增加了 15 倍。2017 年中国的 AI 投资已经超过美国 AI 的投资。新的人口红利也带来新的不同的应用的崛起，在过去的快手、头条之后，现在又出现了一批新的用户的不同的使用习惯，中国的创业者不断在挖掘这些所谓的细分市场。

“拼多多、云集、千聊这些公司，可能一两年前还没有听过，现在都已经是比较大的独角兽。当然还有政府政策的强推动，包括我们的引导基金也是在不断成长”。

而细看中美可比业务的估值，比如点评对 Yelp、滴滴对 Uber 等，大约是

1 ∶ 1 的比例，但是在李开复看来，未来会不止 1 ∶ 1。

这背后受益于，首先是中国项目会更多出海，未来中国的产品会越来越走出去；其次是支付，根据艾瑞的研究，我国移动支付的量已经超过 GDP，移动支付不只是买东西，还有彼此借款、红包等各种方式，我国移动支付的数字是美国的 50 倍，移动支付的便利现在已经让以信用卡为主的美国很羡慕。

李开复说，中国也正在成为创业者的天堂，过去 App 创业看重用户、日活、留存、商业模式，先把用户量做起来，再考虑怎么变现。但现在不一样，公司成立第一天就可以收费了，因为收费变得非常容易和便捷。这也为云集、拼多多等公司的诞生创造了可能。

在他看来，这背后带来的效应是阿里、腾讯会越来越强，人们的消费习惯会彻底被改变和颠覆，我们会从一个存储的经济走向一个消费的经济。

芯片背后是产业革命——IoT 终要爆发

近来芯片的自主研发问题备受关注，AI 芯片对于中国创业企业是一轮新机会吗？

李开复表示，每一次芯片技术迭代都是一次产业型的革命时代，比如 Intel 在 PC 时代做最好的芯片，但是在移动时代，它对于 Power 的问题就没有很好地解决，所以被 ARM 等超越了。现在 AI 时代，NVIDIA 又脱颖而出。

除了像 NVIDIA 在服务器里做处理，很多 AI 芯片会进入终端，比如手机、无人驾驶、机器人，这些都会带来更大的机会和利好。

传感器以及伴随传感器的数据催生 AI 的第三波和第四波浪潮，在李开复看来，每一种传感器都有不同的做法，过去比较冷门的部分现在突然可以投入使用了，比如光学方面，所以现在应该是芯片特别好的爆发期。

当前的创业环境对创业者来说是个考验，但越是有困难，越是蕴含着机遇。创业的过程既享受又艰难，创业者不但要有胆略和创意，还要脚踏实地，要能够组建可靠的团队并肩作战，在经营的过程中，把设想落实可能比灵光闪现更加重要。

汪潮涌

中国创客导师 汪潮涌
信中利资本集团创始人、董事长

AI 落地为王，技术和算法难以成为核心壁垒

汪潮涌

我想跟大家分享两点：一、在中国做创投，如何能顺利从过去 20 年的互联网投资过渡到人工智能投资的阶段；二、在人工智能的新阶段存在什么样的创业机会，创业者应该如何把握这些机会，让自己的公司成为一家伟大的公司。

互联网解决“连接”　人工智能解决“效率”

在中国乃至全球范围，伟大互联网公司的诞生都是把握了历史变迁的关键节点。

中国的互联网在过去 20 年里经历了波澜壮阔的发展，其中最大的核心竞争力是以模式创新为主，把握住了中国将近 10 亿互联网用户的流量红利。同时，针对文化和本土化形成的用户痛点，诞生了和硅谷互联网巨头不同的商业模式，成就了 BAT 这样一批互联网巨头公司。

它们的核心竞争力是获客能力、地推能力、解决用户痛点的能力。这些互联网公司的共同点是解决了连接的问题。

具体来说，阿里解决的是人和商品的连接，腾讯解决的是人和人的连接，百度解决的是人和信息的连接，滴滴解决的是人和车的连接，美团解决的是人和吃喝、餐厅的连接，今日头条解决的是人和资讯、兴趣话题的连接。

它们出现的时间都很类似。

BAT 出现在 1998—2000 年，也就是我和阎焱等最早一批投资人在国内找项目的时期。我们这批人很幸运地投到百度、搜狐等一批互联网公司。

TMD以及小米的成立时间集中在2010—2012年。小米刚刚在香港上市，它是互联网和智能手机、IoT的综合体，是一个新产物。

互联网解决的最大问题是信息不对称和连接，但是还没有很好地解决效率和成本的问题。比如，滴滴解决人和车的连接，使得打车更容易，但是并没有把打车的成本降下来，因为滴滴的快车、专车还是需要有人驾驶，需要成本。

而人工智能本质上是提高社会生产力，从某种程度上来说，是延伸了人、赋能了人，它解决的是供需关系不平衡的问题，能够提高各行各业的效率，降低成本。

如何提高生产效率？只有靠技术创新。

人工智能的技术创新为什么20年前、10年前没出现，而是在最近5年才出现？这不是偶然的。人工智能的出现需要有大数据的支持，需要有更先进的算法和更强大的算力。

AI应用层面的创业机会和落地之痛并存

在AI的产业链上，我们把投资机会、参与者、技术提供方分为三类。

一是基础层，主要包括芯片、大数据和云计算，其中的巨头包括：英特尔、英伟达、高通、亚马逊以及国内的BAT。

人工智能时代，在硅谷最先冒出来的价值成长之星是英伟达。2015年至今英伟达的股票增值超过10倍。英特尔在算力上也不断增长，布局了很多能在算力上提升价值的公司。

国内的三巨头中，百度率先提出“All in AI”。百度拥有超过1500名工程师的AI研究院，阿里、腾讯同样在AI方面布局深厚，例如腾讯在“AI+健康”方面，比其他巨头走得更远。

二是中间层，包括图像识别、语音识别、语义理解和机器学习，还包括生物识别中的虹膜、指纹等。

这些技术在国内存在的时间并不短，但到近几年才有真正的应用场景和落地的机会。国内的公司除了百度外，科大讯飞、商汤、旷视、云天励飞等是一批重要的参与者。

三是应用层，这是金字塔最底部、最宽最厚的一层，也是大部分创业者的机遇。但是，在应用层，AI 如何与金融、安防、教育、工业、医疗、机器人、无人驾驶等应用场景对接，这里面有商业化落地之痛，包括如何变现、如何寻找自己的客户、如何推出 C 端产品。

AI 芯片市场不理性　大部分创业公司将消失

目前，基础层市场非常热，融资最多、规模最大。已经拿到 VC 和 PE 投资的独角兽公司超过 13 家，商汤科技 C+ 轮融资 6.2 亿美元，公司估值超过 45 亿美元，成为现在市场上估值最高的一家 AI 公司。

2017 年，中国在芯片领域的投资超过 1500 亿元，还不包括一些大型的国家集成电路产业投资基金。这比互联网在中国前 10 年拿到的创投金额的总额还高。

中美贸易战和中兴事件，再次敲响了应该重视芯片行业发展的警钟。中国每年花 3000 多亿美元进口各类芯片，消耗全球 1/3 的芯片，但自给率不到 10%。所以对芯片的投资是重中之重，AI 芯片的投资更是引领未来的方向。

但是，对于创业者来说，在高端 AI 芯片尤其是云端 AI 芯片领域几乎没有机会，这是英伟达、英特尔、高通、ARM 等市场巨头的天下。因此，只能在终端 AI 芯片上寻找突破口，例如华为麒麟 970 是最早将 AI 处理单元引入终端产品的芯片。

2018 年是芯片落地最密集的一年，其中最大的落地场景是安防芯片，但是只有规模化的出货量才能抵扣高昂的流片和研发费用。自动驾驶的芯片尚未量产，这类芯片要求的技术和成本均很高。其他特定领域的 AI 芯片，总体下游需求不足，供大于求。

因此，目前 AI 芯片市场不理性，大部分创业公司将会消失。

技术和算法不是 AI 产业的核心壁垒

需要强调的是，技术层是基础，但不能成为公司的核心商业模式。做图像识别、语音识别、语义理解等单点通用技术，只能提供技术服务、卖模型、卖算法等，难以持续且商业化程度不足，无法做成很大的公司。

有些早期的技术服务商在技术红利期获得融资后，快速扎根行业，形成算法—硬件—芯片三点一线的整体解决方案。但这个红利期很短，目前，单纯靠技术和算法的红利期已经过去。

在 AI 的应用层，存在着一个矛盾：应用、商业化程度越高，对技术的要求越容易，而技术越难的，应用、商业化程度越低。

那么，新成立的 AI 公司如何落地?

首先，行业壁垒是人工智能创业最大的护城河。要抓住行业里最大的客户，通过强大的行业壁垒，不断磨合、提升自己的产品。例如，人脸识别在安防领域应用最大的获益者是海康威视，只因其强大的行业壁垒。

其次，要打全栈组合拳，而不只是做技术服务商。随着技术门槛降低，离用户需求最近的产品经理和行业专家将成为团队的主导，两者的结合可以形成以产品经理和技术专家为主导的产品级公司。

再次，要遵循发展规律，想清楚是 To B 还是 To C。

B 端客户对价格承受能力高，关注“人”的成本降低。因此，人工智能领域的创业，建议从 To B 起步，做好供应链、产品及市场推广三件事。

在大部分行业，人工智能的 To C 模式尚不成熟。C 端客户对价格敏感、期待高，现阶段需求较难满足。目前 C 端出货量大的智能机器人产品仅有四类：扫地机器人、无人机、STEAM 教育类、智能音箱。

最后，我认为新成立的 AI 创业公司应该致力于成为一家伟大的 AI 产品公司。

AI 产业一般按照“点—线—面—体”四个阶段发展，“点”是基础技术，通过团队和人才驱动技术发展；“线”是整体解决方案，通过数据和场景驱动；“面”是 AI 产品化，通过产品运营和数据运营驱动；“体”是最成熟的发展阶段，即通过产业化和效率形成像亚马逊那样的协同网络生态。

技术和算法都难以成为AI产业的核心壁垒，AI创业公司唯一的道路是成为伟大的AI产品公司。AI创业，要以技术为基础，用户需求为导向，落地场景为核心。AI创业，落地为王。

（2018年7月在寻找中国创客第四季夏季峰会上的演讲，张姝欣整理）

汪潮涌：
打造投资平台　坚持价值投资

黎明　刘素宏 / 文

1995 年，汪潮涌在北京钓鱼台国宾馆的养源斋第一次见到巴菲特。两个半小时的交流，为日后汪潮涌创办信中利资本埋下了种子。

当时巴菲特已经是全球第二大富豪，个人身价仅次于比尔·盖茨，但他当时在中国的知名度还远不像现在这样家喻户晓。

饭桌上，巴菲特对汪潮涌说："做投资一定要相信自己的国家，中国现在正在高速发展，未来的投资市场潜力无限。你要相信中国，就一定能够获利。"这顿饭后，汪潮涌下定决心创办了信中利，"相信中国就能获利"，信中利的名字就由此而来。

创办自己的投资公司，坚持精品投资、价值投资，是汪潮涌从巴菲特身上学到的投资哲理。

1999 年，信中利创办之时，正值中国第一波互联网创业大潮，在此之前，汪潮涌已在投资银行界工作十多年，作为摩根士丹利北京代表处的首席代表，负责和参与了一批政府机构和大型央企民企的投资与融资工作。

投行光环加身的汪潮涌，以创业者的姿态，踏进了一个崭新的市场。

20 年过去，作为中国本土第一家市场化的创投机构，信中利捕捉到了百度、搜狐，投资了华谊兄弟、中诚信等，联合意大利投资集团 Invest Industrial 共同控股国际超级跑车阿斯顿马丁，近年来又投资了居然之家、蔚来汽车、易瓦特无人机、翼菲机器人、朗进科技、1 药网、美年大健康、Today 便利店等各细分产业领域里的 200 多家龙头企业，以及有 60 多家成功退出案例。

目前，信中利已将人民币业务在新三板挂牌，并且在美国硅谷设立投资先进科技产业的美元基金，同时集团旗下还有 A 股公司深圳惠程，打造了多维度的资本平台。

在新锐创投机构频出，风口频繁变换的环境下，汪潮涌保持了一贯的理性和审慎，他领导的这家老牌投资机构依然具备顽强的生命力。

近年来信中利一直名列清科、投中、融资中国评选的中国 VC20 强榜单，汪潮涌也担任了北京创投联盟理事长、中国基金业协会创投基金专业委员会联席主席。

本土 VC 拓荒者

险些错失对搜狐张朝阳的投资，是促使汪潮涌创办一家独立投资机构的导火索。

1997 年年底，汪潮涌在摩根士丹利的办公大楼偶遇清华师弟张朝阳。“他说他要出来创业，一直为找钱很苦恼。”汪潮涌回忆。

那是中国互联网刚刚开始和创投资本对接的时代。新浪、网易、搜狐，几大门户网站都在那两年相继成立，但当时的创投资本尚处于发展早期，汪潮涌目睹了大多数机构“倒在了中国互联网开始的前夜，倒在中国本土化 VC 发源的前夜”。

当时张朝阳从麻省理工学院毕业回到中国，在 MIT 斯隆商学院爱德华·罗伯特教授的风险投资支持下，创办了搜狐的前身爱特信公司，正处在发展的关键时期。

因为任职大型投资机构，搜狐太早期了，汪潮涌没能赶上搜狐的天使轮融资。在搜狐随后的 A 轮融资中，双方虽然签订了投资协议，但因为基金募资尚未到位，汪潮涌再次和搜狐失之交臂，反而让其他 VC 抢了先。

那次和巴菲特长达两个半小时的谈话，带给汪潮涌最大的震撼是：“原来投资行业里是可以创业的，而且可以做得很大。”而对搜狐坎坷的投资经历，带给他最大的启示是：要有自己的创投基金。这点燃了埋藏在汪潮涌心中的创业的种子。

1999 年，汪潮涌将第一间办公室选在了北京 CBD 中心的国贸西楼，这是当年北京最贵的写字楼，跨国投资银行云集。“我们一开始就定位国际化。由海归创办的第一家本土化的创投机构，这是我们的定位。”汪潮涌说。

当时的中国，风投存在的主流模式一是由国际风投机构在中国派生出本土团队，二是由中国中央和地方政府或国企主导成立投资机构。汪潮涌则选择另辟蹊径，既不依赖外资，也不傍身国资，而是创办独立的本土品牌，这让他成为中国本土市场化创投的拓荒者。

然而，从零开始打造一个品牌并不容易。在国内募资求告无门后，信中利第一期基金的 LP 来自欧洲的财富家族。5 个家族加起来向汪潮涌出资 2000 万美元，最后还有一部分没到位。

第一期基金募资完成了，但搜狐紧随新浪和网易赴美 IPO，进入二级市场，汪潮涌还是没赶上搜狐 IPO 前的融资。但在二级市场，恰逢 2001 年互联网泡沫破裂后的低点。汪潮涌看准时机，低价从英特尔手中接过 300 多万股搜狐股票，终于实现了对搜狐的投资。

接下来，汪潮涌又投资了同样是从美国归国创业的李彦宏，参与了百度的 B 轮融资，时至今日，百度已成为全球中文第一搜索引擎，2017 年全年创造了 183 亿的净利润，并在人工智能、无人驾驶等前沿技术领域取得了重要进展。这两笔成功的投资获得了丰厚回报，也成为信中利投入互联网浪潮的开端。

“永远在风口”

汪潮涌是巴菲特投资方法论的忠实践行者，伯克希尔·哈撒韦公司的投资控股模式，时常被他拿来举例。

在中国风投行业，信中利的打法有些独特。用汪潮涌的话说，信中利贯穿了 VC/PE 全产业链，它所要打造的，是一个类似于伯克希尔的投资控股平台。

在汪潮涌看来，基金是有期限的，到期就要退出，尤其是人民币创投基金的期限通常不超过 5 年，但很多公司在基金期限内并没有足够的时间成长起来。“企业真正的价值爆发点还没有出现就要退出，不能实现长期的价值沉淀”。

19 年前创办信中利时，汪潮涌的计划是做直投，这样可以脱离基金期限的限制，做长期价值投资。通过上市去募集长期资金，用自己的钱投资，长线持有等待价值爆发点，汪潮涌探索出一条适合自己的路径。

当时，汪潮涌先给中国民营企业做FA（融资顾问），然后再把挣到的顾问费投出去。汪潮涌回忆，“真的是筚路蓝缕”。

早年的信中利以管理外国财富家族的基金为主要业务，2009年与北京经信委共同发行了第一支人民币基金，2013年公司的业务从PE端向VC端前移，2015年人民币业务挂牌新三板，2016年收购A股上市公司深圳惠程，汪潮涌理想中的“左手硅谷、右手巴菲特”的两翼战略终于成形了，这个投资平台既关注全球前沿科技企业，又容纳产业投资与发展，能够发掘和长期培养优质企业,在更广泛的领域布局,创投与产业相结合,这完全体现了汪潮涌的投资哲学。

与市面上日益涌现、紧追风口的新兴投资机构相比，信中利的布局好像显得过于稳健，千团大战、共享经济、无人货架等各种风口一度十分火爆，投资机构趋之若鹜，这中间信中利出手并不频繁。信中利是不是不爱跟风？汪潮涌笑谈：“信中利一直都在投风口啊，但是我的风口和媒体的风口不一定完全一致，我们团队了解产业规律，能够预测到哪些细分领域可以持久发展，其实我们投的都是最领先的科技型企业”。

汪潮涌举例说，信中利一直在新兴战略性产业的细分领域积极布局，在热浪扑面的人工智能、大数据领域，信中利已经投了思岚科技、翼菲机器人、易瓦特无人机、九次方大数据、佰才邦、华瑞新智、众盟数据等多个项目，在其他新兴产业投资的很多企业，比如智慧出行领域的蔚来汽车，医疗领域的1药网、美年大健康，金融领域的中诚信、网信金融、什马金融，消费领域的居然之家、饿了么、本来生活、Today便利店等，都已成为产业独角兽、准独角兽。另外，信中利还在硅谷发掘了一批如Hyperloop、Nexttrucking、Magnetic Insight、傲酷雷达等一批高科技企业。

纵览200多个项目，涉及人工智能、高端装备、新能源、智慧出行、智能制造、医疗健康、新消费等领域，几乎覆盖了新产业领域。汪潮涌表示，信中利不但要投产业独角兽，还要投更多潜力巨大的“小黑马”。

“不要总是跟风，眼下的风口未必是持久的商业浪潮。精挑细选，长期持有，才能产生真正的价值。”汪潮涌说。在他看来，在中国，投资最成功的两个案例是MIH投资腾讯，以及软银投资阿里。“这两个投资都持有将近15年，创造了几千亿美元的回报”。

他认为，基金管理规模、有影响力的项目数量、退出案例，以及在业界的影响力，是评价一个创投机构的投资业绩需要考量的因素，但最重要的还是要看投资回报。“投资的终极目的还是赚钱，要看到真金白银，要能为投资人创造回报，也要为管理人（GP）创造平台价值。”他说。

汪潮涌相信时间的价值。“看一个机构不能看短了，要看机构的存活时间。时间长了，投资机构的价值就像滚雪球一样，越滚越大”。

“让子弹多飞一会儿”，陪项目一起成长

长期担任世界500强中国区高管的万晓阳博士曾任朗进科技总经理，现在是信中利资本合伙人，负责高端装备和智能制造方面的投资。

在他眼中，汪潮涌的投资风格非常稳健。“他更多的是从资本和对投资人负责的角度来看一个项目”。万晓阳和汪潮涌相识多年，即便如此，信中利在投资朗进科技之前，“汪潮涌非常严密地观察了朗进一年半的时间，前后派人来调查公司五次，最后才决定进入”。

当决定投资后，汪潮涌则有足够的耐心陪伴被投项目一起成长，万晓阳将其总结为“让子弹多飞一会儿，不要急功近利”。

这种稳健的投资风格和汪潮涌“精品投资+长期持有”的理念一脉相承。在中国，成立时间满20年的创投机构寥寥无几，信中利是其中一家。经过时间的沉淀，汪潮涌的目光不仅关注单体的项目投资，更关注横向的贯穿连接，可以从产业的高度去配置投资的方向和比例。

另一方面，汪潮涌是一个很果决的人。无人送货机器人公司真机智能创始人兼CEO刘志勇说：“他看到很好的项目，立马就会做决策。”刘志勇曾在阿里负责无人配送机器人研究团队，创业时在清华大学X-Lab。作为该项目的赞助人，汪潮涌看到这个项目后不到一个月就完成了投资。

粉丝时代CEO刘超也对此深有体会。刘超毕业于华中科技大学，和汪潮涌是校友，他在代表学校的创新创业论坛邀请校友企业家时认识汪潮涌。初次见面，刘超印象最深的就是他“很有风度，非常有亲和力”。

刘超在华中科技大学读研期间，曾带队15个师弟师妹来北京拜访汪潮涌，邀请他回母校作讲座。在近3小时里，一群学生围着汪潮涌问各种“现在回想起来没什么营养的问题”。刘超注意到，汪潮涌的手机一直在震，但他都没有接。

2013年，刘超在盛大工作三年后有了离职创业的想法，当时他打算向汪潮涌寻求投资。让刘超诧异的是，汪潮涌当即向他抛出橄榄枝。

刘超回忆，当时汪潮涌对他说：“你如果出来创业，不管你做什么，我都愿意支持你。”这种信任感，让刘超在经营粉丝网的这些年里，无论遇到什么困难，都能从中得到鼓励。

事实证明，汪潮涌的眼光没错，粉丝时代在刘超年轻的团队带领下迅速发展，新锐的风格很快抓住了年轻人群的心。

诗人浪漫与航海家冒险并存

出现在公众视野中时，汪潮涌永远是一副西装革履的模样，他将早年在华尔街练就的精英绅士范保留至今。

汪潮涌曾写过多年博客，他很乐于分享他游历过的地方、他和友人聚会时的场景、他对文学艺术的理解，以及他写过的诗。

“明月清风满人间，采菊东篱意悠闲。物是人非浑不觉，任尔沧海变桑田。”这是他和老友相隔十年相逢时所写下的诗。“西行万里意匆匆，故地重游叹萍踪。峥嵘岁月成往事，江山依旧烟雨中。”这是他访美时临时所感。“在今年的春天里，我在寻找去年的影子。”他还常常用诗歌捕捉生活中的细微点滴。“如果不做投资，我可能会当作家。”汪潮涌对记者说。

万晓阳记得，在信中利的一次团建中，汪潮涌一时兴起，现场朗诵起了自己创作的诗，然后发动在场的人进行诗句接龙。“他的文学造诣非常深。”万晓阳感慨于不仅能在汪潮涌身上看到充满西方冒险精神的投资家风采，也能看到温文尔雅的中国传统文人风貌。

2017年元旦，信中利内部晚会上，汪潮涌收到了一份特殊的礼物。行政部门精心选取了汪潮涌创作过的60首诗，设计制作成一本诗集，代表全体员工送给汪潮涌。一贯淡定的汪潮涌深受感动，连声说这是他收到的最好的新年礼物。

熟悉汪潮涌的人都知道，汪潮涌爱水。除了名字的三个字都含水，汪潮涌还是帆船运动爱好者。在他的办公室里摆着一艘巨大的帆船，公司大大小小的房间里，也随处可见帆船模型。

2004 年 9 月，汪潮涌到法国观看美洲杯帆船赛分站赛，开始有了组建一支中国帆船队的想法。次年，他宣布投资组建“中国之队”，进军美洲杯帆船赛，这是美洲杯 150 多年历史上第一次出现中国船队和中国船员。

“他特别爱水，与水共舞，征服海洋，代表了一种意志和坚定的信念。”万晓阳如此评价。

“喜欢挑战，目标树得高一些，会让自己绷得更紧。”汪潮涌说。迎难而上，不盲目跟风的特质其实在他少年时代就已显端倪。在“学好数理化，走遍天下都不怕”的 20 世纪 80 年代，汪潮涌不顾他人反对，选择了经济管理专业，这为他日后从事投资行业打下了坚实基础。

从业 30 多年，他就像一艘稳健的巨型潜艇，表面波澜不惊，但在水底潜行，保持着自己的速度。

对话

坚持价值投资——与创业者携手同行

寻找中国创客：信中利被称为中国本土 VC 行业的拓荒者，信中利的定位是什么？

汪潮涌：信中利刚成立的时候，中国的创投机构还很少，当时大部分由政府或国企支持，或者有外资背景，信中利是中国第一家市场化的、由海归创办的创投机构，我们的目标和使命就是为中小企业的创业者打造一个长期的价值投资平台，培养伟大的企业。

寻找中国创客：如何评价一个创投机构的投资业绩？

汪潮涌：综合而言，第一是看机构的基金管理规模和管理公司自身的股本价值，第二是看它投资的有影响力的项目数量，第三是退出案例，比如 IPO 和并购，第四是团队的存续时间、经验和专业化程度，以及在业界的影响力。但是最终还是归结到对投资人的回报，因为投资的终极目的还是赚钱，要看真正的真金白银。

看一个投资机构还不能看短了。做投资最重要的一个检验标准就是时间，如果一个机构可以存活十年以上还没有被淘汰，那基本上说明它能够在这个行业里占据一席之地。

寻找中国创客：为什么巴菲特在投资界地位特别重要？

汪潮涌：巴菲特在 60 岁以前，知道他的人很少，后来随着他管理资产的规模越滚越大，他的知名度和排名就很靠前了，最终，他的上市公司市值达到了 5000 亿美元，根据他所持的股份就能计算出他的身价。他给公司股东创造了价值，给自己作为管理人创造了价值，所以能把他推到业界领先的位置上。

寻找中国创客：对项目长期持有的出发点是什么？

汪潮涌：互联网创业企业具有高风险、投资回报期长的特点，作为投资者，只有长期持有创业企业才能取得丰厚的回报，例如软银对阿里巴巴、MIH 对腾讯的投资期限长达 14 年，才能获得数千倍的投资回报。

寻找中国创客：大部分基金是通过私募，作为基金管理人来进行投资，你为什么要通过上市募集资金？

汪潮涌：创投基金存在的一个问题是，基金有投资期限的限制，不能对项目长期持有，所以我们选择上市，募集长期资本。

硅谷那些很顶级的创投机构的创始人，投了很多好项目，但是因为基金商业模式的问题，基金到期了就得退出，不能分享这些被投公司的价值成长，作为基金管理人，投资回报是有限的。这出现一个现象，美国财富榜前 100 名里没有做创投的，在中国也同样如此。

寻找中国创客：你觉得这个能改变吗？

汪潮涌：时间会提供答案，如果 A 股市场允许创投机构上市或并购募资，通过募集长期股本金，投资好的项目并长期持有，最后形成巴菲特的投资控股模式，那中国会出现一批价值很大的创投管理公司。

寻找中国创客：过去几年中国创投发展非常快，烧钱补贴愈演愈烈，对此你怎么看?

汪潮涌：过去几年创业和创投市场火热，天使基金、VC、PE、战略投资增长都比较快，项目的估值长期处在一个高位。

投资人在评估互联网企业时往往忽略了盈利这一商业本质，一味地只看某些指标的增长，也推动了互联网行业目前普遍存在的“烧钱”模式和估值泡沫。这导致一级市场估值不理性，带来一、二级市场“PE倒挂”现象，很多公司由于pre-IPO估值过高，投资人都未能从IPO退出中获得太多回报。

一个人必须始终保持一颗好奇心，去探索问题、解决问题，不管是商业创新还是科学求知方面，都是一样的。重要的是你对这个世界的变化感兴趣，对这种变化的了解会把你引向某一种新方向——可能是创业、投资，也可能是做科学研究，但不管什么方向，通过努力，都有可能对行业、对我们周围的人产生影响。

中国创客导师　沈南鹏

红杉资本全球执行合伙人

伟大时代的企业家精神

沈南鹏

斗转星移，改革开放已40年。

当年，中国经济几近停滞，我们从一个非常边缘的位置出发，开始奋力追赶世界。今天，中国站在了全球经济舞台的中央，在不少方面甚至实现领跑。如此巨变，仅仅在40年间便发生了，着实令人惊叹。

更值得惊叹的是，一代又一代企业家的崛起，在中国经济崛起过程中扮演了重要角色。我有幸经历和见证时代巨变，对企业家精神的感触尤深。

24年前的那个春天，我在从美国返回香港的飞机上读到《时代》（*Time*）杂志，记得那一期的封面文章是“The Making Of An Economic Giant”，文章描写的是改革开放大幕拉开、正在崛起的中国。这令我心潮澎湃，坚定了回国发展的决心。

在此之前，作为留学生，我已在华尔街的投资银行开启了自己的职业生涯。不过即便是在万里之外的大西洋边，依然能感受到祖国改革开放的热力和勃勃生机，尤其是刚刚兴起的中国资本市场，我判断必定会大有作为。

现在看来，我很庆幸由于自己当年的选择，没有错过这个波澜壮阔的伟大时代。

回到香港后，作为投行人士，我深度参与了不少中国企业海外融资的进程，为它们的发展、改善公司治理助一臂之力。正是在跟这些优秀企业家的合作中，我慢慢地意识到，自己内心更渴望的是参与到企业创造中，因而走上了创业的道路，跟志同道合的几位伙伴一起创办了携程与如家。而此后在创办红杉中国的十几年中，又有幸与众多卓越创业者结缘，跟他们一起成长，共同学习。

这20多年里，如果说什么最令我印象深刻，那就是非凡的中国企业家精神。

比我们更早一代的企业家，他们每个人都拥有杰出的胆识和魄力。改革开放之初，在连职业经理人、产权等名词都还没有出现的时候，他们便敢于跳出体制，"摸着石头过河"，在一片混沌之中敏锐地找准市场突破口，开辟出一番事业。

而我们这些赶上了互联网浪潮的人，在中国与世界经济全面交融的时期开始创业，有外国模式可以借鉴，有风险投资提供助力。更为重要的是，有信息革命给中国带来的巨大红利，这无疑是幸运的。我看到的这一代优秀的企业家，学习能力极强，富有契约精神，在阳光之下创世纪，同时也敢于承担风险，有担当。

更年轻的创业者，如雨后春笋般一茬接一茬成长起来，不但抓住消费互联网的机遇，如今又紧握智能时代的更大机遇。他们的视野更开阔，不少人从一开始就进行全球布局；他们更有创造力，拥有颠覆性创新的勇气；尽管年轻，他们面对困难却从容不迫，视荆棘之旅如光明坦途。

企业家精神并不是一种与生俱来的性格特征，事实上，我见过大量气质、性格迥异的创始人与企业家，他们都在企业经营中展现了勇于担当、追求创新的企业家精神。因此可以认为，企业家精神是可以经由后天学习去培养的。

其中关于风险的承担，某种程度上也可能会受到外部环境的激发与感召。以我自己为例，在自幼接受的教育中，并没有太多鼓励创新与冒险的因素，却有机会成为一名互联网创业者和风险投资人，这份动力首先源自改革开放创造的伟大时代。

每一个时代的企业家，都有着自己的时代注脚，有着自己的时代使命。但不论何时，有一些精神永远是相通的。

创新

彼得·德鲁克曾经阐述过"创造性模仿"的企业战略。回头看，我们会发现携程、百度、腾讯、阿里巴巴和同时期的一批企业，都是这一战略的受益者。这其中隐藏着最根本的企业家精神：洞察以及创新。

这类企业往往肇始于朴素的愿景，但要求企业家具备准确的洞察力，他必须比绝大多数人更加清晰地认识到自己所模仿的商业模式的核心价值所在，并且在成长过程中寻求创新点与突破口。

1999 年，我们创办携程网的时候，Expedia 在美国已经相当成功，但没人能够想到携程从事的酒店、机票预订行业在中国改革开放的红利下，在时代大潮中被催生出如此庞大的市场规模。早期我们从呼叫中心入手，做了一系列创新与改良，并坚守 3 年才等来盈亏平衡点。2017 年，携程的市值一度达到 300 亿美元，甚至将当年的对标企业 Expedia 都甩在身后。

2005 年，我们创立红杉资本中国基金的时候，就非常看好中国的长期发展潜力。虽然市场有起有落，但我们始终相信创业与创新对中国来说至关重要。许多我们投资的企业，如美团点评、今日头条、唯品会、大疆创新、贝达药业、华大基因、中通快递、蔚来汽车等，都已是其所在领域的创新典范，长期活跃在中国经济舞台的中心，有些公司甚至呈现出领导世界产业格局的实力与潜力。

创新也可以视为实践企业家精神的一种工具，它的驱动力在很多时候源自市场结构的变化与人群的认知变化，这往往是在潜移默化中出现的市场机遇。比如，在直播、短视频、共享经济等领域，中国的高成长企业表现均已领先全球，从全面跟跑到部分领跑，都源自创新的实践。

譬如，美团自创立以来连续在团购和外卖市场的竞争中胜出。可在中国市场上，无论是团购还是外卖领域，最初的领先者都不是美团——它甚至不是最早参与的那一家。但显而易见的是，美团创始人王兴对市场结构的变化与客户人群的认知理解很通透，而且他在竞争中将服务和用户体验做到了极致，并一路坚持下来。

创新的另一种驱动力来自技术的变革与进化，这一类创新在商业应用中所需要的周期更长，风险更大，也意味着更高的产业壁垒。高科技固然是实践企业家精神和实施创新的前沿阵地，但更大规模的创新，一定存在于看上去不那么耀眼的传统行业中，它们在国民经济整体增长的过程中起到基础性作用，为社会提供更多就业机会，许许多多创始人与管理团队以企业家精神创造出更大的社会价值与经济价值。

担当

“Entrepreneurship”早年在硅谷经常被提到，中文可以翻译作“创业精神”

或者“企业家精神”。企业家精神的特征是什么？我认为首先要能够并愿意去承担风险。诚然在经济体系中，每一个个体都在以现有资源博取未来发展，也可以认为，每个人都不可避免地有承担风险的义务，但企业家与众不同的是，他需要用智慧、决策为更大范围内的资源、人员投入负责。

作为企业家，除了要有承担风险的勇气，更重要的是有寻找资源最优化配置的能力，而这体现在企业经营中，往往是决策能力，也正是寻求将风险降至最低的重要能力。

不仅如此，我所理解的企业家的担当，是要用自己的一言一行弘扬商业正气；是要通过自身影响力推动公益慈善事业的发展；是要不断努力打造基业常青的企业，以承担起更大的社会责任。

作为一家投资基金的创始人同样如此，不仅要有眼光与责任感，为企业家带来更多帮助和增值服务，为投资人赢得优异回报，为社会创造更大的价值。同时也要永葆创业初心，以企业家的精神去看待自己的事业，这样才能跟投资企业站在同一战壕，保持同样的精神状态。也唯有如此，才能让一家投资基金从初创走向持续壮大和成功。

2018 年是改革开放 40 周年，在这个时点上，红杉资本选择在北京召开每两年一度的全球投资者年会。时隔近 10 年，全球顶级投资人再次聚首中国，我们将向他们展示一个面貌全新的国度，这里的企业在很多领域展现出来的创造力，都将给世界带来惊喜。届时，我们将讨论如何更好地利用红杉的知识、资源、资本，有效参与到中国企业、市场乃至社会的发展大潮中。

世界潮流浩浩荡荡，中国的新时代已喷薄而出。跟当年不同的是，如今已没有人再怀疑中国经济的惊人实力和潜力。

而对于每一位创业者来说，今天所有的投入都是值得的，因为犒赏企业家精神的，将是一个伟大时代的继续。

（2018 年 2 月，沈南鹏撰文）

为中国经济长期变革带来动力的创业者是中国新经济的开拓人，也是真正的英雄。中国新经济的发展是大势所趋，在未来几十年，新经济将成为经济增长与财富创造的引擎。不断迭代的创新与商业形态、充裕的资本与激烈的市场竞争，正在重塑中国新经济格局，我们应在风雨中砥砺前行！

中国创客导师　包凡

华兴资本董事长兼首席执行官

包凡：新经济推手

刘景丰 / 文

2018年6月25日，包凡很忙。王兴携美团上市，华兴资本作为承销商之一，同一天，包凡带领华兴完成了从FA到投行的金融全链条跨越，并走向港股。

外交官家庭出身的包凡忠爱China Renaissance这样的说法，这也是华兴名字的由来。包凡如何定义伟大？

“一个伟大的企业，不能忘记身上所肩负的社会责任，只有这样才能更好地拥抱这个伟大时代。”中国创客导师、华兴资本集团创始人兼首席执行官包凡说道。他透过Facebook发生的用户数据泄露事件，警示创业者：“把客户数据变成公共资产，会给企业带来巨大伤害。成为伟大企业的同时，也不要忘记自己的责任。”

而如今，包凡带领华兴赴港上市，成为一家更加备受公众瞩目的公司。对于包凡而言，上市或许是一个节点，意味着一个更加伟大的征程刚刚开始。

华兴开启上市路

2018年6月25日晚间，港交所正式公布华兴资本提交的上市招股书申请版本，华兴资本正式开启上市流程。这意味着全球新经济金融服务“第一股”或将诞生。

根据招股书披露，截至2018年3月31日，华兴资本已为约700项交易提供顾问服务，交易金额超过1000亿美元，投资管理业务所管理的资产规模约41亿美元，华兴证券（香港）已担任28项中国香港及美国IPO的承销商，筹资共计 141 亿美元（行使超额配股权后）。

2013 年至 2017 年，华兴资本在中国新经济私募融资及并购顾问业务上始终排名第一；承销中国新经济公司境外 IPO 的交易数量，也在所有中国投行中排名第一。

截至 2017 年年底，华兴资本现有客户群在中国前 20 名新经济公司中占据 15 席，所服务的独角兽客户市值占中国独角兽总市值的 56%。

招股书显示，华兴资本 2017 年经调整后收入为 2.12 亿美元，同比增长 47.6%，2018 年一季度调整后收入更是达到 9292 万美元，同比猛增 1.75 倍；同时，受益于投资银行及投资管理业务成长迅速，2018 年一季度经调整后净利润达 3567 万美元，同比暴增 4.22 倍。中国新经济服务的红利显现。

为什么是华兴？它如何从被视作“投行手指缝里面漏下来”的私募融资顾问业务起家，发展成一家新经济金融服务者？通过梳理华兴资本集团创始人兼首席执行官包凡的个人经历和华兴资本业务版图，即可展现华兴之变。

国内 FA 行业的开拓者

2015 年 10 月，彭博社旗下《彭博市场》杂志评选出了第五届全球金融 50 大最具影响力人物。时任美联储主席耶伦排第 1 位，巴菲特排第 5 位，奥巴马排第 6 位，彼时的内地首富王健林排第 37 位。

让许多人颇感意外的是，华兴资本创始人包凡在这次评选中居第 22 位。《彭博市场》对他的评价是：“包凡有‘关系’，几乎能在中国蓬勃发展的科技行业中安排任何交易，比如滴滴和快的的 60 亿美元合并交易，该交易是 2015 年中国最大的互联网并购交易。”

如果你不身处创投圈，可能对包凡这个名字颇感陌生，但相信你一定听过美团大众点评、滴滴快的、58 同城赶集这三起合并事件。正是包凡与他的华兴，一手撮合了这三起改变国内互联网发展的并购事件。

1970 年出生于上海的包凡，父母均是外交官，爷爷是上海的银行高管。由于父母忙碌，包凡从小养成了独立自主的性格，在校园里一度被称作“老大”。

他 17 岁进入复旦大学，23 岁毕业后入摩根士丹利，第一份工作的起点就是令人艳羡的世界顶级投行。

4 年后包凡进入瑞士信贷，凭借帮助中国联通以 56 亿美元在香港上市而一战成名。30 岁担任亚信科技的首席战略官，先后承建中国电信、中国联通、中国移动等六大全国性 Internet 骨干网工程，被称为“中国互联网的建筑师”。

此后 4 年，我国互联网大放异彩。新浪、搜狐、网易等门户争前恐后地去美股敲门，国内互联网创业进入一波高潮。在亚信的包凡也因此与王志东、张朝阳、丁磊、马化腾、马云、李彦宏、李国庆等国内第一代互联网“大佬”建立起友谊。同时，电子商务、网络游戏、视频网站、社交娱乐等互联网领域的风口接踵而来，宣告了新经济的到来。

看到了新经济金融服务机会的包凡，在 2005 年创办华兴资本，为互联网企业做私募融资顾问。

因此，被称为 FA 行业的“四大金刚”的易凯、汉能、汉理、华兴相继成立。以王冉、包凡为代表的华尔街投行精英也陆续成为国内 FA 行业的开拓者和尝鲜者。

中国新经济领域的“并购之王”

华兴资本起家于顾问服务，包括私募融资及并购顾问。实际上 2005 年成立之初，华兴只做成了寥寥几笔单子。

一年后，华兴摇身一变成为资本市场的新星。当时颇受关注的几笔融资——陈一舟的千橡科技融资 4800 万美元、李国庆的当当网第三轮融资 2700 万美元、360 的第二轮融资 2500 万美元，华兴都是独家财务顾问。

2014 年 3 月，腾讯以 2.14 亿美元购买京东 15% 的股份。此后两家开启战略合作，腾讯将向京东提供微信和手机 QQ 客户端的一级入口位置及其他主要平台的支持，并将部分电商资产并入京东。这是国内互联网发展史上的重要一笔，华兴可谓功不可没。

实际上早在腾讯入股京东的两年前，包凡就曾劝说刘强东引入腾讯作为战略投资者。两人于 2008 年结识，当时京东准备融资，华兴因判断有风险未促成合作。尽管如此，刘强东强烈的信念和能成大事的实力与义气，给包凡留下了深刻印象。2011 年，华兴促成 DST 以 15 亿美元投资京东，随着合作越加紧密，两人也成了“好哥们”。

这样的“哥们”情谊还有很多，也让华兴的名气越来越大，业务越做越多。“人脉”是一道敲门砖，终归要回到业务能力上去，而它的能力，则体现在驾驭一些“很难想象”的案子上。

2015 年，滴滴与快的的烧钱大战已经进入“鏖战”阶段，持续的烧钱让两家公司疲惫不堪。最开始快的方面找到滴滴有意谈判，然而并未谈拢。此后双方找到华兴资本，让其担任两家企业共同的财务顾问。

2015 年 2 月 12 日，包凡在酒店订下一间套房，然后把两家公司的创始人叫到一起，一共谈判了整整 13 小时，但是在股权方面，谁也说服不了谁，就此陷入僵局。

眼见谈判无法推进，包凡使出一招“关小黑屋”——在和其中一方谈的时候故意避开另一方，把最根本的诉求挖掘出来，然后尽量把双方的利益诉求拉回到中间线。隔天，包凡干脆把话挑明，一个背靠腾讯，一个背靠阿里，小钱不是烧不起，现在打到数十亿美元，再烧下去已经没有意义。

最后包凡抛下“狠话”，吃的喝的管够，但是搞不定别想出门。21 天后，曾势同水火的滴滴与快的宣布合并。

此后同样在华兴资本的撮合下，美团与大众点评合并仅用两个星期，58 同城与赶集合并耗时六个星期，当年国内互联网最受瞩目的三起并购案全是华兴之作。

此外，2012 年的优酷土豆合并、2013 年爱奇艺 PPS 合并、2017 年京东金融分拆、58 速运与 GoGoVan 合并也都是华兴之作。

IT 桔子数据显示，2017 年华兴资本完成私募融资交易 55 个（不含早期融资平台华兴 Alpha），私募融资额超过 120 亿美元，约占中国私募融资总额 20%；完成并购交易 5 个，交易总规模超过 80 亿美元，约占中国 TMT 领域并购总额 12%。

业内人士称，华兴资本在私募融资交易和并购领域的影响力更大，华兴也由此被认为是中国新经济领域的“并购之王”。

国内公司境外 IPO 的最大推手

当年美国爆发次贷危机，全球的投行业务都出现大幅度下跌，一些境外投行选择收缩，纷纷撤出中国市场。尽管业务也受影响，包凡却看到了另一个机遇，那就是原本境外投行在国内的“蛋糕”。随即，华兴开始转向全业务投行，除了已有的 FA、投资、并购之外，还布局证券业务。

2008 年以后，IPO 在一定程度上变得更像私募融资，前 10 个人（主要是指基石投资者）决定了股票做不做得成、定价在哪儿。而这恰恰就是包凡的长项，“一直都是做私募，客户关系非常稳定”。

此后 2012 年、2013 年，华兴资本成立华兴证券（香港）开展证券业务，并陆续在香港和美国取得券商牌照。

2013 年 6 月跨境电商兰亭集势在纽交所上市，主承销商为瑞士信贷，副承销商为华兴资本。这是华兴承接的第一个 IPO 项目，但包凡早在数年前就认识了兰亭集势创始人郭去疾，彼时郭去疾还是谷歌中国首席战略官。这种朋友情谊，让华兴轻松接下这笔业务。

尽管不担任主承销商，但在实际承销时，华兴资本仍为其带来超过融资额 1/3 的订单。这种优势，被外界认为得益于其 FA、投资、并购等业务打下的基础。

这让华兴资本在证券业务领域声名鹊起。2014 年 5 月，京东商城在美 IPO，华兴成为唯一参与承销的中国投行，并成为联席主承销商，一举创出当时中国概念股最大规模融资纪录。

此外在 2014 年上市的聚美优品、途牛、乐居中，华兴也都担任了联席主承销商。2014 年前 8 个月，中国公司赴美 IPO 承销商中华兴资本排在第二位，仅次于瑞银集团，超过瑞士信贷和美银美林。

根据 CIC 灼识咨询的行业报告，在中国所有的国内外投资银行中，按 2013 年至 2017 年承销中国新经济公司境外 IPO 的交易数量计算，华兴名列第三，并在所有中国投行中排名第一。

除了涉足港股、美股的证券业务，华兴资本也涉足国内股市的证券业务。

成立于 2016 年的华菁证券，是华兴重磅打造的聚焦 A 股的多牌照投行子公司，亦是根据 CEPA 批准设立的首批合资证券公司之一。华菁证券成立两年多来最新估值约 70 亿元。截至 2018 年 3 月 31 日，华菁已完成 11 个证券化项目，两个正在进行债券承销项目，融资总额约人民币 176 亿元，还有多个进行中的 A 股 IPO 项目。

互联网下半场华兴的机会

除了做新经济企业的融资服务和并购服务，华兴资本还成立了自己的私募股权基金进行投资。目前华兴资本管理着 6 支私募股权基金，截至 2018 年 3 月 31 日，华兴投资管理业务在新经济领域约 90 家公司投资额达 19 亿美元，资产管理规模约 41 亿美元，已进入投资新经济的中国私募股权基金排名前 10 位。

据了解，在华兴成立初期，就尝试将 FA 的佣金转成股权，相当于兼职做起了投资，当然股份占比比较小，回报也有限。直到 2013 年才成立了第一支私募股权基金，正式进军投资业务，投资客户主要是华兴 FA 的客户。

在包凡看来，互联网上半场解决“连接”的问题——人与信息的连接、人与商品的连接、人与服务的连接和人与人的连接，互联网基本把所有生活场景都连起来了。“连接”的过程中产生了大量的数字，数字又重新改造现实世界，从虚拟经济进入数字经济。

所以在互联网下半场，大数据、云计算将组成新的基础设施，通过为各行业赋能创造更大的长期价值，这也成为华兴资本投资的重点。

梳理发现，华兴资本投资过的新经济企业包括正在港交所提交招股书的美团点评，以及超级独角兽滴滴出行、链家、京东金融、乐信、分众传媒以及商汤科技等，此外还有找钢网、摩拜、快手、英雄互娱、车和家、蔚来、开云汽车等新经济明星企业。

能取得如此成绩，和华兴的 FA 业务不无关系。实际上华兴资本的 FA 业务和私募投资业务涉及的企业有 60% 以上的重合。华兴私募股权基金合伙人杜永波也曾透露，基金只有 30% ~ 40% 投在了华兴 FA 业务范围外的公司。

2017 年 11 月 23 日，华兴资本基金平台对外亮相，包括华兴新经济基金、华兴医疗产业基金以及筹备中的华兴夹层基金。至此，华兴资本将自己定位为“新经济伟大公司推手”的角色。

“在这个时代，一个互联网企业可能拥有前所未有的资源、前所未有的财富，对应的也有前所未有的影响力和前所未有的能力。当你有巨大能力的时候，同时也应该承担巨大的责任。”包凡如此说。

寒冬从来不是创业失败的根本原因，相反，经济寒冬往往也是未来的机会所在。在寒冬来临时，创业团队首先要强化自身优势和能力，将其发挥到极致，千万不要随便改变节奏和策略。其次，将创业的目标做一个清晰分解，给自己一个重新思考过程。此外，保持至少有九个月的现金储备，对公司的财务状况进行精细管理。

中国创客导师　毛大庆

优客工场创始人兼董事长

优客工场将成为智慧城市的细胞和创新的中转站

毛大庆

办公是个很传统的概念，因为有办公就有办私，办完公事才能办私事，这是传统的理解。

当人们把所有的时间都看成生活的时间，也就可以把时间看成工作的时间，看成创造的时间。

办公是什么？就是一种创造的过程。人们聚集在一个空间内，联合起来，创造很多新的东西。

创造，是这个时代科技进步、城市更新过程中我们必须关注的问题。

在这个空间里，在办公属性的变迁过程中，我们希望可以让各种各样有创造力的人互联共生。

另外，我们也希望通过崭新的办公集群和社群改造城市的邻里关系，扩大城市的边际影响力，从小小的一张桌子上的变革，从办公室的变化，逐渐扩展到城市的毛细血管的变化。

所以，我们对优客工场的定义是办公方式的变革者。

在过去三年半的时间里，我们走访了近5000处风格各异的城市空间，工厂、商场、写字楼，闲置的商业楼宇，转型升级的新型建筑体……我们深度分析并设计改造了这些建筑，还通过服务平台和科技手段逐渐完善各项服务，满足了大量新型办公人群的需求。

除了弹性空间的需求者以外，我们也接入了另外两种可能：城市中的社群活动和文化的交互。

其实，我们也和各种商业机构探讨过空间的未来趋势，空间从一种格式切换到另一种格式的可能性越来越多。

传统的办公室单元式租赁已经从面积转化为会员与工位，归拢到企业会员的模式。这是一个巨大的变化，人成为空间的测量单位，这是共享办公与传统写字楼运营的最大区别。

这是一个增长趋势惊人的行业，它为什么会有如此巨大的市场潜力呢？

我们从四个维度判断。从市场的收入规模上，现在是三四百亿的行业年收入，到2022年，将会增长到4000亿左右的规模。2012年到2017年，这个市场的成长期实现了120%的复合增长率。2018年到2022年稳定期，这个行业收入规模的复合增长率，仍然保持在75%以上的高位。

从工位数上看，每三年增加一个数量级，从现在几百万个工位，逐渐变到2022年1300多万个工位的供应量。城市商办面积占比的数量也在扩大，从2012年到2017年的5年里，实现117.5%的增长率，2018年到2022年，它将会从千万平方米的数量，跃升到亿级的数量。

这个数量意味着办公室的供应商将从传统写字楼向共享办公服务商过渡，后者将切掉近三成的市场，这是个庞大的数字，其中蕴含的收入绝不仅是租金，还有广告、衍生品和庞大的供应链市场。

另一个值得深入研究的内容是，共享办公与二房东的区别在哪里？我们的增值服务可以带来多大的价值？

这是全球所有共享办公从业者一直在探讨的话题。

在中国，共享办公的收入变得越来越多元化，包括空间会员的收入，财法人宣等企业辅助业务的收入，IT的收入，软件的收入，以及保险、体检，乃至流量巨大的广告收入。这些收入在未来，不再是边缘收入，将逐步取代租金，成为共享办公的重要盈利来源。这也是优客工场几年来一直在不断探索的事情。

共享办公逐步占领了城市办公服务市场，大家注意，我没有说办公市场，我提的是办公服务市场，这里面寓意着不仅是空间的占有，更多的是企业服务市场的切分。

这个产品来自北美，但在欧洲的发展更快，在伦敦，到处是共享办公，包括大量的酒店大堂和公共区域，酒店的早餐厅都改成了共享办公。

我们经常走访一些共享办公用户，询问他为什么在这里办公，他告诉你两个字——“舒服”。

我想舒服的背后，不只是身体的舒服，还有思想的舒服，还有交流的舒服，以及社交的舒服。

作为共享办公背后重要的支撑手段，科技绝不仅仅限于空间技术，我们要把自己变成一家具有高度敏捷性的科技型服务公司。

亚洲的共享办公市场正在逐步赶上欧美的脚步。两年多前，日本人非常排斥共享办公，迫于形势，当时只有做一些不错的商务中心，无法做共享办公。上个月我去东京，发现几乎所有的购物中心里面都有一个办公空间，有各种各样的创意人群，各种各样的手工艺者。

在空间里，只有创意人群聚集在一起，才是共享工作场景下最有意思和最有价值的东西。

在中国，共享办公正在向三线城市下沉，当地用户很多都不是本地企业，而是今日头条、抖音、快手等快速复制和扩张的新型互联网企业。

因此，我们又重新定义了自己，优客工场是城市的基础设施，甚至可能是新经济的马路、新经济发展的管道、基础能量的供应者。

我们再看一下超级租户的产生过程。2018 年，很多大中介机构发布的数据显示，上海写字楼的租户构成中，第一大租户已经变成了共享办公运营商，这让我们看见了一个非常奇特的现象，有一群运营商跑去运营写字楼，写字楼里好多楼层都已经在做各种各样的改造，好多传统写字楼楼层填不满，但共享办公空间内满租了，这是个令人惊诧的场景。

我们再看看这些数据，这是优客工场的一张成绩单：我们现在的线上会员约 9 万人，全球管理面积突破 17 万平方米，我们进入 4 个国家、7 个地区、37 座城市，目前有 225 个社区。

这些社区有多大呢？我们有三五千平方米的，有一两万平方米的，还有两三万平方米的，里面有多少人呢？两三千人到两三万人不等。里面还有带公寓的，带幼儿园的各种服务设施，大家可以看见多种复合业态共生在一个共享办公空间里。

优客工场每个月保持着一万平方米的增长面积，现在有企业会员 12000 多个，我们到现在为止创业三年半，参与组织加盟的社群活动，有 27600 多场，这里面涉及音乐、电影、体育、科技、人文、出版、阅读等各种各样的社群活动。我们还雇用了比例不低于1.5%的残障人士，有3200多名青少年在优客工场进行暑期活动和各种各样的社会实践活动。

这些数字的背后，其实才是共享办公的价值，也是我们这三年多运营的价值所在。

每一组数字，都对应一个商业价值。优客工场的19万会员，在互联网行业看来不算什么，但这是固定靶向的人群，不是马路上的流量人群。12000多家企业，这是To B（企业级应用服务）业务的靶向用户，100万平方米的城市空间，我们的运营管理期限很多都是15年起，这些空间的价值，未来将进一步变革和变现。

最有意思的是，今天的市场上，你们还能想象出任何一个其他品类的运营商，能够掌控超过10万个工作岗位和10万个人一天将近100万小时数的工作时间吗？

过去说共享办公是一个新事物，如果把这个空间拆到最小的经济单元——一张桌子的时候，它不叫空间，就是桌子。

行走的桌子，将变成这座城市里另一个新事物，它会长腿、会蔓延，这是共享办公引领的下一个时代。

我们应该庆幸生活在这个时代，我们不知道未来是什么，我们也想象不出未来会怎样，这也是这个时代最可爱的地方，所以才会不断地有创新者出现。

2050年，世界人口的70%将生活在城市。人类社会终将迎来城市主导的时代，令人震撼。

这些城市人口中的绝大部分是“千禧一代”（1982—2000年出生的人），他们是新技术的原住民，是数字时代的原住民，他们是数字时代平台的创造者，他们不同于工业社会计划体制下的那些人。

所以，30年后的城市一定会发生翻天覆地的变化，就算我们不探讨弹性空间，我们不探讨共享办公，我们总应该相信30年后的城市肯定不是今天这个样子！

中国改革开放40年，我们从北、上、广、深这些点状城市发展到今天，以上海为中心的长三角，以广深为中心的粤港澳大湾区，以及京津冀一体化的几个大城市群。

同时，新城市在崛起，武汉、成都、西安、厦门、青岛……

所以，中国城市的成长才是中国经济最大的发动机。城市里面的价值增长才是中国经济可持续增长的最大动力。

那么，谁是未来城市的主人？

这个问题的潜台词是：谁是未来城市的主流人群？他们应该是由艺术家、企业家、社会公益组织构成的各种有趣的商业社群。如果你不能成为一个社群的 IP，恐怕很难有大的商业价值。

今天的很多网红品牌持续走红的原因，就在于它给用户带来的价值中，在物理范畴之外，更多的是精神价值。

城市的未来和共享办公的未来应该是一个交换能量的空间，除了物质交换、信息交换，还有人的思想交换。所以未来城市发展的机会，主要是能不能和高科技、人工智能、物联网相结合。

为什么要跟它们结合？

因为当空间架上技术的翅膀，才有可能让人们在这里面更加便捷地交互。

我们一直谈智能楼宇，谈智慧城市，但一直找不到一个整合的抓手，现在我们发现，每个共享办公社区都是一个智慧城市的细胞和创新的中转站。

我们在仔细地研究每一个优客工场的社区，我们将持续改造它们，把它们变得更加便捷，它们是办公的工具，而不再限于一个空间。

在 2035 年，城市办公空间将会出现很大改进。

首先，它将会出现各种各样提供创意十足、具有灵感激发能力的新的办公产品。

其次，市场会出现多个办公空间，不同服务类别以及服务个性的空间运营商，各个地区的空间将会变得更加智慧，让使用者变成移动的 ID。

我们在过去三年多时间里，集结了一大批企业和企业的生态 IP，我们试图让空间不再被物理空间所局限。

我们在研究人和空间，这是一个会在未来 30 年非常好玩的话题，人和空间将不再是买家和开发商的关系，也不再是租户跟房东的关系，将会有大量的新型关系产生。

最重要的一点是，我们是共享服务以及共享办公的推动者，我们希望让会员企业变得更轻，这是我们追求的一个重要目标。

让它们变得更轻，发展更轻，这是共享办公给用户带来的非常重要的价值。因此，我们需要资源整合，成为产业链的控制者和推动者。

未来，创新力将成为一座城市存在与竞争的基础，工作方式也将因此发生变革，从而导致每一个创新平台和创造单元的革新。激发每个人的创造力，这是优客工场在探索共享办公发展趋势过程中的最大使命。

（2018 年 11 月在全球青年创业者大会上的演讲）

毛大庆：
不美好是人生常态

刘素宏　刘娜　梁山 / 文

运动鞋、T 恤、撑到头顶的眼镜，这是毛大庆的标配。平日一身运动风的他是跑步狂热者，他在跑步中获得对抗焦虑的良方，并不避讳饱受抑郁症的折磨过往。

如今他依然在三个 180 人的抑郁症微信群里，带抑郁症患者一起公益跑，看着病友一点点进步，他会眼睛一亮，觉得“我对别人有点用”，说这才是创业最本源的动力。

作为中国创客导师的毛大庆，已经带领他的优客工场历经八轮融资，在毛大庆看来，融资是为了融生态，找到更多的对行业上、下游有帮助的企业，很多投资伙伴带来了资源型的增长，这个不是融钱的过程，而是众人拾柴。

美好只有一瞬，坦然面对不美好最重要

寻找中国创客：去南极跑马拉松，可能在南极走路都很困难，你怎么坚持下去？

毛大庆：只有坚持，没什么技术可言，中间我们会路过营地，可以进去喝杯热水、吃点东西再接着跑，但还是非常无助和孤独，队友们都说跑到最后有一种生无可恋的感觉，好像人生都想清楚了。

跑马拉松就是一个考问内心的过程，要很有耐心和耐性，磨自己，并且学会享受。这次南极马拉松不仅是磨砺，更像是一种折磨，把自己的内心蹂躏到极致，其实你会想清楚人生的很多道理。

比方说，人的一生，多数都是不美好的。美好的东西可能只有一瞬，所以对于美好的东西都要极其的感恩和珍重，对于不美好的东西，要明白它是常态，要自然地接受，这样人才能活得坦然、活得自然。在这样极端的条件下，做这样极端的事情，说是“生无可恋”，实际上，更多的是坦然地面对一切的不测和问题，这可能是人生最珍贵的东西。

寻找中国创客：感觉你是被创业耽误的哲学家。

毛大庆：有一点你们可能不知道，我在北京曾是相当有名气的婚礼主持人，我曾主持过三场有规格的婚礼。那时候还在凯德置业，我朋友结婚一定要我来主持，我的主持会让新人讲很多心里话，成功地“痛哭流涕”。

我喜欢认真地思考，就是要考问内心。我接婚礼会提前三个月进行多次采访，跟双方家长聊天，问出很多心里话，所以我的主持很有意思。就像我跑马拉松得到的感悟一样。佛经中说一刹那，其实一刹那很短，人生是由很多个刹那组成的，一个刹那间就有生生死死，闪亮的和快乐的东西都是刹那间的，好多都不经意、经常让我们长时间徘徊的东西往往都是痛苦的，你会特别不珍惜快乐的东西，而会特别纠结痛苦的过程，这就是我们人生必须面对的规律。

寻找中国创客：你现在的时间怎么分配？

毛大庆：我现在就是跑步和创业。创业也是一场马拉松，既是短跑又是长跑，短跑是阶段性的，要拿下一些目标，主要的是长跑。

寻找中国创客：你最近经历过至暗时刻吗？是如何走出来的？

毛大庆：这个很难去讲，我已经很久没有这样一个特定的至暗时刻了，但是琐碎烦恼的事情很多。比如有很多人黑我，但我会再去黑他吗？这就是观念问题，我是花时间去黑他还是花时间去走我自己的路呢？我也在问自己，现在觉得算了吧，我不必花那么多个刹那去跟你斗争，不然我的人生就会失去这些时间，不如去做有用的事。

我也有很长一段时间不舒服，但我去吃了一块很甜很好吃的蛋糕，喝了一杯浓咖啡，我觉得生活还是很美好的，就舒服很多。

寻找中国创客：一些创业者会患上抑郁症，你对他们有什么建议？

毛大庆：首先，很多人不认同自己是抑郁症，这很危险。你要观察自己的变化，正视这些问题；其次，我觉得要经常告诉自己，你对很多人负有责任，你还有很多价值没有发挥，这些都是可以给自己心理暗示的；最后，经历的所有的事情，痛苦和磨难，这都是过程，很多人太在乎别人的看法，我也会在乎，我会先问自己有没有问题，如果没问题，就随它去吧。

我在万科那么多年，万科是一个伟大的公司，但是被人黑了无数次。社会环境里有一点让我很失望，那就是人们只论是非，不谈真假。其实，人生也好，创业也好，马拉松也好，最好是什么都不要干，而那样又没价值。要干就要接受质疑，被人指责，这是必须经历的过程。就像你要吃一条鱼，也要挑刺，你吃个螃蟹，也要剥壳。

融资是为了融生态，是众人拾柴

寻找中国创客：优客工场经历了八轮融资，速度很快。

毛大庆：我们哪算融资多的啊，你看那自行车（共享单车），融资十几亿美元，对于创业公司来说，我们不算融资能力强的。

寻找中国创客：创业者该如何挑选自己的投资人？

毛大庆：我认为我们的主要目的是发展生态，融资也是为了融生态，找到更多的对行业上下游有帮助的企业，我们很多投资伙伴给我们带来了资源型的增长，这个不是融钱的过程，而是众人拾柴。

所以塑造一个行业，重要的是能不能善于发现上、下游的资源所在，调动一切积极因素，来把产业做大做强，我想这是任何一个产业都必须经历的过程。

很多人说我们擅长融资，我更愿意说，我们善于调动社会资源。融资没有意义，有很多拿了钱的公司还是死掉了，钱不是有用的东西，资源才是。

寻找中国创客：你已经离开万科多年，但万科和优客工场还是有很多合作，如何调动最广泛的社会资源？

毛大庆：你存在的价值是去帮别人，那么就会有很多人来帮你。如果你给自己的定义就是为了自己，那么就不会有人帮你。所以，给予会换取更多的东西，这就是共享。给予、奉献、帮助是获取别人帮助最有效的途径。只想攫取，不想给予，最后就是死路一条，我觉得这是创业者特别需要注意的，这比融资能力重要得多。

寻找中国创客：你两年前提到了入口这个概念，每张桌子是一个入口，现在有新的发现吗？

毛大庆：两年前是猜测，现在很清晰了，桌子是数据的入口。我们 6 万左右的工位，6000 多家企业，给我们带来线上会员的增长是飞速的，C 端的会员 40 多万人，B 端会员 6000 多人。

寻找中国创客：作为入口要嫁接很多的服务进来，这对资源整合能力要求很高。

毛大庆：服务开始需要整合，后来就是自动流入，我们的 App 平台上 1000 多家服务商，只有最初的 200 家到 300 家是我们整合来的，其中 40 多家是我们投资孵化的服务商。

我们会挑选服务商，但不会生拉硬扯，服务商体系的丰富是因为企业数量的增长，这是共享当中最有意思的，它是一个自生长的环境，自我组合，这是最符合互联网时代的，与其说我们是共享经济的产物，我更愿意说我们是典型的社群经济的产物。

寻找中国创客：这个社群中，你的角色是什么？

毛大庆：我们是一个搅动者，我们搭了一个社群平台。如果没有物理的平台，全是虚拟的平台，很难让社群成长。线上聊得开心，一定要线下认识见面，人总是需要有温度的东西，再怎么弄互联网，人们都需要双手相握，四目相对，互联网让线下的人际关系更为灵活、复杂，原来人的认知半径只有亲戚朋友，但是如今我们可以触及更多的人。

致匠心，敢创新。对于任何一个创业者来说，都要用匠人之心深耕核心能力，服务用户。同时，行业也在不断创新变化，只有站在创新前沿，着眼未来的企业，才能把握住趋势，不被时代淘汰。

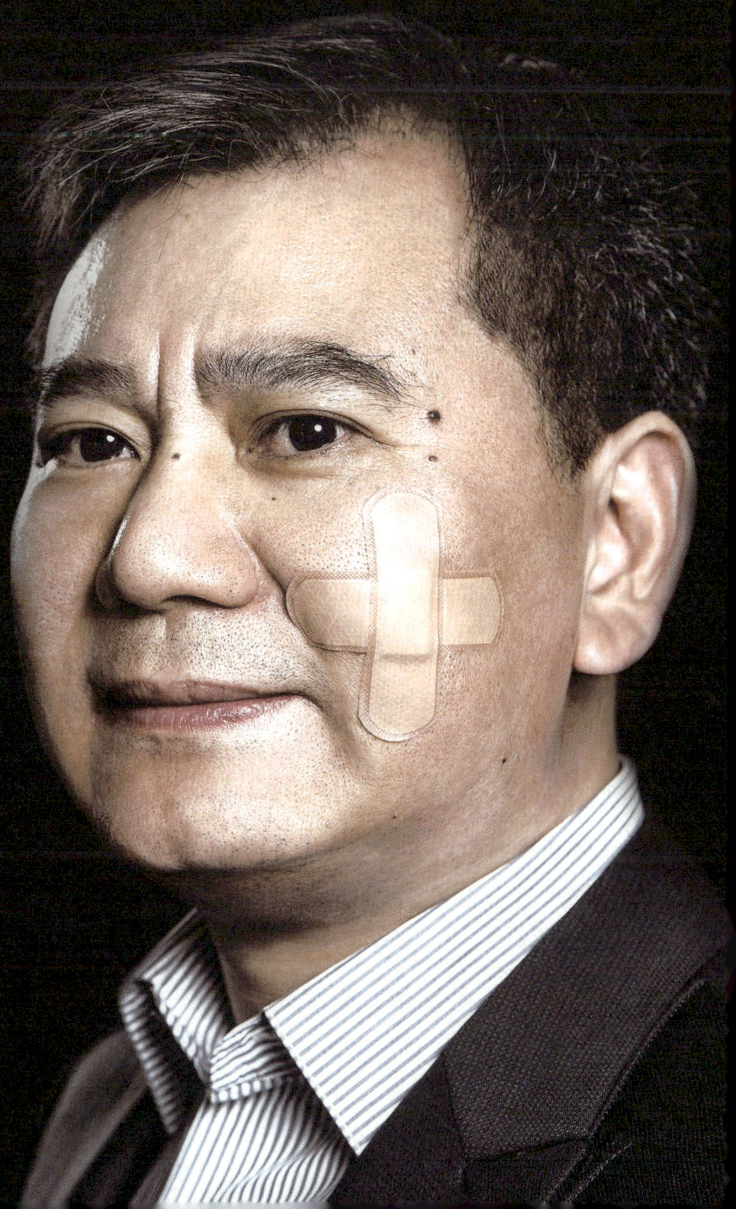

中国创客导师　张近东

苏宁控股集团董事长

走出舒适区　做时代的企业

张近东

改革开放40年来，中国经济取得了举世瞩目的成就，民营经济更是其中最朝气蓬勃的一支力量。40年里，一批又一批的民营企业不断壮大，实现了从中国500强向世界500强的跨越式发展。2008年，在世界500强榜单中仅有1家民营企业，如今已增长到了20多家。可以预见，随着中国经济持续稳健的发展，这一数量还会继续提升。

经过28年的发展，苏宁已经是一家超大型企业，产业覆盖了商业、物流、金融、科技、地产、体育、文创、投资等领域，交易规模过万亿，旗下苏宁易购集团业已跻身世界500强阵营。但对苏宁来说，还有很长的路要走。做零售就是跑马拉松，今天苏宁所有的布局和积累，就是在构筑零售发展的核心竞争力，为了能在零售赛场上更长久、更稳健地跑下去。

任何企业的成长壮大，都离不开其背后的企业家精神，这决定了一个企业事业的大小和长短。有人说企业家精神是创新，是冒险，我认为，企业家精神最核心的一点，是敢于走出舒适区。

走出舒适区不是指要拼命折腾，而是指要努力做时代的企业。人们常说，没有夕阳的行业，只有夕阳的企业。零售业就是一个永远朝阳的行业，但并不代表这个行业里全是朝阳企业。时代瞬息万变，企业总是处在不确定的环境中，趋势在不断取代优势，我们真正的对手不是同行，而是难以跳出的惯性思维、传统思维。企业要实现基业常青，就必须立足行业、与时俱进，要把握趋势、迎接挑战，也就是要敢于走出舒适区。

苏宁28年的发展历程，是一个始终触摸时代脉搏，不断走出舒适区的过程，其间历经脱胎换骨的锤炼，既饱含艰辛，又充满希望。

历史上，苏宁经历过两次重大转型：从专业零售到综合连锁零售，再到今天的智慧零售。从全球零售业的发展史来看，大体经历了三个阶段，分别是以连锁经营为代表的实体零售阶段，以电商为代表的虚拟零售阶段，以及正兴起的虚实融合的 O2O 零售阶段。前两个阶段在美国花了 150 多年时间，但在中国却被压缩为短短的 20 多年，可以想象，包括苏宁在内的中国零售企业所面临的转型创新的压力和迫切性。

苏宁的第一次重大转型发生在 1999 年亚洲金融危机之际，这次转型推动了苏宁跃入千亿级的发展规模。

当时，随着中国家电消费进入普及阶段，市场规模迅速放大，企业蜂拥而入，竞争空前激烈，产品供过于求问题出现，行业利润率大幅下降。整个行业面临着新挑战，供求关系的变化导致了上游渠道策略的调整，家电厂家要掌控终端，实现渠道扁平化。在家电批发环节，则由扶持大户转为“砍大户”。苏宁的零售、工程和批发三类业务中，销售规模最大的批发部分甚至出现亏损。面对这样的市场形势，单一产品的经营已不足以支撑企业持久快速的发展，这要求我们必须主动寻求突破。

结合市场背景，我们做出了从专业零售向综合连锁零售转型的决定，一方面要突破单品经营的局限性，另一方面要开启连锁化的经营。事实证明，正是这一次转型，推动苏宁构筑了坚实的零售核心能力，在自营物流、店面运营、信息化建设等方面实现了领先发展。

20 世纪 90 年代末，诞生了新浪等第一代的中国互联网公司，其实苏宁也在这期间率先探索了电子商务的发展，并注册了中国电器网，但由于社会网络和物流不健全等，最终还是选择了连锁化发展道路，不过从那时起，我们已经将信息化的建设提升到了企业发展的重要战略位置。

第二次重大转型则发生在 2009 年国际金融危机的时候，这次转型推动苏宁从千亿规模走向今天的万亿级别。

2009 年，正是中国互联网发展从 PC 互联网向移动互联网进化的第一年，也正是移动互联网的兴起，全面引发了新一轮的技术革命，进而激发了一场持久而又深层次的产业创新潮。在这样的时代背景下，苏宁率先捕捉到了互联网零售发展的机遇，踏上了线上、线下融合的互联网转型之路。

彼时正是苏宁综合连锁零售发展的巅峰，苏宁已拥有上千家线下门店，是国内最大的商业连锁企业。如此大的体量要转型互联网，国内国外都没有可借鉴的经验。

转型之初，我们不得不面临外界的各种质疑。当时，互联网和实体几乎是两个完全对立的概念，大家谈到最多的词就是“颠覆”和“取代”。但我认为，互联网只是工具，与实体并不冲突，关键是怎么去运用和驾驭。未来，它会像阳光、空气和水一样弥漫整个社会，并最终成为标配。

2010 年，苏宁易购上线。2011 年，苏宁对外发布“2011—2020 年新十年战略规划”，未来十年将以“科技转型、智慧再造”为核心，实现线下实体连锁店与线上易购平台“两翼齐飞”。

2013 年，我在斯坦福大学演讲时，提出未来零售的发展，不独在线上，也不独在线下，一定是线上、线下的完美融合。如今，这已经成为零售行业的发展趋势。而随着这一趋势的到来，我们看到，地域区隔的市场界限被全面打破，渠道迎来网格化重塑，任何一个地区的用户都可以直接面对来自世界各地的商品，行业快速进入扁平化竞争的状态，原有的区域性优势正在加速消失。

实际上，互联网转型归根结底只是一次互联网技术的叠加升级，并不会改变企业的经营本质。对苏宁来说，经过近 30 年的发展，围绕零售业务，我们已经建立起了完善且领先的商品集群、物流集群、店面集群和科技集群，成为国内率先实现线上、线下两翼齐飞的智慧零售企业。

苏宁的 28 年创业，是一段扎根零售实业、不断自我革命、持续创新发展的历程。这个过程孤独、冒险而又充满激情，推动着苏宁实现了新跨越，不仅打造了万亿规模的大消费服务平台，也基于智慧零售构筑了多产业协同发展的生态体系。

通过这两次重大转型，我们更深刻地感受到“走出舒适区”的意义和价值。迈出去，就是新平台、新未来。从开放最早、开放程度最高的零售业中一路走过来，苏宁所经历的艰难困苦一言难尽，可圈可点的成功经验体会也很多。我们自我求变、埋头闯关，坚持走自己的道路，用时间换发展空间，才取得今天的转型变革成果。

我们这一代企业家，大多亲眼见证了中国从贫穷走向富裕，从落后走向崛起的过程，也深刻地体验过良好的法制环境、健康的市场秩序对企业健康发展的重要性。回想1990年，我拿着10万块钱在南京宁海路租下一间门面房，创业初衷是让自己和家人过上好日子。而今天的苏宁，作为一家社会企业，正在努力为25万名员工、数以亿计的用户创造幸福生活。新时代下，民营企业的发展充满着更多的希望，在持续做大的过程中，成为国际化强企、世界500强常青树是更高的奋斗目标。在这一过程中，还要做好三方面的融入。

首先，要全面融入全国经济的发展中。民营企业要积极顺应国家产业政策、区域发展政策所带来的机遇，真正地立足行业、立足全国去顺势发展。

其次，要不断融入国家经济体制的深化改革中。无论是大企业还是小企业，安于现状，最终肯定会被淘汰。企业要保持稳健的发展，就必须敢于打破故步自封的舒适圈，主动适应时代趋势，参与国家经济体制改革。

最后，要积极融入中国企业的国际化发展中。随着“一带一路”倡议的深化，越来越多的民营企业走出国门，参与国际市场竞争，并逐步涌现了一批行业领先者。中国企业要“走出去”，只有不断地与世界知名企业开展合作、同台竞技，才能真正发展为国际一流强企。

作为世界第二大经济体，中国依然是全球经济增速最快的国家之一，新型城镇化、服务业、高端制造业以及消费升级等都蕴藏着巨大的发展空间，这是中国企业的机遇，也是世界企业的机遇。当前中国正处于最好的时代，企业需要承担更多的责任、压力和动力，化机遇为发展，为打造更多更强的中国品牌同心协力，创新谋发展！

（2018年9月7日，在中国企业家俱乐部理事活动上的演讲）

第二篇

创势力

2018 年度十大中国创客

安翰医疗

一粒小胶囊，一个进入人体的小机器人，开创15 分钟无痛不麻醉的胃部检查新模式，让患者告别胃镜插管之苦， 科技创新赋能医疗变革，健康生活从此不同。

胶囊机器人重新定义胃镜检查

赵雷 / 文

档案卡

安翰医疗

业务领域： 医疗健康。

主要产品： 安翰Navi Cam“磁控胶囊胃镜”机器人，由磁场控制设备、胶囊内镜、便携记录仪、胶囊定位器四款硬件设备组成。磁场控制设备采用磁场以及感应等原理，跟吞服的胶囊产生联动，再通过控制台来控制胶囊在体内的运动轨迹，图像直接呈现于显示屏，并实时保存数据。

创办时间： 2009年12月9日。

创始团队： 吉朋松，安翰医疗董事长。清华大学工程物理专业毕业后留校任教十年，是清华同方核技术公司创始人。

项目亮点： 跟传统的胃镜产品相比，具有“不插管”的革命性突破，受检者只需吞服胃镜机器人，无须麻醉，15分钟左右就可以完成检查，检查后胶囊机器人随消化道排泄。产品通过相关医疗资质许可准许进入医疗机构使用，目前市场上尚无类似技术应用于临床。

“嫂嫂，我在你的肚子里呢。”《西游记》里，孙悟空为了借铁扇公主的芭蕉扇，故出此计策钻到了她的肚子里。不过，这出现在小说中带着玄幻色彩的场景，正在以另一种形式走进我们真实的生活中。

“用户吞服下去的这颗胶囊，就像放入肚子里面一个孙悟空一样，不仅能把胃、小肠等体内部位的情况拍摄清楚，而且我们完全可以控制住它。”上海安翰医疗技术有限公司副总经理郁丹丹拿着一颗胶囊药丸状的产品介绍，这款充满黑科技的产品是该公司推出的胃部检查产品。

这款医疗设备的全名是安翰 Navi Cam 磁控胶囊内镜机器人，跟传统的胃镜产品相比，最革命性的突破就是“不插管”创新，受检者只需吞服这粒胶囊大小的胃镜机器人，无须麻醉，15 分钟内就可以完成胃部检查，检查后胶囊机器人随消化道排泄。

虽然安翰胶囊机器人仅进入了近千家医疗机构，但在全世界范围内，安翰医疗也是唯一一家通过相关医疗资质许可准许进入医疗机构提供胃部检查的胶囊胃镜产品，胃镜市场的革命才刚刚开始。

胃癌高发，胶囊机器人可免胃镜筛查之苦

2017 年，国家癌症中心公布《中国胃癌流行病学现状》报告显示，2012 年全球胃癌新发 95.1 万例，死亡 72.3 万例。而中国的发病和死亡例数均占了全球将近一半。按照这个数据粗略计算，我国每天有近 1100 人被确诊胃癌，每 5 分钟就有 3 人因胃癌离世。

中山大学附属肿瘤医院副院长徐瑞华表示，“胃癌在亚洲国家的发病率很高，但在日本新发胃癌患者中有 50% 为一期胃癌，而我国只有 5%”。他认为我国胃癌虽然高发，但人们还是没有形成胃癌筛查的意识。因为慢性胃炎、胃溃疡等疾病，如不加重视使其不断反复，就极有可能发展成胃癌。而如果是一期胃癌，病情相对较轻，及时切除病变部位，几乎可以痊愈。

胃部如有不适及时就医，尤其是胃癌的一期患者，通过做胃镜筛查是可以发现的，这也可以看出定期进行医学检查的重要性。但是，作为胃部疾病筛查的重要工具，胃镜一直以来都是病人又爱又恨的一个设备。人们爱它是因为它能为诊疗提供最专业的依据，但做这个检查的体验过程却“痛苦不堪”。

胃镜检查能直接观察到被检查部位的真实情况，借助一条纤细、柔软的管子伸入胃中，借由光源器所发出之强光，让医师从另一端清楚地观察上消化道内各部位的健康状况，全程检查时间约 10 分钟，若做切片检查，则需 20 分钟至 30 分钟。

而把这根管子插进食道时，多会出现胀气、恶心感，严重时会导致呼吸困难甚至胃出血等情况，也使得病人不到万不得已轻易不做胃镜检查。

2000 年，胶囊内镜由以色列科学家发明出来，为胃肠部位检查的医疗设备提供了全新的思路。但不适用于胃部检查，因为胃部面积相对较大，胶囊却不受控制。

安翰看好肠胃医疗设备这个市场，于是投入大量科研精力和资金到这个领域，而重点的方向就是做出一款像被广泛认可的结肠胶囊内镜一样的胶囊胃镜产品，团队成员除了部分来自医疗机构的专业人士，大部分员工则具有深厚的计算机以及相关科研背景。

2013 年，公司的胶囊胃镜产品获得中国三类医疗器械审批，成功投入商用，而这也成为世界上第一个也是截至目前唯一一个获得政府审批、可精准查胃的胶囊胃镜。

安翰自主研发的这款磁控胶囊胃镜机器人，利用精准磁控技术，使胶囊内镜可以为医生所控制，在人体胃内自如运动，可以精准检查人体胃部、肠道等部位。既实现了革命性的“不插管”创新，使受检者检验全程无须麻醉，又做到了无痛、无创、无交叉感染，方便快捷又安全。

磁场技术遥控胶囊运作

“技术以及技术创新是我们公司的核心命脉，也正是得益于此，也在推动着整个市场向前推进。”郁丹丹说。

安翰公司胶囊内镜机器人有很多的技术创新和专利，但突破性的技术进步则是采用磁场技术对胶囊实现了在体内的遥控，使得医护人员可以做到全方位的控制。想要了解如何实现对胶囊的遥控，首先就要看一下胶囊机器人的整套产品以及运作规则。

一套完整的胶囊胃镜检查设备，由磁场控制设备、胶囊内镜、便携记录仪、胶囊定位器四款硬件设备组成。磁场控制设备上面有供检查躺的床、控制台、显示器等部分，采用磁场以及感应等原理，跟吞服的胶囊产生联动，再通过控制台来控制胶囊在体内的运动轨迹，图像直接呈现在显示屏上面，并实时保存数据。

让受检者吞服的胶囊内镜，用“麻雀虽小，五脏俱全”来形容一点都不为过。胶囊的尺寸为11.8mm×28mm，比普通的感冒胶囊大一点点，基本不会出现吞服困难的情况，跟传统的管道相比更是不值一提。另外，高清摄像头配合自动曝光控制，以确保图像明亮、清晰，呈现出大视野的临床图像，为诊断提供精准的图像数据。

便携记录仪就是一款做检查时穿的马甲，这款马甲的作用并不是防辐射，而是同步传输和记录胶囊传回的数据。胶囊定位器有点像缩小版的安检人员使用的手动检测仪，放在身体上面来扫描胶囊是在体内还是已经被排出，而不论是定位器还是大型的磁场控制设备，公司通过对辐射的技术处理，产生的辐射几乎能跟一台手机产生的量差不多，可以让受检者放心检测。

公司数据显示，2017年公司产品覆盖的医疗机构数量增了一倍，有近1000家。其中，三级甲等公立医院在300家左右，而这一定程度上也得到了学术上真正的认可。

通过对使用社保做胶囊胃镜检查的上海市民进行数据统计和分析，6个月内有4688人接受了胶囊胃镜检查，其中1152例（24.6%）受检者发现典型病变，胃溃疡7.62%，癌症的检出率达0.13%。安翰公司的目标就是希望通过技术带来产品革命，让更多的人主动接受胃肠检查。

解放军总医院（301医院）消化内科主任令狐恩强表示，医院从2014年就开始使用胶囊胃镜的检查。这几年的数据也显示，胶囊胃镜的检查数量每年都有很大幅度的上升，越来越多的人在了解并接受这种新的检查方式。

蓝海市场仍需教育

研究数据显示，我国早期胃癌的诊治率不足10%，而日本早期胃癌的诊治率超过70%、韩国超过50%，而这中间起到关键作用的则是早期的胃镜筛查。

“我国每年需要做胃镜检查的数量超1.4亿人次，但目前每年实际做胃镜检查的人数不足2200万，这不仅是我们的机会，也是我国胃部筛查领域继续提升和改善的地方。”郇丹丹说。

令狐恩强表示，受限于国内肠胃内镜医疗资源的不足和老百姓对胃镜插管检查恐惧的问题，目前尚没有适用于大规模胃癌筛查的项目，也正因如此胃癌未能在早期得到及时治疗，而如何改变人们对胃镜检查的观念，是安翰公司和中国医疗单位共同的课题。

同时，这款胶囊机器人并不能取代传统胃镜，其中最重要的一个原因就是胶囊胃镜不能进行病理分析，也就是发现问题后最终还需要传统胃镜进行活检做最终的判断，胶囊胃镜承担的角色是胃部疾病的初步筛查以及传统胃镜的一个补充。

但随着这个市场的普及，也有越来越多的后来者进入这个领域，进行更多细分的研究，而这也是公司面临的挑战。

除此之外，限制胶囊胃镜大规模普及的因素就是不菲的价格。目前国内做一次普通胃镜的价格在200元至600元之间，而胶囊胃镜每次的价格则在3000元左右，除了上海纳入医保范围之内，其他地方暂未入医保，这也会限制胶囊胃镜的普及，尤其是在胃癌高发的农村地区。

郁丹丹表示，随着胶囊机器人的推广普及，胶囊内镜的耗材以及相关硬件设备的成本也会随之下降，这也会逐渐反映到内镜检查的费用上面。

除了像传统医疗设备厂商售卖设备、耗材到医疗、体检机构外，安翰公司也在计划尝试一些新的业务模式。比如，做类似银行系统ATM机布点的操作模式，打造磁控胶囊胃镜第三方图像采集中心，再通过公司搭建的专家云阅片平台满足公众检查需求，也能解决医护人员和医疗设备不足的问题，而这样的独立检验中心，不仅需要政府的支持，也有待市场的检验。

吉朋松：树立大众胃镜检查意识，填补早期筛查缺口

唐亚华 / 文

2013年，安翰Navi Cam“磁控胶囊胃镜”机器人横空出世，这是一款革命性的“不插管”胶囊胃镜机器人，15分钟内就可以完成胃部检查，受检者全程无须麻醉、无痛、无创、无交叉感染。

2017年公司产品覆盖的医疗机构数近1000家，其中，三级甲等公立医院在300家左右。

这一成绩背后是安翰董事长吉朋松带领团队八年的自主研发，凭借小巧、可控、安全、精准、可变焦等技术特点及百余项技术专利，安翰成为唯一一家获得国家三类医疗器械认证准许进入医疗机构提供胃部检查的胶囊胃镜产品。

1966年，吉朋松出生于江苏扬州，清华大学工程物理专业毕业后留校任教十年，是清华同方核技术公司创始人。在他看来，健康是每个人最大的事业，他希望通过胃部检查新技术的推广，让所有老百姓用舒服的方式把自己的消化道检查一遍。

医生都不会定期做胃镜检查，市场需要教育

寻找中国创客：胃病检查最大的痛点是什么？安翰医疗是如何解决的？

吉朋松：日本胃癌早期发现比例达70%以上，韩国达到50%，中国只有不到10%，过去有误解认为中国大夫水平不够，实际上大部分的胃癌没被发现是因为患者没去检查，甚至很多大夫自己都没有查过胃镜，所以我们首先要告诉大家早期筛查的重要性。

现在中国一年电子胃镜的检查人数约为 2700 万人次，大夫供不应求，传统电子胃镜又十分依赖专家的手艺，一些好的医院预约一次胃镜检查要一两个月。所以我们需要一种不依赖专家，但又能精准检查的设备。

此外，如果检查过程很痛苦，很多人也不愿意接受，所以第三点就是要提高检查过程的舒适性。在这三个痛点下，我们研发了“磁控胶囊胃镜”机器人。

寻找中国创客：面向这个还没有被教育的市场，会有什么难题？

吉朋松：举个例子，我有一个朋友戒了好多年烟没成功，突然有一天他就戒了，因为大夫跟他说你肺部有很多小结节，高度怀疑是肺癌，如果不戒烟一定会发展成肺癌。消化道健康教育也是这样，我们的很多教育都是从体检开始的。

比如，在北京解放军总医院（301 医院），有一位消化科大夫经检查被确诊为胃癌，这让科里其他大夫深受警醒；再比如，山东某医院的一个医联体小组，2018 年上半年发现了 18 例患者确诊为胃癌。但其实绝大多数的早期胃癌是能够治愈的，只要做定期筛查就完全可以避免胃癌的发生，类似的这种教育每天都在进行。

寻找中国创客：安翰医疗主要的目标人群是哪一类，有哪些建议？

吉朋松：一定要在没有症状的时候去查。所谓早期检查针对的是黏膜层，它是没有痛觉神经系统的，等你感觉到胃痛的时候，说明疾病已经到了肌肉层。所以建议 40 岁以上的人至少两年做一次胃镜检查，高危人群至少每年查一次，那些已经有早期征兆的人群，六个月就得查一次。

胶囊机器人革新胃镜检查，但仍存普及难点

寻找中国创客：项目的核心生命力是什么？

吉朋松：一款医疗产品走向社会不仅要有技术支持，还要有充足的临床研究做支撑，有非常好的专家资源的聚集和示范，还要有大数据和人工智能的辅助建立后期健康管理平台，只有综合这些资源，一个项目才能有长久的动力。

寻找中国创客：胶囊内镜机器人普及的最大难点是什么？

吉朋松：对医疗产品来讲，最大的难点不在技术本身，而是临床研究。比

如，阿司匹林，从诞生起不断有新的功能被发现，不光能抗血小板还可以做合格的预防。所有的药物和器械，技术都是排第二位的，更重要的是临床研究。

然后要有费效比和时效性，所有的临床研究结果都要用于健康的预测和管理，要真的发挥作用。此外还要有健康教育，临床研究做完以后，没有教育老百姓就无从知晓，自然也就不会产生消费。

寻找中国创客：机器人做一次胃镜检查的价位，要比传统胃镜高出不少，推广难度会不会更大？

吉朋松：“磁控胶囊胃镜”机器人和传统电子胃镜检查看似做的都是胃镜检查，但它们的内涵不一样。传统电子胃镜要求受检者要不怕痛或是能接受打麻药、承担交叉感染的风险。医疗产品未来的定价一定会回到商品本身的价值。一个健康消费产品，它的定价只要是根据健康需求与医疗效果制定的，那么它就是合理的。

实际上这个消费并不难，胶囊胃镜检查有的地方已经入了地区医保，此外还有商业保险做补充。我们也希望未来随着检查量的扩大，价格可以不断降低。

填补早期消化道筛查缺口，医疗互联网价值最大化

寻找中国创客：目前公司主要的合作方包括哪些？

吉朋松：公立医院、体检机构、民营医院，包括消化科、老年科或儿科等很多科室都有合作，此外还有一些情况也同样适用：用药不当造成消化道出血，就可以使用胶囊胃镜介入去对消化道的溃疡、出血情况进行评估，作为后期治疗的手段之一与后期调整药物的依据。

寻找中国创客：公司下一步的发展规划是什么？

吉朋松：我们希望花 5 ~ 10 年的时间把早期消化道筛查的缺口补上，建成全国慢病消化道疾病早期筛查健康管理网络与全国专家系统，还要通过检查的大数据与人工智能，形成一个健康管理白皮书。

寻找中国创客：你觉得未来医疗领域比较大的机会在哪里？

吉朋松：未来医疗发展更快的应该是轻资产。一家医院的医疗检查设备，也就是所谓的重资产价值再高，也无法跟医院的轻资产，也就是它的医师资源

相比。现在国内出现了很多第三方检测中心，实际上就是把重资产剥离了，未来可以用公共服务去完善重资产的作用。

我们也推出了互联网医院，作为全国第一家以消化专科为特色获得网络医院牌照的企业，专家可以通过我们的互联网平台，准确、方便地获取数据，从而更广泛地服务大众。像这样有序安排医疗资源，互联网的价值就能得到最大限度的发挥。

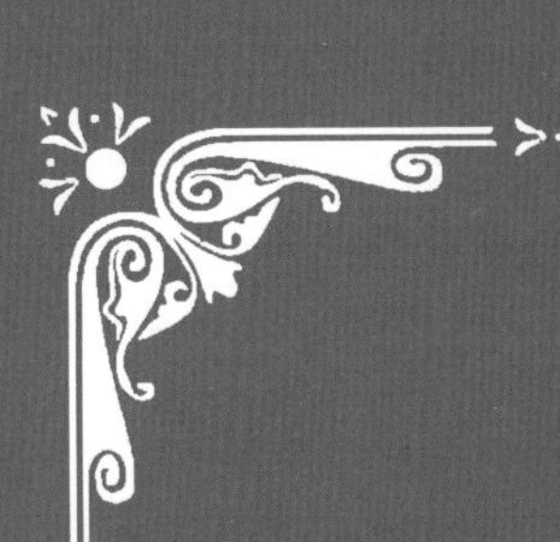

2018 年度十大中国创客

叮当快药

28 分钟送达，看似不可能满足的需求，他们做到了。自营线下连锁药房，专业药品配送团队随时响应，他们用深耕多年的行业经验和互联网思维，找到了药品零售行业低频刚需的盈利秘诀。

低频医药新零售，盈利有秘诀

唐亚华 / 文

档案卡

叮当快药

业务领域：医疗健康。

主要产品：主要分为线上叮当快药平台和线下叮当智慧药房两大业务板块，提供7×24小时营业、28分钟送药到家、专业药师24小时在线指导等健康服务。

创始团队：叮当快药创始人兼董事长杨文龙，仁和集团董事局主席。

创办时间：2014年9月2日。

项目亮点：叮当快药是中国自营式医药新零售企业，通过自建线下连锁药房及专业药品配送团队，与国内460余家品牌药企建立FSC药企联盟，创立了“药厂直供、网订店送”的线上、线下一体化运营的医药新零售模式，目前已拥有近200家线下叮当智慧药房，为3200多万在线用户提供送药到家等服务。

独自在家半夜发烧买药难，卧病在床体力不支无法出门买药，隐私药物用品购买不便，所有这些麻烦都源于药品零售模式单一，用户到店买药的方式已经远远无法满足需求。

互联网医药新零售企业叮当快药针对医药行业痛点，推出7×24小时的28分钟内送药上门业务，同时配有专业药师指导，拓展了医药销售新模式。

叮当快药成立于2014年9月，创始人杨文龙为仁和集团董事局主席，那一年正赶上O2O风口，他从医药OTC巨头转身成为医药O2O初创企业的创新者。

紧接着在O2O寒潮下，大多数企业走向倒闭或转型。叮当快药在线上、线下业务的结合中跑通了商业模式，成为该领域首个实现盈利的企业。

叮当快药拥有近200家线下叮当智慧药房，为3200多万在线用户提供送药到家等服务，复购率和留存率均超过50%。

解决夜间送药、懒人需求、隐私保护等真痛点

寻找中国创客：用户购药最大的痛点是什么？

杨文龙：用户购药存在五大痛点：夜间用药无法实现24小时配送、急用药送药上门、年轻用户群体懒人经济、专业药师指导和隐私保护。

寻找中国创客：叮当快药如何解决这些痛点？

杨文龙：为解决用户痛点，叮当快药通过自建线下药房及专业药品配送团队，创立了"药厂直供、网订店送"的线上、线下一体化运营的医药新零售模式，目前已经全面覆盖北京、上海、广州、深圳、成都、杭州等城市。

寻找中国创客：打通线上、线下的运营，十分考验团队的能力，叮当快药的优势在哪里？

杨文龙：公司主要是线上叮当快药平台和线下叮当智慧药房两大业务板块。医药新零售是个特殊的领域，既要有互联网思维，又要懂药。叮当快药的核心团队既有来自BAT等巨头的资深互联网"老炮"，也有在传统医药领域服务多年的医药"老兵"，是传统医药人和互联网人融合的队伍。

从药房合作转型自营，200家智慧药房收获3200万用户

寻找中国创客：公司发展经历了怎样的探索？

杨文龙：叮当快药的商业模式经历了从早期合作模式到后期自营。公司创立初期，与互联网行业提倡"轻资产、快节奏"一致，与线下药店展开合作。但很快发现，多个用户痛点难以解决，比如用户夜间用药无法实现24小时配送等。

同时，线下药店的商品结构大多基于自身利益配置，而并非按照线上用户商品需求配置，线上平台想做促销活动，线下药店不支持的状况也时有出现。2016 年开始，为给用户带来更好的体验，叮当快药正式转型自营，通过自营线下药房，自建药品配送团队，实现线上、线下一体化服务。

寻找中国创客：叮当快药一直主打叮当智慧药房，智慧体现在何处？

杨文龙：2017 年 8 月，叮当快药发布了一款叮当大白 AI 机器人入驻线下药店，为用户提供智能化服务，包括线上用药提醒、用药咨询和跟踪、慢病管理、保健预防等。该机器人具备自然语言交互功能，收集并学习了近 4000 万条健康医药知识库，可识别与理解 2 万组药品名称及关键字，实现机器人对话语境上的语言交互。

寻找中国创客：慢病管理包括哪些具体做法？

杨文龙：慢病场景包含三个模块：健康管理、叮当中医和慢病解决方案。

健康管理通过营养师的介入，借由食疗、运动等方式调理人的亚健康状态；叮当中医是要为中医建立自由职业服务平台，平台提供帮消费者开方、煎熬等服务，共享医生资源和药店诊室。慢病解决方案则是基于大数据分析对商品做梳理，加入营养师、药师、医师，针对“三高”等主流慢病提供一对一解决方案，截至目前已梳理 35 个慢病。

寻找中国创客：目前叮当快药发展到什么阶段，有多少用户？

杨文龙：叮当快药提供“医＋诊＋检＋药”全流程服务，与腾讯企鹅医生、医联达成战略合作，开启以用户为中心，覆盖从医生服务、诊疗服务、药品直供、配送到家服务等医疗、医药服务全流程的商业体系。叮当快药已经布局近 200 家智慧药房，用户数已经突破 3200 万。

赋能新零售——破解低频药品行业难题

寻找中国创客：市场上也有很多模式类似的公司，叮当快药的核心壁垒是什么？

杨文龙：叮当快药在线下药店布局、配送团队、技术、供应链等方面都具有明显的优势。

直营连锁药店的布点采用了公司独创的电子围栏覆盖城市技术，对线下药店进行地面网络规划。电子围栏根据城市道路情况、交通情况、消费人群店覆盖，通过空跑和压力测试等，确定每一家线下药店的覆盖范围，保证药店28分钟送达。

服务半径较传统药房实现从500米到5公里的跨域，以最少门店数覆盖最大范围，北京六环内只需50多家药店就可完全覆盖。同时根据叮当沙盘系统，可以真实看到每天的订单在每个区域的布局，同时还可规划未来某个区域产生的订单数。

通过自营线下连锁药房及专业药品配送团队，叮当根据订单峰谷值和密度，灵活调配配送员，每个配送员的手机与叮当系统实时对应，可以获悉在波峰和波谷时间段的规划路径，大幅提高运营效率和人效；线下门店员工可以通过手机进行拣货，并可远程打印拣货明细单，提高作业效率。

凭借多年积累的医药行业资源，团队与中美史克等国内外460余家品牌药企建立“FSC药企联盟”，实现商品直供，建立了较强的供应链优势。

寻找中国创客：公司的主要盈利模式是什么？营收状况如何？

杨文龙：2017年，叮当快药的线下店均坪效（每坪面积上可以产出的营业额）达到5.5万元，其中最高一家店达到均坪效12万元，人效（人的效率，如日人效＝日营业额/当日总人数）更是做到了一个月15万元，复购率和留存率超过50%。2016年11月，北京地区率先实现盈利，2017年12月，上海实现盈利。通过新零售的赋能，一定程度上破解了药品行业低频刚需的难题。

寻找中国创客：未来的发展规划是什么？

杨文龙：首先是结合日本药店的新模式，在法律法规允许范围内，进行品类合理化拓展，同时倡导未病养护模式，在服务体系内进行健康咨询和诊断，辅助给用户食疗或药品帮助解决健康问题，并将用户培养成为自我健康专家。

其次是逐步将已经在北、上、广、深跑通的模式复制到全国，升级自有业务，推进与手机厂商、保险公司合作。

最后是将用户、药店、药企、互联网医院连接在一起，从而将药店以药为中心转变为以人为中心，打通“医＋诊＋检＋药”全流程服务。

杨文龙：
实业转型互联网只有一条路——极致服务

唐亚华 / 文

“拥抱互联网，这是我作为一个民族企业家的责任。既要符合医药的法规，还要做好极致的服务，这是我们的使命。”50 岁开始二次创业的杨文龙如是说。

杨文龙，另一个身份是仁和集团董事局主席，他从江西山区一个医药公司的药材采购员出发，投身医药领域创业十几年，他一直在思考的是，什么才是企业的核心竞争力，答案是用户。

2014 年，O2O 风头正劲，50 岁的杨文龙借鉴大火的外卖模式，开启了二次创业之路，医药巨头掌舵者转身成为医药电商领域的革新者。

走过无数条路和坑，成就医药龙头品牌

寻找中国创客：早期职业生涯中，印象最深刻的事是什么？

杨文龙：我大学学的是中医专业，毕业后最早在江西的一个国有医药公司上班，从跑到江西的山区收购中药材起步。最艰苦的时候我从早上 8 点走到晚上 10 点，山里很多地方都没人，甚至会听到狼叫声，收回来的药材还要晾晒、加工炮制。这样的生活大约持续了 5 年，艰苦但也磨炼了我的意志。

寻找中国创客：那是如何从国企转到民营企业的？

杨文龙：1997 年前后市场经济刚刚开放，各地医药公司也不断市场化，我们选择了带有自主经营形式的承包模式，于 1998 年开始建立全国营销网络，并于 2001 年成立了仁和集团，用集团化的模式进行经营，包括组建营销、服务、

生产等公司，到 2003 年我们收购一些工业企业如制药厂等，发展为采供销一体化。

寻找中国创客：你印象中做的影响最大的品牌有哪些？怎么看待品牌包装与营销？

杨文龙：为了加强品牌竞争力，我们打造了仁和可立克、优卡丹、闪亮滴眼液、妇炎洁等知名品牌。2005 年前后公司开始投放电视广告，我认为品牌的包装是有必要的，我相信大家一定对我们当时的两大品牌耳熟能详：“谁用谁闪亮”和“洗洗更健康”。

寻找中国创客：做品牌的时候遇到过哪些难题？

杨文龙：品牌刚做起来的时候困扰我们最多的当属抄袭现象，有人赤裸裸地抄袭，市场上假冒产品泛滥。踩了坑以后，我们在做商品时一边申请专利一边做宣传，通过法律保护企业的利益。

而到 2008 年前后，难题又变成货走不动了，做了很多广告，效益却没有跟上来。调研发现，很多药店把我们的商品当成一个引流的产品，真正推荐给用户的却是一些非品牌商品，它们不做广告宣传，通过给药店更大的利润空间吸引店主。

2009 年到 2014 年期间，我们开始进行大量的终端建设，通过业务人员去药店推广、宣传，目前我们对全国 40 多万家终端药房直接供应药品。

50 岁二次互联网创业，每星期都在换角色

寻找中国创客：基于什么契机开始二次创业？

杨文龙：最早的时候我认为企业的核心竞争力是销售渠道，后来发展为品牌建设，再后来是终端建设。到 2014 年，我发现核心竞争力变成了用户，要以用户为中心。因为互联网时代大家选择商品的机会和条件更加广泛，我决定开始二次创业。

当时外卖等业态已经很火，我认为医药零售领域将来在这块也是一个很大的方向。于是我们选择打磨了移动端 App，让消费者在上面选择，我们提供服务。

寻找中国创客：进入互联网领域之后，你觉得最大的不同之处是什么？

杨文龙：互联网创业最大的痛苦是谁来帮我做，传统的人才倾向不冒险，不再适应做到极致服务的需求，当时跟我一起转向二次创业的只有两三个人，逐步组建了现在的团队。以前大家见到我都叫老板，现在叫同学，在仁和集团我是管控型思维，在叮当快药里面转变为了合伙型思维。跟年轻人一起讨论，听他们的意见，我有时候甚至在一个星期里面转换两种角色。

寻找中国创客：叮当快药成立之后走过哪些弯路？

杨文龙：我们也走了一些弯路，原来是把叮当快药作为一个平台，通过合作药店入驻来做服务，配送也由药店负责，发展速度很快，但最大的问题是服务质量不好，商家看的还是自己的利益，可能平台派给他一个低价的订单就不去送了。

而我们的理念是一定要把用户的体验当作未来发展的生命线，如果不能做好用户体验，这个平台就没有价值。于是我们开始自建药房、配送团队，这又是一个很难的决定，我们逐步开始做试点，并推广扩大。

不求成事，但求极致

寻找中国创客：你现在还在两个公司之间频繁切换吗？从传统企业到互联网创业企业，能适应快节奏高压力吗？

杨文龙：现在我在仁和集团的下属实体企业没有任何职务。作为仁和集团董事局主席，主要负责战略规划，一个季度开一次会，主要精力还是在叮当快药上。创业公司的节奏我可以适应，我本来就是吃过苦的人，一直维持着这个精神状态。

寻找中国创客：这么多年，你觉得医药行业最大的变化是什么？

杨文龙：我觉得医药行业最大的变化可能是从之前的供需导向型变成了服务导向型，在这个新零售时代，重要的是真正要把用户放在心里，把自己的收益降到最低，把服务做到极致。

寻找中国创客：未来对叮当快药和自己的规划各是什么？

杨文龙：未来我们要通过快医来完成整套服务流程，包括自建医生团队，在线问诊之后开具处方，再到药师审核、用药指导，之后就可以将药品配送到家。

未来将打造快医快药，1 分钟找到医生，28 分钟送药上门，30 分钟护士到家。

我们并不急于做成这件事情，要慢慢地来把服务做到极致。我是做实业的人，互联网的模式是否可以回归到实业的服务质量很重要。我个人在这个岗位上再做 15 年没问题。

2018 年度十大中国创客

共 享 际

他们是城市空间的魔术师，帮助一个个城市老旧空间重新焕发生机。共享办公、长租公寓、商业 IP 与社群活动，多元化内容与风格化空间融合，他们是新一代共享生活的代名词。

混搭新姿势，盘活城市旧空间

薛星星　李钟豪 / 文

档案卡

共享际

业务领域：城市空间运营产业——联合办公 + 长租公寓 + 线下 IP 商业。

主要产品：共享际目前已签约东四、国贸、前门打磨场、前门鲜鱼口等多个项目，资产管理规模超过 30 万平方米。基于具有针对性的功能属性，共享际于 2018 年发布了主打城市探索及文化体验的 5Live，核心高端商务 5Lcenter，展现社区温度和美好生活 5Lcommunity，都市活力枢纽 5Lhub，以及解决 B 端客户职住平衡 5Lnet 五条产品线。

创办时间：2015 年 12 月 11 日。

创始团队：共享际联合创始人兼 CEO 贾晓萌。中国第一个跑完马拉松六大满贯 + 南北极赛事的业余女跑者。于 2016 年离开老东家万科，与毛大庆一起创办共享际，是生活美学实践者及共享空间规划师。

项目亮点：共享际通过对城市存量旧资产的改造，为其注入新鲜活力，并依据原有空间属性的不同而有针对地进行内容运营 + 社群运营，打造完成了极具风格氛围、强社交的线下空间，以及共享开放充满认同感的线上社区。

你很难用一个确切的概念来形容这个地方。它位于北京市的 CBD 核心区域，原来是北京国贸饭店，20 世纪的装潢风格仍然会在一些细微之处体现出来。但更多的改变会让你忽视掉这一点。

一楼大堂里迎面而来的是一家原来深藏于胡同深处的网红咖啡店，转角是一间来自上海的意大利冰激凌店。再往里，是一个被称作“美食游乐场”的开阔地带，夸张的配色会让人误以为进入了三里屯的一间酒吧，墙角摆着两台复古的游戏机，两个乒乓球台就放在红色长条形餐桌的旁边。

一周前，真格基金在这里举办了一场酒会活动。事实上，这家中国最为知名的天使投资机构的办公地点就位于此地。一楼的西侧摆满了开放式的工位——这是一个联合办公空间。

先锋话剧团“孟京辉戏剧”旗下的黑猫工作室在这里办了一场戏剧节。戏剧节期间，这里展出了一个名为“蛊师”的艺术家拍摄的摇滚摄影，两部艺术片在这里进行了放映活动，还包括了几场话剧的对谈活动——这是一个艺术聚集地。

3 楼至 8 楼，是原来国贸饭店的客房，现在被用作公寓出租。一间面积为 20 多平方米的酒店式客房，一个月的租金要 1.2 万，出租率为 80% 以上——它是一个长租公寓。

实际上，这个奇妙空间的真正名字是共享际 @ 国贸。它是共享际在北京已开业的 5 个项目之一，定位于“城市新型共享生活平台”。

城市乌托邦

简单点来说，共享际混合了近些年的几个风口上的模式，包括已经成红海的长租公寓、联合办公空间，以及一些类似于商业综合体的业态形式。“你没办法单个地说共享际是什么，它是一个复合型的产品。”共享际联合创始人兼 CEO 贾晓萌说。

她更愿意将共享际称为一个“生活方式的平台”，灵感来自多年前风靡一时的电视剧《奋斗》。剧中的主人公将一座废旧工厂改造成一个可以居住玩乐的场所，名为“心碎乌托邦”。

“其实我们是在给城市的旧资产做内容运营 + 社群运营，让它们重新恢复活力。”共享际已经落地的几个项目里，有利用胡同进行改造的，也有基于废旧工厂进行改造的，当然也包括国贸这个利用饭店进行改造的项目。

城市旧资产改造并不是一个新鲜的命题，最为知名的例子是北京的798。这个原来的电子工业厂区现在已经是北京最负盛名的艺术聚集地。

不过，共享际并不认为他们在步前人的后尘，他们在此基础之上融入了更多的内容，将城市原有的存量资产升级改造为融办公、休闲、文化、娱乐等内容为一体的一站式空间。“这是一种全新的商业模式，市场上还没有看到同类型的公司出现”。

“长租公寓也好，联合办公也好，都是共享际里面的一个场景。我们不断把这些新的场景做到一个空间里，将它们融合起来”。贾晓萌形容共享际就像是一个“乐高”，可以源源不断地向其中增加新的属性。

每落地一个新的项目，团队都会根据原有空间的属性去进行改造，适时增减其中各类功能的所占比例。目前共享际已落地的5个项目具备属性均有所不同，面积从2000平方米到2万平方米不等，有的项目主打核心高端商务，有的则主打解决B端客户职住平衡。

城市空间运营+生态圈建设

通常，共享际所运营的每一个项目多会涵盖多个不同的空间场景，包括长租公寓、联合办公、多元化活动场地等，除此之外则引入大量的内容提供商，如书店、咖啡店、健身、餐厅等不同的生活方式类的商业网红IP。

共享际落地的第一个项目“东四·共享际”被认为是展现其理念的绝佳范本。“我们在2000多平方米的空间里制造出了几十种内容。”贾晓萌说。“东四·共享际”中入驻了健身、读书、吉他教学、酒吧等不同的内容载体，同时举办过各式各样的社群活动。

共享际引入的内容提供商大多自带IP属性，“我们会刻意去寻找一些小众有趣的商户加入共享际里”。贾晓萌在此之前曾在万科有过8年的工作经验，对商业地产的运作规律十分熟知。

“根本无法想象在我们的空间里加入一个连锁快餐品牌。”贾晓萌举例，前段时间“东四·共享际”项目中新开设了一间特色云南菜馆，开业当天客流量爆棚。

除此之外，针对一些具备发展潜力的入驻企业，共享际还会在天使轮及种子轮时进行投资，构建自己的生态圈。现已构建的共享际生态圈由 15 家企业构成，涉及物业管理、空间设计、科技体育、房产置业、医疗健康、美食餐饮、成长教育与生活服务多个门类，累计投资金额超 2000 万元。

多元化的社群活动是共享际另一个突出的特点。音乐剧表演、圣诞市集、胡同主题跑、创业产品体验 Party、“报春”街道运动会、北京非裔女性观影会等，涵盖社区内生活方式类的主题分享、团体的休闲活动，并以此为基础完成与 Nike、宝马、外国大使馆等外部商业 IP 的品牌合作等。当然，这些活动大多都是收费的。

这一模式被共享际称为“城市空间运营 + 生态圈建设”，并提炼出这一模式的五个核心元素：一体化空间、品牌 IP、强交互、共享开放和场景消费。

以五个核心元素为基础，共享际打造完成了极具风格氛围、强社交的线下空间，以及共享开放充满认同感的线上社区。多元化的空间和内容的叠加使得原有的单一空间属性被淡化，整个空间构成了一个自带流量的开放式社区，在满足项目本身的办公用户、租住用户的基础之上，还吸引了外部的商业消费人群及场地活动参与者等参与其中。

盘活城市旧资产

简单而言，共享际的角色在于为城市存量旧资产进行改造，为其赋予更多的功能属性。将原有的宾馆、工厂厂房等场所改造成一个多元化的社区空间，使其具备新的活力。

共享际的主要盈收仍然来自租金收入。贾晓萌透露，多数项目均在开业半年内的时间实现高出租率与高坪效，达到单项目盈利状态，空间收入方面稳定滚动，自我造血能力强。从租金收入结构来看，公寓收入与办公收入各占四成，商业及活动收入占到了两成左右。

但贾晓萌强调，共享际更是一个“资产运营管理”的角色。“我们把城市原有的旧资产盘活，为其增加新的功能属性”。通过共享际的运营管理，可以使废旧的资产实现增值。贾晓萌认为，这是未来共享际盈利的主要来源。

除此之外，共享际投资业务也进一步提升了自身的估值。这是多数联合办公空间的打法，针对入驻的优秀项目进行投资和孵化。共享际投资的企业中，蛋壳公寓、秘境、有养、威沃世界、星烁体育等，均在此后又相继获得新轮次的融资。

运营构成了共享际最大的竞争壁垒。贾晓萌多次提及“运营”的概念，包括社群运营、对公寓的运营等。与其他单类型的共享类地产项目相比，共享际的优势在于既涵盖了原有的功能属性，又在多个不同空间场景的碰撞之中为其赋予更多的想象力。

贾晓萌：
我们都是生活的发明者

薛星星 / 文

贾晓萌是创业者中少有的女性角色。在地产商万科工作八年之后，她终于选择了逃离。用她自己的话说，“觉得没有什么意思”。

她的新项目不太容易只用一句话解释清楚：长租公寓？联合办公空间？商业综合体？文创中心？都是，也都不是。

贾晓萌创办的共享际是以上几种业态的综合，她将其称为一个“生活方式的平台”。他们提供各式的空间载体，吸引不同 IP 内容进行入驻。

团队发挥自己天马行空的想象，在每一个项目中都不断加入新奇的内容与社群活动，除了前文提到的各种活动之外，还有一些新业态的推出，比如员工自行装修设计的民宿等。“我们需要不断地把自己对生活的体验融入共享际之中。”贾晓萌说。

多数情况下，这位创始人都会在朋友圈中转发社区内的新奇玩意儿，比如，他们吸引入驻的一位西餐大厨，因为痴迷川菜，研发出了意大利饺子包法的四川抄手。

贾晓萌认为，他们是在让城市存量旧资产重新焕发活力，无论是工业园区的员工宿舍，还是 CBD 的老旧宾馆，他们都能量身为其定制独特的项目亮点。

2018 年，他们在秦皇岛开设了自己的首家资产管理输出项目“阿那亚 · 共享际”，朝着轻资产化的方向迈出了第一步。2019 年，他们还将探索 IP 酒店类产品。

创业就像跑马拉松，已将创业与生活融为一体

寻找中国创客：当时是出于一个什么样的契机出来创业？

贾晓萌：当时我在传统的房地产行业里做自己的本职工作已经有八年时间，觉得没什么意思，还是对现在这种新生活方式、非传统的、有意思的事情感兴趣，所以出来做了共享际，主要是兴趣驱动自己去参与到创业的过程中。

寻找中国创客：和万科的工作相比，创业的过程中心境有没有发生什么改变？

贾晓萌：原来在万科的工作经历更多是在学习和成长，锻炼我的思维方式和工作方法，但在共享际的创业过程中，我其实在上面加入了很多个人对生活的追求和爱好，相当于把创业项目和生活爱好融为一体。

寻找中国创客：创业往往都不是一蹴而就的，你觉得比较困难的时刻是哪些？

贾晓萌：我反而不会觉得第一个项目困难，从 0 到 1 其实并不难，因为那时候你可以把自己所有的想法和精力都放在第一个项目上。真正困难的是当你运营了六七个项目，手头还有四五个项目等着开。

因为这时候的困难已经不是你如何去创造新的内容，而是如何去管理一个团队。共享际不是一个标准化的商业项目，每一个项目都有自己的特点，就需要团队不断地对生活进行观察和创造，当员工多了，如何去进行管理，如何驱动他们用一个相同的理念去创造内容，这是我觉得最困难的。

寻找中国创客：你自己如何定义共享际？

贾晓萌：它其实是一个分享生活方式的平台，我们的 Slogen 是“享见同类，发明生活”。我们希望大家都一起来分享生活、创造生活，只不过我们会提供很多固有的空间让你来创造。

所以共享际和普通的长租公寓、共享办公都是完全不同的。很多长租公寓都是很封闭的，就是为了解决一张床的问题，但我们不同，我们是一个生活创造力工具。

寻找中国创客：你是一个马拉松爱好者，创业和马拉松之间有没有什么联系？

贾晓萌：马拉松这项运动和创业其实挺像的，刚开始接触时你都会很抗拒，

在路上的过程也是痛苦的，但最终抵达终点时却是开心的。创业过程中你会遇到很多困难，跑马拉松的过程也一样，但是你只能继续跑下去。我给自己定下的目标是明年跑完 100 个马拉松，它和创业一样都是一种修炼，你需要不断地给自己定下一个目标，之后再一步一步完成。

寒冬之下现金为王

寻找中国创客：2018 年，很多人在提“资本寒冬”，你对此有感知吗？

贾晓萌：我们现在也非常谨慎，必须提升自己的造血能力，一定要在固定的出租、办公及居住方面拿到稳定的现金流收入，才能去做一些其他的扩展或者新的项目。包括现在我们拿项目也是比较谨慎，现金为王，一定要把手头的钱用在刀刃上。

寻找中国创客：共享际最近在 Airbnb 上面开了两间民宿，是新业务吗？

贾晓萌：当时是看到有很多朋友都在自己做民宿，我们去看了下，觉得共享际也能做，就拿出了两间房子实验一下。全都是员工自己设计、装修、改造的，他们也把自己的爱好、生活体验都融入里面。

寻找中国创客：接下来有没有一些新的规划或者新的产品？

贾晓萌：明年我们可能会做一些 IP 酒店类的产品，会比较偏旅行一些，但又不像传统酒店。我们认为，现在的一些精品酒店或者社交类型的 IP 酒店，大家都越来越往人与人的关系处理上发展，希望 2019 年我们的产品问世，可以颠覆一部分人对旅行的理解。

2018 年度十大中国创客

火花思维

在“唯快不破”的移动互联网时代，他们秉承素质教育理念，耗时 8 万小时研发课程体系，他们要向 3 ~ 10 岁的中国学生及家长证明：数学不只是作业、考卷和奥赛班，还可以是孩子的逻辑思维启蒙老师。

数学不只是奥数班，还有逻辑启蒙

张皓月 / 文

档案卡

火花思维

业务范围：在线教育。

主要产品：火花思维基于中国孩子的心理和认知规律，对标美国共同核心州立标准 CCSS，自主研发“火花思维培养体系”，采用在线直播互动小班课的教学方式，在互动实践中培养数理逻辑和自主解决问题等核心基础能力，为全学科学习打下基础。

创始团队：创始人罗剑是前赶集网联合创始人兼 CTO，公司核心技术人员均来自赶集网、腾讯、微软等知名互联网企业；教研教学核心人员来自新东方、好未来且具有 10 年以上教学经验。

创办时间：2016 年 6 月 28 日。

项目亮点：火花思维用寓教于乐的方法，加入了直播、游戏、道具等更生动的教学形式。2018 年 3 月中旬产品上线后，正式付费用户数已经超过 4500 人，试听转化率高达 50%。

火花思维创始人罗剑一次带孩子出去玩，对面坐了一个小男孩。他问儿子：“这个小哥哥现在 7 岁，你 5 岁，你要花多长时间才能赶上小哥哥的年龄？”

他想了一会儿说：“如果小哥哥原地不动，那我 2 年就可以追上他。”

这种缜密的思维模式让不少大人都感到惊讶。“‘原地不动’这种附加条件是数学的一种逻辑训练。”罗剑表示，在孩子幼儿阶段，其实更需要的是数学逻辑思维的养成和提高。

2018年年初，罗剑创办了面向3 ~ 10岁孩子的在线儿童思维训练课程——火花思维。在他看来，数学的核心不是计算图形空间，也不是得了多少分数，而是逻辑推理，并且将这种逻辑直接运用于生活。

数学启蒙的核心在逻辑推理

“我们天天都在比谁算得快，参加各种奥赛，拿了那么多金牌，但真正的底层逻辑思维还有很多提升的空间。”罗剑说。

这是他参加完美国亚特兰大教育展回国后的想法。与中国学生背诵九九乘法表不同，美国的数学启蒙核心不是计算图形空间，而是逻辑推理，并且将其运用于生活。

孩子对数学的直觉需要启发和培养，他们原生的数学逻辑思维也更需要保护。罗剑举例，有一次问孩子，卧室的房门有多宽，成年人的思路是拿尺子进行丈量，孩子则不同——他拿着自己的拖鞋蹲在门旁边，计算房门的宽度等于几个拖鞋的长度。

因为重视数学，罗剑的儿子从4岁起就每周参加线下的数学班。这种数学班虽然和他的设想类似，注重逻辑培养和体验，而非应试的教条学习，但还是存在一些问题，比如成本太高、时间太短，孩子在课堂中其实无法得到充分的思维锻炼。

每堂数学课只有90分钟，父母在路上开车就要花80分钟，孩子却还经常觉得很失望——每次上课一共有12个小朋友，举手也很难轮到他。课堂上，老师为了维护秩序，也需要付出很高的时间成本。

罗剑马上意识到，这其中还有很大的优化空间。不管是老师现场的互动模式、课堂管理，还是路程距离、时间成本，其实都能通过互联网来解决。

2017年年底，罗剑正式搭建团队创办火花思维，定位为3 ~ 10岁的在线儿童思维训练课程。

自研教材小班互动，教师实时追踪学习反馈

很多国家都有这样一门数学课，叫作 Think behind math。火花思维的教学研发也是据此逻辑完成，并非为了教孩子高难度的数学题，而是为了教授数学背后的思维。

而在教材大纲方面，除了紧扣国内《九年制义务教育数学新课程标准》外，也对标美国共同核心州立标准 CCSS，同时基于《儿童教学核心经验》来完成产品的底层研发。

产品设计成 1 对 4 或 1 对 6 的在线小班课程，除了老师的授课外，还有一套标准化研发的课程体系，这套体系基于增强互动和趣味性，分为空间思维和图形、数与运算、逻辑推理和生活应用四大模块。

所有的知识点都建构在“火花星球”这一套故事体系下，主角是勇敢乐观、爱思考的方块猴，乖巧伶俐、善解人意的三角兔，单纯憨厚的圆圆鼠，学生学习的过程就是一路陪伴主角们通关的过程。

具体说来，一堂课总共 30 ~ 40 分钟，孩子们首先会观看火花星球的动画，学习基础的数学思维逻辑知识，观看主角如何用数学知识通关；而后再由老师讲解重点，进行课程引导。

之后通过在线互动游戏和配套教具，可以帮助学生进行学习反馈。比如，孩子可以直接在屏幕上操作，找出屏幕中机器人身上的所有三角形。这也是相较于线下课程凸显出来的优势，所有孩子可以同时进行互动，老师也可以实时追踪学生的学习结果。

火花思维的教研人员和教师团队都已过百人。已上线幼儿园中班、大班和小学一年级阶段课程，其他阶段标准化的课件仍然在进一步研发之中。

2018 年中国在线教育市场突破 3000 亿

中商产业研究院发布的《2018—2023 年中国在线教育行业市场前景及投资机会研究报告》数据显示，2017 年中国在线教育市场规模达到 2788.1 亿元，

预计 2018 年中国在线教育市场规模将超 3000 亿元大关，达到 3423.8 亿元，同比增长 23%。

目前，很多父母不再过分关注孩子的学习成绩，而是更加关注孩子的个性化发展与素质教育。随着 80 后、90 后家长消费能力的逐步增强，素质教育和逻辑启蒙将成为主流。

市场上很多在线教育产品也是从数学研发起家的，比如洋葱数学等。但这些产品都更偏重与学校课程的结合，即经过培训能看到分数的变化，也能更好地将学习效果反馈给家长。

但数学启蒙这种新型课程，如何才能让家长更直观地看到效果？

罗剑介绍，其实在家长和孩子的相处过程中，就能明显体会到孩子的进步。比如，小朋友在家里看到鞋柜中鞋子摆放的位置，可以说出在第几行第几排，这都是孩子将数学思维在生活中应用的例子。

火花思维把目标用户设置成 3 ~ 10 岁，一是完成最基础的数学启蒙，二是四年级之后的学生家长会更重视分数的提高。从这个角度来说，火花思维其实是填补了市场的空白。

同时团队瞄准的还有三、四线城市的人群，一线城市已经出现了类似的线下数学启蒙班，但三、四线城市市场仍然是一片蓝海。罗剑表示，这也是未来能帮助更多孩子提高数学思维能力的重要市场。

罗剑：
教育是一件漫长的事，要回归质量

万珮 / 文

火花思维创始人罗剑是一个连续创业者，曾经担任赶集网 CTO。比起第一次创业时的懵懂探索，现在他已经知道哪些坑不能踩，也明白创业要集中精力放大自己的优势，在规模化没起来之前不要开始多元化。

“全靠资本供血，特别不靠谱”

寻找中国创客：之前你创办赶集网，其实已经获得财务上的成功，但为什么还想创业？

罗剑：从财务上来讲是很受益。这次创业是因为我儿子正好 5 岁，他去学了一段时间的线下数学思维课，我觉得对他影响挺大。

寻找中国创客：这两次创业给你的感受有什么不一样？

罗剑：第一次创业其实啥也不懂，就慢慢琢磨，第二次创业就知道有些坑不能踩，要先积累集中自己的优势，并把它放大。

我总是希望看到一个事情做出来是有意义的，特别是现在的教育行业。得先抱着一个对社会有价值有贡献的心态来做，否则就会容易走弯。

寻找中国创客：哪些坑是不能踩的？

罗剑：赶集网好几次因为资本的问题差点死掉。也正是因为我们在资本层面错过了一些机会，使得我们在市场上的投入大幅降低。还有就是在有钱的时候做一些跟主业无关的业务。

寻找中国创客：有观点认为，创业要讲故事，业务应该多元化。你怎么看？

罗剑：但是也要先把规模做起来，你要先自己做老大，并且有非常好的现金收入，如果全靠资本供血，特别不靠谱。

寻找中国创客：做 CEO 和 CTO 两者之间差距大吗？

罗剑：有差别，但是我之前在赶集网的时候还负责好几个事业部，有一定的管理经验。而且 CTO 不是说只要专注在一个技术面，其实还是要满足业务发展的需求。CEO 背负着更多的责任和压力，谁做谁知道。

AI 在线上线下都能用，但目前不成熟

寻找中国创客：为什么数学会是一个很大的赛道？

罗剑：在线下，语、数、外三门课当中，数学绝对是第一。因为数学太难学了，我们想依托的是低年龄的简单数学知识去培养小朋友的思考能力，要他明白数学背后的逻辑。数学本身都是来自生活，但是由于我们的课本上只把直接提炼的知识点告诉你，导致很多小朋友其实并没有真的学懂。

寻找中国创客：对于教育这个行业来说，打广告有用吗？

罗剑：长期肯定是有用的，因为要形成一个品牌，但教育并不是一个流量生意，今天送一万个学生过来，火花也教不了，教学质量也没办法保证。我们是小班课，一对多，不是一对无穷的那种大直播。我们的课堂上，老师能叫出每个孩子的名字，并有多次回答问题、分享思路的机会。

寻找中国创客：一对一和一对多的区别是什么？

罗剑：最早记得徐小平说过不要做一对多，要从一对一开始做，一对一简单。一对多的运营环节特别复杂，比方说要开班，要统一好多个小朋友的时间，不然今天其中有两个小朋友来不了，怎么办？可我觉得思维训练就是应该一对多才能碰撞出火花。

寻找中国创客：如果说教师资源是有限的，规模扩张会不会慢慢陷入增长瓶颈？

罗剑：教师培养是不容易做好的事情，这也正是挑战，是门槛，是一家教育公司的核心价值。

寻找中国创客：有一个观点是 AI 教育才是未来，在线教育的模式不成立。

罗剑：为什么要把在线教育和 AI 教育看作两个模式？AI 是一个基础能力，无论是就在线还是线下，都可以运用。AI 教育最大的问题是目前 AI 技术还不成熟，我是 CTO 出身，对于技术问题还比较懂，火花不标榜自己用了什么 AI 技术，我们只是积极地利用技术手段赋能老师，并逐步实现分层教学、个性化教学的目标。

"收入一下子上来了，心里反而更紧张"

寻找中国创客：你之前创业都与教育无关，怎么理解教育这件事情？

罗剑：人最宝贵的就是学习能力。遇到一件不会的事情，把它学习出来其实是挺重要的，创业也是这样。比如，跟我们的教研的负责人去学，教学的负责人去学，跟行业里面对教育理解深刻的人去学。人就在不断地挑战自己，一辈子都做自己熟悉的事情，是不是人生也很无趣？

寻找中国创客：你们关注变现吗？

罗剑：其实我们收入一下子就做上来了，但我的心里反而更紧张了，因为太快了。教育本身应该是一件漫长的事情，它没法快。所以我们主动开始，不卖那种全年课包，而是卖小客户。我们要考验产品和服务，要看复购率。

寻找中国创客：你们现在关注更多的还是教育的课程质量？

罗剑：我们的研发团队很大，教研 30 多人，研发做课件的 110 多人，做互联网产品的 60 人，老师也已经 200 多人了，所以谁要做我们这个课，首先要带 100 多个工程师和产品过来。

寻找中国创客：你想把火花思维做成一家什么样的公司？

罗剑：如果这件事情对社会有价值，无论是独立经营还是被别人并购，我觉得都行。其实教育赛道很宽，比如现在热门的在线辅导，我想从我自己的孩子抓起，我希望火花能够助力孩子以后的学科学习，甚至收获受益一生的思维能力。

寻找中国创客：提分这种事是立竿见影的，思维能力的衡量指标是什么？

罗剑：生活中会有应用，小朋友课内学习也会更轻松。学得更明白，自然考试成绩也好。真正的数学都是来自生活，我们的学员小朋友 5 岁左右，他会说，我们家的床有 6 个枕头那么大，这就是代换思维的体现。

2018 年度十大中国创客

瑞幸咖啡

10 个月，超过 1400 家门店，打破独角兽养成纪录。他们用闪电战术，打破传统咖啡市场的宁静。线上、线下结合重构交易场景，数字化重塑交易模型，他们用一杯咖啡，押注消费升级，领跑新零售。

咖啡“独角兽”的三大增长法则

档案卡

瑞幸咖啡

业务领域：餐饮业咖啡品牌。

主要产品：相较于传统咖啡品牌的“社交空间”，瑞幸更强调在移动互联网时代满足客户不同场景的需求。为此，瑞幸咖啡开设了旗舰店（Elite）、悠享店（Relax）、快取店（Pickup）、外卖厨房店（Kitchen）四种店型。

创始团队：瑞幸咖啡创始人兼 CEO 钱治亚来自神州租车、神州优车创始团队，先后担任 COO 一职。她既有运营管理全国超过 1000 家线下门店的经验，管理 10 万台车、上万名员工，也有在两年内打造一个国内知名网约车品牌的经验。

创办时间：2017 年 10 月 31 日。

项目亮点：瑞幸咖啡在成立仅一年的时间内，已在全国范围内布局 2000 家线下实体门店，并与 6 家全球顶级咖啡配套供应商签署战略合作协议，缔结“蓝色伙伴”联盟。作为一个新兴咖啡品牌，瑞幸咖啡在短时间内扩张迅猛，成为新零售领域的现象级产品。

2018 年 3 月，一则由汤唯、张震出演的广告短片突然进入大众视野，并迅速在社交网络掀起热潮。在“这一杯，谁不爱”的广告轰炸下，瑞幸咖啡（Luckin Coffee）在短短 10 个月内，将线下门店开到了 1400 家，一跃成为国内仅次于星巴克的第二大连锁咖啡品牌。

2018年1月，瑞幸咖啡的第一家门店在神州优车集团营业，2个月后就已经在北京、上海、成都、厦门等11座城市上线；7月，瑞幸咖啡完成2亿美元A轮融资，估值超过10亿美元；9月，瑞幸咖啡和腾讯达成战略合作，巨头入场让咖啡市场的战局变得更加复杂。12月，瑞幸咖啡宣布完成2亿美元B轮融资，投后估值22亿美元；12月底，瑞幸咖啡全国直营门店达到2000家。

无限场景的战略，闪电战的打法，疯狂的补贴政策，巧妙而彪悍的营销策略，让这家公司在过去10个月快速攻城略地，成为传统咖啡市场的搅局者。

随后，星巴克与饿了么推出"专星送"外卖服务，正式开放外卖渠道，而外卖正是瑞幸咖啡早期打开市场的重要渠道之一，销量占比曾高达70%，如今这一比例正逐渐降低。

瑞幸咖啡联合创始人、高级副总裁郭谨一表示，瑞幸咖啡从来就不是一个外卖咖啡，而且外卖咖啡也不等于新零售咖啡。

在消费升级的背景下，快速崛起的瑞幸咖啡只是中国新零售的缩影，但已成为一个现象级的存在。

解决"贵+难买"痛点

"我们重构了整个交易场景和结构，打破了原来的交易模型，所以打下了咖啡市场价格贵和购买不方便两个最大的痛点。"郭谨一解释，所以"便宜+方便"是瑞幸咖啡给大部分消费者的第一印象，中国的咖啡市场依然有很大的机会。

以星巴克为代表的传统咖啡行业，交易场景和结构是基于线下实体门店，进行品牌展示并提供服务，而瑞幸咖啡则采取了线上、线下结合的方式。一方面，用户可以在瑞幸咖啡App完成交易，由配送员将咖啡配送到用户手中；另一方面，用户可以选择通过App找到线下门店，再进行消费。

线上、线下结合，解决性价比和便利性的痛点，这是瑞幸咖啡商业模式的基本逻辑。这种逻辑带来了两大优势。

首先是降低了运营成本。"传统咖啡行业，一杯咖啡的利润里可能十块钱要交给房租成本，但我们大部分是小店，这部分成本就节省下来了"。

其次是提高了效率，线上点单、专业配送、线下消费，瑞幸咖啡将外卖模式运用到了咖啡品类上。

但是有业内人士对外卖模式提出质疑，认为咖啡本身就承载了线下社交的功能，所以实体空间对咖啡店的意义非凡，而这正是星巴克所强调的“第三空间”概念。

对此，郭谨一给出的解释是，瑞幸咖啡从来就不是外卖咖啡，外卖只是前期触达客户的一种方式，而随着实体门店密度越来越高，外卖的比例会越来越低。另外，他认为随着移动互联网的发展，人们的交流开始不依托于线下。

和星巴克的“第三空间”战略不同，瑞幸更强调“无限场景”（Any Moment）的概念。为了满足用户多元化的场景需求，瑞幸咖啡将开设旗舰店（Elite）、悠享店（Relax）、快取店（Pickup）和外卖厨房店（Kitchen），分别满足用户线下消费、社交、快速自提和在线外送的需求。

用“运营 + 营销”构建壁垒

线上、线下结合的商业逻辑并不复杂，也不足以构建起行业壁垒。真正让瑞幸咖啡在短时间内迅速崛起的，是其在运营、营销和对外合作三方面的突破。

运营的核心是降本提效。瑞幸从一开始就采取了烧钱补贴的策略，“买五送五”“轻食五折”的补贴快速积累了一批种子用户。瑞幸咖啡创始人钱治亚透露，在 2018 年 7 月的 A 轮融资前，瑞幸咖啡已至少“烧掉”了 10 亿元。

这种烧钱换市场的打法和网约车大战的思路一脉相承。钱治亚是原神州优车集团 COO，有管理全国超过 1000 家线下门店、10 万台车、上万名员工的经验。郭谨一表示，钱治亚对运营的掌控力，也使得瑞幸整个运营体系具备极强的执行力。

按照 10 个月开出 1400 家门店的数据计算，瑞幸咖啡平均每天开店 4.6 家，并且覆盖全国 21 座城市，这对运营管理能力的挑战可想而知。

网约车大战烧出了滴滴，千团大战烧出了美团，但有人质疑，滴滴和美团属于平台，靠补贴抢占市场，不考虑短期盈利的模式已经被验证，但咖啡属于产品，补贴策略是否可行？

在郭谨一看来，瑞幸能够低价的原因是通过线上、线下结合，以及整合咖啡供应链，从而优化了成本结构。“我们会在很长一段时间内坚持这种价格策略，然后继续做下去”。

除了运营，瑞幸咖啡在营销上首先是邀请到时尚、气质佳的当红明星汤唯和张震代言，在微信、分众传媒等渠道定点投放广告。其次是和一些知名企业及媒体展开联合 IP 营销活动，如小米“庆功咖啡”、腾讯“刷脸支付咖啡”。

而在对外合作上，瑞幸咖啡在选择合作方时对规模和品牌均提出了较高的要求。和腾讯达成战略合作，则让瑞幸具备了更大的想象空间。

腾讯入局，流量和数字化加大想象空间

除了在北美与中国市场外，世界上任何一个国家和地区的咖啡市场竞争都是非常充分的，而且大部分都有自己的本土品牌。

“星巴克做的只是中国市场里很小的一部分，对于消费者来说远远不够，我们希望这个市场竞争更充分一些。”郭谨一说。

截至 2017 年 12 月，星巴克在中国大陆共有 3124 家门店，占中国连锁咖啡市场份额的 51%，稳居第一。但 2018 年第三季度，营运利润下跌 7.6%，中国区门店同店销售同比下降 2%，这是星巴克中国市场 9 年来首次营运利润下降。

在这样的背景下，星巴克选择和阿里巴巴合作，与饿了么合作推出“专星送”外卖服务。但是在郭谨一看来，星巴克推出外卖的意义不大，“因为品质、便利性和性价比没有变”。

瑞幸在 2018 年 9 月 6 日正式上线微信小程序，并与腾讯签订战略合作，共建咖啡“智慧零售”的解决方案。至此，阿里和腾讯先后入场，在一定程度上让咖啡品牌之间的竞争变成了 AT 之间的角力。

郭谨一表示，腾讯此次与瑞幸合作，可能正是看中了线下实体店的场景，而有了腾讯的支持，瑞幸对线上流量的获取将更加便利。

“通过这种线上、线下的互动，加速对于线上流量的获取，打破了咖啡行业目前依托门店做品牌的形式”。

相比传统咖啡品牌，瑞幸咖啡在数字化方面也要更加积极和开放。据介绍，瑞幸咖啡正在运用大数据和人工智能的技术，优化供应链流程。这套系统的核心是系统智能化，把员工的操作降到最简单，目前已经基本搭完主体框架。

钱治亚：烧出去的每一分钱都能换来用户

黎明 / 文

12 个月，2000 家门店，瑞幸咖啡打破独角兽养成纪录。

在瑞幸咖啡轻车熟路的发展背后，烧钱补贴抢占市场的举动颇受外界关注，它的创始人兼 CEO 钱治亚相信，烧出去的每一分钱都能换来用户，这些钱是被用在供应链配套、信息系统建设、门店拓展、固定资产投入等各方面。“这些都是在做现金的消耗，但并不代表着全部的亏损”。

在她看来，让更多的人认识到咖啡是一杯健康的饮料，让咖啡回归本质是瑞幸咖啡面临的最大困难，这也是瑞幸持续补贴的目的所在。

对于外界的评价，钱治亚不断强调，瑞幸咖啡不是外卖咖啡，而是线上、线下，自提、外卖深度融合的新零售模式，核心是如何通过互联网大数据达到产品品质、价格和便利性三者的完美均衡，做出一杯中国人喝得起、喝得到、喝得值的好咖啡。

创业做咖啡，从后台走向前台

寻找中国创客：你从神州优车 COO 离职创办瑞幸咖啡，当时是怎么考虑的？

钱治亚：首先是因为我自己比较喜欢喝咖啡。之前的工作因为比较繁忙，工作累就要喝咖啡，喝多了就喜欢上了，喜欢上就想自己做，所以动了这个心思也有几年了。

其次是我认为中国咖啡市场存在创业机会。我觉得咖啡是一个非常好的饮品，但是在中国大众咖啡消费习惯有待激发。中国现在每人每年只喝 4 杯咖啡，而中国城市生活中咖啡文化正方兴未艾，这块市场的空间和机会很大。

寻找中国创客：管理运营车辆和管理运营咖啡门店，有什么异同？

钱治亚：从我自己来讲，创业出来做咖啡，也是因为我自己很热爱咖啡。但是管理车辆那么多年的经验，的确是我目前经营咖啡非常重要的基础。管理车辆和咖啡门店，很多地方是相通的。连锁经营最重要就是通过信息化和标准化管理进行扩张，所以，信息化和标准化非常关键，这是我们从多年车辆管理工作中总结出的一套自己的经验。

寻找中国创客：哪个更难一些？

钱治亚：说不上哪个更难。对于我来讲，管理车辆和门店都要依托全数据化运营，这种效率的提升也能节约不少精力，加上过去的运营经验，还是能做到驾轻就熟的。

寻找中国创客：创办瑞幸咖啡后，相比之前，你是更忙了还是更轻松了？

钱治亚：更忙了，但整体还是很顺畅。从开始有做咖啡的想法，到筹备做这件事情，一直发展到现在，以及未来整个战略规划，对国内咖啡市场整个走向的准确把握，我认为都是非常清晰的。

寻找中国创客：瑞幸咖啡高速发展的一年，你有哪些感受？这给你个人带来了哪些改变？

钱治亚：对我来讲最大的一个改变在于，原来都是在公司内部做运营管理，面对投资人，现在创立 Luckin Coffee 是把我自己从后台推到前台，这个对我自己来讲还是有一定的挑战的。但我对于管理以及整个产品优化还是比较有自信的，或者说是轻车熟路。

补贴的每一分钱都是值得的

寻找中国创客：用补贴的方式抢市场，当初确定这个战略的考虑是什么？

钱治亚：我们不是为了补贴而补贴。采用补贴的方式，一是考虑到咖啡市场的规模经济效应，二是要教育用户喝咖啡和教育用户认识瑞幸咖啡这个品牌。

咖啡属于规模经济，生意能做多大，怎么去做，不是几个门店或者十几个门店就能显示出来的，一定要连成片，放在比较大的规模里去验证。包括店面人员效率的问题，也需要不断摸索，一个店配几个人需要不断优化。

同时，一个品牌进入市场，前期均要通过多种市场手段，完成品牌的快速传播与用户认知。瑞幸咖啡会做一些推广活动，这些促销活动确实掀起了一个价格战，而且是低于成本的，但更重要的是教育用户喝咖啡和教育用户认识瑞幸咖啡这个品牌。

寻找中国创客：烧钱补贴的方式烧出了美团和滴滴，但是这种打法真的适合咖啡市场吗？

钱治亚：我认为我烧出去的每一分钱都是能换来用户的，我认为是值得的。烧 10 个亿不代表亏损 10 个亿，烧 10 亿是代表已经花掉这些钱，这些钱被用在供应链配套、信息系统建设、门店拓展、固定资产投入等各方面。这些都是在做现金的消耗，但并不代表着全部的亏损。

当然，我们暂时还没有盈利，我需要有更多用户来体验我的产品，让用户知道、体验、喜欢上 Luckin Coffee，所以我要制造很多机会，这是补贴的意义所在。

寻找中国创客：瑞幸咖啡扩张的方式和互联网企业非常相似，你从互联网行业汲取到哪些经验？

钱治亚：互联网本身不产咖啡，也不制造咖啡，互联网是一种工具和依托。互联网咖啡最主要的是要有互联网思维，这不同于补贴思维，其核心是用户思维。给用户提供一杯喝得起、喝得到的高性价比咖啡，我所有的经营理念也都是围绕这个来展开的。

原来是人找咖啡，现在是咖啡找人。就是通过用户思维经营品牌，用互联网手段使我的产品和生产管理效率得到提高，也使用户体验更加便捷、体验更好。

寻找中国创客：瑞幸咖啡尚未盈利，你认为最快什么时候可以实现盈利？

钱治亚：现在没有计划，目前我们看重的还是中国整个咖啡市场的前景，更重要的是让更多的用户体验和认可瑞幸咖啡，先占领用户心智，这是我们的目标。至于说什么时候盈利，我们现在暂时还没有时间表。

新零售的未来在于线上、线下相融合

寻找中国创客：在瑞幸咖啡发展的过程中，遇到最大的困难是什么？

钱治亚：我觉得最难的是让更多的人认识到咖啡是一种健康的饮料，让咖啡回归本质。当前的咖啡消费存在两个认知上的极端，一种是过度包装咖啡文化，为咖啡赋予过多的文化内涵，而忽略了其饮品的本质；另一种是排斥咖啡，认为它是一种舶来品，不符合中国人的饮用习惯，没有发展前景。

寻找中国创客：当时是怎么解决的？

钱治亚：在这样的背景下，瑞幸咖啡作为一个创办不到一年的新兴咖啡品牌，要改变大多数消费者的认知还是比较困难的，我们前期投入10个亿，包括现在做的一些优惠活动，就是要让用户重新认识咖啡。这是我们在发展过程中遇到的最大困难。

寻找中国创客：瑞幸咖啡的团队组建和管理，你是怎么做的？

钱治亚：瑞幸咖啡的团队主要是由咖啡师和IT人员两个重要部分构成，再加人力资源、财务、市场、供应链等职能部门。在向全国21座城市快速扩张的过程中，咖啡师人数最多，增长也最迅速。

瑞幸咖啡的第一批产品运营团队大多来自星巴克、麦当劳，经验非常丰富。这些经验丰富的咖啡师，不仅为业务流程和考核指标的标准化提供了样本，同时也可以作为导师培养新人。另外，我们将互联网思维运用到团队管理中，很多培训与考核都是在网上完成，提高了效率。

寻找中国创客：当瑞幸咖啡在中国的门店和星巴克达到相同的数量，那么接下来瑞幸咖啡会怎么发展，你是怎么考虑的？

钱治亚：看客户需求，客户希望我们在哪儿开，我们就在哪儿开，目前没有明确计划，一切跟着客户的数据走。

寻找中国创客：你怎么理解新零售咖啡？

钱治亚：新零售的核心是如何通过互联网大数据达到产品品质、价格和便利性三者的完美均衡。瑞幸咖啡定位于新零售专业咖啡运营商，我们将互联网、移动互联网和大数据的手段充分应用到我们的商业模式当中。好的产品、好的咖啡是核心，互联网是工具，新零售是模式。

瑞幸咖啡充分利用移动互联网的手段，全部实现线上点单，免排队、免等待，购买的流程更加顺畅便捷，在我们的门店不会看到点单、等待支付的漫长队伍。这种交易模式会更加符合移动互联网下的新消费体验。

另外，瑞幸咖啡不是外卖咖啡，不能把外卖的模式和新零售相混淆。所以我要纠正一下，新零售不等于外卖，纯外卖也不等于新零售。新零售模式是线上、线下，自提、外卖的深度融合。新零售是移动互联网时代咖啡行业必然的发展方向。

寻找中国创客： 你怎么看中国新零售咖啡行业，未来的发展趋势是什么？

钱治亚： 我认为新零售最终是线上、线下相融合，使得传统行业能够重新焕发新的生机。中国的消费者是一个走在潮流前面的群体，特别是电商互联网化方面，走得特别靠前。所以对于我们来讲，就是要贴合这种时代的潮流，满足中国人的消费需要。

2018 年度十大中国创客

Roadstar.ai

先进算法，顶配团队，成立刚满一年，就刷新了无人驾驶领域的融资纪录，并在世界顶尖评测中摘得桂冠。如果说无人驾驶是一场漫长的战役，这支年轻的队伍已经凭借成本可控的多传感器前融合方案，成功跻身第一军团。

用高性价比方案加速中国特色无人驾驶

蔡浩爽 / 文

档案卡

Roadstar.ai

业务领域：自动驾驶。

主要产品：公司目前拥有硅谷、深圳两地研发中心。其产品主要为第一代Level4自动驾驶解决方案“Aries·锐”，是一款搭载纯国产激光雷达的方案，拥有两大自主研发核心技术：Hetero Sync异构多传感器同步技术和Deep Fusion数据深度融合技术。

创始团队：联合创始人佟显乔，百度硅谷前无人车团队无人车定位和地图组技术负责人，曾供职于Apple特殊项目组（无人车研发）以及Nvidia自动驾驶算法组；联合创始人衡量，百度硅谷前无人车团队技术委员会核心委员、感知组团队经理和技术带头人，曾就职于特斯拉自动驾驶系统组，并直接向伊隆·马斯克汇报，以及Google街景车组；联合创始人周光，百度硅谷前无人车团队传感器标定、时间同步和感知深度学习算法技术负责人。

创办时间：2017年4月。

项目亮点：Roadstar.ai创始团队在自动驾驶领域具有丰富的研发经验，其第一代L4自动驾驶解决方案成本在30万元内，最终有望降低到5万元，具有明显的价格优势。目前，Roadstar.ai无人车已实现在美国加州、中国复杂城市路况环境下，白天、夜晚、暴雨场景无差别驾驭。

随着第二波人工智能浪潮的兴起，作为短期内可实现的落地场景之一，自动驾驶自2017年起落地开花，并迅速成为创投热点。

经过2017年一整年的创业热潮后，2018年，无人驾驶赛道竞争格局初步形成，头部梯队初现。

成立于2017年4月的Roadstar.ai凭借在感知领域的优势，推出多传感器前融合的L4级无人驾驶解决方案，在降低成本的同时，加速中国式无人驾驶的落地。

Roadstar.ai已在美国加州、中国深圳等地完成数万公里路测，Roadstar.ai无人车队还驶入乌镇，为第五届世界互联网大会提供接驳服务。

成本+技术的高门槛，让自动驾驶市场避免了虚火过旺，但巨大的市场潜力依然使得整车企业、互联网巨头甚至是传统老牌供应商相继入局。

成立不足两年，Roadstar.ai跟它们PK的底气是什么？

经历丰富的研发团队

在自动驾驶赛道上，主要有两类不同玩家。

一类是以福特、丰田和通用等为代表的老牌车企，他们希望通过不断升级每一代车型所搭载的ADAS（Advanced Driver Assistant System）高级辅助驾驶系统，从辅助驾驶逐渐向完全自动驾驶过渡，目前切入的主要是L2、L3自动驾驶市场；另一类是倾向于一步到位实现完全自动驾驶的科技创新者，他们凭借在深度学习方面的技术优势，起步即瞄准L4及以上级别无人驾驶，代表选手有谷歌、特斯拉、Uber、百度以及一系列创业公司，Roadstar.ai便是其中一家。

L4级自动驾驶是一门人才密集、技术密集、资本密集的生意。同所有重资产生意一样，这一赛道的资源将越来越向头部靠拢。在无人车技术尚未完全成熟的阶段，技术团队成为吸引资本视线的重要因素。业内普遍认为，无人驾驶创业窗口期已经关闭，主要原因就在于总数不多的核心技术人才已被各家瓜分。

在决意布局自动驾驶赛道后，云启资本执行董事陈昱横扫了一遍中美两地的无人驾驶团队，刚宣告成立的Roadstar.ai引起了他的注意。

“三个创始人的经历丰富，都先后在Google、Apple、Tesla、Nvidia以及百度美国研发中心等公司有无人驾驶研发经验。”陈昱说，“更加重要的是，他们都曾是团队的中流砥柱。”

佟显乔是弗吉尼亚理工大学无人车方向博士，先后在 Nvidia 自动驾驶算法组以及 Apple 从事无人车研发的“特殊项目组”供职，专研定位和地图方向。

衡量毕业于清华大学，并在斯坦福大学的 GPS Lab 学习四年后获得 EE PhD。毕业后，衡量先后在 Google 地图街景组和 Tesla Autopilot 组从事研发工作，成为自动驾驶领域软硬件架构、传感器、定位等方向的专家。

周光曾在杨振宁创立的清华基科班获得本科学位，后进入得州大学攻读人工智能 PhD；2015 年，周光在大疆全球开发者大赛上获得第一名；毕业后进入百度硅谷无人车团队。

无人驾驶主要包括三个环节：感知、决策和控制，其中，感知是目前最核心的技术环节。“完美的感知是无人驾驶真正实现的前提”。目前，全世界主流的自动驾驶技术选型是多传感器融合（Sensor fusion），而周光此前的经历为其在机器人以及感知方面积累了丰富经验。

在自动驾驶领域顶级数据集 City Scapes 上，Roadstar.ai 在语义分割上单项中排名第一，并从 2017 年 11 月霸榜至今。在另一数据集 KITTI 上，Roadstar.ai 基于单一传感器的激光雷达的感知也居于前三，其竞争对手，不乏百度、三星研究院、英伟达、斯坦福、中科院等名企名校及科研机构。

核心技术：异构多传感器同步 + 数据深度融合

实际上，“刷榜”跟把无人车实际开上道路还是有很大区别的。取得榜单首名后，Roadstar.ai 转而去做更多跟实际上路有关的研究。基于团队在感知、算法方面的积累，团队将重点放在多传感器前端融合上。

尽管目前各家的研发路径有所区别，但从商业化角度而言，无人驾驶解决方案的衡量标准是一致的：成本最低、安全性最高。而 Roadstar.ai 推出的多传感器前融合技术，恰能有效解决这两个问题。

传感器是自动驾驶汽车的“眼睛”，其重要性不言而喻。而自动驾驶解决方案的成本也主要来自传感器，特别是高线束的激光雷达。

相较于摄像头，激光雷达传回的数据更容易处理。目前，谷歌、Uber、福特、沃尔沃等几大自动驾驶巨头都选择使用 velodyne64 线激光雷达作为主要传感器，但其单颗售价就高达 70 万元，大大增加了自动驾驶汽车的落地成本。

Roadstar.ai 用多颗国产低线束激光雷达替代 64 线激光雷达，将解决方案成本降低到 30 万元内。据衡量介绍，这一成本最终有望降至 5 万元。

同时，该解决方案在感知方面还辅以多颗摄像头、毫米波雷达以及 GPS&IMU 系统，Roadstar.ai 摒弃传统的多传感器后融合方案，通过将传感器数据进行前融合，提升自动驾驶感知系统的冗余性，进而提高了安全性。

至于前融合与后融合算法的不同之处，衡量介绍道，所谓后融合算法，即每个传感器有自己的独立感知，各种传感器收集的数据通过算法得出识别结果后，再将识别结果进行汇总。“这一方案的缺点是，一些物体可能会被人工算法过滤或者合并掉”。

举个例子可能更方便理解这一缺陷。比如，当被识别的物体是一只猫时，可能激光雷达看到了猫的耳朵，摄像头看到了猫的眼睛，毫米波雷达看到了猫的尾巴，它们通过后融合算法独立进行识别时，很容易将识别结果过滤掉。

而前融合算法在原始层即把各传感器收集到的数据融合在一起，统一进行感知运算，相当于把不同传感器融合成一个“超级传感器”。Roadstar.ai 通过其自研的“异构多传感器同步”（Hetero Sync）使不同类型的传感器达成时间和空间的同步，又通过“数据深度融合”（Deep Fusion）技术在原始层实现各类传感器优势互补，最终使得这一“超级传感器”可以同时“看见”猫的耳朵、眼睛和尾巴，识别结果自然准确得多。

前融合也大大提高了数据的利用效率。Roadstar.ai 联合创始人周光曾在一次分享活动中介绍，团队内部做过一个简单的测试，通过 Deep Fusion 前融合，采用 1 万帧左右的算法，能得到传统算法 10 万帧的效果，这意味着，达到同样的识别准确率，Roadstar.ai 所需要的数据量仅为传统算法的 1/10。

这一传感器前融合技术曾惊艳了丰田日本总部的研发负责人。“他们也知道多传感器融合做前融合很重要，对系统的提升很大，但是他们的头儿认为这东西不可能实现。”周光说，“当我们展示出自研的多传感器融合视频后，整个丰田在东京的负责人都过来看。”

“Roadstar.ai 是最早提出多传感器融合方案的公司，就连‘多传感器融合’这一名词都是我们提出的”。衡量介绍，Roadstar.ai 最初研究多传感器前融合方案时，市面上还没有一家公司选择这一路径。而时至今日，业界已经逐渐认可这一方案的先进性和可行性。

三个场景，加速中国式无人驾驶

2018 年 11 月 2 日，谷歌旗下无人驾驶团队 Waymo 拿下全球首张全无人驾驶公共道路路测许可证。在其他无人驾驶团队还只有配备安全员（坐在驾驶座上，随时准备在车辆失控时接管车辆）才能上路的时候，Waymo 已经可以在无安全员的情况下开上公共道路。

衡量并不回避 Waymo 在技术上的领先地位。“Waymo 从 2009 年起就在研发无人驾驶，具有先发优势。”但同时他也表示，Roadstar.ai 并不畏惧与 Waymo 同台竞争。

“一方面，随着技术的迭代，Waymo 提前八年起步，Roadstar.ai 未必需要八年来追赶，且 Waymo 在高线束激光雷达上投入过深，难以掉头；另一方面，中美交通状况有诸多不同，Waymo 在美国积累的大量路测数据未必适应中国国情。”

Roadstar.ai 在 2018 年 2 月在中国深圳开始路测，一开始也曾为中国式路况头疼。“比如，中国的红绿灯在变灯时会提前一段时间闪烁，来表示这个状态即将结束，加州的信号灯则是一直延续的状态”。Roadstar.ai 无人车第一次遇到这个情况时在原地蒙了 2 分钟，最后由安全员接管了车辆。

还有其他层出不穷的情况，比如电动车逆行、中国式过马路、翻栏杆、右侧车道违规停车等。“我们通过大量路测，提升了无人车对复杂路况的应对能力”。从 2 月路测开始，Roadstar.ai 无人车队在中国完成了几千公里路测距离，接管次数逐渐趋近于零。

商业模式方面，Roadstar.ai 规划了点对点无人网约专车、限定场景无人配送以及无人巴士三个方向，全链条解决公路交通运输问题。

目前，Roadstar.ai 在国内拥有十余辆无人车，在加州拥有三辆。衡量表示，2018 年内计划将无人车增至 20 ~ 50 辆，加速技术累积；2019 年，与 OEM 进行合作，定制 200 台配置车顶盒的无人车；2020 年将实现自产 1500 台车，以及远程协助的“半无人运营模式”。在日本、欧洲、北美等海外市场，Roadstar.ai 将携手知名 OEM、Tier1，达成深度战略合作。

周光：创业就是翻过一座山之后还有一座山

蔡浩爽 / 文

周光最初读书时的理想是做一名物理学家，为此，他还在研究生时期转向了粒子物理专业。但一段时间后，他发现自己最擅长的还是机器人技术。

感谢这个时代，给了像周光一样的 AI 工程师施展拳脚的机会。在周光本科毕业的 2009 年，人工智能还是一个学术概念，2012 年，随着 Geoffrey Hinton 在深度学习方面取得突破，人工智能迎来第二波高潮，相关研究者们终于看到产业化落地的希望。

2017 年 4 月，刚博士毕业八个月的周光离开百度美国研发中心，同两位联合创始人一起在硅谷成立自动驾驶公司 Roadstar.ai；2018 年 2 月，团队重心移回国内，在深圳复杂城市路段开始路测，并在第五届乌镇世界互联网大会期间发布了第二代解决方案“leo · 灵”以及全新定义高精地图。

成立一年多，估值达 30 亿元，Roadstar.ai 一定程度上可以说是人工智能过去一年在中国狂飙突进的缩影，其联合创始人周光身上，也带有硅谷回流人才的典型特质。

不想在大公司“养老”，于是拖家带口回国创业

寻找中国创客：选择离开百度美研出来创业的契机是什么？

周光：有三方面原因吧。

第一，我一直都知道我的技能点特别适合创业。我从高中起参加机器人竞赛、奥林匹克竞赛，拿过很多世界金牌，在物理、计算机竞赛方面也获得过很多权威

奖项。我本科在清华基础科学班，博士期间又读了人工智能 PhD，我认为自己属于各个学科都很擅长的，其实创业需要的就是这种各方面都很精通的人才。

第二，我的性格属于那种特别有冲劲、有拼劲的。上学时就有很多老师、朋友评价我适合创业，印象比较深刻的是一位从 UC Berkeley 来的教授，他告诉我斯坦福有很多毕业生最后走上创业路，我的性格跟他们很像。

第三，当时我毕业后进入百度美研，虽然不到一年的时间，但我已经感觉到在硅谷的环境下，很多人进大公司都是为了“养老”。这种氛围并不是我习惯的，我喜欢时刻让自己处于很高效的状态。

寻找中国创客：百度被戏称为人工智能领域的“黄埔军校”，国内几大头部自动驾驶公司创业团队几乎都出身百度。在你看来，百度有哪些具体问题，导致这些人相继离开？

周光：这并不是百度一家公司的问题，我觉得还是大公司的通病，其实 Waymo 也是这样，它的团队也很强，也孵化出了很多其他创业公司。

当时很多进入百度的都是人工智能领域的“牛人”，但他们本身实力有 100 分，在百度可能只能发挥出 30 分，主要原因之一就是机构冗余。真正有能力的人未必能得到赏识，很多时候还是要论资排辈。你的职级跟你的能力关系不大，反而跟你的入职年限挂钩，这样就很没意思。

寻找中国创客：你本科在清华读基础科学班，后来是怎么逐渐走向自动驾驶方向的？

周光：其实一直到 2009 年本科毕业的时候，我对未来都挺迷茫的。那个时候 iPhone 才刚面世没多久，机器人基本上还都停留在竞赛概念上，没有产业落地。所以本科毕业后我转了方向，研究生去读了粒子物理。后来我发现虽然我的理想是做物理学家，但我最擅长的实际上还是机器人技术。再加上后来第二波人工智能浪潮兴起，我读博士又选择了人工智能方向。

以前中国工程师看到国外机器就想拆，现在换他们拆中国的

寻找中国创客：团队是否经历过所谓的“至暗时刻”？

周光：在技术上、管理上，都遇到过困难。我印象比较深刻的是 2018 年年初，当时因为有些友商融资成功，对我们形成了比较大的心理压力，决定做出一些

调整，比如回国。因为很多友商是在美国路测，我们知道在国内路测肯定更难，但更有意义。别人能在简单路况上跑，那我们就要在复杂路况上跑起来。

寻找中国创客：做出回国的决定大概用了多久？

周光：做出回国的决定后，一周内我就带着全家和硅谷很多同事回到国内。我们 2 月回国，3 月就要让无人车上路，真的非常辛苦。能选择加入创业公司的人都很有勇气，我们的团队相信大家能一起把这件事做成，二话不说就跟我一起把整个家搬回来了，回头去想非常感动。

寻找中国创客：Roadstar.ai 的核心壁垒是什么？

周光：总体来说，Roadstar.ai 是一家以技术为主导的公司，核心竞争力就是我们的技术。我们可以非常骄傲地说，Roadstar.ai 不仅是中国技术最好的公司之一，在国际上也是领先的。

中国近几年在技术实力方面的提升非常明显。15 年前，我在世界足球机器人比赛中拿到第四。当时我们作为参赛选手去韩国，感觉真的是作为第三世界国家去比赛。而如今，中国已经支撑起人工智能领域的半边天，其中不乏大神级人物。2018 年 6 月，我们去帮日本做项目，以非常自豪的心态去给他们做技术输出。

在我小时候，我的很多工程师叔叔，看到国外的机器就想拆。而在十几年后的今天，日本合作方盯着我们的自动驾驶盒子，想拆我们的。当然了，我们做了充分的准备，他们想拆也拆不了。

寻找中国创客：跟国内其他几家自动驾驶头部公司相比，Roadstar.ai 在技术上有哪些优势？

周光：团队一直在突破。我们最早提出了多传感器前融合技术，最近还发布了全新定义的 3D 高精地图。这其实是 Roadstar.ai 研发实力的表现。

2017 年年初，我们就提出了多传感器前融合这个技术方向，当时还没有人做，一些投资人甚至行业泰斗都给我们泼了冷水，认为这个技术方向不现实。我们当时憋着一股劲儿，很快就把技术实现了，其他公司看到以后也相继开始研发。其实前融合技术门槛还是很高的，今天市场上能够实现的也没几家。

2018年度十大中国创客

数澜科技

他们瞄准企业数据，盘活数据资产，拿下数百家企业和政府客户。他们拒绝做“头痛医头、脚痛医脚”的单点式数据工具，而是选择对企业数据全面扫描，再综合寻找解决方案，他们用踏实的积累，树立行业壁垒，实现数据价值最大化。

瞄准万亿级大数据产业，为企业点石成金

张姝欣 / 文

档案卡

数澜科技

业务领域： 数据应用。

主要产品： 数澜推出的大数据应用基础设施——数栖平台产品（DW.DaaS），为企业数据中台建设提供基础的平台能力支撑，通过数栖应用套件，可以快速适配企业的多云（或多态）环境，避免企业数据基础设施的重复建设，高效地将企业数据转换为资产并最终应用到业务中。产品主要模块覆盖数据交换、数据开发、数据服务以及可视化展现等全过程。

创始团队： 甘云锋，数澜科技创始人兼董事长，曾担任阿里巴巴集团的大数据应用、阿里云数据创新工作室及人工智能业务的主要负责人。公司核心团队成员来自阿里、华为、金蝶、中国移动、GE等，在多个领域积累了丰富的大数据应用经验。

创办时间： 2016年6月20日。

项目亮点： 过去传统企业的ERP、DW（企业信息与决策支持系统）沉淀了大量数据却无法有效使用，而市面上大多数大数据公司靠提供外部数据进行服务，没有从根本上对企业自身数据进行挖掘和有效利用。而数澜科技通过打造数据场景解决方案，帮助企业建立自有的数据资产，再通过数据资产业务化，盘活数据资源使其价值最大化，有效支撑企业业务的未来发展。

1ZB的数据有多大？能装满10243个1TB的硬盘。有统计显示，截至

2020 年，全球数据总量将达到 30ZB。

数据“大爆炸”，也催生出大数据产业的蓬勃发展。预计 2020 年，我国大数据市场规模将超过 8000 亿元，预计未来中国将成为全球数据中心。

然而目前国内大数据服务市场提供的服务较单一，例如，为企业提供外部数据作为决策参考依据。

提供此类数据服务的公司，通过采集多方数据加工成数据服务进行售卖，但在全球加紧对大数据使用监管的背景下，数据的获取方式和来源的合法性存在隐忧。同时，从业者往往忽视了企业自有数据的重要性，如不加以分析和利用，是对数据资产的浪费。

正是看到了这一痛点，2015 年年初，时任阿里云数据创新工作室负责人甘云锋决定从企业自有数据资产化入手，切入大数据服务领域，并在 2016 年创办了数澜科技。

万亿级大数据产业，企业数据分析是痛点

寻找中国创客：是什么让你下定决心在 2016 年开始创业？当时大数据产业的发展状况如何？

甘云锋：2016 年，国家“十三五”规划纲要出台，提出将在 2020 年把大数据产业做到一万亿产值。加之云计算基础设施建设日趋成熟，带来了海量数据计算能力及存储能力的提升，为后续大数据应用提供了土壤。可以看出，未来几年整个大数据产业都会有很大的增长空间。

数据的基础设施解决之后，数据怎么用的边界问题也有了政策规范。随着近几年大数据应用公司和云存储公司越来越多，云和大数据的应用越发普及，国家相关机构开始有意识地针对大数据应用、大数据服务公司立法。

在这样的背景之下，数据可不可用、可被用于什么样的应用场景，都将在立法后变得更加有法可依、有理有据。这对于大数据产业来说是一个好消息。

日渐增长的市场需求成为我出走创业的最大动力。越来越多的公司有意识地积累和沉淀数据资源，想通过大数据服务来提升业务效率，例如物流效率，供应链效率，上、下游生产的效率甚至管理的效率等，只是现在还并不知道怎

样去应用。

寻找中国创客：到目前为止，瞄准企业自有数据资产化的公司也不多，你当时看中了哪些痛点？

甘云锋：企业数据分为四类：第一类为经营类数据，像 CRM、ERP 等；第二类为社会类数据，像企业运营、活动中产生的数据等；第三类为日志类数据，像用户的浏览足迹等；第四类为企业外围数据，像行业第三方数据等。

一般而言，主流大数据公司多采用购买和收集第三方数据公司的数据，然后进行计算、排列组合等得到一定的分析结果。我认为数据绝不是单点分析，打通后的全局数据才更有价值。以数澜科技为例，我们帮助企业分析的数据来自企业本身提供的运营数据、管理数据和少部分外部数据。这些数据相结合，才能真正为业务服务。

企业在阿里云和华为云等云存储设施的数据在高速增长，不仅有关于“人”的数据，还有大量关于“物”的信息，这是由物联网的发展带来的。但目前企业并不知道如何将这些数据加以利用，也不会成立自己的大数据分析团队，因为后者成本很高，这就是数澜科技的机会。

与“行业主流分析应用”不同，数澜科技基于自主研发的大数据平台数栖，对接企业业务、管理、互联网平台应用等多种来源的数据，甚至包括公司内部文件中的非结构化信息，为企业用户提供自有数据收集、整合、挖掘的工具。

服务 B 端用户，为企业提供数据分析工具

寻找中国创客：具体来讲，数澜科技提供的产品是什么？

甘云锋：数澜是一家 2B 的大数据服务供应商，提供的大数据应用基础设施数栖应用套件（DW.DaaS），其定位是为企业数据中台建设提供基础的平台能力支撑，可以快速适配企业的多云（或多态）环境，对接原有的底层大数据，避免企业数据基础设施的重复建设。

产品主要模块覆盖各行业的企业数据能力建设的整个过程，包括数据交换、建模开发、数据治理、数据服务以及可视化分析展现。

举例来讲，数澜为著名房地产公司万科提供了专门分析房屋报修、投诉信

息的数栖应用套件，通过这个分析工具，万科能够看到用户对于供应链上各供应商的满意度。

根据用户的体量不同，产品会进行调整，主要是数据存储路径不同。大型客户偏好进行私有化的部署，将云布局在其局域网内，这样做的客单价虽然偏高，但企业对整个工具享有绝对化掌控权。

而中小型企业，出于成本考虑，他们倾向于在数澜科技将云端布好系统后，使用公共云，用账号登录。无论是私有云还是公共云，数据安全性都较高。

标签化数据后整合分析，激活企业数据资源

寻找中国创客：数澜科技的核心优势在哪儿？

甘云锋：首先，我们提供先进的数据服务理念，挖掘企业自有数据。目前很少有企业从事类似业务，我们已经和万科地产、方太集团、中信云网、时尚集团、温州检察院等政府机关、企业达成项目合作。

其次，公司目前有40多个自有知识产权和专利，在数据处理、挖掘等技术上领先。例如，我们开发的数栖应用套件，能快速适配企业的多云（或多态）环境，包括腾讯云、阿里云、华为云等。

最后，数澜可以在不改变企业原有知识结构的条件下，对接原有的底层大数据。也就是说，不管企业原来用何种开发语言搭建的底层结构，均不需要企业重复建设数据的基础框架就能使用数澜的产品，这两点能够大幅提升用户体验。

寻找中国创客：数澜科技未来的目标客户是哪些？对它们来说，激活企业数据的价值何在？

甘云锋：未来三至五年里，我们的目标客户一直是传统行业的公司。因为它们在行业内积累比较久，业务系统完善，积累了海量数据；同时，这些企业明白自己的业务短板，也尝试突破，因此更好合作。

以与万科物业的合作为例，来看企业激活自有数据的重要性：以前，工作人员只能知道客户反映的问题，比如马桶漏水、水管堵塞等，但物业无法了解哪些问题最终影响了住户满意度，甚至后期的采购。

这时，数据就可以发挥关键作用。于是，我们把数据相应的结构变成标签体系，比如工单标签、业主标签、商品标签。通过我们提供的数据服务可以将满意度、产品、施工等因素分析得更加透彻，从而选出更好的供应商。

现有的数据平台多是从单个需求出发，导致企业大数据的建设形成一个个孤岛，无法全局性支撑业务发展。所以，我们帮助企业进行数据的整合和连接，同时进行分析，提供营销、透视画像等体系。

甘云锋：
要么做出价值，要么赶紧死

张姝欣 / 文

数澜科技的创始人兼董事长甘云锋是一位个性鲜明的创业者。“做事不会太在意别人的看法”。

在阿里工作时，他曾不顾领导五次叫停，坚持推进手中的产品，最终该产品成为阿里重要的数据资产；创业融资时，他也不会委屈自己，聊不来的投资人转身便走。

这都源于他对业务的信心。平台型企业投入高、风险大，“我们要做就做有价值的，要死就死得快一点”是他常挂在嘴边的一句话。

他透露，自己在寻找 A 轮融资时，因突发急病“差点把小命丢了”，但创业和人生就是这样，冲过去就是一片新天地。因为担心想象力被束缚，他拒绝看行业分析类的书，也不允许同事们看。相反，他喜欢科幻小说和游戏，并享受不着边际的环境带来的放松和兴奋。

为坚持被叫停项目，曾把前上司拉黑

寻找中国创客：当时从阿里离职创业时，有没有动摇过？

甘云锋：因为我在创业之前，在阿里、华为大数据岗位的工作经历让我坚定地相信，To B 大数据服务公司的未来不在于为公司提供多少数据，而是帮助公司把自有的数据用起来。所以当时我放弃了在阿里价值几千万的期权，出去创业。

听到我要离职时，领导当然会劝阻一下，但是说实话，大家心里都清楚我

下定决心的事，谁劝都没用。

我做事不会太在意别人的看法，一个例子是：我在阿里做的一个产品，当时因为各层级的领导看不出有什么价值，还要花很多钱，就被叫停了五次，正常情况下，项目被叫停一次就不应该继续做了，但我当时的态度就是无所谓，被叫停之后继续做，要是烦得我受不了，就把他们拉进黑名单，让他们联系不到我。后来证明我是对的，这款产品现在成了阿里集团最重要的数据战略支撑。

寻找中国创客：你这种鲜明的个性，在创业融资时会不会有所“妥协”？

甘云锋：就算在A轮融资、特别缺钱的时候，我也不会委屈自己。A轮融资时，我去见过一个上海大公司的董事长，他当时第一句是：“什么样的大数据公司我都见过，你们这个模式根本不成立。”我跟他讲：“你是见过很多公司，但不代表你见过所有的模式，时间不多了，你也忙我也忙，我们就这样吧。”然后转身我就走了。

也正是这种个性帮助数澜“筛选”出合适的投资人，现在我们的投资人会充分尊重和信任创始团队。公司发展中也会有分歧，一些投资人认为我们不做行业的垂直应用，而是构建一个平台去帮助企业的数据资产化，这种模式投入太高、风险太大，做下去必死无疑。我甚至和一位投资人争论的声音大到楼下的工作人员都能听到。但是，最后他们能听进去我的想法，认为我说得有道理，最后也会支持我。

要做就做有价值的，要死就死得快一点

寻找中国创客：作为2B的企业服务公司，大客户是否会因为数澜科技是初创公司，开展合作时有所顾虑？

甘云锋：当然会。客户们不会担心阿里、腾讯会死，但是他们会担心将公司的核心数据资产搭建在数澜科技这个初创公司提供的平台上以后，它死掉怎么办？

我们的合作方中有一家大型央企，他们之前也有这个担心，所以想要我们的源代码，但这是我们的核心资产，不能分享。最后的解决方案是把我们的源代码给到第三方的保险公司，如果数澜科技因为经营不善而破产，客户也能拿

到源代码，不会影响到运营。

另外，我觉得我们自身要真诚。我们销售团队去跟客户沟通的时候，不要讲五花八门的内容，最主要就是讲将来平台能够做什么，什么做不了，这样我们之间就能建立信任。而且，时机不到的客户，我们不要去碰，要保证做好每一单。

寻找中国创客：客户会担心数澜在初创阶段死掉，你自己会陷入这种担心中吗？

甘云锋：我们初创公司做平台，需要的投资特别大，所以我经常跟团队的人说，做一个没什么价值的小公司一点意思都没有，我们要做就做有价值的，要死就死得快一点。

现在我对业务的发展是很有信心的，我们也已经和很多大客户开展了合作。因为，To B 生意客户最看重的是产品能不能带来价值，而不是流量、品牌。

做 A 轮融资时，差点丢了小命

寻找中国创客：创业最艰难的时候是哪个阶段？

甘云锋：2017 年 11 月我们做 A 轮融资的时候，我突然晕倒，差点把小命丢了。我那段时间为了对接投融资的事情特别忙，一直在拉肚子，身体很不舒服。但是我第二天约了云锋基金的联合创始人虞锋，这不是每个创始人都能见到的。所以，就算第二天我实际已经起不来了，还是跟合伙人讲你来楼下接我一下，抬也要把我抬过去。

现场我跟虞锋聊得很愉快，结束之后我的合伙人立马把我送到医院，等我醒过来之后，发现已经在 ICU 病房躺了二十几小时，据说一度连心跳和呼吸都停了。

我在 ICU 病房醒来后，我的同事都过来了，我就安慰他们，这种起死回生的体验一辈子只有一次，要是昏厥的时候不在医院，或者在一个医疗条件差的医院，我就是必死无疑，这就是我运气好。这次之后，云锋基金成了我们 A 轮的领投方，所以说创业和人生不是一帆风顺的，冲过去之后就好了。

寻找中国创客：如何缓解创业带来的压力？

甘云锋：我在读大学的时候就非常喜欢玩电脑游戏，我在阿里的花名“风剑”就是取自《魔兽世界》里一把兵刃的名字。现在我喜欢玩《倩女幽魂》《大话西游》之类角色扮演的游戏，在里面扮演弓箭手之类的角色。

我还喜欢看书，最偏爱科幻小说，比如像刘慈欣的《三体》我就非常喜欢。我感觉会沉浸在一个新奇的世界里，那里面的技术能让人类穿梭宇宙、移民外星球，我们现在的科技根本达不到，但是能够拓展想象力。这就跟我们做技术开发是一样的，用很多酷炫的方法论，去实现一些第一眼看上去有些不靠谱的目标。

有一类书我是绝对不看的，就是有关大数据的行业分析书，我也不允许我的同事们看。因为我觉得，在我们企业自有数据资产化领域，没有任何有价值的经验值得我们借鉴，看了书反倒约束了我们的想象力。

其实无论是科幻小说，还是游戏，共性能够给我构建出一个新鲜的世界，这种不着边际的环境能够让我感觉特别放松和兴奋。

2018 年度十大中国创客

天空之城影业

有情怀，方懂取舍；有梦想，方能坚守。一部《大圣归来》、一部《冈仁波齐》让我们看到了中国电影人的匠心所在，既坚持艺术探索，也尊重商业逻辑。他们专注动画电影和艺术电影的另类市场，为大众流行文化注入一股清流。

“互联网思维 + 制片人中心制”玩出新影视

闫丽娇 / 文

档案卡

天空之城影业

业务领域：动画电影和艺术电影。

主要产品：下设两个电影公司厂牌——天空之城动画和马灯电影。前者致力于构建具有东方文化质感的“英雄世界体系”，目前有数部S级项目在开发制作中。后者聚焦于艺术电影的投资出品，已主控出品了《冈仁波齐》《喜马拉雅天梯》等多部作品。

创始团队：创始人路伟，毕业于中国人民大学财政金融学院，在金融行业服务数年，曾于2002年为中国第一部FullCG动画电影提供金融服务。

创办时间：2015年12月26日。

项目亮点：成立四年，两部现象级电影。天空之城影业通过独特的互联网思维 + 制片人中心制，开启了影视公司新的商业模式，能够在兼具艺术属性的同时保证商业回报。

2018年暑期档，《我不是药神》以30亿票房强势夺冠，票房口碑双丰收。天空之城影业创始人路伟觉得“药神”很难得，是一部兼具很强艺术属性的商业电影，“它关注了电影艺术和这个时代的关系”，这也恰是当下一部分电影所欠缺的。

他认为，电影人应该更主动地参与市场，亲身体验那些与当代观影人群真正密切相关的时代情绪。“很多片子，技术用得越来越炫，但不接地气，和现阶段大家关注的事情无关”。所以路伟认为，这样的电影得不到市场反馈也属正常。

业内人士对于电影公司的软肋有过三个总结：首先，最大的风险在于不确定性；其次，中国电影的收入结构中，票房与非票房占比严重不平衡；最后，电影公司无论是在 IP 上还是在之后的产业链延展上，都缺乏持续生产爆款的能力。

路伟在 2015 年创立了天空之城影业，下设两个电影公司厂牌——天空之城动画和主做文艺片的马灯电影，分别主要投资出品了现象级电影《大圣归来》和《冈仁波齐》。面对行业普遍存在的风险，路伟和他的电影公司有一些特殊的模式要分享。

遵循制片人中心制，平衡商业与艺术

天空之城动画是一家以制片人中心制为运营基础的原创型电影公司，动画电影的特点决定了它更加推崇电影工业化的管理模型。

路伟坦言，弄清楚一家电影公司的业务边界，并不是一件容易的事。天空之城动画用了四年时间，从文本到图像，构建属于东方动画的“英雄世界”。

“不能期望投资的每个电影都能成为市场中的黑马。但按照好莱坞的一般规则，大收益前提是大的投资组合。在一个观众越来越成熟的市场，好品质带来可观票房，应该成为常态。”路伟说。

制片人中心制是 20 世纪 30 年代好莱坞兴起的模式。一方面，美术与摄影配合导演，构成核心的艺术创作团队；另一方面，执行制片人、制片主任服务于制片人，构成管理团队。两个团队交叉管理，并按照共同确立的预算和标准完成制作。其目的在于寻求艺术创作与市场需求之间的平衡。

导演负责作品，制片人把控产品。如此一来，公司不需要自己组建庞大的团队生产电影，只需盯好电影产业链的某几个环节。

同样的，旗下聚焦于艺术电影的马灯电影，也推崇制片人中心制。路伟表示，处在移动互联网极速发展和升级变革的时代，其创新文化和有效结果文化，同样值得电影人学习。“制片人相当于每个电影项目的产品经理，我们非常关心制片人的存在感和价值感”。

他解释，理想的马灯电影公司，可能拥有十几位电影制片人和策展人，每人一年负责两三部影片的上映，这样公司每周都会有自己的艺术电影上映。

据了解，2019 年，天空之城影业将加快在艺术电影的出品发行节奏，目前已经为2019 年准备好了四部艺术片，也在筹备一些扶持新导演的电影作品。

团队小而轻，市场策略“看菜下碟”

结合了互联网产品思维的制片人中心制，它的一大优势在于，自己不必在电影产业链条的每个环节都投入大量人力物力，一个小而青的团队就足以撑起一家电影公司。

核心是策略，说白了就是判断依据在对电影的理解上。比如，看一个前期作品是否达标，首先要明白导演的意图是什么，其次了解这一作品的行业定位及这一类电影在世界电影分类体系里的对标产品。

每家电影公司对电影的理解程度不同，也就决定对所用策略的判断不同。

2015 年，天空之城影业做《大圣归来》时，正处在微信红利的爆发期，微信红包还在市场的蜜月期，微信社群也是热门，他们当时把有限的营销费用全部投到了微信渠道。

等到 2017 年做《冈仁波齐》，天空之城不再延用大规模的线上投放。多年的互联网发展变化，让路伟预感线上流量红利将接近尾声。再做大量线上宣传，很有可能会被淹没。于是他们开始找寻新模型，以选址在网红书店的沙龙为主，对话城市 KOL，结果吸引了大量垂直人群关注。

《冈仁波齐》上映前，有业内人士对路伟预估过 3000 万票房的极限，猫眼专业版数据显示，《冈仁波齐》最终票房达到了 1 亿。对文艺电影来说，票房回报已经很可观。

路伟是个电影人，但也有互联网人的产品思维。“电影公司也可以遵循简单有效的模型，即使公司每年都能出品三四十部电影，团队也不会超过三十人。我们的核心优势在于选题、完片协助和后端的市场化。不擅长的，就放心交给合作伙伴”。

瞄准非票房收入

“电影行业真正阶段性的变革，是电影产业链收入结构变革”。回到最终的盈利落脚点，路伟期望未来几年，能将非票收入作为公司利润的核心来源，“这也是我看好这两个电影类型的原因”。

电影的不确定性风险很大一方面是因为票房，而票房收入，基本是目前所有电影公司最主要的收入来源。提升非票收入，未来艺术电影运营可能有三个方向。

一是艺术电影策展，比如老片复映、主题展映。海外艺术电影在这方面已经做得比较成熟，中国处于刚起步阶段，未来艺术片的策展会变成常规活动。

二是艺术衍生品。中国消费市场在发生一些显而易见的变化，消费者对于普通品牌不再有那么大的热衷，而对小众、个人定制、快闪的品牌，投入了更多热情。艺术电影衍生品除了具有产品的一般属性，还具有独特的艺术价值，对于满足特定人群的需求，会是充满想象力的市场。

三是艺术电影空间。无论是衍生品、IP 或是策展，都需要一定空间的支持，但不一定是影院。这些独立的主题艺术空间，包括艺术影厅、小剧场、书店、咖啡厅、艺术衍生品店等围绕艺术电影 IP 展开的场景空间。

路伟希望天空之城能改变电影公司以票房为主的盈利模式，他坦言，自己一直在寻找公司与其他同行的差别之处。

去不同城市出差，他会做些落地调研。路伟发现，城市中有很多厂房被闲置，如果能赋予电影的概念，很符合“有主题的消费空间和消费场景”这一未来趋势。

“我们跟很多会玩的人也在谈合作，自有物业、创新空间，包括连锁书店。大家也在探索如何把精准内容和更垂直的用户、读者融合起来”。路伟表示，艺术电影的产业链，在中国一定会发展起来，而且和法国、意大利、美国不一样。

中国过去几十年的经济发展，已经到了物质丰富的阶段，而在人文需求上，会有新的趋势和现象出现，这一点也是天空之城未来重点布局的。

路伟：独辟蹊径，或许是到达终点最好的方式

闫丽娇 / 文

学生时代，路伟有个阶段的理想是做一名媒体人写真实故事，为此，大二时，他差点从金融系转到新闻系。

2015 年，他创办了天空之城影业。现在，路伟觉得，做电影和写真实故事有着一样的内核，电影是从另外一条路，实现了他当初想要做的事情。他希望做些好内容，并且与这片土地、这个时代相关。

2017 年，马灯电影投资出品了讲述藏族人朝圣的电影《冈仁波齐》，累计票房一个多亿。据路伟介绍，天空之城影业成立四年，投了四部影片，其中有三部打破了国内类型电影纪录，有一部还保持着票房纪录。

2018 年，高瓴资本领投了天空之城的 Pre-A 轮融资，其也成为高瓴资本投资的唯一一家电影公司。高瓴资本创始人张磊觉得，路伟遇到电影，是找到了自己人生追求的归宿，“谈到电影时，他眼里有光”。也正是这种归属感，使得他不那么看重短期利益。

作为一名影视文创领域的创业者，路伟坦言，活得绚烂并不是终极目标，活得长久才更重要。

做价值的创造者和分享者，不做转移者

寻找中国创客：电影是门好生意吗？

路伟：电影，它不是一门好生意，如果是好生意，应该有更多人成功才对。做电影太难了。拿到投资很难，创作过程艰难，成功卖出去也很难。这些年遇

到的做电影的人，大都是聪明人，都是对创作和产品富有激情的人。它比互联网行业要难，电影是个偏主观的行当，我越来越认同“电影是直觉的艺术”这件事。但电影产业是个好生意，只是现在中国电影产业的发展，还处在非常初级的阶段。

寻找中国创客：什么样的电影算好电影？

路伟：我更看重内容和这个时代的关系。我认为好电影，情绪是最基础、最浅层的，高级电影能够传递出人格。更高级的是把你的哲学、你心灵的声音和力量传递出来。

寻找中国创客：据说天空之城影业没有公关部门？

路伟：公关，对很多行业和公司来说都是不可或缺的。现阶段 PR（公共关系）于我们，没有那么重要。我们可以看欧洲和美国的电影市场，曾经有很多优秀的电影公司，现在只能从电影片头，看到它们的名字了。电影公司之间竞争的不是谁最有名，而是谁能活得更长久。电影项目的成功就是电影公司最好的 PR。

寻找中国创客：电影是一个比较特殊的行业，如何看待消极一面的影响？

路伟：你能看到行业有很多问题，尤其这些问题在你解决不了时，与其天天和那些问题斗争，不如从另外一个角度出发。就像爬山，路不好走，或者人很多，你可以选择换个方向。山是立体的，理论上有无数条路可以登顶，别人认为不好的，并不代表最后走不通。有时候独辟蹊径，是到达终点最好的方式。

寻找中国创客：电影行业的普遍问题有哪些？

路伟：电影圈喜欢通过各种不对等条件赚业内人的钱。主投方通过不对称议价赚跟投方的钱，大公司通过不公平条款赚小公司的钱，“老家伙”通过资历赚新人的钱……过去几年，一些抱有梦想的新制片人血本无归，一些创业公司电影上映就倒闭的事情时有发生，我不觉得这是一个理性、聪明、有道德的市场阶段。

良好的“制宣发放”市场生态，应该是不同阶段的电影参与者，都在努力开发 C 端潜力。如果电影能够满足用户或观众的消费诉求，他们对内容认可，自然会贡献票房，紧接着做衍生品，就是顺理成章的事。

我喜欢电影，愿意把电影作为自己的终生职业，所以我更希望这个行业能够健康、有道德地往前发展。少做急功近利的事，要有延迟满足的心态。无论是当下还是未来，我们都愿意做一个电影产业的价值创造者和分享者，不愿意做一个价值转移者。

在虚构和真实之间，一定选择真实

寻找中国创客：做价值创造者，意味着你更关心长期利益？

路伟：换个角度说吧，从电影艺术风格选择层面，在虚构和真实之间，我一定选择真实。虚构创作，从当下的条件来看，要形成有时间维度价值的作品很难。电影是一个时间的艺术，也是一个时间的生意。

我们现在一共有五个机构投资人，每个投资人在投资之前，我们都会沟通价值层面的问题。欣慰的是，这些投资人都认同我所做的事情、遵循的理念。有一些理想主义情怀，这一点很宝贵。

寻找中国创客：对你来说，创业难在哪里？

路伟：创业太难了，能保持持续的信心和勇气，能走过一个又一个的心理低谷，是件特别不容易的事情，越来越理解“创业维艰”这个词。原来是走一步看三步，现在是看三步走一步，不是越来越胆小了，而是慢慢认识到了要“以终为始”。

寻找中国创客：都说创业九死一生，你怎么看？

路伟：公司的终极结果是消失，特别是对于面向资本市场的公司而言，公司越大，面对的变量就越多，从商业史上来看，能活过上百年的，一般都是小生意，这是题外话。

对于个人而言，所做的事情，如果不能使你“嗨起来”，其实已经跟创不创业这件事没太大关系了。如果你真正喜欢你当下所从事的，创业者剩下要做的，就是在一个又一个的产品中，持续坚持下去，一天一天地寻找它有可能做成的背后逻辑。

寻找中国创客：上市对你来说意味着终点吗？

路伟：活得比更多已经上市的公司更长久、更有未来，你的模型、思想能够更好地被传承，这是更重要的。

2018 年度十大中国创客

Video ++

他们用 AI 技术打破传统和常规，重新解构视频内容，突围文娱行业商业开发瓶颈。他们让视频广告不再难看，让投放过程精准高效。顺势而为，未来已来，他们是人工智能 + 文娱赛道的筑梦者。

AI 解构视频，打破传统广告天花板

闫丽娇 / 文

档案卡

Video++

业务领域：专注新文娱的 AI 科技企业。

主要产品：独立研发的文娱人工智能系统 VideoAI、人工智能互动操作系统 Video OS，目前已规模化商用。集团旗下业务矩阵包括：AI 场景营销平台（ASMP）、文娱电商、互动娱乐、新 IP 主题商业、AI 内容审核平台（ACAP）等。

创始团队：CEO 金明毕业于 Harvard University Extension（哈佛大学继续教育学院），福布斯中国 30 位 30 岁以下创业者。联合创始人董慧智毕业于清华，是一位连续创业者。

创办时间：2014 年 10 月 13 日。

项目亮点：Video++ 通过 AI 技术将视频结构化，生成海量的内容数据库，继而打开了视频广告更多的场景变现方式，革新了传统视频广告只有贴片、植入的局限性。在 AI 技术具体落地的案例中，Video++ 实现了消费级视频场景自动匹配和广告自动投放功能，突破了传统视频广告的天花板，扩大了市场容量。

“Z 世代（95 后、00 后）的消费观已发生变化，70 后、80 后依据自我需求产生的购物心理，到他们身上变成了触发型。”在 Video++ 联合创始人董慧智看来，70 后、80 后也会冲动消费，但他们会有后悔心理从而进行控制，而 Z 世代不会。

打赏主播、买 idol 周边、应援，Z 世代们热衷于为非必需品付费，且对消费欲望不加节制。这一批人的消费能力和消费自由度在逐渐提升，当他们成为时代的主体，新文娱所衍生的商业价值就会更加凸显。

据最新的《中国互联网络发展状况统计报告》，截至 2018 年 6 月，每位网络用户的周上网时长超过 27 小时，网络视频的使用率已达 76%。

在董慧智看来，原有的技术和运营方式，还未把新文娱的商业效用最大化。同时，视频广告主要以贴片、植入、冠名这类高价、低性价比的方式为主，视频最打动人心的情感共鸣没有被充分发掘。

成立于 2014 年的 Video++ 正是看到这两块市场，将 AI 技术应用于文娱领域。在视频识别、视频广告变现等领域，Video++ 将传统植入性广告市场再次开发，如在视频中接入更贴合场景的广告、购物、游戏等，从而拓宽了原生视频广告的商业变现范畴。

打通优爱腾，激活长尾流量商业价值

文娱产业的核心商业价值，集中在少量的头部流量上，有很多的长尾流量没有被充分开发。

像《琅琊榜》《甄嬛传》这样的热剧，广告主基本瞄准首播热度，用户“二刷”“三刷”时的商业价值利用率并不高。

实际上长尾内容在互联网视频中占据了大部分份额。根据 Video++ 掌握的数据估算，这个比例有百分之六七十。

另外，品牌主瞄准的热门综艺或影视剧，仅通过贴片、冠名、植入等单一方式呈现，价格不低，性价比却不高。随着各平台会员数量的增加，用户对传统广告的体验要求也变得更加苛刻。

如何提升视频长尾流量价值？如何在视频中接入更符合用户心理的广告形式？

董慧智认为，70% 的视频流量之所以没有被利用，核心在于缺乏对视频结构更深层次的认知。视频就像“黑洞”，传统技术对它的了解，更多局限在标题、明星这些显性标签。

所以 Video++ 第一步就对视频做了解构，通过针对文娱视频场景识别的专用算法，将视频内容结构化，开发出基于底层算法的 Video OS 系统。同时针对人的情绪共鸣识别出对应场景，进而把用户可能感兴趣的产品、场景与品牌关联，提升有效转换率。

“做广告、电商、游戏等产业应用，核心基础就是情感共鸣。”他举了一个例子，啤酒品牌的一般需求是年轻人的聚会场景。Video++ 通过 AI 技术在相关剧集中，找到了多个类似场景，进而把广告片做了融洽的中插。

与传统中插相比，AI 技术的应用更加关注用户心理及情绪的匹配。根据投放平台的数据对比反馈，投放效果至少提升了 50%。

通过对中长尾视频场景的识别，Video++ 为广告主提供了更多的选择，中长尾视频流量的营销价值也被进一步挖掘。

目前，Video++ 已打通爱奇艺、腾讯视频、优酷视频、芒果 TV 等几大头部视频网站，覆盖全国 75% 的流量平台。与《火箭少女 101》《明日之子》等热门综艺及《如懿传》等头部 IP，业已达成深度运营合作。

迎合 Z 世代情感共鸣，平台一键引流购买

95 后、00 后的消费观，很容易被娱乐化的场景和事件触发。种草、拔草已成为电商转化的一大途径。

《妈妈是超人》（第三季），Video++ 为其定制开发了 26 款商品，VPM（每千人在视频电商中购买的销售额）达到了 82.4 元。

传统视频电商，更多是把视频播放平台作为引流渠道，点击商品，购买会自动跳转至外部电商平台。现在，Video++ 做了电商闭环，将电商消费直接放在视频平台，并为其提供从选品、制作到线下发售的一站式服务。《妈妈是超人》（第三季）最终带来了 96 万的下单总额，其中，实际付款达到 80 万。

“通过技术将商品销售与视频内容做结合。”董慧智解释，Video++ 的商业模式，其实是通过前端的用户互动系统带来情感共鸣，继而产生广告和电商价值。这样做，更能满足 95 后、00 后的消费心理。

《歌手 2018》第六期，视频中插入了一款嘉宾华晨宇的周边手机壳链接，

供粉丝观看时一键购买。同时，Video++ 还通过销售歌手线下演唱会门票的方式，将线上流量与线下活动打通。线上 IP 粉丝最大的特点是希望近距离接触明星，通过线上引流，可提升线下的转化率。

依托 AI+ 文娱，押注新消费人群

面对新消费人群的视频电商会显得相对小众吗？

董慧智认为，传统电商低估了 95 后、00 后的购买力。00 后正迈向成年，95 后已为社会中坚，这两个群体的日常消费已经不断被满足。而心理需求的满足，或圈层文化认同带来的“冲动”消费，却依旧在上升，且并没有后悔心理加以控制。

“一旦这种欲望不加控制，就会触发潜在的购买力。”他分析，这种力量，正在随着 95 后、00 后消费能力的不断上升，呈现增长趋势。“传统电商以搜索为核心的购买方式，目前体量不会下降，只是增速放缓了”。

Video++ 未来会继续押注新消费人群，依托 AI+ 文娱，拓展新业态。除了技术先发优势外，还会组建自己的电商供应链，及 IP 衍生品供应团队，目前一些线下的文艺活动已在筹备当中。

谈起竞争对手，董慧智表示，更多是基于视频广告技术的差别。创新型广告有两种类型。一种是在视频中“无中生有”地植入品牌，通过技术手段对原视频，以帧为单位的修改植入，时间成本比较高。另一种是不对视频进行任何修改，只利用 AI 技术对原有场景做识别，选取其中适合品牌投放的场景，接入广告。“同行多瞄准前者，而我们主打后者”。

金明：
做一家亏损的公司没什么可自豪的

闫丽娇 / 文

金明最初选择创业，是源于参加哈佛大学创业比赛时的项目“Venvy”。该项目构想用技术为文娱视频创造全新的商业模式，解决用户体验痛点，项目最终拿到了哈佛真理基金的投资。那是 2012 年，他 19 岁。

经过两年技术积累，项目在 AI+ 文娱领域，具备了商业化能力。2014 年，金明回国，成立了 Video++，开始在国内布局 AI+ 文娱赛道。作为陪伴互联网成长起来的一代，他希望通过技术改变更多场景，比如为视频接入更多应用，挖掘出视频内容的更多可能性。

作为拥有国际视野的 90 后创业者，金明身上最大的特点是他时常保持着“紧迫感”。这种紧迫感，驱使他要求自己不断更新认知。虽然年轻创业者拥有对技术趋势感知的先天优势，但在系统性管理企业上，存在进步的空间。

“外界看到你更好、更快地完成一件事，会给予你赞美，你也会因此得到心灵的愉悦，优秀是有正面反馈的。但在很长一段时间，别人可能都理解不了你所追求的东西，感受负面情绪和压力是常态。卓越意味着坚持到最后，并且完成目标”。

成为上海最大的科技公司，是 Video++ 的一个阶段性目标。但从长远来说，他希望自己的企业文化能够有更深远的影响，走过百年。

个人 2018 年的关键词是“退”

寻找中国创客：中美创业环境有哪些差异？

金明：过去十年，中美的创业环境，都发生了很大变化。十年前，无论是在波士顿还是在硅谷，整体环境都是优于中国的。但近十年，中国在一些创新领域的技术成熟度、市场容量和想象空间上，开始领先美国。从创业能力上看，由于中国创业环境的竞争更激烈，相对而言，能够筛选出一批认知更全面、落地更扎实的创业者，这些创业者的综合竞争能力是很强的。

寻找中国创客：在竞争激烈的环境下，创业者应该具备什么样的能力？

金明：从创业者综合能力上讲，现在中国的创业者不输甚至优于一些其他地域的创业者。在面对国际化时，中国的创业者可能要注意两方面。第一，对国外市场的了解。在国外有超十年创业经历的创业者，比较占优势。第二，对海外市场的理解。在这方面，对学习能力和最终适应能力要求更高。

寻找中国创客：作为90后创业者，你觉得年轻创业者可能会有哪些优势和不足？

金明：任何年代的创业者，都有他自己的一些特性。我们先不要定义90后，可能这个标签本身已经被赋予了一些特定意义。把标签抛开，每个时代的年轻创业者都有自己的一些特性。

我们这一代是互联网原住民，完整经历了PC、移动、AI三波互联网浪潮，对于技术的学习和趋势把控，有先天性优势。但年轻创业者不可避免的是，管理经验相对而言薄弱很多。

过去六年，基本上每段时间我们做复盘时，都会觉得在某些问题上，现阶段总会想到比过去更好的处理方式。但这个东西是不可避免的，只要你的学习能力足够快，就会不断拓宽自己的边界，也就会发现自己过去决策的漏洞。

寻找中国创客：六年的经历，你还有哪些收获？

金明：长期来看，建造一个有自我生命力和能够自我修复成长的组织，是很有必要的。

寻找中国创客：你的年度关键词是什么？

金明：2018年，Video++有很大的改变，推出了一些新策略。我花了很多时间去思考如何把组织变得像有机体一样去进化。当然中间有很多痛苦，因为有摩擦，跟公司以前的进化方式有不太一样的地方。

对我个人而言，2018年的关键词是：退。比如，在公司治理和管理架构上，我都在往后退，这样能使公司其他的一些高管往上走。

商场上一定要有一个自己可以造血的引擎

寻找中国创客：你曾说你是一个特别有紧迫感的人，为什么？

金明：我写过一篇文章，文章最后一句话是“down is the new up”（未雨绸缪）。马云经常说一句话：“阳光灿烂的时候修屋顶。”在公司最好的时候，你才应该修屋顶，如果暴风雨来临了，再修屋顶已经来不及了。

我 2017 年读了 48 本书，2018 年目标是 52 本。我觉得，创业的生与死，真的只是一步之差。有些时候，你只能根据现有的最高认知，尽力做出最正确的决策。而这样的决策，每天可能要做 50 个，如果 80% 的决策都做对了，公司可能就能活到第七年、第八年，如果 80% 是错的，可能第一年、第二年就死了。所以保持紧迫感，无论是对我，还是对公司都很重要。

寻找中国创客：怎么保证整个公司也保有紧迫感？

金明：我希望每一个人都能够做到自我驱动。很多时候，你的上司并没有告诉你应该做什么，或者大多数时候，你的上司只希望你做到 80%。有自我驱动的人会主动去追求优秀，接近卓越。首先我自己是有自我驱动的人，很希望身边也是一群优秀的人。

寻找中国创客：国内的独角兽在很长一段时间内可能都是亏损的，你怎么看？

金明：做一家亏损的公司没有什么可以自豪的地方。融资环境在过去十年发生了较大变化，创业者的融资渠道变宽了，可以通过资本不断续命。但回到我们父母那一辈，就真正是称为商业的战场，你一定要有一个自己可以造血的引擎。

从商业本质来讲，我并不觉得一直靠融资输血，自己不赚钱是一件很光彩的事。我们也不说给行业做一些改变，至少从我们自己本身，希望能够做到一家自己赢利的公司，这样才能给组织和员工更多福利和发展空间。

2018 年度十大中国创客

VIP 陪练

四年四次迭代，他们在看似难以规模化的在线一对一乐器陪练领域，软硬件双向发力，自主研发“鱼眼镜头”，覆盖 5 万 + 学员，日均万人上课，从此打开乐器在线学习的新天地，验证并领跑新赛道。

复购率验证音乐陪练赛道可行

唐亚华 / 文

档案卡

VIP 陪练

业务领域：教育。

主要产品：提供在线真人一对一乐器陪练，通过 iPad 和 VIP 陪练自主研发的鱼眼摄像头，为 5 ～ 16 岁琴童提供钢琴、小提琴、手风琴、古筝等陪练服务。

创始团队：创始人兼 CEO 葛佳麒曾担任《中国达人秀》《中国好声音》等中国顶级真人秀节目音乐设计指导、走进大剧院——汉唐文化国际音乐年总策划、汉唐文化音乐总监等。

创办时间：2014 年 12 月 15 日。

项目亮点：VIP 陪练每个月迭代新的教学内容，在线培训优质老师，老师能够不断得到学识补充和业务提升。硬件研发能力也是 VIP 陪练的一大优势，拥有自主研发的专利“鱼眼摄像头”，安装在用户的 iPad 上，能实时纠正孩子弹奏的音准和指法问题。

“我孩子当时学钢琴，因为没有重视陪练，后来半途而废了”，这是紫牛基金创始合伙人张泉灵见到 VIP 陪练创始人兼 CEO 葛佳麒说的第一句话，在路演活动结束后，投资人纷纷围上来与葛佳麒交流，甚至调侃督促他“快点花钱，考虑新一轮融资”。

开始于兴趣的钢琴学习，很容易因为单调枯燥的练习而半途而废。很多家长想找音乐教师上门陪练，又常因费用、时间、地点等制约因素无法实行。

如今，一个iPad和专利鱼眼镜头，陪练老师就可联机琴童，打破空间的阻隔，“这一小节节奏不是很稳，咱们来先唱一下……手腕抬高，手指不要折，放松”，iPad 里传出了 VIP 陪练线上真人一对一陪练服务老师的声音。

VIP 陪练成立于 2014 年，为 5 ~ 16 岁琴童提供钢琴、小提琴、手风琴、古筝等陪练服务，解决孩子在家练琴出现的节奏不准、错音等问题。公司拥有数千人的陪练教师团队，平台每日产生近万节排课量，复购率达 80% 以上。

为解决陪练痛点迭代四次

说起这次创业，和创始人本身的音乐艺术涵养不无联系。葛佳麒曾担任达人秀、好声音等中国顶级真人秀节目音乐设计指导、走进大剧院——汉唐文化国际音乐年总策划、汉唐文化音乐总监等。

4 岁多便开始学手风琴的他深知，音乐学习的最大痛点就是练琴回课。不少老师抱怨，钢琴教学中遇到最多的问题是，这个星期跟小朋友说的问题下周还在犯，学生只专注“熟”却忽视了“巧”，同样的问题过了两三个星期还改不掉，错误一旦练熟了更难改。

每次上课老师本该教新知识，一大部分时间却花在了纠正错误上。针对这一痛点，葛佳麒开始带领团队研究怎样让学员回家自己练习时，知道错在哪里、怎么练。

为了解决这一痛点，VIP 陪练形成经历了几次探索与试错。

2014 年，葛佳麒推出了第一版“陪你练”，这是一款“自动纠错软件”，用音频转化为数字信号，再用数字信号做配比，让机器来纠正错误。到 2015 年，“陪你练”收获了十几万用户，但随之出现的问题是，软件可以告诉孩子错在哪，却不能正向辅导他们怎样弹才是正确的。

团队探索的第二种模式是教科书式的示范视频，即把很多课程录下来，让学员跟着视频练。随后还开发了第三种模式，远程“批改作业”，家长把作业视频发给老师，但老师批改后大部分家长不能理解，更不能给孩子任何指导。

但这几种模式，都有一个问题：家长能发现错误却不能帮助孩子纠错，孩子自己也不会改，最好的方式还是在练琴过程中就避免错误。

在经过几次修改后，2015 年 11 月，VIP 陪练在线真人一对一乐器陪练正式上线。通过一个 iPad 和 VIP 陪练自主研发的鱼眼摄像头，老师远程既能听到孩子弹奏的音准问题，也能看到指法对错，及时纠正，较好地解决了练琴过程中的纠错问题。

在 50 分钟的线上陪练课程中，有 150 多种环节的精心设计，同时还有 25 分钟的短时课程，适用于 6 岁以下小琴童的兴趣培养。

课程与研发构筑行业壁垒

2016 年，葛佳麒亲自上了 800 多节课，获客、销售、转化、排课、上课、客服……每个环节他都跟过一遍。

因而在葛佳麒看来，VIP 陪练的优势与壁垒是团队对行业的深度理解，“我们可以把一个老师快速变成专业的老师，能拿到头部的老师资源，并保证团队的师资实力”。

此外，为了保证持续领先，VIP 陪练每个月不断迭代新的教学内容，在线培训优质老师，老师能够不断得到学识补充和业务提升。在 VIP 陪练的平台上，每一位陪练老师，都会接受用户满意度的评分，保证孩子和用户的体验。

课程之外，硬件研发能力也是 VIP 陪练的一大优势。目前公司拥有自主研发的专利“鱼眼镜头”，用户在 iPad 上安装之后，老师可以远程打开指法指导，从而纠正孩子练琴时的指法、手型。

2016 年，国家统计局颁布整个中国音乐教育创造的 GDP 为 600 多亿元，2017 年这个数字是 874 亿元，葛佳麒预计 5 年之后这个增幅将达到行业巅峰。

音乐陪练赛道将迎来更多入局者

据葛佳麒介绍，2016 年开始陪练业务后，每个月用户平均增长率为 40%，用户中来自北上广的占比约 30%。

截至 2018 年 7 月，平台已覆盖 14 个国家，累计签约了 3000 余名陪练老师，3 万 ~ 4 万名学员，客单价 60 ~ 80 元，学员每月消费约 500 元，日均万人约课。

相关投资人表示，在目前钢琴在线陪练市场中，VIP 陪练在产品技术开发和音乐教育研发两个维度发展得较为均衡，也是发展最为快速的平台，从一定程度上，VIP 陪练验证了这条赛道的可行性。

在音乐陪练这一赛道上，VIP 陪练以开拓者和领跑者的姿态迅速发展，此后入局者越来越多。

音乐笔记成立于 2014 年，是一家主打教育智能硬件研发的创业公司，自主研发大眼睛陪练机器人，辅助教师准确指导琴童练琴；美悦钢琴，成立于 2016 年，采用手机或 iPad 直播视频方式，配合钢琴老师线上指导孩子练琴，2017 年完成了真格基金的 Pre-A 轮融资。另外还有趣陪练、柚子练琴等发展初期的音乐陪练服务公司。

在葛佳麒看来，目前行业发展还处在早期，各家都是在摸索中，VIP 陪练下一步要做的是完善音乐教育生态，不违背教育本质，做自己擅长的事。

“我们将不间断地开发音乐培训的增值服务项目，创建更长的服务链，组织丰富多彩的开放日、夏令营、冬令营、年度比赛等，让音乐培训项目远离枯燥，变得丰富而有质感”。

葛佳麒：想到就去做，人生不能局限于一种职业

蔡浩爽 / 文

葛佳麒是一名“资深琴童”，4岁开始学手风琴，大学期间开了11场个人音乐会，在世界级比赛中获得名次。

葛佳麒也是一个体验主义信仰者，从月薪600元的电视台打工仔到顶级节目策划人、年薪百万的音乐总监，葛佳麒坚定地认为人生不能局限于一种职业。

2014年，在纯音乐行业已经体验不到快感的葛佳麒选择与师兄一起，开始在当时鲜少有人涉猎的互联网音乐教育行业试水，时至今日，其创办的VIP陪练已经有约4万名学员，平台每日产生近万节排课量，复购率达80%以上。

“开疆辟野让我感到兴奋”

寻找中国创客：为什么选择在2014年辞掉百万年薪的工作出来创业？

葛佳麒：因为在之前的那条路上已经基本上走到了天花板。纯音乐这一行，一般发展到一定地步你就可以预见未来的路，所以这也是为什么一旦我的同行们出来创业就不想继续再做纯音乐这方面的事情。

寻找中国创客：你从4岁开始学手风琴，放弃做纯音乐，会觉得可惜吗？

葛佳麒：当然不会。从我的价值观出发，我觉得人生就应该多点经历，为什么要局限在一个职业上面？从2007年到2014年，我拥有7年的工作经验，从电视台杂工做到项目总监、文化传媒公司音乐总监，参与《中国达人秀》《中国好声音》《舞林大会》等顶级真人秀制作，带领团队负责2000多个奢侈品牌进入中国的广告片音乐设计，操办古典音乐节、现代音乐节……

经历了项目制、坐班制，也经历了各种平台，从月薪600元到年薪百万。我从不把这些只当作一份工作，而是当作丰富人生体验的经历。

寻找中国创客：给别人打工和自己创业，体验有什么不同？

葛佳麒：在电视台做项目的时候，一定要对这件事情负责。因为电视台都是一个萝卜一个坑，每个岗位都是关键的螺丝钉。如果你这个位置缺失的话，这个节目就要开天窗。我觉得那个时候的团队大家责任感都特别强，要求自己不能出错，如果自己出错的话，这个项目就黄掉了。当时在这段经历里面，也是一天可能工作14小时，其实工作压力蛮大的。但更多的是身体上的劳累。

跟过去单纯专注音乐相比，创业可能有更多的状况，更多的是心累，承担了更多的压力。这些压力源于你每天会碰到不同的问题，这些问题都需要我们自己去解决。

寻找中国创客：你依然享受创业吗？

葛佳麒：对，我享受当下。

寻找中国创客：创业过程中，有没有遇到一些所谓“至暗时刻”？

葛佳麒：创业过程中的挫折太多了，可能每天都会遇到。我们相对来说还“跑”得比较好，我们的业务数据、运营数据都还不错，所以资本对我们也比较信任。

早期其实算是我们的困难时期，我们确实有尝试过很多的方向。当时很多人并没有看到钢琴陪练这一块市场，我们通过努力打开了一片空白领域，这种从零开始开疆辟野的感觉让我感到兴奋。

“做好计划再执行不如直接去干”

寻找中国创客：你还记得VIP陪练拿到第一笔融资时的情况吗？

葛佳麒：拿到第一笔融资是在2015年6月，那时公司已经成立了一年半左右，做的并不是现在的业务方向。当时团队还在这个领域里面探索，寻找我们可以解决的问题。一直到2016年1月，我们才确定了现在的业务方向。

寻找中国创客：当时打动投资人的点是什么？

葛佳麒：两方面吧。第一是我们都对未来的素质教育这一赛道非常看好，在过去的几年里面，整个数字音乐教育的增长速度都非常快，这个大方向是我们都认同的。

第二是音乐教育其实是一个比较原始的行业，过去的几年里面都没有太多互联网从业者来开拓这一块领域,而我们团队又是从这个领域里面深耕出来的，我觉得这是投资者比较看好我们的原因。

寻找中国创客：创业四年，这段体验中你的收获是什么?

葛佳麒：我感受最深的一点就是：不要怕试错。以前我们都觉得要做好计划然后去执行，其实创业不是这样，因为你并不知道你做的计划是不是能解决这个问题，不如直接去干。干的过程中你可以看到很多数据，通过分析这些数据是否符合预期，我们就可以确定是不是需要把这个模式固定下来。所以我们现在做任何一样工作时都会不断去尝试。

第三篇

资本论

邓锋：所谓的风口根本就不存在

黎明　刘素宏 / 文

邓锋是北极光创投创始人、董事总经理。2005 年，他创办北极光创投，聚焦科技领域的早期投资，如今管理着 5 支美元基金和 5 支人民币基金，管理资产总额超过 300 亿元。在创办北极光创投之前，他曾在美国硅谷创办了上市公司 Net Screen，以 42 亿美元的价格被收购。

邓锋投资了美团、APUS、中文在线、兆易创新、华大基因、山石网科、中科创达、VIPKID 等明星企业。2018 年，美团成功赴港上市，市值最高超过 500 亿美元，作为美团的 B 轮投资方，邓锋获得逾 60 倍的投资回报。

邓锋的办公室位于华贸中心写字楼的顶层，站在 32 层巨大的落地窗前，大半个北京国贸 CBD 尽收眼底。这其中，有全球顶级的投资机构。

视野一定要好——这是邓锋选址时一贯不变的原则。

在职业生涯的前 10 年，他是一名颇有成就的企业家，在硅谷创办了上市公司 Net Screen，以 42 亿美元的价格被收购。在后 10 年，他转型为投资人，一手创办的北极光创投以专注和严谨著称，管理着 5 支美元基金和 5 支人民币基金，管理资产总额超过 300 亿元。

邓锋身材高大、自信平和。他的身上还有浓浓的理工男色彩，在创业者眼中，这是一个不太好“搞定”的技术大牛。

在北极光长长的投资名单里，包括美团、中文在线、兆易创新、华大基因、APUS、山石网科、中科创达、VIPKID 等明星企业，分布在 TMT、先进技术和医疗健康三大领域。北极光专注于早期的投资策略自创立坚持至今，它投资了200多家创业公司，其中80%是A轮及以前项目，只有20%是B轮及以后。

2005年，邓锋回国创办北极光时，正值外资风投大举入华，国内风投行业混沌初开之时。在回国之前，邓锋已是美国硅谷的风云人物，他回绝了英特尔的盛情挽留，也没有踏上红杉资本总裁为他铺设的“红地毯”，而是执拗地一头扎进中国的创业热潮。他发现，当一名伟大的投资人，才是他想要成为的样子。

人生地不熟的二次创业

2004年，互联网泡沫危机已经过去四年。身在硅谷的邓锋明显感觉到市场的热度开始慢慢恢复，一些风险投资基金已经开始四处寻猎项目。卖掉上市公司Net Screen的股权后，邓锋在心里算了一笔账，这笔金额巨大的收购款，可以让他做任何自己想做的事情。

邓锋一开始没想过要去做风险投资，而是打算花一半时间来做天使投资，一半时间来做公益。这个想法并非心血来潮。

1997年邓锋创办Net Screen时，第一笔100万美元的融资，就来自12个天使投资人，这些人分别来自加拿大、美国、日本、新加坡、韩国等，按照邓锋的说法，“可以组成一个联合国了”。

创业成功后再去做投资，帮助初创企业发展，这是邓锋在硅谷看到的真实样板。转型的契机发生在当年夏天。

2004年6月，美国硅谷银行组织了一个阵容豪华的赴华考察团，来自红杉资本、KPCB、Accel Partners、NEA等世界最顶尖投资机构的24位投资人来中国考察。邓锋第一次近距离接触了美国的风险投资和中国市场。

“一开始并没有很理性地、特别清晰地思考，只是觉得这个大方向对，我喜欢，就做了”。邓锋认为自己是一个大事胆大、小事胆小的人。出于感性的直觉和小部分理性的思考，让他萌发了做风险投资的想法。

当时，摆在邓锋面前的有三条路：第一，接受美国风投公司的邀请，做其中国区首席代表；第二，做一家美国品牌风投公司的中国合伙人；第三，从零开始创立一个风投品牌，二次创业。

第一个找上门来的是红杉资本，红杉希望邓锋能做红杉中国的合伙人，但邓锋坚持要做自己独立的品牌，双方没谈拢。

独立品牌并不好做。对于一个在美国生活了十多年的人，回国面临的第一个难题可能还不是资金，而是人生地不熟。邓锋回国后的第一个司机，是通过报纸广告找的。现在这个司机已经跟随他 13 年了。

更难找的是合伙人。丁健在 2003 年从亚信卸任 CEO，邓锋有意拉上他一起合伙做北极光，但就在同一天上午，丁健被林仁俊拉着加入了金沙江创投，邓锋下午邀请时为时已晚。

经过一段时间的考察和筹备，邓锋回国创办了自己的品牌北极光创投，并开始了他的二次创业。

懂技术也懂产业的“学院派”

邓锋是典型的理工科背景，清华大学电子工程本科和硕士、美国南加州大学计算机硕士、宾夕法尼亚大学沃顿商学院 MBA，此外，他拥有多项计算机结构和 IC 设计方面的发明专利。北极光投资团队的构成中，大部分人也是理工科背景出身。

“他对技术非常了解，逻辑性极强，视野特别开阔。”北极光投资的物联网项目 Sensoro 创始人兼 CEO 赵武阳说。有一次项目沟通会，赵武阳准备了 40 分钟的 PPT 内容，结果 5 分钟就讲完了。“第三页过，第四页过……”赵武阳被震撼到了，“他真的懂，思维极为敏捷。”

一位曾在某个技术论坛上见过邓锋的创业者回忆：邓锋在技术上积累非常深，他在论坛现场把一群技术专家“挑战”得哑口无言。

邓锋更愿意用“专注”这个词来评价自己和北极光。“十几年来我们的战略和定位从来没有变过。”邓锋说。聚焦科技领域的早期投资，这是北极光一直秉持的战略。

从北极光的投资案例来看，拥有一定技术壁垒的项目更容易获得青睐，在投出的 200 多家公司中，半数以上围绕着高科技领域展开。

在邓锋看来，某种程度上互联网刚开始也是靠科技建立起一些商业模式的创新，“但今后商业模式的壁垒会越来越少，北极光主要还是投科技创新”。实际上，发掘具有技术壁垒或具备这种潜质的早期项目并不容易，这很大程度上依赖于投资人对行业以及技术本身的判断，也靠过去的积累才能做快速判断。

30年前，邓锋在清华大学读书期间，就已经开始科技创业；1998年他参加第一届清华“挑战杯”，以一个改进型的单板机图像处理加上电子数字照相机获得冠军；后来他干脆在清华2号楼租了3间房，招了几个学弟，开始从中关村承接各种各样的项目。

对技术的执念同样体现在他在美国的创业项目Net Screen上，直到今天，Net Screen仍然在网络安全领域占据重要地位。

这些创业经历让邓锋形成了自己的投资方法论：深耕领域，蛰伏赛道，提前布局，不追风口。

根据赛道布局，邓锋对北极光的内部架构做了明确划分，专注TMT、先进技术和医疗健康三个板块。北极光早期的多数项目都聚焦在B端，见长于高科技板块。后来随着新合伙人的加入，逐渐拓宽业务边界，由专注B端投资，逐步扩充到C端投资。

有同行称北极光的投资风格是学院派。对此，北极光的董事总经理杨磊并不认同，他认为北极光是最反学院派的。北极光属于产业派，不仅对技术看得很深，也看重扎扎实实成建制的团队。邓锋则很淡然，“学院派不是负面，好的地方比如说我们很专业，很职业化”。

不赌风口，看准了就投

反风口论——这是邓锋最有名的投资理念之一。邓锋认为，所谓的风口，根本就不存在。“风口论有一个问题：今天这儿热，我就去看这儿，明天突然那儿热，我再去看那儿，总想着万一错过了怎么办。最后你发现你可能什么都错过了。”

这种不赌风口的策略形成了北极光“狙击手”似的投资风格：不跟风，不轻易出手，出手就要击中。

回溯整个移动互联网，过去最大的风口之一就是团购，在那场蔚为壮观的

“千团大战”中，北极光唯一出手的项目美团，最后成为千团大战的胜出者。B 轮投入的北极光，从美团这笔投资获得了逾 60 倍的回报。

2018 年因为中兴事件引发高度关注的芯片行业，邓锋早在十年前就已开始布局。

在赵武阳看来，邓锋能从技术看到商业本质。“从一个单点的技术，到一个场景，到一个产业。”这是邓锋不追风口的底气所在。

“既看聚光灯之下的东西，也看聚光灯以外的东西。”邓锋要求投资团队加强对行业的研究，提前预判行业走向，“你要告诉我两年以后什么热，现在热的东西，谁不知道？我妈那个年纪的人都知道。”

但蛰伏赛道可能意味着长期不会出手，这导致部分投资经理“有时候真是挺寂寞的”。北极光很少出手区块链项目，但邓锋要求两个投资经理还是要看相关的项目，尽管投资经理每次推上来的项目大都被否掉。“那你也得看对吧？否则真的有好项目了，我们都没有人在里头，那怎么办？”按照邓锋的说法，早期投资最需要的是前瞻性思维。

与蛰伏相对应的是，一旦看准一个项目，就会第一时间冲上去。邓锋投资了 Sensoro 的 C 轮，从第一天洽谈，到投资款到账，总共 28 天。“这是史无前例的速度。”赵武阳评价。签投资协议的时候，赵武阳还在新西兰度假，他“开着车在大街上到处找传真机”。

稳健的另一面是谨慎。以互联网医疗行业为例，北极光内部进行了很多次讨论，最后依然没有出手。“战略上我们就定了，我不是去赌。”邓锋说，“好多人都在赌，但是这种赌的机会越来越少。”

虽然保持了稳健，但也免不了错过项目的经历。今日头条和拼多多在早期的时候，北极光的投资团队就接触过，但没有上会讨论，因为北极光的基因里还是科技导向。“投资可以赚钱的地方太多了，你要聚焦在你能够赚钱的地方。”

站在磁场中央的人

邓锋身上有一种看不见的磁场。

在中学时，这个“很有主意”的尖子生，曾领着班委找到学校领导把老师

“炒”了。

考进清华后，他带着学弟学妹创业捞到第一桶金，在20世纪90年代父母一个月工资才70多块时，他给“手下”开一天100块钱。

在清华当辅导员时，清华1985级200多名新生，他几乎每个都能叫上名字。这其中大部分人对清华的第一印象，就来自这个身材高大的学长：推着车在校门口帮忙拉行李。

在接触邓锋之前，赵武阳认为自己“思考问题很敏捷，速度特别快，我自己觉得很少遇到比我更快的”，但和邓锋打过几次交道，他服气了，“人家不仅是比你快，而且比你快好几个数量级”。

赵武阳做了一个比喻，“这就像小时候考试，你考了第二名，在外人眼中，你和第一名就只差了一个名次，但你心里明白，这已经不是简单的名次之差，实际上可能差了N个段位，只是别人看不出来”。

这让赵武阳感受到了压力，所以如果要和邓锋开会或沟通，赵武阳要做的只有一件事——想清楚，“因为人家比你快。就像电视剧里PK一样，你招式比画半天，对方一招，你挂了，战斗结束”。

杨磊和邓锋共事八年，这种感受非常强烈，“和邓锋讨论非常耗能量，我觉得一般人很难应付下来，强度非常高”。他将自己和邓锋讨论时的状态形容为：“我本身就是一个多核的CPU，但也处于满负荷运转，并且是IO（电脑输入和输出）已经打满的状态。”

另外，多位接触过邓锋的人评价他是一个“很有魅力而且平和”的人，总能吸引一帮人围绕在他身边。

当年邓锋将这种磁场一路带到了美国。1997年从英特尔离职时，他的上司把他送到门口，塞给他一封信，并向他保证，三个月之内任何时候都可以回来，回来之后股票全部保留。

拒绝红杉资本的加盟邀请后，红杉资本总裁Mike Moritz将邓锋送到楼下，Mike Moritz指着大门口说：“邓锋你看，这是条红地毯。”邓锋说：“哪里有红地毯？”Mike Moritz说：“你记住，这是红地毯，什么时候你想来红杉，你就回来。”

对于很多清华校友而言，邓锋是“大神一样的存在”。2003年，邓锋就向清华捐赠1000万元，是首位向清华捐款单笔达千万元的年轻校友。2017年，他把对兆易创新的天使投资所得的1100万美元全部捐给母校，成就了另一段佳话。

邓锋喜欢做从0到1的事情，但他希望从1到100能够有人一起来做。在他的想象里，最美妙的事情是和一帮知心朋友坐在一起，聊聊当年，喝喝美酒，讲讲当年一起冲锋陷阵、用进取之心打败强敌的光荣历史。

“如果不做投资，我可能会去当老师。”邓锋说。

对话

谈投资理念——早期公司的短板需要VC帮它补

寻找中国创客：为什么要做早期科技投资？

邓锋：首先，科技处在一个长周期的向上发展期，过去5年到10年科技成果转化的频率越来越高，未来依然会有很多新的东西出来；其次，科技更容易做到预判，科技成果从研究到产品到商业化的时间是基本可以预判的。

寻找中国创客：做早期投资有什么要求？

邓锋：要做早期，就得专业化，如果对行业没有深刻的理解，是没法对项目做出判断的。特早期的时候，可能靠的就是感觉，这种感觉是一种过去的积累。当行业越来越成熟，做早期投资需要更多的判断，而快速的判断需要靠过去的积累。

寻找中国创客：你做早期投资的方法论是什么？

邓锋：每个赛道都要有一个覆盖，要长期蛰伏在一个赛道里，这样有机会才能提前感觉到，但有时候真的是挺寂寞的。我们希望既看到聚光灯之下的东西，也要看到聚光灯以外的东西。做早期投资，最需要的是前瞻性思维。

寻找中国创客：早期投资和中晚期投资有什么区别？

邓锋：很多公司在早期的时候，缺胳膊短腿，所以早期的公司我们是看长板有多长，中后期的公司是看短板有多短。早期公司有短板没关系，但是长板得足够长；中后期的公司短板不能太短。早期公司的短板需要VC帮它补。

寻找中国创客：你怎么看待风口论？

邓锋：早期投资不是投早期阶段的公司，而是要在大浪来临前提早布局，这样在大浪起来的时候才能跟着一块起来。这跟冲浪是一个道理，当浪真正起来的时候，你已经站不起来了。风口指的是浪最大的时候，而在最高点投资，其实不一定是最好的时候。

寻找中国创客：为什么不要在最高点的时候投资？

邓锋：风口上的项目不是没有价值，而是市场给了严重高出它实际价值的估值。所以首先要了解这个事物的本质和周期在什么地方，其次再评价它的估值和价值是不是合理，再决定投还是不投。

寻找中国创客：那你会在什么时候出手？

邓锋：投资实际上是跟创新相关的，好的团队有很好的想法，就可以坐下来谈，这其实跟风口没关系，因为它每时每刻都可能会出来，我们没法要求它是不是在风口上出现。更看重企业的长远价值，它是不是在正确的方向上，只要觉得好，就可以投。

寻找中国创客：北极光不追风口，那投资策略是什么？

邓锋：北极光的思路是抓住总回报，在我们熟悉的领域长期深耕。我从回国到现在，这个战略从来没变过，就是深耕科技早期，另外就是帮助企业家做有效的投后增值服务。北极光的投资策略和定位，带有明显的硅谷 VC 的特点。

谈中美风投差异——美国 VC 很成熟，LP 看得更长远

寻找中国创客：2005 年你从美国回国做风投，中美之间的风险投资有什么不同？

邓锋：美国 LP 和中国 LP 的成熟度不一样。在中国做本土 VC，募资的时候 LP 首先会问案源储备，但美国 LP 就看你团队是否稳定，战略是否清晰。他们不是只投这一期基金，而是想能不能跟这个基金连续走四五期基金，美国 LP 看得更长远。

寻找中国创客：这种差异现在是否依然存在？

邓锋：中国的 VC 在向美国的 VC 学习。美国的 VC 很成熟，它们在融资

上看团队，在投资上做早期更前瞻。中国的风投在逐渐向美国的风投靠拢，从 generalist（多面手）向 specialist（专家）转变，投资阶段从 pre IPO 向早期走，从短期聚焦某一个案子，优化某一个案子，到优化一个基金。

寻找中国创客：怎么理解更聚焦和优化某一个基金？

邓锋：如果太关注一个案子赚多少钱，那么可能这个基金并不是最优化的。做基金是靠口碑和积累的，最重要的是积累人品。我们要优化的不是一个案子，也不是一期基金，而是要考虑未来十个基金怎么做，这是中国 VC 在逐渐成熟的一个地方。

寻找中国创客：靠赌还有赢的机会吗？

邓锋：以前有些 VC 靠赌中一个案子就活得不错，但越往下走，就越不是靠一个案子能行的。好多人都在赌，但是这种赌的机会越来越少的时候，就越看 VC 的专业性和战略的长期稳定性。

寻找中国创客：为什么有些基金依然要赌？

邓锋：做 VC 很难的地方在于，今天投的公司是好是坏，要等到若干年之后才能看出来，这也是很多人民币基金要去赌的原因，因为它没办法，如果两三年出不了成绩，LP 就不会再给钱了。也许赌一把，有可能哪个项目出来了，那就能再继续。

谈投资风格——不愿意投机会型公司

寻找中国创客：你第一支基金投的哪些公司，哪个让你觉得有破局或标签意义？

邓锋：有几个都不错，比如连连科技、汉庭酒店、山石网科、展讯、中文在线等，这都是我们第一支基金投的。

寻找中国创客：为什么北极光看过拼多多的案子，依然错过了投资？

邓锋：北极光要抓住这个案子的可能性并不是特别大。我们首先是以关注科技为主，在科技类的项目上，我们的判断更准确更深入一些。另外就是做早期比较强调对人的判断。拼多多这个案子在早期的时候，从这两方面很难判断出来。

寻找中国创客：错过了好项目你会觉得遗憾吗？

邓锋：做投资不能说我错过了好的案子，就觉得很懊悔，因为投资可以赚钱的地方太多了，要聚焦在你能够赚钱的地方。所以风口论的问题就是，今天这儿热，我就看这儿，明天突然那儿热，我再去看那儿，总想着万一错过了怎么办，最后你发现你可能什么都错过了。

寻找中国创客：那你更看重什么？

邓锋：站在基金角度，并不是投到明星企业就一定带来最好的回报。基金是看总回报的，并不是看成功率。

寻找中国创客：什么样的项目你不会投？

邓锋：我不愿意投那种机会型的公司，就是赚两年时间窗口去上市，这种公司是很难做好的。我希望一个公司我们投完以及退出后，它还继续往前走，越走越好。

寻找中国创客：你怎么判断一个项目是不是机会型？

邓锋：这就是要判断公司的可持续性，也是我们判断投资很重要的一方面，要具备可持续性就必须有壁垒，主要是科技壁垒，我觉得商业模式的壁垒会越来越少。

寻找中国创客：你怎么看待通过补贴烧钱换市场的打法？

邓锋：规模优先还是利润优先，速度优先还是效率优先，是企业生存中面临的难题。我觉得很多烧钱的公司，就是将速度作为第一考虑，这是一种战略。企业面临的最大问题其实还是没有创新，没有竞争。

寻找中国创客：那你认为接下来，风投还有没有可能再去支持这种烧钱模式？

邓锋：一定是有的，但是烧钱模式可能会比以前更少了。其实在人家唱得特别热的时候我们要冷静地看，当大家都觉得不行的时候，要再看它的积极面。

寻找中国创客：你怎么做人工智能行业的投资？

邓锋：人工智能带来了巨大的行业性的变革，但技术是一个必要但不充分条件。对于人工智能的投资，我们更多还是从应用层面来看。

李宏玮：优质创业者会带领投资人打胜仗

薛小丽　王庆武　刘素宏 / 文

李宏玮是 GGV 纪源资本管理合伙人。2005 年，李宏玮在上海建立了 GGV 中国办事处，全面负责 GGV 在中国的投资计划。18 年来，GGV 投资了 296 个项目，其中 100 多个项目已经退出。

李宏玮共投资了 40 余个创业项目，其中包括海辉软件国际集团、世纪互联、YY、小牛电动、英语流利说等 8 家上市公司，也包括亿航无人机、Keep、金山 WPS、作业帮、51 信用卡、UCWEB 等创新企业。2018 年，李宏玮投资的英语流利说和小牛电动等公司先后在美国 IPO，为 GGV 带来了丰厚回报。

作为 2000 年互联网泡沫后，最早进入中国的那一批美元 VC，李宏玮身上有那一代人的诸多共性：出身美国名校、具有风投背景。但与华人海归相比，这个来自新加坡，最初不懂中文的女性是个地道的"老外"，不过这并不妨碍她单枪匹马从零开始建立起 GGV 中国办事处，并将其带成了中国 TOP 10 的美元基金。

自 2012 年起，李宏玮连续数年登上福布斯全球最佳创投人 Midas List 榜单，并在 2015 年被评为总榜单第十名及女性榜单第一名。

如今，她除了会说普通话和英语之外，还学会了福建话、潮州话、广东话。中文好得常常让人误以为她就是中国人。

18 年来，她已陆续投出 40 余个创业项目，包括海辉软件国际集团、世纪互联、YY、小牛电动、英语流利说等 8 家上市公司，也包括亿航无人机、Keep、金山 WPS、作业帮、51 信用卡、UCWEB 等创新企业。而她所在的

GGV，过去18年已经投出了296个项目，其中100多个项目已经退出。过去18个月，向LP返回了10亿美元现金回报。

这个曾在新加坡设计战斗机的女性，似乎永远掌握着自己人生的操纵杆。

前GGV投资副总裁、现GGV的入驻企业家、药便利CEO余俊将李宏玮称为“女钢铁侠”，因为她总是“充满了能量”。“她似乎24小时在线——我们睡着的时候她还醒着，我们醒着的时候她已经开始工作了”。

而李宏玮认为，自己更像是一架战机——但在战斗里，对手只有一个，那就是自己。

“我发现，每次遇到问题，只要我伸手再努力一下，天花板就会再往上升一级。人们往往是被自己的上限所限制，自己告诉自己‘不可能’，但我却觉得‘Impossible’（不可能）里写的正是‘I am possible’（可能）。”她说。

从不会中文到“中国通”

2005年，李宏玮带着一箱人民币，孤身一人来到上海，要在此建立GGV的中国办事处。

这一年，一大批美元基金开始尝试在中国开启更加本土化的新篇章——或通过合资等方式募集以中国为目标市场的基金，同时成立中国分部，或与本土基金合作并引入资深投资人。比如，红杉邀请沈南鹏组建其中国投资团队，邓锋成立北极光创投基金等。

当时的GGV创始合伙人吴家麟，则邀请了在风险基金集富亚洲（JAFCO Asia）担任副总裁的李宏玮，来开拓GGV的中国本土化。

对李宏玮来说，故事的开头并不太顺利。“首先是招聘。我把员工‘忽悠’来了，结果发现我是外国人，不能开银行账户。最后只能信誓旦旦地向他们保证，每月15日一定回中国用现金给他们发工资。”李宏玮回忆。

开篇略有波折，但李宏玮早已波澜不惊。毕竟，这并不是她在中国的第一次冒险。

2001年，29岁的李宏玮从美国来到中国香港，敲开摩根士丹利的大门。“我想在这里工作，我可以不要薪酬。”李宏玮和对方说。

此时，美国刚刚经历互联网泡沫和“9·11”事件的重挫，而大洋彼岸的东方，创投环境虽尚显蛮荒，但百废待兴。李宏玮看上了中国互联网庞大的市场机会。

回忆起当年之举，李宏玮笑称，“不要薪酬”不过是权宜之计，她希望增加自己获得工作的可能性。这一面对问题灵活求变的风格，一直渗透在她的投资生涯中。

“不要薪酬”的诚意，加上此前康奈尔大学电子工程学学士和硕士、西北大学凯洛格学院 MBA 的学位，以及在新加坡航空部的 5 年工作经验，最终助力李宏玮获得了这家老牌风投的工作机会。得益于这段风投生涯，李宏玮有机会深入了解企业上市重组、公司定位等细节，这对其随后的风险投资事业来说，是非常有价值的经验。

2002 年，李宏玮加入集富亚洲，她的 VC 生涯就此拉开序幕。不过，对这个“不懂中文、丝毫不通中国文化、在当地没有任何人际网络”的新加坡姑娘来说，挑战才刚刚开始。

首当其冲的是语言问题。“当时我被派到深圳去看加密芯片项目。创业者和我讲了一通技术，因为中文障碍，我听不懂。只能说你讲慢一点，我写下来，回去学。”李宏玮回忆。

除了语言，文化障碍也令人难以忽视。“当时我甚至不知道‘国企’是什么，但很多大陆创业公司的董事或客户都是国企背景。另外，因为海辉软件的客户是日本人，所以我们常常需要和他们打高尔夫进行互动”。

这些都没有吓倒李宏玮。这个此前和飞机打交道的工程师，骨子里带着战机的强悍血液，坚信并践行“只要想，一定能找到解决之道”。

最终，她在高尔夫球场上签下了投资海辉软件的 TS（投资意向书）。

在集富亚洲的四年，李宏玮参与投资了海辉软件、兆日科技、新进半导体、北京博动等多个项目，还因此结识了当时同是海辉软件投资人的吴家麟，这才有了后来和 GGV 结缘的故事。

投资人要适时 SAY NO

在 GGV 办公室采访李宏玮时，她已经几乎没有休息地工作了 3 天。为了支持被投企业小牛电动上市，她花费 13 小时飞往美国，在那里停留了 18 小时，又马不停蹄地飞回北京，准备 GGV 的年会。

“在如今全球股灾的大环境下，我们并不知道小牛电动的定价能否过线，甚至做好了公司无法上市的心理准备。”李宏玮坦言。即便如此，作为董事会里唯一有 IPO 经验的投资人，她还是义无反顾地到场支持——不仅是露面敲钟，还参与定价等 IPO 准备。“即使最终没有成功，至少我和团队是在一起的”。

所幸，2018 年 10 月 19 日，小牛电动成功在纳斯达克上市，成为李宏玮的第 8 个 IPO 项目。

在关键时刻支持和理解创业者，是李宏玮雷厉风行之外，别样的“柔软”之处。这助力她在中国这片创业热土上，开创出自己的一方天地。

硅谷归来，创业者会先去找她聊聊。

2013 年，还在硅谷的英语流利说 CEO 王翌准备回国寻找融资。回国之前，王翌和李宏玮共同的朋友——一个曾在谷歌工作的印度创业者告诉王翌，回中国一定要找李宏玮聊一下，不一定要拿 GGV 的钱，但可以了解一下中国创业跟融资的情况。

后来，王翌果然来找李宏玮探讨自己商业模式的可行性。因为看好王翌团队及流利说的模式创新，GGV 后来投资了流利说的种子轮，并在随后的 A 轮、B 轮、C 轮持续加码。2018 年 9 月，流利说顺利上市。

不仅是王翌，很多创业者都喜欢向李宏玮请教。这既是因为李宏玮对前沿技术的敏锐，也是因为她会实事求是，坦诚地跟创业者分享想法。

李宏玮不止一次说过，对投资来说，找项目的作用只占 10%，最关键的是投资判断和投后管理。

和被投团队共同探讨管理细节、帮忙寻找合适的管理人等基本已经成为李宏玮投后的常态。比如，YY 的 CFO 是李宏玮帮忙招的，待遇是她谈的，合同也是她签的，而王翌早期招高管、谈薪酬时也基本都会找李宏玮帮忙把把关。

在李宏玮看来，在投后管理中，投资人和 CEO 的目标是一致的，那就是帮助公司成长和成功。而除了帮忙找人、确定公司方向等外，投资人还有一个重要作用——在企业需要时 SAY NO。

在她看来，被投公司的现金流出现问题，可能就是一个需要 SAY NO 的时刻。“我会告诉他们按这个情况公司只能再活五个月。如果公司有产品，业务已经开始赚钱，我会建议他们开始自救；如果产品还没做出来，无法自救，那企业就只能不计估值去融资。”李宏玮称，“这时投资人不要纠结下轮估值是否比这一轮低，而是要给 CEO 信心，这样他们才能做合适的安排。”

但是，“如果公司既不能自救，也不能融资，那就只能开始逐步裁员”。李宏玮描绘了此前一家被投企业裁员的场景：“那样的时刻，投资人不需要说任何话，只要坐在 CEO 旁边，就是支持。我觉得这也是我们需要做的事。”

在李宏玮看来，投资不可能百发百中——可能九个失败后才有一个大成功，因此有勇气、有耐力承受失败也是投资人需要的能力之一。到一定阶段，投资人需要和 CEO 说，“时间到了，我们必须去做最明智的决定”。

不过，她承认，在中国的创业环境下，结束并不是一件容易的事情，因为大部分中国创业者很难放弃。“但真正好的投资人和创业者需要学会 SAY NO，唯有如此，才有机会重新开始”。

最难的是换掉 CEO

在 SAY NO 中，最难的是换掉 CEO。相比于美国，在中国换 CEO 更难。

李宏玮发现，“中国创业者把创业当作使命，CEO 很多时候是精神领袖，是组建团队的关键。但如果 CEO 真的不合适，为了公司的发展，投资人必须和创业者坦诚沟通，把选择呈现给他看”。

大连软件外包公司海辉是一典型。这家公司最初由李远明创立，主要客户是美国和日本等国际研发企业，李宏玮 2002 年成为其 A 轮投资人。公司发展到 B 轮时，投资人发现，毫无外语背景的创始人兼 CEO 李远明正逐渐成为公司进一步国际化和规模化的瓶颈。

当时，李宏玮向李远明坦承了公司面临的状况，并问他，“你的梦想是什么？是造一个 300 人座的波音 747 还是 10 人座的小型飞机？如果是前者，那你必须开始改造你的团队，把机师、空姐等招来，但你有可能不是驾驶员。如果你只想拥有一架小而美的飞机，也可以，但当你的竞争对手不断成长，公司最后可能会走不下去”。

最终，李远明选择了“大飞机”。他放弃了 CEO 职位，改任董事长，还和李宏玮一起从惠普挖来了新 CEO 卢哲群。十余年间，卢哲群带领着海辉不断发展——2010 年上市，2011 年和文思信息技术合并成“文思海辉”，成为中国最大的 IT 外包企业。

不过，也有创业者依托强大的求生意志，上演了令李宏玮惊讶的绝地求生故事。

此前，李宏玮曾经投资一家社交企业，其创始团队是几个年轻的硅谷软件工程师。其中 CEO 是个华裔，23 岁就回中国创业。他们在国内尝试了五六款社交 App，直到公司在美国市场发布第六款产品，才最终获得成功，不仅实现了自救，还顺利拿到了新融资。

李宏玮反思，在持续失败的过程中，这家公司的 CEO 有无数的时刻可以选择放弃，而投资人也只能“接受亏钱”。但他们没有。他们的坚持，最终带着投资人一起走向了胜利。可见，“优质的创业者有时会成为引领者，带着投资人打赢战争”。

滴滴创始人程维就是李宏玮眼中的优质创业者。李宏玮第一次见到程维时，是在滴滴天使投资人王刚的小聚会上。当时，程维刚创办滴滴不久。

“他给我的感觉是比较稳重和冷静，倾听能力很强，很虚心。”李宏玮回忆。

后来李宏玮再见程维时，已经是 2016 年，滴滴已经成长为行业巨头。当时，李宏玮以为程维会想和她聊聊滴滴的主营业务，但令她惊讶的是，程维问她：“你在无人驾驶领域看到了什么？”

在李宏玮看来，这就是优质创业者需要的品质——不管企业发展到任何阶段，始终懂得未雨绸缪。

“好的创业者是没有终点的，他们总是野心勃勃。”李宏玮强调。

“逆势投资”

“第一次在例会上听到我们投了哈啰出行，我心想，真是 crazy。”2017 年年年初加入 GGV 的管理合伙人徐炳东，坦陈 GGV 对哈啰出行的投资让他感到惊讶。

他不是唯一的困惑者。2016年年底，在很多投资人看来，共享单车市场几乎大局已定：从数据来看，ofo和摩拜是绝对的老大和老二，红杉、高瓴等资本巨头也均已入场站队。不过，2016年11月，李宏玮、符绩勋和童士豪三个管理合伙人商量后，还是决定押注当时的“老三”哈啰出行的A轮融资。随后，GGV又在A+轮和D1轮持续跟投。

两年不到，哈啰出行成了市场上硕果仅存的几家独立的共享单车巨头。与此同时，摩拜单车被出售，ofo正面临生存危机。

几位投资人表示，GGV当初押注哈啰出行，首先是因为其创始人杨磊。从履历来看，当时28岁的杨磊已创业两次，是个“非常有感染力的人”。

李宏玮表示，除了靠谱的创始团队，她的投资逻辑非常简单：投资产品驱动或技术驱动企业。“只要能满足这两大驱动，同时所在的垂直行业足够庞大，我们就愿意投资”。

所谓产品驱动，意味着企业必须拥有好产品——在互联网或移动互联网时代，好产品往往是工具出身。比如，李宏玮此前投资的YY、51信用卡、作业帮、流利说、Keep等都是工具。

在李宏玮看来，相比于产品等模式创新，技术创新往往更具颠覆性。“中国运营驱动商业模式的大时代已经过去了，技术驱动会是未来趋势。随后5年到10年，技术创新应该会超过产品创新。”她预测。

在哈啰出行的案例里，杨磊之所以打动GGV，是因为“他用数据——运营能力和资金效率等证明，哈啰出行的单位经济模型是可行的”。符绩勋称。

当然，数据之外，敢坚持自己的观点，“逆势投资”，可能才是GGV成功的关键。

李宏玮透露，GGV之所以能理解哈啰出行模式，得益于其此前对滴滴的投资。而对滴滴的理解，则源于对Uber模式的认识。在此基础上，围绕出行这一产业链，GGV陆续捕捉了另外两家共享单车企业——美国的Limebike和南美的Yellow，布局了新能源汽车小牛电动、小鹏汽车以及高精地图企业Momenta等公司。

这种中美模式相互借鉴，围绕某一个“主题”进行投资的方式，也是GGV18年来成功的秘诀。

张颖：做早期投资要爱憎分明，占领创业者心界

张姝欣 / 文

张颖是经纬中国创始管理合伙人，全面负责基金在中国的运营。他带领经纬中国以豪赌的姿态投身中国移动互联网，他为经纬设计全新的打法，用惊人的速度投资了超过500家创业公司。他主导投资的项目包括博纳影业、世纪互联、猎豹网络、理邦仪器、科锐国际、友盟、裂帛、陌陌等。创办经纬中国前，张颖曾在中经合全面负责中国地区的投资业务，投资了分众传媒等公司，参与了中经合对DivX和Celestry的投资，并通过成功退出赢得了可观回报。

成立于2008年的经纬中国，希望下个十年在中国VC界“坐三望二观一”。

流量红利不断缩减，移动互联网到了下半场，张颖说，为了打赢这场仗，经纬早已将更多的精力调整到深科技领域，移动互联网相关的业务，如今只占经纬新增投资总数的15%以下。与之相伴的人才结构调整，也是他最近一直在思考的问题。

而更重要的是做好两件事：想尽一切办法占领早期创业者的心界，降低明星项目的错判率。

这让张颖焦虑，却也是能让经纬守正出奇的唯一解药。

对话

押注移动互联网一战成名，下半场仗怎么打?

寻找中国创客：陌陌、饿了么、瓜子二手车等独角兽背后都有经纬的身影，经纬做对了哪些事?

张颖：经纬聚焦于移动互联网爆发带来的行业变革，起用没有投资经验但扎根一线的懂产品懂技术的产品经理做投资，同时采取“人海战术、以量取质”的投资方法。但我们没有做到绝对的好，过去十年，也错过了京东、美团、今日头条、拼多多等一批优秀企业。

寻找中国创客：经纬内部一直追问为何错过今日头条等企业，有哪些复盘?

张颖：确实没有一个投资机构能抓住五到十年间所有的优秀项目，这也让我们有足够的动力再去反思、调整、断杀。我们内部反思，经纬的优势是人多、口碑好，所以在天使跟大天使轮次都能接触到案子。而接触到后，估值只要一高、一超前，我们立马就变得异常保守，然后说服自己为什么不应该投。做早期投资我们应该更激进一点。

寻找中国创客：随着流量红利不断消减，经纬的投资布局有哪些调整?

张颖：目前，移动互联网相关和2C等业务，只占经纬投资总数的不到15%。剩下的85%经纬聚焦在深科技领域，比如，金融科技、医疗业中的新药研发以及有巨大开发潜力的教育；打造交易闭环的领域，比如企业服务和SaaS；现代制造领域，比如小鹏汽车这样的中国国产电动车；有场景的AI等领域。

寻找中国创客：投资布局的调整，是否会影响到经纬的组织结构变化?

张颖：经纬必须做出组织架构上的变化。投资团队上，更需要有垂直领域专业背景的人才，比如懂AI的、金融业里有技术开发和风控能力的、有医学背景的、在深科技公司做过研发工作或在BD这样的衔接部门。2014年经纬的市场部只有一个人，目前投后已经发展到80多人，包括财税法、招聘、资本、政府关系、市场公共关系甚至医疗。

从不缺少话题的经纬，做品牌有什么秘诀？

寻找中国创客：市面上的商学院不少，一直强调“不一样”的经纬为什么也要办？

张颖：要做成中国的头部 VC 机构，最重要就是做好两件事。第一是有策略地、持久地占领早期创业者的心界，这样等到他们要融资的时候，就能够想到你的名字。第二是要降低明星项目因错判而不投的比率。这两项工作，其实都离不开经纬策划的活动，尤其是亿万学院，能够同时做好这两件事。

寻找中国创客：为什么要占领创始人的心界？

张颖：早期投资 99% 的情况都是在拒绝别人。如何做到拒绝了创业者之后，他还会觉得你不错，下次有机会再找你，或者建议其他创业者找你，这是很不容易的。如果不持续经营，经纬在创始人心中就会被淡忘。这就需要通过实际的人和事，以及一个个微小的细节，来建立机构的传播力和品牌效应。

寻找中国创客：你如何跟经纬系的创始人相处？又为何不避讳拉黑某些同行？

张颖：对于经纬系的 500 多家公司，我们不是一味地顺从和盲目地呵护，而是在关键点上给它们建议和帮助。我们每年会定期做跟创业者有关系的大型活动，从创享汇到创接汇再到创答会，通过换位思考去帮助创业者。

对于同行我爱憎分明。如果碰到了一些不靠谱的同行反复折腾，比如，给了投资意向书最后又不投，或者是给出了非常苛刻的条款，多次沟通后又不投，我的态度会非常坚决和冷血，不跟对方合作或者把他们加入黑名单。

摩托车手带出来的团队，玩着就把投资做了

寻找中国创客：在做投资人之外，骑行之于你，有什么特别的意义？

张颖：坐在汽车里，你只是个被动的观众。骑摩托车就不同了，没有玻璃阻挡，你会感到自己和大自然紧密地结合在了一起。

要想体会和工作融为一体的感觉，就要培养内心的宁静，让人与周围环

境融合在一起。内心宁静会产生正确的价值观，这也是一名摩托车骑手的自我修养。

寻找中国创客：你一直把“努力工作，拼命生活”作为自己的价值观，难道不应该是“拼命工作、努力生活”？

张颖：这句话是努力工作在前，拼命生活在后。虽然生活比工作更重要，但工作上没有做出成绩，就没有拼命生活的底气。对投资行业来说，工作就是凶悍厮杀，抢到最优秀的创始人，带来的成就感是不可比拟的。而生活需要对世界充满强烈的好奇。

寻找中国创客：你的价值观，是怎么影响整个经纬机构的？

张颖：经纬一直在思考怎么做一家不一样的 VC。2017 年 3 月我们成立了经纬出行，过程中我们有五到七天的时间去跟这些创始人进行高质量的交流，瓜子二手车的投资就是在我们去俄罗斯时搞定的，小鹏汽车的总裁顾宏地就是在一起去冰岛时认识何小鹏的。今年我们将继续发力亿万学院，促成更多合作。

BAT 战投虎视眈眈，选择竞还是合？

寻找中国创客：BAT 战投会对像经纬这样的财务投资者有影响吗？

张颖：不会。未来会有越来越多的行业是巨头没有足够竞争力或没有投资意愿的。那么经纬在其中挖掘出最优秀的人，陪伴他们成长，也就能得到丰厚的回报。如果是巨头关注的行业，那就合作。经纬 530 家被投企业，有近百家在后期拿过战投资金，最终的判断和选择还是要靠 CEO 自己。

寻找中国创客：接受战投对创业公司来说意味着什么？

张颖：BAT 战投会让之后的融资更容易一点，也会让其他财务投资人有信心选择与这家公司站在一起。但也要想清楚站队的时间点，以及会不会因为站队损失业务资源。

经纬系有很多家公司拿过战投的钱，他们也遭遇过各种截然不同的后续：有拿完资金一骑绝尘的，也有因为创始人对融资条件考虑得不严谨而陷入被动的案例。

寻找中国创客：一家创业公司应如何做大、如何抵抗巨头杀入？

张颖：所有轻公司只有做重才能有效抵抗巨头杀入。一家公司从初始业务到扩张，市场留给它的窗口期越来越短，从以前的两年缩短到了六个月。

流量越来越贵，从增量市场转向存量市场，就需要延展用户生命周期，更充分地挖掘单个用户价值，参与到行业更多交易环节打造闭环，获取更多利润。如今前有巨头紧盯，后有垂直细分赛道抢夺市场，对创业团队的上下游管理能力、人才招揽与储备、平衡新旧业务线、迅速试错和调整等的要求，只会越来越苛刻。

孙东升：创业者要做长跑健将而非短跑英雄

唐亚华　刘素宏 / 文

孙东升现任深创投集团总裁。深创投由深圳市政府于 1999 年出资并引导社会资本出资设立，目前已投资项目 927 个，累计投资金额约 402 亿元，其中 142 家投资企业分别在全球 16 个资本市场上市。

孙东升于 2001 年加入深创投，历任研究策划总部、国际业务总部部长，投资决策委员会秘书长，集团副总裁等职务，2013 年 5 月至今任集团总裁。孙东升的代表性投资案例包括酷狗音乐、柔宇科技、中新赛克、潍柴动力、欧菲科技、信维通信、宁德时代、华大基因等。

作为国内第一批创投公司，深创投坚持支持中小科技企业的初心，屹立行业 20 年，既是引领者，也是探索者，更是收获者。

1999 年，第一届中国国际高新技术成果交易会在深圳召开，深圳市政府决心搭建支持高技术成果转化平台，同时深圳要开创业板的消息不胫而走，基于这两大背景，深创投成立。

然而，在很长的一段时间里，深创投都在黑暗中摸索，投资退出无门，一度资不抵债，几近破产。

深创投选择了咬牙坚持，如今，其交出的成绩单中包括估值提升约 350 倍的酷狗音乐，从经营困难成功走向上市的潍柴动力等企业，所投项目中已有 142 家公司上市。

中国的风险投资走过了 20 年，深创投也走过了 20 年，深创投总裁孙东升也即将迎来自己创投生涯的第 18 年。回想自己从安稳的教育工作者转行创投，孙东升毫不后悔，甚至充满感激。

深创投执行总经理、华北总部副总经理周军曾是孙东升分管的华北片区的投资经理，他印象中的孙东升保持着山东人的豪爽底色，私下里可以一起蹲在路边吃小吃，工作上又雷厉风行，“对很多问题直言不讳，对经济形势和项目的看法也通常会直接表达出来”。周军表示，一旦看准趋势，他也会扛住压力、力保执行。

周军曾推荐过一个互联网餐饮行业的项目，如今看来，传统产业与互联网结合是大趋势，但当时项目尚处于早期，规模小，风口也未凸显，在项目上会时引发了争议。孙东升在了解项目逻辑后坚定支持，过了两三年再复盘，这一步棋走对了。

对于深创投，周军认为团队积累了一批懂中国市场、接地气的资深投资经理，公司在十几年的创投大潮中没有掉队，一直冲在国内创投最前线。在他看来，政府背景的基金抵御风险的能力会比纯市场化的基金更强，经得起大的经济周期波动。

对话

理工研究员不甘安稳转型创投

寻找中国创客：进入深创投之前的经历，能展开讲讲吗？

孙东升：之前我一直在山东工业大学教书，后来去日本大阪大学攻读博士，毕业后一直留在日本国立研究所，工作很稳定，一直到了40岁，我开始迷茫——回国还是继续留在日本，成了最大的问题，但留在那儿过一眼能够望到退休的生活又觉得不甘心。

另外，我在博士期间研究的是不锈钢的高温性能，在研究所研究的又是不锈钢的超低温性能，一直在不锈钢这个很小又很传统的圈子里，没做过新材料的研究。当时我一直在思考未来如何把研究投入应用中，遇到了瓶颈。

寻找中国创客：你是山东人，又在日本求学和工作，是怎样与深圳以及深创投结缘的？

孙东升：那时候深圳每年要到美国、日本和欧洲招聘。2000 年，深圳招聘团去日本，我的同学们纷纷要去观摩改革开放前沿到底长啥样，我也一起去了。当时还没考虑回国，就填了个登记表聊了聊，谁知道当时就开出了 20 万的年薪。2001 年元旦，公司邀请我去深圳考察，去看了一圈就定下来了，4 月就开始上班。

寻找中国创客：你本来可能有一个工业强国梦，后来为什么转行做创投？

孙东升：回深圳之前我对创投行业做了一些了解，关注了美国的发展情况，发现这确实是一个崭新的、有潜力的、和高科技紧密结合的行业。另外，中国早期去留学的一些人像沈南鹏，也不是学金融或投资的，跟我一样都是理工生，后来转行做投资，算是比较成功的案例。20 年前我选择改行，实际上也是选择了创业，可以说是破釜沉舟。

遭遇公司至暗时刻

寻找中国创客：深创投几乎伴随着整个中国创投的发展，中间经历过哪些至暗时刻？

孙东升：1999 年深创投成立时，就有消息称创业板要在深圳开设，事实上到 2009 年才开。在这期间，有很长的一段时间原有的资本市场不能实现全流通，我们的被投企业即使上市，作为法人股东也不能套现，投资与退出无法实现循环。（我国证券市场在设立之初比较特殊，上市公司发行的股票中有很大一部分不能在交易所公开买卖，2005 年进行了“股权分置”改革，股票才可以自由买卖。）

当时整个创投行业都在黑暗中摸索，很多投资机构夭折。中间深创投也做过股权投资，委托理财，把钱给券商做股票，一度亏得资不抵债，面临绝境。

寻找中国创客：那时候你有没有后悔转行？

孙东升：我当时特别焦虑。但从长远的职业选择来看，我转行就是因为看好这个行业的发展前景。而且我是理工专业出身，能理解技术，做高科技投资本身就要懂技术。最后在短暂困难和行业大势间做出了清醒的判断和选择。

寻找中国创客：后来深创投是怎样渡过危机的？

孙东升：深创投在那个阶段选择了坚持，一方面处理遗留问题，另一方面筹借资金投资，最后咬牙挺了过来。一直到股权分置改革这个重要节点，中国资本市场由一个封闭市场转变成全流通市场，创投行业的最大问题解决了。能够退出，能够通过企业上市回笼资金形成循环，不光产生利润，还可以继续投资。

开创政府引导基金新模式，挖掘本土优质企业

寻找中国创客：深创投目前管理100多支政府引导基金，规模超过300亿元，这一模式有何独特之处？

孙东升：2007年深创投开创了政府引导基金模式，到目前为止管理了超过100支政府引导基金。深创投给各级政府灌输了这样一个理念：如果以政府补贴、资助的形式，把钱无偿给企业，不仅效果没人评估，还可能产生腐败，而如果把资金放到专业基金里，就能用市场化的手段实现政府的意图。

寻找中国创客：跟政府合作会有一些限制条件吧？

孙东升：这就需要提前谈好规则，但有一点确实很难突破，就是一般地方政府都会要求投当地企业。在经济发达地区找投资标的没有问题，但有些地区难度就比较大。不过政府引导基金也有自己的优势，比如军工、文化产业等领域，外资投不了，政府引导基金的机会就比较多。

寻找中国创客：与外资机构相比，深创投有哪些独家优势？

孙东升：比如，对中国传统优势产业的理解比较深刻，深创投锻炼出了一批遍布全国的投资经理，接地气，懂本地企业，很多高端装备制造业的项目别人不认为它们能上市，如最早做柴油机的潍柴动力，所以没抓住这一领域的投资机会，这也反过来成为深创投的优势。至今我们已有142家上市公司，覆盖全球16个资本市场，数量上远超外资机构。

尝试突破

寻找中国创客：会不会觉得自己错过了互联网与移动互联网浪潮？

孙东升：腾讯当时几次上门，但我们当时看不懂它的模式，确实错过了。

但移动互联网没错过，我们投资了视频、直播、团购、共享等领域，投资的酷狗音乐很快就要上市了，估值提升约350倍，目前来看是回报率最高的一个项目。

寻找中国创客：但顺丰在深圳起家，深创投错过了家门口的项目。

孙东升：我们会反思错过了一些好项目，比如快递行业，顺丰就在深圳，三通一达也有在深圳的，我曾经让员工反思，快递行业为什么没人去接触，都说布局风口，这么大的风怎么都没吹到他们。

寻找中国创客：背后是员工激励不足的问题吗？

孙东升：也不全是。1999年深创投成立的时候，第一届董事会就给出了现在看来都非常激进的政策，俗称“8+2”，即拿出税前利润的8%作为全体员工的年度奖金池，“2”就是单个项目净收益的2%归小团队。到2016年，这个方案又改成了“10+4”。

寻找中国创客：你有没有总结出在体制内寻求最大自由度的经验？

孙东升：深创投在成立之初就坚持市场化的理念，需要在遵循国有资产监管要求的情况下做一些突破，在企业经营遇到问题时要积极跟监管部门沟通，取得他们的理解支持。比如按惯例，政府投资要有复杂的评估，但事实上很多好项目需要抢，我们使用市场化的估值方式进行投资，退出时的一部分不必要的评估我们也突破了。

Roadstar.ai是一家自动驾驶解决方案提供商，也是深创投的被投企业。其联合创始人周光表示，他们通过一次偶然的机会结识了深创投，出乎意料的是，深创投集团董事长倪泽望等人在试乘之后立即表达了投资意向，后来该项投资在常规投资额度的基础上追加了3000万美元，整个投资过程只用了一个月。

投资“组合拳”

寻找中国创客：你们内部比较系统的投资策略是什么？

孙东升：我们有一个理念叫组合投资，包括早中晚不同阶段项目、不同行业、同一行业产业链上下游的组合。

不同阶段的组合很重要，早期项目风险太大，后期项目收益率会很低，系统性风险需要规避；不同行业的组合能够避免行业周期，所以七大战略新兴行业(指国家战略性新兴产业规划及中央和地方的配套支持政策确定的七个领域，包括节能环保、新兴信息产业、生物产业、新能源、新能源汽车、高端装备制造业和新材料）。我们都会组合投资。至于产业链上下游，我们也会提前做布局，为企业的并购、上市做铺垫。

寻找中国创客：到了互联网下半场，投后显得越发重要，你印象最深刻的案例是什么？

孙东升：举潍柴动力的例子，这是中国第一家在香港H股上市，并回归A股再上市的企业，是中国最大的重型汽车全产业链的企业集团。我们在2003年投它时，它还只是一个传统的重型柴油机制造企业，虽说是山东潍坊最大的国企，号称潍坊市1/3的家庭都有人在里面工作，但是企业老、包袱重，经营异常困难。

当时想出的解决办法是，把新引进的一条生产线剥离出来，设立潍柴股份，深创投作为发起人投资了这个项目，公司2004年到香港发了20%的股份，募了一笔资金，救活了整个企业。

到2007年，我们又派投资团队推动其合并湘火炬，湘火炬是A股上市公司，旗下有陕西重汽，还有车桥、变速箱等重型汽车产业链。并购完成后，潍柴由原来单一的重型柴油机生产企业，摇身一变成为重型汽车全产业链企业，变成了香港和A股两地上市的公司。

潍柴动力两次重大转折发展都有我们的助推，也是传统国企借助资本市场获得快速发展的典型案例。

这个案例是我们为被投企业提供投后服务的一个缩影。事实上，以30%的精力做投资、70%的精力做服务，一直是我们坚持的理念。

寻找中国创客：有什么建议可以给创业者？

孙东升：创业异常艰辛，创业者需要有成熟的心智、坚强的体魄与心理，以及艰苦卓绝、矢志不渝的奋斗精神。要不断迎接来自外界和自身的各种挑战，克服重重困难，努力去做创业路上的“长跑健将”，而不是“短跑英雄”。

王冉：
我永远假设一家公司短期内上不了市

闫丽娇　刘素宏／文

王冉是易凯资本创始人兼CEO，哈佛大学经济学学士和哈佛商学院工商管理硕士。2000年，他离开摩根大通回国创办易凯资本，主营投行业务。如今这家新经济投行已经在TMT、消费、健康等领域占据优势。

在过去18年，易凯资本完成了包括并购、融资、资产管理在内的400多个项目，服务的客户既包括网易、新浪、百度视频、苏宁金服、小鹏汽车、ofo、每日优鲜、优客工场、瑞尔齿科等新经济名企的一批新经济代表，也包括像微软、西门子、SK等大型跨国集团。

王冉有两面。

一面是“参与者”，他希望带领中国最早的新经济投行走过百年。

2000年，离开摩根大通，王冉回国创办了易凯资本，主营投行业务。从第一批门户网易、新浪起步，逐渐将苏宁金服、小鹏汽车、ofo、每日优鲜、优客工场、瑞尔齿科等新经济名企收入囊中。此后18年，易凯完成了包括并购、融资、资产管理在内的400多个项目。如今这家新经济投行，已经在TMT、消费、健康等领域占据优势。

另一面是“瞭望者”。

哈佛留学时期，王冉一度想成为记者，写作的习惯保持至今。2005年至2015年，王冉更新了博客500多篇。最近几年，重量级长文的写作几乎只保持着年更，但不影响有“王冉公开信”“王冉内部信”字样的文章，刷屏创投圈。

一个商业上已经极有影响力的人物，除了记录下宏观经济到垂直行业的大小事，也热衷在雾霾、税收等公共问题上，频频发声。这种个性，有时不免让他的团队担忧。他不赞成追风口式的激进主义，也使得易凯风格偏向审慎。

就在“老对手”华兴上市当天早晨，王冉发了一封公开信，祝贺对手，也进一步明确了易凯的发展战略，要把灵敏深入、有方法论指引的行业研究当作安身立命之本，力争不错过TMT、消费和健康领域未来的大风口和浪潮型机会。

采访过程中，王冉首次谈及十几年前网易卖身遭遇飞单的细节，也直言18岁易凯面临的成年困惑，甚至对他性格中的“双面性”进行了剖析。曾因价值观不合，与某些明星项目失之交臂，但他却坦言：有些独角兽注定会错过。

谈第一单——首个客户网易卖身遇飞单

在易凯资本所在的华润大厦顶层，王冉穿着休闲衬衫，外搭西装，早就把华尔街笔挺精致的西装革履风格抛在身后。

2000年，王冉回国之初，赶上了第一波互联网热潮的尾声。各种行业大会热火朝天让他印象深刻。易凯资本最早的办公室，位于当时北京最贵的写字楼嘉里中心。这栋楼算得上是办会“据点”，几乎每天都有互联网行业会议，还有专门跑去拿礼物的人。

但没过多久，国内的互联网企业遭遇千禧年资本泡沫。

如日中天的“三剑客”选择在纳斯达克先后IPO，上市也没有摆脱遇冷的命运。新浪跌破发行价，搜狐从13美元一路下滑，最惨的是网易。上市遇破发后，股价连续9个月跌破1美元，一年内市值蒸发了90%。那时的网易，后来被徐新形容为“地狱”。

作为网易最早的投资人，徐新陪伴网易经历了两年煎熬，王冉见证了至暗时刻。

当时网易和易凯的办公地同位于嘉里中心，还有邵亦波的易趣，也是易凯最早的两个客户。

选择网易作为首个客户的原因，从王冉2005年写下的文字，能探究一二。他认为，投行的挑战不是找到愿意付钱的客户，而是在对的时间，为对的客户，做对的事。

在时任网易 CFO 何海文的介绍下，王冉认识了丁磊，经历了网易最具历史性，也最具戏剧性的一幕。

2001 年夏天，网易面临退市危机，已经接触了多轮买家。彼时，王志东出局，搜狐经历了股票易主。最终将接手网易的，是一家香港的上市公司有限宽频（I-Cable）。

不出意外，丁磊会在那年 6 月的第三周，以 8500 万美元的价格，将他 24 岁一手创办的网易卖掉。收购共分两步：有限宽频先期收购网易的绝大多数股份，在规定期限内再收购剩余的。

这次出售，网易内部亦有分歧。王冉老东家高盛作为网易的财务顾问，易凯则代表网易大股东丁磊个人。

所有程序已经走完，只等最后 SPA（股权收购协议）签字版的传真。王冉陪丁磊坐在嘉里中心，一边吃生煎包一边聊八卦，静候命运之手决定涅槃或翻篇。28 岁的丁磊，最终没能等到签字版传真，交易在最后一刻生变。卖身遭遇飞单，别样“不幸”却成就了今天的网易。

两个月后，易趣收购拍卖网站“中原镖局”，易凯再次担任了财务顾问。

随着互联网泡沫的破裂，王冉很快意识到不能再苦守互联网一个行业，易凯做了策略调整，2001 年，做了第一个传统 IT 客户联想。2002 年，做了第一个娱乐客户光线传媒。2003 年，又做了第一个消费客户李宁。

18 年里，易凯相继见证 TMT、消费、健康行业的多个历史性时刻，包括盛大收购华友世纪、新浪战略投资土豆网、优土合并、乐视系的多轮融资。

谈错过——不会选择价值观不合的明星项目

王冉最初的理想是做一名媒体人。

1988 年，还在明尼苏达求学的他，遇到了两个在中国新闻业有影响力的人：当时还在《工人日报》的胡舒立和还没创立 IDG 的熊晓鸽。

两年后，在哈佛读大四的王冉到卡纳斯出版公司实习，再次遇见熊晓鸽。熊晓鸽在卡纳斯旗下一本专门报道美国电子行业的杂志《电子导报》，负责中文出版事宜。

虽然王冉最终没有投身媒体，但写作的习惯，一直保留至今。

初回国那几年，王冉在财经媒体上开设专栏。1999 年 3 月出版的《财经》杂志，封面报道了当时中国第二大信托投资公司“广东国际信托”的兴衰，其中一篇出自王冉之手。

他在文中说：中国的企业迟早应该明白这样一个道理，即资本市场上没有傻子。此后 20 年，犀利幽默的文风成为他的标签。

2005 年至 2015 年，他更新了 500 多篇博客。近几年，他减缓了长文的更新速度，但不乏佳作。

2018 年 7 月，他在高铁上写下《我们对当下中国资本市场温度的一些感知》。两个月后他在第三届全球 INS 大会（World INS Conference）上发表了题为《中国经济和新经济都需要新引擎》的演讲，对中国之后 20 年的经济做出预判。这篇演讲不仅刷爆创投人士的朋友圈，在微博、知乎也引起不小的讨论。

2017 年的一次采访中，他提到自己近十年不再上电视了。虽然接受外界采访数量有所下降，但他在社交媒体上一直活跃，一有热点事件出现，他还是会忍不住说上几句。

2018 年 8 月，关于投资类合伙企业可能按 35% 征收个人所得税的消息在创投圈传开。王冉发了一条评论微博，对征税后果做了剖析。他指出，一旦实施，影响之一将是人民币 LP 进一步减少，创企继而有可能转向美元融资。这条微博被转发了 4000 多次，1000 多条评论，2000 多个赞。

易凯合伙人宋卓，在 2016 年加入易凯前和王冉“神交已久”，他是王冉 450 万微博粉丝的一员。尽管不熟悉老板本人，但王冉的文章总会出现在他的视野里。入职以后，他也开始变成规劝王冉审慎说话的一分子：“他特别直接的时候，合伙人和公关就会受不了，我们会集体建议他不要那么直率。”

但没什么效果，就像他这么多年坚持不参加饭局应酬，甚至不和客户约晚饭的执拗一样。重大事件出现后，他还是会第一时间表达观点。

这种率真与理智并存的性格，也使得他曾经与一些价值观不合的明星项目失之交臂。他表示，有些独角兽的错过是注定的。正因为终有太多错过，他反而释然。

谈反思——易凯18岁成年困惑：不够敏锐

2018年9月27日上午，有着“独角兽猎人”之称的华兴资本，正式在港交所上市。

同为投行业的龙头企业，华兴被外界视为易凯的强劲对手。

华兴上市当天上午，王冉发了一封公开信，在祝贺竞争对手的同时，也进一步明确了易凯发展的战略，要把灵敏深入、有方法论指引的行业研究当作安身立命之本，力争不错过TMT、消费和健康领域未来的大风口和浪潮型机会。

采访中，王冉坦言：“易凯过去在一些领域还不够敏锐，导致我们错过了一些大的浪潮型机会。”

易凯有一个“三分之一与三分之一”理论，第一个三分之一反映了易凯对于项目的挑剔。据宋卓讲，每三个上立项会的项目才有一个会被正式立项。因为易凯希望找到未来的“参天大树”并与它们长期相伴。与此同时，“每三个我们自己看好的项目，可能最终也只能拿到一个，必然有三分之二是被竞争对手拿走了”。宋卓略感遗憾地表示。

为了变得敏锐，易凯把更多权力下放给了离市场更近的85后、90后。2018年1月，宋卓、李刚、张帅被晋升为合伙人，更多年轻人进入管理决策层。

同时，在易凯，30名VP可以行使一项特殊权利，某个投行业务如果被立项会否决，VP们可以拿出一年只有一发的“银弹”，坚持把项目做完。初级员工，每季度也有一次对好项目的提案权。一旦提案发出，合伙人在一到两周内必须做出回应。

王冉表示，对于易凯的下一个十年，两件事情比较重要。

一是投行和投资的双轮驱动齐头并进。它意味着投行商业模式的变化，以前投行对易凯来说就是挣服务费，现在思路在发生变化。

二是全球化的布局。除了之前在美国已迈出的第一步，接下来易凯还会考虑在中国香港和中东建立自己的办公室。

当然，天天帮客户进入资本市场的易凯也不拒绝和资本市场的结合。但王冉强调了顺势而为，水到渠成，不为了上市而上市。

他在华兴上市当天给易凯内部员工的信里写道：投行和投资这两个行业都是长跑，不是短跑。在中国，中信证券上市 12 年后中金才上市；在美国，高盛比摩根斯坦利整整晚上市了 16 年。之所以这不是一个比赛 IPO 时间的行业，是因为这不是一个赢家通吃的市场。在投行和投资这个市场里，虽然优质资源会逐步向头部玩家集中，但一定有双雄争锋、三足鼎立乃至多家共赢的机会。

对话

第一眼能看清楚时就投下去

寻找中国创客：2018 年以来创投圈里常说“募资难”“遭遇寒冬”，你感受到了吗？

王冉：资本寒冬应该是我在资管新规发布后最早提出的。在人民币市场，寒冬非常明显，资金源头断了，很多机构都没有钱投了。美元虽然不受资管新规影响，但在中美贸易战的大背景下也在变得谨慎，当然新机构和新资金还在源源不断地出现。譬如，最近我们就观察到一些美国的对冲基金和家族办公室，开始加大中国一级市场的投资力度。

寻找中国创客：易凯是主投后期项目吗？

王冉：偏中后期，单一项目的投资规模在 5000 万元以上，最多投到 3 亿元。我们不以轮次画线，因为在中国市场，轮次早就被各种加轮和 Pre 轮弄得没有意义了。我们的原则就是，在能看得清楚的第一时间投，A 轮看清了就 A 轮投，D 轮才能看清就 D 轮投。

寻找中国创客：怎么才算看清项目？

王冉：那就是你投完之后晚上能睡着。有些领域可能赢家通吃，有些领域则可以容纳很多不错的竞争企业。赢家通吃的领域要相对谨慎，最后万一赢家不是你，至少也要确保有被并购的价值。而多家共存的市场，则要从潜在天花板的角度去衡量。

寻找中国创客：看项目的主要逻辑是什么？

王冉：在易凯核心关注的 TMT 和消费领域，有两个基本逻辑：一个是有没有可能通过技术给产业链带来结构性的变化和系统性的效率提升，另一个是是否符合“新两代消费者”的品位、习惯和生活方式的变化。

“新两代消费者”指的是85后的千禧一代和95后的Z世代。在健康领域，易凯会关注科技创新和老龄化社会这两个主题。

投资哲学里有三个基本假设

寻找中国创客：2018年以来影视行业比较动荡，怎么看由此引起的资本退潮？

王冉：现在影视行业投资最主要的问题是风险与回报不匹配。让资本承受市场的风险没有问题，但现在最大的风险是市场因素之外的，因此同样的回报承担了叠加的风险，其中还有些风险是资本无从预估的，加上IPO限制导致的退出难，资本从2017年开始就意兴阑珊了。

不过，如果只是市场的风险和退出的问题，我认为还是会有新的资本择机介入，因为这就是市场嘛，太热了一定会变冷，太冷了也会变热。

对我们自己来说，我们还是坚定看好市场对于优质内容的需求，并且我们也不太在意短期内是否能IPO，因为在我本人的投资哲学里，我有几个基本假设。

我永远假设一家公司一时半会儿上不了市，永远假设投资条款里的回购条款无法履行，永远假设后续融资没有人以更高的估值接盘。

在这三个假设下，我就会更关注一家公司内生价值的增长以及未来潜在的被并购机会。

寻找中国创客：影视行业税率变动有可能落地吗？

王冉：影视行业没有道理和别的行业税率不同。但长期来看，我不认为片酬是可以被限制的，因为那是由市场决定的。名义上限制了以后，一定会有各种形式的暗补。

寻找中国创客：片酬还会维持以前的状态吗？影响有哪些？

王冉：最大的买方是几个视频网站，它们肯定会借机打压价格。影视制作公司的成本线会受到直接的影响，进而影响的是艺人价格。2018年、2019年一定会有大量影视公司倒闭，这其实也不是坏事，它们本来就没有太多存在的价值。

未来围绕三大视频网站会形成三个内容制作的生态系，每个生态系里都会有几家紧密合作的内容制作公司。

除了极少数爆款版权剧之外，绝大多数情况下平台具有强大的话语权，平台可以通过限价压缩单一项目的利润空间，影视公司的暴利项目会越来越少；但好处是，如果制作公司绑定一个平台，可以保证产量每年不降反增，平均收益更加稳定。

赖晓凌：
创投行业是时候进行一场大反思了

刘素宏　黎明／文

赖晓凌于 2018 年 1 月加入顺为资本担任合伙人。在此之前，他曾就职于晨兴创投及创新工场，关注移动互联网、汽车、教育、IOT 等领域的投资，代表案例包括拉卡拉、小米、易到、多看、美图、VIPKID、Molbase 等明星项目。

赖晓凌擅长捕捉早期项目，他投资的多数项目都是在天使轮或者 A 轮时进入。他认为，整个创投行业是时候进行一场大反思了，并且要为此前的疯投付出学费。目前面临资管新规、募资难、宏观经济下行，但至暗时刻也蕴含机会。

2011 年，赖晓凌和许达来在三里屯的新元素餐厅第一次正式碰面。这一面，为日后两人共同在顺为资本担任合伙人埋下伏笔。

彼时，投行出身的许达来正谋划与雷军一起做顺为资本。而赖晓凌与雷军结识更早，他们均投资过拉卡拉，这也是赖晓凌作为职业投资人的第一个投资项目。

合伙人一定要是相识多年的熟人，这是顺为搭班子的一个重要原则。

2018 年 1 月，赖晓凌加入顺为资本任合伙人。在这之前，他于 2012 年离开美元基金晨兴创投，加入李开复的创新工场，捕捉早期项目。2015 年，他以创业者的身份进入移动互联网汽车领域。

一直隐藏在投资项目背后的赖晓凌低调平和，但在他的投资生涯中，曾主导投资和管理了拉卡拉、小米、易到、多看、美图、VIPKID、Molbase 等明星项目。

除了拉卡拉，都是在天使轮或者A轮时投资，是它们的第一个机构投资人。

顺为资本管理三支合计17.5亿美元的美元基金和两支合计20亿元的人民币基金。但赖晓凌在加入后的大半年内出手审慎，两个已经通过投委会的项目，他最终还是下定决心放弃。

“谈妥之后，如果创始人告诉你有其他投资人愿意以更高的估值投资，并问你愿不愿意提高估值，大部分时候我都更愿意选择放弃。早期投资很像谈恋爱，一旦结婚，还有很长的路需要走，双方在价值观方面需要趋同才行”，他说。

赖晓凌并非没有投过大手笔。2010年，他在晨兴资本主导投资易到用车1000万美元，这也是晨兴进入中国15年来第一笔千万美元的投资；同年，投了1000万美元给小米科技，比原定的500万多出一倍。2013年，他在以投资早期天使项目为主的创新工场时，以1亿美元的估值投资了美图。

如今，面对从2014年、2015年起推高的资金泡沫，他越发谨慎。

赖晓凌认为，整个创投行业是时候进行一场大反思了，并且要为此前的疯投付出学费。目前面临资管新规、募资难、宏观经济下行，但至暗时刻也蕴含机会。2019年、2020年会是很好的投资窗口期。

以下是赖晓凌自述，由寻找中国创客整理。

钱多了，优质资产却不够

2013年是我感受到的创投行业分水岭。

拿出行领域来说，当年的补贴大战正酣，腾讯投资了1500万美元给滴滴，年底又追加1亿美元。滴滴当时做出租车接入，业务增长很快。行业如此，一些原本不想烧钱的公司也拿了融资，加入补贴大战。

在2010年、2011年时，大家虽然也会焦虑，但还是聚焦于商业本身。2013年以后，市场变了，变成了一个融资驱动的市场，一个纯金融的生意。资本被神化，甚至相信资本能改变一切。

2013年后资金快速膨胀，有多方面的原因。2013年新三板开市，把人民币投资推上了高潮，随之而来的还有中概股回归热。2014年以后，大量的P2P资金进入投资领域，一级市场开始投资散户化，大量的非专业管理人开始管理大量资金，追逐热点、风口，盲目追求已经是独角兽的项目。

2013年以后，整个创投市场的资产端和资金端其实发生了剧变，变得失衡。

移动互联网时代的“大众创业、万众创新”带来更多的优秀创业者、更多的创业公司，但是优质创业公司的增长速度没有赶上资金端的增长速度。

钱多了，优质资产却不够多，或者没有足够的能力甄别优质资产，这时候就能体会到钱多烫手的感觉。

怎么办？要么跟随追逐各种风口，宁可投错，不可错过；要么抱团取暖，所谓“头部集中”，其实是“酒壮㞞人胆”“集体上山打老虎”；或是忽悠BAT、TMD或者其他成规模互联网公司的高管离职创业。最后一、二级市场出现估值倒挂。

这几年，O2O、上门、共享、直播、P2P、AR/VR、新零售、AI、区块链、直播答题、在线教育、小程序、社区团，热点一个接一个，有些还没热几个月就被后一个热点掩盖。这还是供（资金）需（创业公司）不平衡导致的，简历不错的人，还没有做好创业准备就被天使塞了一沓钱。

2018年开始填过去挖的坑

在过去几年的乐观期，大量资金投入，创业公司高歌猛进，所有人都希望在五年内解决战斗，最好三年就上市，不上市最好估值也能增长个几十倍。

增长速度、规模、融资速度和额度，成为创业最重要的指标，创业者和投资人相信快速形成垄断之后就可以重新制定商业规则，一切都会迎刃而解，而且人们确实看到了这样的创业典范。

这带来一个非常不好的现象，单纯的业务数据驱动让公司的运营出现了简单粗暴的现象，不再考虑真正的长期价值，不再考虑精细化运营，也不关注高管团队和中层干部的培养和他们的成长路径，过度依赖补贴、低价获取客户，买数据、数据造假比以前任何时候都更加严重。创业者、投资人大部分情况下也无法甄别数据的真假，或者有可能是心照不宣。创业公司比赛烧钱速度。

互联网金融领域P2P爆雷就是一个交学费的典型例子。

在过去的三四年，中国移动互联网增长太快了，一下子把中国网民扩张到

四、五线城市，网民数量从三四亿一下增长到十亿左右。另外移动互联网的基础设施已经建好，比如支付。普通老百姓本来投资渠道就不多，同时还面临货币贬值的压力，都急着要把手头的钱投到优质资产中，期待升值回报。出现 P2P 这种投资模式，而且承诺比固定收益高得多的回报，一些人必然趋之若鹜。

但问题在于，P2P 平台拿着投资人的钱，却买不到足够优质的资产来增值，也就无法兑现给投资人的高额回报，甚至出现大额亏损的情况，结果必然会爆雷。靠投资或者购买资产来实现年化 12% 以上的收益，本来就是一件不容易的事情，P2P 还要求有较好的流动性。

P2P 爆雷是过去几年资金端突飞猛进的缩影，最近的几个案例可以看到有些 VC/PE 的钱也是来自 P2P 平台，大量不合格投资人通过互联网金融投资一级市场是非常危险的。

过去三四年，大家都在追求所谓模式创新，盲目相信规模，相信增长，相信资金，对这三件事情的追求导致所谓的向头部集中。2018 年，行业在为当年挖的巨坑交学费，无论是互联网汽车、互联网金融还是共享单车。

我觉得整个基金行业、整个投资行业，都应该去反思，认识自己的不足、错误，这样才可能进步。

我们也经常在反思 VC 的投资策略，如果行业已经是风口了，已经热得一塌糊涂，你要不要参与其中？如果决定要参与其中，面对很多难以界定的模糊地带，也意味着你要有心态去承担风险。

资本泡沫总体利大于弊

如果没有泡沫，啤酒不会好喝。资本泡沫对推动创新、创业、产业升级总体还是利大于弊的，只有足够的创富效果才能吸引最优秀的创业者放弃眼前的一些利益，投身风险巨高，但是有巨大想象空间的创业中。

投资人和创业者应该都很熟悉这个 Gartner 曲线，每一项新的技术或者变化出现的时候都会有一个预期被炒作的阶段；到了峰值后因为预期过高和配套设施不足导致泡沫破裂，会很快跌到谷底；然后开始稳定地爬升，在这个过程开始逐渐成熟并且产生实际价值。

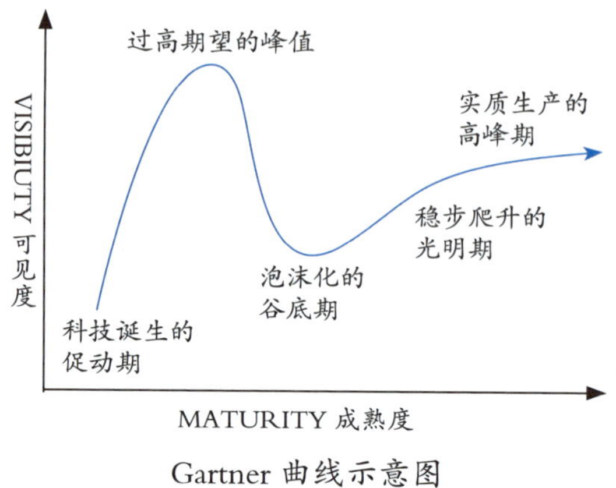

Gartner 曲线示意图

2000 年前后的互联网，2010 年前后的清洁能源经历过，今天移动互联网作为一个产业同样在经历这个过程。

在这一波移动互联网的创业投资热潮中，5% 最聪明的钱（Smart Money）已经获得了丰厚的回报，他们在思考下一波浪潮是什么，移动互联网之后的最大变化是什么。

在 BAT 三座大山的夹缝中，抓住移动互联网这波趋势成长起来的众多现象级公司，比如美团、滴滴、今日头条、互联网金融公司，考虑的应该是怎么夯实业务，继续处于头部位置。对“互联网 +”类型的公司，因为行业属性更强，即使今天身处头部位置，依然需要继续补课。比如“互联网出行”，互联网已经做得很好了，但是在出行方面还需要花更多时间和资源来补课。

而剩下的资金和创业者面临更大的挑战。一般来说，泡沫破裂的速度总是会快于泡沫累积的速度。

一旦进入悲观期，融资变得困难，投资周期变长，开始考验公司核心价值、运营能力、团队学习成长能力，之前靠资金堆砌出来的壁垒有可能瞬间瓦解。

之前的众多 O2O 公司、P2P 互金公司、互联网二手车、在线答题等都面临类似困境。估计市场需要一段时间来填之前挖下的坑，重拾信心。

未来几年更看好美元基金

2018 年对很多基金来说，在“募投管退”四大块中，募资和退出都面临压力。

2013 年、2014 年、2015 年募集的资金，开始陆续进入基金的清算期。但目前在退出通路上并不乐观，无论是国内创业板、主板，还是境外退出。

前两三年有机会在 Pre-IPO 阶段投入了明星项目，也会因为一、二级市场的估值倒挂，面临上市后就亏损的尴尬情况，退出的压力和政策监管又直接影响到基金的募资。

接下来我对美元基金可能更乐观。恰好是行业处于悲观期，基金出手其实可能带来很高的回报率。2019 年、2020 年会有很好的投资机会。

从 1996 年美元基金到中国来投资互联网开始，已经经历过了几个周期，基金管理人经历过甜蜜的收获期，也经历过市场惨淡期或者说泡沫破灭期。赚过钱，也输过钱。美元基金的 LP 们相对更成熟，对于市场波动有更理性的心态。

如果遵守价值投资的理念，资本寒冬期是投资的好的窗口期，历史已经证明了这点。在这个时期，投资人可以更关注企业价值，可以独立思考、独立判断。创业者也可以更关注创新、关注产品、关注他们的客户、提供真正的价值，同时还能大幅降低公司运营成本，提高效率。那些创业投机分子，不适合创业的人会在寒冬期离场。经历寒冬存活下来的公司会更加强壮。

虽然目前中国面临一些挑战和压力，但在接下来十年，中国依然是最有希望的地方。现在上市、待上市的这一波企业，包括小米、美团、宜信、快手等，大部分是在 2007 年到 2010 年投的，再往前一波，京东其实也是在寒冬中拿到的融资。

对于 VC 基金来说，早期项目投资能力才是基金的核心竞争力。早期投资无须太多钻研政策，应该更多关注技术进步、产业升级、消费人口，关注优秀人才，把时间周期拉长。善于观察、独立思考，能在共识达成前看到机会的人，能抓住新的更大的机会。相信美元基金依然会在中国继续活跃。

我们目前的态度是“短期谨慎、长期乐观”，并没有刻意放缓投资节奏，但是能明显感觉到看项目做决策的时间变得更加宽裕了，不会被项目催着赶紧做决定，要不然明天就没有了。

张震：如果只想挣快钱，总有一天要还的

张姝欣　刘素宏 / 文

张震是高榕资本创始合伙人，曾就职于 IDG 资本。他讲究命中率，在 IDG 10余年里投资了不到 30 个项目，其中 10 个已经上市。2013 年，张震跟同为 IDG 合伙人的高翔、投资了小米的 IDG 副总裁岳斌独立出来创办高榕资本，目前已投资拼多多、虎牙、华米、美团、平安好医生、深鉴科技、蘑菇街等多个明星项目。2018 年，拼多多在美国上市，市值最高超过 300 亿美元；美团在港股上市，市值最高超过 500 亿美元。2018 年 12 月，高榕资本完成 5 亿美元的第四期美元基金募集。

除非有特殊的安排，张震一般会在 8 点左右来到办公室开始工作。

上午 9 点 30 分，我们在高榕资本北京的办公室见到张震时，他已经会见了一拨客人。十多年 VC 生涯，他早已习惯高强度的工作节奏。

“一个优秀的投资机构，在新的投资浪潮不断涌现的时代，如何持续地投出优秀的公司？”这是他最近在各个场合与 DST 的 Yuri、桥水基金的达里奥、高瓴资本的张磊、红杉资本的沈南鹏等机构掌门人交流的问题之一。

2013 年高榕成立以来，已经主导或参股了拼多多、虎牙、华米、美团、平安好医生、深鉴科技、蘑菇街等多个明星项目。就在 2018 年 12 月初，高榕资本刚顺利完成了 5 亿美元的第四期美元基金的募集。

张震的关注点不再限于募资策略和投资策略，机构如何保持基业常青、如何实现高质量的团队传承已经提上了战略思考的议事日程。

高榕的三位创始合伙人都希望高榕能够不戴有他们中任何一人的标签，而

是应该通过完善的团队建设和传承制度，做到机构的基业常青。

“学霸”——信息迭代以月为单位

出生在部队大院的张震，身上颇有“侠气”，信奉“侠之大者，为国为民”。

投身风投行业，也与这点有关。他相信资本可以推动科技与商业创新的发展。从2002年起，风险投资成了张震的第一份也是唯一一份工作，这既是偶然也是必然。

研究生期间，他曾与导师一同创业成立互联网公司，在企业融资过程当中，接触到了风险投资。

彼时，美国的风投业早已成熟，并持续推动了科技领域几十年的高速发展；而在中国，VC行业刚刚进入快速发展的前夜。成立于1992年的IDG资本，经历了默默耕耘的10年后，投资的百度、腾讯刚刚起步，阎焱的软银赛富基金成立不足一年，红杉中国、经纬中国等机构还未诞生。

但张震在那时已经认定，VC推动的科技与商业创新，在美国发生，也必然会在中国重演。恰好IDG资本正在招聘投资经理，决定去尝试一下的他，当天即被录用。

“我有时开玩笑说，现在加入高榕的年轻人很多都是从耶鲁、牛津、伯克利等世界一流名校毕业的。按照这个招人标准，我可能不会被录取。”张震笑称。

他形容当时抱着“建功立业”的想法，投身互联网热潮，希望投出能让商业效率和消费者生活水平大幅提升的企业。在IDG资本，他遇到了对其投资生涯影响深刻的“老大”周全，和未来高榕“三剑客”中的另外两位——高翔和岳斌。

做投资，首先就是要判断行业趋势。2000年互联网热潮后，每两三年就会涌现出新的投资主题，从垂直门户、网络游戏、搜索引擎，到SP再到Web2.0，再到后面的移动互联网、人工智能等。

这对投资人的学习能力提出了极高的要求。“不能说一个投资人擅长投网络游戏，却不擅长投资搜索引擎，那表明你的自我学习能力和自我进步意愿不够”，张震说。

初进投资之门，让拥有清华大学工、法、商三科学位的他感受到了挑战，同时又充满了好奇。那时他还不知道，正是这种“挑战和好奇”，让他养成了快速迭代认知的能力和习惯。

与张震相识于微时的好友，暴风影音创始人冯鑫评价，那时的张震进步神速，对行业的理解堪称“士别三日，当刮目相看”。

两人在时任265科技公司董事长的蔡文胜茶局上第一次见面，暴风刚刚起步，张震对于当时暴风做的“流量”生意大感兴趣，第二天中午拉冯鑫吃午饭继续深聊。此后，两人保持着一个月多次的见面频率，每次聚会，张震都会拿出行业内的新动向跟冯鑫谈论。

“他身上有很明显的清华人打破砂锅问到底的特质，有问题就会立马去找人求证，然后各处交换、比对信息。所以他对一个领域内信息的迭代都是以月为单位，两到三个月升级一次”，冯鑫说。

张震说：“VC行业非常残酷，一个决定，小则几百万，大则上亿美元，有些人可能一辈子都看不到这么多的钱。投错一个项目，或者项目发展得不尽如人意，就可能会击垮一个投资人，这样的例子有很多。”

“三剑客”——可以“把后背留给彼此”

张震、高翔、岳斌被称为高榕“三剑客”，他们是相识多年的兄弟。

张震跟高翔颇有缘分，张震当年加入IDG后第一次出差，室友就是同年入职的高翔。

与雷厉风行的张震不同，高翔非常柔和。刘永好的女儿刘畅与高翔相识在混沌创业营，她把他当成暖心的“机器人大白”。

“一刚一柔”的两人意外的合拍。在IDG资本共事的十多年时间里，张震在北京，高翔驻广州，不常见面却建立了非常坚固的信任关系。张震形容两人的关系是“把后背留给彼此”，不管是谁的项目，对方都会当成自己的项目去执行。这离不开多年磨合后的彼此认可。

当年两人都在看互联网视频项目，高翔坚持要投刚上线的土豆，张震则偏好另一家公司，两人谁也说服不了谁，最后就商量着一起去看对方推荐的公司。

土豆的创始人王微穿着拖鞋就来见客，但仔细沟通后，张震大为赞赏王微的能力，认为土豆的发展前景更值得期待，从而坚定支持高翔投资了土豆。

“彼此之间这样的案例还有很多”，张震表示。2007 年，两人同时被提升为合伙人，参与负责 IDG 资本的 TMT 投资业务。

那时的创投市场，已经随着 BAT 等公司上市而日渐繁荣。两人负责的 TMT 业务是各家机构押注的重要领域，两人也不负众望，携手投出了土豆、91 助手、吉比特、雷蛇、万兴软件等知名项目。

张震跟岳斌则是“不打不相识”。

两人第一次见面时，岳斌还在华兴资本工作，推荐了一个项目给张震。“我对这个小伙子的第一印象是他怎么这么‘不留情面’啊！”回想起岳斌谈事情一针见血的风格时张震笑道。

聊了一个多小时以后，岳斌身上的“sharp”（敏锐），即在错综复杂的信息中进行精准判断的能力让张震大为欣赏，这是在沈南鹏、张磊、王兴等优秀从业者身上都具备的特质。2009 年年底，张震大力邀请岳斌加入 IDG 资本。

岳斌在 2010 年主导投资的小米，后来给 IDG 资本带来了近 10 亿美元的回报。这让岳斌名扬 VC 业。

投资小米的过程堪比“福尔摩斯”探案推理：岳斌在一个叫 miui.com 的论坛里发现有一家叫小米的公司推出了安卓操作系统 MIUI 和 IM 工具米聊。产品每周都会根据用户反馈，不断更新。每次迭代后，用户评价都会更好。

同时，他在不同的招聘网站发现小米公司在招聘各类芯片、通信技术等硬件工程师。

当时雷军的对外身份还是天使投资人，通过“关系”，岳斌了解到雷军每天都会去小米公司坐班到深夜。小米的秘密融资那时也才完成不久，所以雷军并不太想见素不相识的投资人。

岳斌跟雷军说：“请给我半小时时间，我把我理解的小米通过 PPT 演示给您。”行业里鲜有投资人给创业者展示 PPT，这引发了雷军的兴趣。

在那份 PPT 里，岳斌推演出小米想围绕智能手机打造生态系统，意在抢占移动互联网入口的战略，并对中国智能手机的发展图景进行了预测。

早早理解小米战略的岳斌打动了雷军，评价他是“小米之外第一个搞懂小米的人”，所以给了岳斌投资小米的机会。

这次说服雷军的过程，让张震看到了岳斌身上最宝贵的能力——可复制的“系统化的投资能力”，即以对大量信息的整合、分析和推理，深入理解一个细分领域，从中发掘出优秀的项目，用“懂”来打动创业者。

“传承者”——成立研究中心，新人躬行实践

张震说，成立高榕其实是一次“意外”。

2013 年，张震和高翔萌生了在 IDG 资本内部创业的想法。伴随着互联网浪潮，造就了一批阳光新富阶层。两人想整合起他们的资源和资金，请他们作为 LP（有限合伙人），在 IDG 资本内部成立一支子基金，由他们三位年轻人来主管。

周全对此非常支持，帮他们修改了募资材料，然而几个月后的商议结果是——提案被 LP 顾问委员会驳回。

内部成立子基金走不通，他们只剩下自立门户这个选项。

离开大平台后迎来的真正的独立行走，远远超越了单单做投资的难度，这不仅让张震、高翔和岳斌面临更大的挑战，也备感兴奋。

雷军当时送给刚独立起步的高榕“三剑客”一句话：“人若无名，便可专心练剑。”从头做起，创意布局。

做“中国的创始人基金”（China’s Founders Fund）是高榕从诞生之日起的定位。高榕的出资人除了一流的机构投资者外，还包括数十位来自头部互联网公司的创业家，腾讯、百度、淘宝、小米、美团、大众点评、360、微博、搜狐、京东等企业的创始人都是高榕资本的重要出资人。

这些企业家 LP 提供的不仅仅是资金，更重要的是，他们能对高榕的被投公司分享创业管理经验与行业资源。

市场证明了他们的策略是对的。2014 年 1 月 8 日，高榕完成第一期两亿多美元的募资，阳光新富的资金与机构资本的比例大约各半。

在 2018 年 12 月初，高榕资本刚顺利完成 5 亿美元的第四期美元基金的募集。机构投资者和个人 LP 也都在持续为高榕和被投企业带来积极的价值。

2014 年，中国移动互联网进入了蓬勃发展阶段，随着 PC 端到移动端的迁移，流量红利全面爆发，整个市场也随之洗牌；不少“功成名就”的互联网公司创始人或高管也带着经验和资源，投身创业时代。

张震面前的问题是，在剧烈波动的大环境下，一家投资机构，如何持续地投出优秀的创业公司？如何形成系统性打法？

“关键在于一家机构的投资策略和方法论，是要可复制的”，张震说。高榕资本的骨子里相信“系统化打法”，自上而下地研究行业发展，凭借“sharp”的判断力发掘好项目，以对项目所在领域深度的理解帮助创业者。

为此，高榕成立了内部的研究中心，刚毕业的年轻人入职高榕后，需要先在研究中心待上一两年，从行业调研分析做起，再转做投资经理。研究中心既可以赋能机构，也是培养新人的好方法。

从研究中心走出来的年轻投资人吴戈说：“在高榕，我学到了如何培养自己的挫商，也就是要在不断的挫折中成长。敢于自我纠错，才更有可能构建系统性的竞争力。”

对于投资经理，高榕的要求是躬行实践。高榕现在的消费投资负责人韩锐为了看一个物流项目，坐上大卡车一路从广州跑到重庆，跟卡车司机同吃同住同睡，了解行业痛点；做共享单车行业调研时，几位研究员跑到多座二、三线城市，在风雨中站在地铁站门口、十字路口数单车数……

“了解事实是判断的基础，行业研究培养的是系统化的学习能力和判断力，这样新同事才有机会成长为优秀的投资人”，张震说。

在系统性方法论的指导下，高榕主导或参股了拼多多、虎牙、华米、美团、平安好医生、深鉴科技、Nuro、依图科技、蘑菇街等多个明星项目，江湖上不再“无名”。

“道”之不惑——有所为，有所不为

有赖于“三剑客”多年的投资经验，高榕在投资之“术”上已经踏出了自己的路。与之相对的，从投资人到百亿基金负责人，张震说，他依然常常惑于“道”。

每当张震遇到思维困局时，他常会选择和孙彤宇聊聊。这位淘宝网创始人是张震“导师”般的存在，孙彤宇之于他，就如同段永平之于拼多多创始人黄峥。

正如段永平送给黄峥的“本分”二字，孙彤宇送给张震的话也很简短：“有所为，有所不为。”这句话被张震当作对投资之“道”的高度概括。

2015年、2016年的市场看起来一派繁荣。中概股私有化让很多科技公司看到了回到国内上市的机会，机构募资和投资也达到了阶段性的高潮。

参与还是不参与、参与哪些机会？这让张震感到非常焦虑。当时不少实施私有化的项目找到高榕，表示“国内市盈率远高于国外，回归国内重新上市后的短期投资回报可以达到三到五倍”。

作为一家新机构的负责人，他的压力不再是错过单个项目，而是系统性的巨大诱惑出现后，如何抉择。

“有所为，有所不为”这句话最终帮张震做出了决定，高榕不参与任何中概股私有化业务，因为在他看来，如果去参与这类项目就是去谋求短期套利，而高榕作为早期风险投资机构的初心是去实现长期的价值创造。“我们并非专业的对冲基金，如果想挣快钱，那总有一天是要还的。”

创业四年多来，张震依旧觉得高榕资本还是一家初创的机构，在道与术的探索与把握上还有很长的路要走。

许达来：
敢投卫星火箭，也布局农村海外

黎明　刘素宏 / 文

许达来和雷军在 2011 年创办了顺为资本，雷军任董事长，许达来任 CEO。在联合创办顺为资本之前，许达来曾在 C.V.Starr、新加坡政府直接投资公司（GIC）、美国国际集团（AIG）及德意志银行等多家国际知名机构担任管理职位。

许达来的代表性投资项目包括小米科技、丁香园、一起作业、加一联创、金山软件、珠海炬力及兴达国际等。2018 年，顺为资本投资的企业中，御家汇、华米科技、小米科技、爱奇艺、蔚来汽车、趣头条、云米科技、品钛（PINTEC）八家企业成功上市。

2018 年 7 月，小米赴港上市，顺为资本创始合伙人、CEO 许达来前往港交所见证挚友雷军敲钟的历史时刻。

许达来身材修长，面色红润，短发灰白，带有口音的普通话略显低沉，但条理清晰。在外籍投资人中，他算得上融入中国本土文化最深的人之一。

七年前，相识已久的雷军和许达来共同成立顺为资本，让雷军完成了从个人天使到机构投资的转变。同时，也让顺为打上了雷军的烙印。

顺为与小米为兄弟系公司，但这并不影响顺为作为一家 VC 机构的独立性。

实际上，许达来是有着 20 多年投资经验的“老人”。

1997 年，一场规模空前的金融风暴席卷东南亚。那时，许达来在新加坡德意志银行工作，第一次感受到金融危机的强大摧毁力。2000 年，许达来在全球科技中心硅谷，见证了美国历史上最大规模互联网泡沫的破裂，全球互联网行业进入寒冬。

这样的经历让他的投资风格颇为理性和佛系，经过 7 年的发展，顺为管理着三支合计 17.5 亿美元的美元基金和两支合计 20 亿元的人民币基金，投出了今日头条、快手、丁香园、美菜、51Talk、爱奇艺等多家独角兽企业。

另外，许达来坚信“科技创新是人类进步的梦想”，顺为布局了无人驾驶、火箭和卫星通信领域，承载着他对未来的想象。

雷军的好搭档

许达来和雷军相识于2005年。彼时雷军还是金山CEO，许达来则在GIC（新加坡政府直接投资公司）工作，参与了对金山软件的投资。

2010 年雷军创办小米时，正是移动互联网创业大潮前夕，风险投资也逐渐崛起。

“我们觉得国内的互联网行业和 VC 存在十多年了，时间成熟，有机会做出一个有战斗力的风险投资机构。”许达来说。在做了十多年 PE 投资后，他将目光转移到早期风险投资，顺为资本应运而生。

这个名字取自雷军信奉的人生格言“顺势而为”，雷军任董事长，许达来任 CEO。

从时间上来看，顺为和小米成立仅相差一年。

首期基金募资完成后，顺为投资了小米，随后又投资了紫米、华米、九号平衡车、1more 等小米生态链企业。

47 岁的许达来是这个行业的“老人”，有着近 20 年的投资经验。

在他的带领下，成立 7 年的顺为如今管理着三支合计 17.5 亿美元的美元基金和两支合计 20 亿元的人民币基金，投出了今日头条、快手、丁香园、美菜、51Talk、一起作业网、爱奇艺、人人车等多家独角兽企业。

顺为一期基金投了 20 多家公司，近 20% 是智能硬件项目，这其中部分项目是小米和顺为合投。

电动平衡车公司纳恩博（Ninebot）就是一个例子，它在 2015 年获得小米和顺为参与的 A 轮融资，由此被纳入小米生态链体系，紧接着全资收购全球最早发明电动平衡车的公司 Segway。

在纳恩博 CEO 高禄峰看来，雷军和许达来是一对好搭档。“他们都是情商、智商极高的人，同时各有侧重。”高禄峰说，“在行事风格上，雷军是一个产品人，注重对产品的敏感度、细节的把握，宏观格局也非常大；许达来是一个标准的投资型的人，对于一些行业的预判非常强。”

高禄峰表示，因为投资方向的定位以及和小米的合作原因，顺为在硬件方面投资的成功率很高。

上天入地

许达来不会讲故事，也很少看科幻小说。雷军大赞的《三体》，他也没看过。但这并不妨碍他成为一个梦想驱动的人，顺为在无人驾驶、火箭和卫星通信领域的投资，承载着他对未来的想象。

2018 年 3 月，顺为参与了民营商业火箭公司星际荣耀 Pre-A 轮融资，一个月后星际荣耀制造的首枚固体验证火箭“双曲线一号 S”在海南发射升空。

与此同时，顺为还参与了民营卫星研发及应用服务商千乘探索的 Pre-A 轮融资，以及领投了南芯半导体数千万元的 A 轮融资。

高禄峰时常感慨，许达来经常会有一些天马行空的想法，“我觉得敢投太空或火箭项目的基金，都是真正有梦想甚至是很疯狂的一群人。除了理性的判断价值，这种激情让我非常感动”。

实际上，许达来也很乐于接受“梦想远大”这个评价。

在看自动驾驶项目的过程中，许达来曾有三次试坐的经历。

第一次是在国内自动驾驶公司 Momenta 的现场测试中，许达来坚持要上车试坐。第二次在一个高速公路的出入口，一辆测试车载着许达来冲上了高速公路，并成功变换了几次车道，然后返回到原地。第三次是在美国，许达来硬是拉着雷军，坐上了一辆无人驾驶汽车。

这种行为看似莽撞，但许达来有他的理由：初创公司的实力行不行，直接坐上去就知道了。

两年前，顺为突破了自动驾驶领域融资的 A 轮估值，许达来给了自动驾驶A轮最贵的估值，接近1亿美元。

对于这类项目的早期估值，许达来自创了一个词——“市梦率”。

“有些早期项目基本面没法量化，只能对于这个人以及他所做的事情有一个非常美好的梦想，我把它叫作‘市梦率’，和上市公司的‘市盈率’相对应。自动驾驶和航天都是市梦率。”他说。

许达来的远大梦想不仅仅在天上，这个没去过中国农村的新加坡人，将顺为的大旗插入了中国农村市场的土壤之中。

这一战略发生在2014年。那一年，国内创业浪潮正值巅峰，资本大量涌入，行业越加垂直，许达来意识到一、二线城市移动互联网的渗透率已经很高，而新的红利在乡村。

农产品移动电商美菜网在2015年获得顺为和蓝湖资本共数千万美元的B轮投资，成为顺为布局农村互联网的代表性项目。为了了解项目进展，许达来曾在深夜和同事前往美菜在成都郊区的仓库察看。

除此之外，顺为还投资了同样关注下沉人群的什马金融、快手和趣头条，快手和趣头条已经成长为新兴独角兽。

有人质疑许达来作为一个国际投行出身的新加坡人，如何了解中国农村的生活？

许达来并不在意，他对自己融入中国的现状很满意。在中国生活十多年后，他熟悉了中国人的处事方式，还娶了一位四川籍的妻子。

除了“上天入地”，许达来的眼光也不局限在国内。如今，顺为的版图已经扩展至海外。

在印度，顺为已经投资了15家公司，印度版的微博、快手、今日头条，都在顺为的投资名单中。“未来五到十年，它们会有巨大的价值。”许达来表示。

佛系CEO

许达来平时在公司习惯穿牛仔裤，搭配一件休闲衬衣，看不出CEO的架子。“性情温和”是多位顺为员工对他的评价，但许达来更愿意用“佛系”来形容自己。

“丁香园找 B 轮投资人时，我帮忙推荐了许达来，因为我知道许达来的速度非常快，他不是那种会变卦或者犹豫的投资人，”丁香园早期投资人、原 DCM 合伙人卢蓉回忆起她与许达来的合作时说，“他认准大方向之后，一旦彼此信任，就会大胆投。”

在卢蓉看来，许达来尊重创业者，并且很会拿捏分寸，他很懂创业者需要什么，也不会和创业者提过分的要求，他确实很“佛系”。

这能在他过往的经历中找到端倪。在顺为合伙人程天和赖晓凌眼中，许达来是一个经验极其丰富的投资人，因为他经历过经济周期。

1997 年亚洲金融危机爆发时，受影响最严重的区域是东南亚，许达来就在新加坡德意志银行工作；2000 年互联网泡沫的核心地带在美国硅谷，那时许达来正在斯坦福大学读书。

身处旋涡最核心，这对许达来的心智是一种磨炼。许达来坦言，这些带来的影响就是，他变得比较佛系。

许达来年轻时也曾对下属发火，最激烈的一次是在 30 多岁时，因为对下属的分析报告不满，他将报告扔在对方脸上。但事后他就感到内疚，并向对方道歉。“现在不会这样做，现在情绪波动很小”，许达来说。

另外，学会控制情绪和谦逊待人，并不意味着降低标准和放弃底线。许达来说，大部分情况下他都会很宽容，“但是过了我容忍的极限，我就不会再给他第二次机会了”。

在融资谈判场合，许达来一般不会马上就把自己的投资意向告诉对方，即使内心已经决定要投或已经放弃。唯一的一次，许达来却毫不犹豫投出了反对票。

一位创业者曾向许达来寻求融资，产品处于 idea 阶段，开价三个亿。许达来对估值表示质疑，对方直言：“我说估值低了就融不到多少钱，那还不如我自己投啊！”许达来认为对方“人不靠谱，商业模式不靠谱，期望值还那么高”，他当场怼回去，“那你自己投好了，等你值三个亿的时候再来找我”。

这是许达来极少数当场不客气地回绝一个创业者，他将对方定性为“不靠谱的潜在创业者”。高禄峰说，他能感觉到许达来是柔中带刚，“对自己内心有原则，而且会非常坚持”。

错过不放过

“严谨、审慎、周到”，这是程天在对许达来进行评价时给的三个关键词。正如许达来所言，他一般不会把自己的投资意向告诉对方，很多时候是因为自己需要去做些工作，去思考一下要不要做这个投资。

但这种谨慎的投资风格，有时候反而会成为一种桎梏。

顺为在C轮时投资了今日头条和快手，这是两个高速增长的独角兽。但实际上，这两个项目在很早的时候就和顺为接触过。

提到今日头条，许达来仍然难以释怀，“今日头条是一个我经常想起来的，会比较心痛的项目”。

SIG参与了今日头条的A轮融资，并推荐给了许达来，但许达来纠结于估值就没投；等到B轮时，今日头条的估值已经翻了好几倍，许达来纠结再三仍然没投。

许达来感慨，“头条我们看过好几次，应该说是错过好几次”。最终顺为参与了今日头条的C轮融资，但相比A轮和B轮，价格已经非常高。

相似的事情还发生在快手上。顺为在很早期就发现了快手，当时快手的业务还是做gif动图，因为对技术不看好，顺为没有跟进，等到C轮跟进的时候，快手已经涨到一定规模了。

虽然具体看项目的是各组的投资经理，但许达来终究是那个最终拍板的人。“我觉得重要的是我们看过”，许达来如此说服自己。

这种谨慎还体现在顺为搭班子的理念上。许达来说，顺为在招募合伙人的时候，熟人并且深度信任，这是最基本的要求。“不是陌生人，不通过猎头，必须是第一度人脉。”

审慎跟开放并不冲突。加入顺为不久的赖晓凌，已经感受到顺为开放的文化。

赖晓凌表示，“无论是在合伙人层面，还是在年轻同事层面，许达来都给了很多机会，这种民主化的状态能够帮助年轻人真正地成长”。

实际上，无论是对趣头条的投资，还是对御泥坊的跟进，真正在一线参与的其实是年轻的分析师和投资经理。

许达来觉得市场上“永远会有一些新的东西出来”，而年轻人在接受新东西上有优势。赖晓凌透露，许达来在投资上非常尊重年轻投资经理的建议，这事实上帮助顺为抓住了很多机遇。

对话

谈投资案例——不要太在乎估值，贵有贵的道理

寻找中国创客： 顺为在快手和今日头条早期的时候就看过，但当时没有投资，看过而错过，会不会觉得不能容忍？

许达来： 我觉得好的方面是至少我们看了，看都没看过的话肯定是有问题的。是不是不能够容忍，这个很难讲，因为很早期的项目都会有很多毛病，当然你同时也要有一个判断，但这个判断的主观性很大。

寻找中国创客： 你会觉得这是值得大家反思，或者是不应该发生的事吗？

许达来： 会有，但是我比较佛系。今日头条我们看过好几次，错过好几次，头条是我经常想起来，会比较心痛的一个项目。

寻找中国创客： 你觉得需要反思的是什么？

许达来： 对估值太在乎。复盘的话，我觉得对有些好的项目，不要太在乎估值，它贵肯定有它贵的道理。

寻找中国创客： 早期项目你怎么估值？

许达来： 有些时候真的是靠信仰，上市公司叫“市盈率”，我把它叫作“市梦率”。早期项目某些时候就是靠信仰。你基本面没法量化，你只能对这个人以及他所做的事情有一个非常美好的梦想，自动驾驶和航天都是“市梦率”。

寻找中国创客： 什么样的项目会让你犹豫不决？

许达来： 比较考验投资人的是有时候需要做艰难的决策。比如，有些项目来找你，你最开始没投，它和去年相比变化不是太大，但估值涨得很高，估值和业务的进展是不成正比的，那你投不投？这些对所有投资人而言都是很难的一个决策。

谈海外投资——国内被验证的商业模式可能复制到印度

寻找中国创客： 顺为在印度投资布局广泛，你怎么看待印度市场？

许达来： 我们更多的是从移动互联网的角度去考虑印度的投资，因为印度和中国是非常相似的，都是十几亿的人口，都是历史古国，都是发展中国家，但发展阶段不一样。功能机转智能机的这个浪潮，国内领先印度应该有七八年。

寻找中国创客： 在印度市场的投资策略是什么？

许达来： 国内被验证的商业模式，是有可能被复制到印度的。第一是顺为可以作为中国资本和中国战略投资人的桥梁，我们在中国的经验也可以跟他们分享。第二是我们投早期，印度公司的成长迹象非常快，早期估值相对比较合理，同时我觉得作为投资人，投早期项目的满足感会更高一些。

寻找中国创客： 现在顺为在印度大概投了多少家公司？

许达来： 15 家，一共投出了几千万美元，早期项目的话一般来说就几百万美元。我觉得我们在印度的成就应该是不错的。

寻找中国创客： 你和雷军在顺为的工作分工是怎样的？

许达来： 雷总参与投资决策、用人决策，还有公司资金重要的战略决策。雷总是基金的一个精神领袖，在我们内部的讨论会里，我经常会分享他对一些趋势的判断、对一些商业模式的看法。我们全体同事在和他共事的过程中收获了不少。

谈创投趋势——整体环境对投资新项目有利

寻找中国创客： 现在是不是一个比较好的时间点，以好的价格拿到项目？

许达来： 我们对于整体资本市场的判断一直没变化，我们 2017 年年底就已经有了这个判断。2017 年年底我给同事们发了封邮件，我认为资本市场会接近市场的高点，鼓励被投资公司去融资，能够上市的去上市。同时对于要投的公司，要评估还有多大的回报想象空间。我们觉得接下来 12 个月，创业公司要去融资应该还是不容易的。

寻找中国创客：你觉得这会对整个行业造成什么影响？

许达来：是好事。只要投新项目的话，都是好事情，因为项目可以慢慢挑。

寻找中国创客：现在很多公司都踩着这个上市的节点纷纷去海外上市，但IPO前一轮的投资方实际上可能并不赚钱，但也推着企业去上市。这会不会成为行业内的一个普遍现象？

许达来：我觉得自有VC / PE这个行业以来都会有。这是市场的力量，这不是今天的一件特别的事情，它是根据市场的周期，现在只是反逆的市场的周期罢了。

寻找中国创客：经历过的最大泡沫是什么？

许达来：我个人所经历的最大的泡沫是2000年的互联网泡沫。当时我在斯坦福大学念书，那个时候的互联网会不断地打破我和我身边朋友的想象空间，而且是非常长周期的。我当时印象比较深刻的是：我身边的许多同学当时的梦想是要改变世界；只要加一个.com到公司的名字里，就会成为一家估值几千万的公司。

我还记得当时有创业公司到斯坦福招募应届生，有些公司的待遇是一进去就给一辆保时捷。这是我人生中经历过的最大的泡沫，迄今为止还没遇到过更大的。

寻找中国创客：这些经历对你的投资风格造成了哪些影响？

许达来：这可能导致，在市场狂热的时候我不会很激动，市场很冷的时候我也不会很悲观，可能也是因为我比较佛系吧。

邝子平：
不拔苗助长，要做新行业发现者

刘素宏　文亿 / 文

邝子平是启明创投的创始主管合伙人，1999 年开始从事风险投资，拥有近 30 年的企业管理和投资经验。创办启明前，他曾任英特尔投资部中国区总监，主导了各项英特尔战略投资活动。他投资了蓝汛科技、触宝、豆丁网、七牛信息技术、云知声、小蚁科技、运泰利自动化、face++、优必选等知名公司。2018 年 7 月小米上市，启明创投作为 A 轮进场的投资机构，获得了超过百倍的回报。2018 年 9 月，触宝登陆纽约证券交易所，启明创投是最大的机构投资者。

启明创投创始主管合伙人邝子平，是 20 世纪 80 年代最早一批自费赴美留学的大陆学生。斯坦福大学硕士毕业后，他在硅谷担任软件工程师，1994 年回国加入思科中国，1999 年后进入英特尔投资事业部，担任中国区总监。

2005 年，硅谷银行组织一线 VC 基金访华，彼时任职于英特尔的邝子平负责接待工作，他笃定中国市场大有机会。一年后，邝子平创办启明创投。

邝子平在担任英特尔中国区投资总监时，英特尔投资了金山软件，后来雷军从事天使投资时，邝子平又多次与之合作，所以邝子平与雷军交好多年。2010 年，邝子平早早就确定了对小米的投资意向，跻身前五大股东。目前这笔投资为启明创投换回了超过百倍的回报。

在投资小米的同一年，邝子平还投资了另一家公司——触宝科技。2018 年 9 月，触宝登陆纽约证券交易所，启明创投是最大的机构投资者。

呼应雷军上市后写的公开信，邝子平在《启明是谁，我们为什么而奋斗》

的公开信里表示，启明创投的奋斗目标有两个：一是让优秀企业在发展早期融到需要的钱，二是让出资人获得丰厚的回报。

启明创投做到了。成立至今，启明创投已募集美元基金 7 期，人民币基金 5 期。每期基金成立时，邝子平都在思考如何能够在风口来临前预判方向、提早布局，同时找到志同道合的人共事，这也是启明创投 12 年立于不败之地的关键。

他说，职业生涯三十余年，有些遗憾，但没有后悔。

在当时的市场环境下，摩拜没有说“不”的底气

寻找中国创客：投资摩拜最终赚到钱了吗？

邝子平：我们投 C+ 轮的时候，摩拜的估值还没有攀升很厉害，和前三轮的估值很近。现在启明创投已经全部退出，一部分拿了现金，另一部分在美团收购摩拜时换了美团的股票，到现在已经有了很大溢价。

寻找中国创客：当时行业里有两三家领头企业，启明创投为什么选择摩拜？

邝子平：第一，摩拜从一开始就在服务社会公众，它的潜力要比校园内部服务更大一些。第二，它早期的自行车比较重，实心轮胎不用打气，方便维护，用户要想把这么沉的车搬回家也很困难。同时钢铁车架上有 GPS，能对车进行定位。

我们当时考虑了包括车辆保养、丢失、运输、维修在内的一系列因素，觉得这个模型更立得住。但后来几代车，除了 GPS 继续沿用，其他特点都改掉了，基本是被竞争对手逼着做出的反应。

回过头来看，一个产品如果有市场地位，就能够有底气说这个功能我不做。不做，比不断被迫增加新功能更重要，微信就是很好的例子，因为它几乎没有对标竞品，能坚持不做很多大家都说好的东西。但摩拜在当时的市场环境下，没有说“不”的底气。

寻找中国创客：现在复盘这笔投资，最多的反思是什么？

邝子平：投资一年半后，我们发现大家都不再算账了。ofo 和摩拜到底是谁先开始的，我也不清楚。砸钱铺市场，硬是把一个便民的、刚需的业态，变

成了资本博弈的业态。最后一下子收不住，很可惜。

不管是铺车还是补贴，早期通过这些手段扩大市场，在用户习惯业态后就适可而止，更理性地去摸索，或是像滴滴、快的那样合并，事情的结局都会远好于今天。钱能帮助企业更快地成长，但也可能会把行业本该花时间去建立的体系破坏掉。拔苗助长的事情，尽量少干。

巨头入场前，企业整理好自身业务更重要

寻找中国创客：作为早期风投，当巨头携重金入场，你会有哪些担心？

邝子平：这是一个动态的市场，由不得我们。如果我们投资的企业被巨头看上了，我首先会考虑企业自身发展到了什么阶段，是不是团队建设、经营逻辑、产品形态都已经理顺。如果不是，那么巨头进场也未必能做得更顺畅；如果是，那有了巨头提供的资源，企业就能发展得更快，我一般都会支持。

这时候我们就力所能及地帮助企业管理团队，督促他们处理好和新进来的股东之间的关系，把能用的资源用好，把原来要做的事情做好。至于其他事情，我没有什么好担心的。

寻找中国创客：但是创业公司从被巨头合并的那一刻开始，就没办法延续其效率更优、决策更迅速的优点。

邝子平：我倒是觉得中国这几家巨头的反应速度和市场化程度都很高。过去几年，AT 的战略投资都挺成功的。他们充分尊重企业的团队，甚至鼓励企业以后单独上市。企业上市之后，他们拿到的回报也不错。

只不过你拿了他们的钱，就不能再按照自己的想法随便调整策略。人家之所以投你，就是看中你现行的策略为它带来的好处。随意调整策略甚至是换赛道，肯定会和投资者产生巨大的矛盾。如果企业的发展路径已经比较清晰，只剩下执行，这时找到策略合作伙伴，让它带来更多的资源，就挺好。

不能全听投审会的话

寻找中国创客：你最遗憾错过哪个项目？

邝子平：滴滴。其他项目错过是因为我们没想到、没研究过，但滴滴的案子我们是上了投审会的，最后没通过，我自己也投了反对票。

寻找中国创客：复盘时做了哪些总结？

邝子平：投审会的话不能全听。我们上会时，滴滴还是早期轮次，后来它的发展和我们想象的完全不一样。滴滴的团队能够根据以前做生意的经验教训摸索出一条全新的路，投审会坐在后方，对团队自我调整的能力没有直接的感觉，没有判断好。这是我们自责的部分。

当然，滴滴的成长也有一定的外部偶然性。它恰好赶上了AT借力推广移动支付的时机，巨头不惜成本和代价也要往里面砸钱。滴滴在很长一段时间里烧掉了很多钱，也确实烧出了一个火热的新世界。但在早期，没人能够预判这个局面，这也是我用来自我安慰的一点。

寻找中国创客：TMD（今日头条、美团点评、滴滴出行）三家新巨头，除了大众点评，另外两家你们都没有投，会不会过于保守？

邝子平：有一点保守，但作为一个基金管理者，我更关注如何获得长线收益。LP（limited partner，有限合伙人）对我们的要求是持续的、旱涝保收的回报，不能在好的年份给他惊喜，坏的年份让他得心脏病。只要基金整体回报水平不错，寻找好项目的机制没有根本问题，偶尔错过一两个好机会，我不会太担心。

没有泡沫的行业才可怕

寻找中国创客：近两年，你最得意的案子是什么？

邝子平：文远知行——一个无人驾驶领域的项目。无人驾驶的盘子已经足够大，里面有很多细分领域，比如毫米波雷达、传感器、高清地图技术等。

我一直希望能通过投资开辟出一个新行业，一个对未来社会有良性影响的行业。文远知行还处在早期，我们愿意陪着它从零开始。这有点像当年小米刚起步，我们就参与进去的感觉，这和你已经知道企业要成BAT了再投资的感觉很不一样。

寻找中国创客：人工智能这两年经历了很多泡沫，你怎么理解泡沫？

邝子平：泡沫不可怕。人类没有那么理性。一个行业要么无人理睬，要么就充满泡沫。要是我们关注的行业一直都没有泡沫，那我们可能就选错了。热潮退去，行业就会回归理性。我对人工智能领域的期待值很高，这是比移动互联网还大的概念，可能会影响整个人类未来 50 年的发展。

不过，人工智能还有很多基础研究的功课要做，起码是个为期 20 年的课题。如果我们对现阶段的技术产生不切实际的期待，估值推上去却没有真正落地，就会带来泡沫的破裂。我会比较关注人工智能在某个场景里的落地应用，同时关注一些新的平台技术。我们也一直在看半导体芯片技术，但还没有找到合适的项目。

寻找中国创客：怎么预判大趋势，找下一个风口？

邝子平：启明创投强调要深耕行业，在一个领域真正爆发前投进去。这个节奏要踩准，太提前就成了先烈。比如我们的医疗团队从四年前就开始布局，在创新药、精准医疗、体外检测、医疗服务这些领域变热之前，就已经投资了好几个企业。等大家都进场时，我们已经开始寻找下一个热点了。

寻找中国创客：投资生涯中，经历至暗时刻时会向谁求助？

邝子平：投资是个挺孤独的行业。如果被投企业出现问题，再往前走，可能性不大；转向的话，仅有的一点资源可能烧得更快。遇到这种情况，我们只能和创始人一起硬着头皮往一个方向上闯。有时候能闯出去，有时候就车毁人亡了。

理论上，我们还有另一个担忧——融不到钱，这是生死存亡级别的担忧。但幸运的是，过去 12 年我们的总体回报还不错，团队比较稳定，这种担忧暂时还没有发生。

徐传陞：
市场低迷时，仍要把握自己的节奏

黎明　刘素宏 / 文

徐传陞于 2008 年以创始管理合伙人的身份加入经纬中国。自 2000 年开始风险投资以来，他主导投资了百度、博纳影业、康辉医疗、健友股份、恺英网络、滴滴出行、有赞科技、果麦文化、瑞奇外科等知名公司。他是滴滴、快的合并的幕后推手，他代表快的公司参与了滴滴、快的合并谈判，并在合并后留任新集团董事，是七个董事席位中唯一的 VC 代表。2018 年 4 月，移动零售服务商“有赞”在港股借壳上市，经纬是其最大的机构股东之一，从天使轮到上市，徐传陞全程陪跑，这给经纬带来了巨大的投资回报。

徐传陞是经纬中国的另一位创始管理合伙人，和张颖的“彪悍生猛”不同，他充满耐心，话少却一针见血，两人在风格上形成互补。

他所在的经纬，最早提出了布局移动互联网，同时也在很早的时候就布局了产业与工业互联网。产业与工业互联网被认为是这几年最大的风口，其中蕴含着无限的商机。

这位 47 岁的新加坡人笃定中国机遇，他 18 年的投资生涯，可谓起步于谷底，决胜于山顶。他曾经是百度早期投资人，滴滴、快的合并的幕后推手，并投出了包括饿了么等一系列优秀项目。

2000 年，徐传陞加入华盈创投，正赶上史上最大的资本寒冬，互联网泡沫破灭，纳斯达克崩盘。他所在的经纬中国，则诞生于 10 年前的金融危机。2008 年，经纬中国成立。

在业内看来，经纬的风格彪悍凶猛，屡有惊人的创新和出其不意的打法。他们跨界招聘毫无投资经验的产品经理，高举高打。他们强烈的风格与个性，在风投界独树一帜，绝不会被错认。在过去的2018年里，经纬投资了超过530家初创公司，仅仅2017年经纬系公司累计融资额就达到近1400亿元。

身为经纬中国的创始管理合伙人，徐传陞与张颖是完全不一样的风格。张颖擅长扛枪冲在第一线,徐传陞有时候会花更多时间教会新人如何开出第一枪。

核心是对人的判断

2018年4月，移动零售服务商有赞在港股借壳上市，经纬是其最大的机构股东之一，从天使轮到上市，徐传陞全程陪跑，这给经纬带来了巨大的投资回报。

但如今回过头来看，经纬投资有赞的时机相当尴尬。2013年11月，有赞的商家数量达到2000个，正打算开始向商家收费时，用户突然在微信里打不开淘宝的任何链接，这就断了商家在微信运营粉丝再去淘宝购买的路。

“没想到淘宝的动作这么快。”有赞创始人兼CEO白鸦说，他马上开始打电话融资。尽管当时有赞的发展前景并不明朗，白鸦之前的创业经历也“并不成功”，但第二天，经纬过来当场敲定了融资。2013年底，有赞完成A轮2000万元融资，经纬领投。

“我投有赞更多的还是投白鸦这个人，看重他的思考和执着，他是个可塑之才。”徐传陞说，“投资人一是看大的趋势，二是看打造的产品，三是看创始人的能力和经验。对于早期项目，我更看重创始人的感染力，很少有一个完全没感染力、不能说服别人的人，最后能真正把事情做大。”

让徐传陞略感意外的是，这2000万元加上高瓴资本和唯品会后期投入的2000万美元，才一年多就快被白鸦花光了。为了抢活跃商家，有赞烧钱进行了大规模的市场投放。

2015年下半年，在C轮融资即将要签字的时候，有赞被领投方放了鸽子，公司账上的钱只够再发六个月的工资了。

徐传陞接到了白鸦打来的电话，“当时他非常沮丧”。徐传陞飞去杭州，在一间小酒吧里，他和白鸦点了一瓶威士忌。烈酒下肚，徐传陞拍着白鸦的肩膀说"这事儿很正常"，然后开始"1、2、3、4、5"跟他进行逻辑分析。

白鸦认为徐传陞是一个陪伴式的投资人，"不是无所事事的陪伴，是寒夜里有一盏路灯一样照亮着的陪伴"，白鸦回忆当时的场景，"他极少喝酒，但在我状态不是很好的时候，陪我喝了两次，让我觉得很温暖。"

徐传陞这样总结他在有赞的两个关键节点所起的作用："你很难在企业大的方向和创始人的性格上做一些大的变动，唯一能做的就是在他们比较落寞的时候，去提供一些帮助，基于我们的经验和积累，去提供一些建议。这种建议不必多，但要足够有力。当然最终的选择，还是在创始人自己手上。"

日后有赞的发展证明了徐传陞的眼光。白鸦感慨：DS（徐传陞）是一个判断力特别准的人，每次融资时，只要我描述一下对方跟我交流的问题和关心的点，他就能判断出这个机构在这个案子上是不是靠谱。过去这么多次，他没有说错一回。

不能让创始团队吃亏

2015 年在中国互联网创业史上是极其不平凡的一年。

那年情人节，中国网约车市场最大的两个玩家滴滴和快的宣布合并；8 个月后，美团和大众点评宣布合并。至此，继 BAT 之后的新兴巨头组合"TMD"正式成型。

在滴滴、快的合并案中，徐传陞是影响进程的关键人物。

徐传陞记得，在滴滴、快的合并前一个月，由于补贴战术的大范围应用，这两家公司深陷战争泥潭。

两家公司的领导人握手言和，换来了这场出行大战的偃旗息鼓。合并之后，徐传陞留任新集团董事，是七个董事席位中唯一的 VC 代表。

这位一向低调谦逊的投资人，因为全程深度参与这场备受关注的合并，被从幕后推向台前。合并前决定出行市场最终走向的"13 个小时"秘密谈判，更在日后成为传说般的教材案例。

徐传陞是快的打车最早的投资人之一。2014 年，徐传陞主导了经纬对快的的 A 轮投资，随后持续加码。经纬和阿里作为最早的投资人，为快的筹集了累计达数亿美元的资金，由此获得了和滴滴开战的筹码。

“快的的团队偏低调、闷头做事，跟我的风格比较相似。”徐传陞如此解释他投资快的的原因。在合并谈判前，快的的股东将他作为代表推上了谈判桌，因为快的管理团队都是做技术和产品出身的人，“他们要我陪着，帮管理团队出主意。”

平日里徐传陞温和友好，不会咄咄逼人，但涉及投资时，“他会有非常明确的倾向，坚定、果决，从来不纠结”，经纬中国投资经理孙凌皓如此评价。

这很符合经纬的打法。业内对经纬的印象是：凶猛彪悍，敢打敢赌。经纬在 2010 年确定了豪赌移动互联网的战略，是典型的“带有明确价值取向的激进派”。

在孙凌皓看来，徐传陞的坚定果决并非无源之水，他总是能恰到好处地把握一个平衡，在谈判桌上能让人信服。他回忆，在被投项目的董事会上，基于各方利益，经常会出现吵得不可开交的情形，徐传陞往往充当那个协调者的角色。

经纬中国合伙人肖敏与徐传陞合作过多次，他认为，“徐传陞与人沟通能力非常强，他平时极其低调，但能在关键时刻显示他的大智慧”。

一般来说，徐传陞不是第一个发言的人，但他会在场面快要失控时站出来，起到“定海神针”的作用。面对一些比较重要的事情时，他会私下去找各方一对一沟通。

徐传陞认为自己属于“偏平稳”的类型，“跟别人交流起来，对方的节奏也会慢下来”。

他对自己的定位非常清晰：“我们与创业者携手并进，要非常清楚自己的角色，那就是军师，投资人不是动手去创业的人。但是基于我们十余年的积累，也基于我们是国内早期投资最大的投后团队，我们对创业公司可能遇到的问题非常了解，并有足够的资源和人力对其进行帮助，在这些基础上我们可以针对性地提出很多好的建议”。

只要带枪，就可以开始开枪

“我们要开始招更多年轻人，更懂产品的人。”这是2009年12月经纬在厦门开全体会议时确定的招人策略。

彼时正值移动互联网大幕拉开的前夜，苹果手机刚推出不久，安卓系统刚刚诞生。经纬确立了投资的两条主线，一是移动互联网，二是交易撮合模式。经纬开始大规模从互联网招聘毫无投资经验的产品经理。

徐传陞将经纬投资团队的架构总结为“大部队 + 精英部队”，按垂直行业分成八个小组，每组四至五个人，想要在每一个垂直行业找到最优秀的公司。他倾向于招聘有智商、有情商，同时非常玩命努力的年轻人，然后给他们很大的自主空间。

2010年9月，王华东以“分析师”的身份加入经纬，在那之前，他在搜狐网IT频道担任高级编辑，没有任何投资经验。5年后，他成为经纬最年轻的合伙人。

徐传陞将王华东形容为“一个学习机器”。在他看来，“80后”的思考有时会更开阔，虽然没做过投资，但非常注重产品，所以经纬敢重用年轻人。

王华东说，“DS给我们足够多的空间和耐心，所以我们能以更开放的心态去看待一个事情”。曾经有一个项目，经纬内部的很多人都不支持，“DS让我们不停地去做工作，等到我们拿到更多的数据、有了足够清晰的判断之后，他会支持我们去做这个事”。

年轻人经验不够丰富，经纬通常会让资深团队带年轻团队，但也不乏年轻分析师刚加入就做出成绩的案例。

2016年，孙凌皓加入经纬成为分析师。半年后，他出手了第一个项目——AI医疗公司图玛深维。这个项目在天使阶段被他发现，徐传陞在经纬内部力排众议，支持孙凌皓促成了这笔投资。后来，图玛深维接着又完成了两轮融资。

孙凌皓被徐传陞安排去担任图玛深维的董事，实际上在风投行业，让分析师当董事的案例并不多见。

“他做董事，我全力配合他，董事会有时候我跟他一起参加。”徐传陞认为，带新人的核心在于实战，“我们的风格是从第一天开始，你只要配枪，就可以瞄准。”

不能因为市场太热，就把钱全投进去

徐传陞自认为是一个“钝悟”的人，学东西比较慢，但很坚持。2000 年 2 月，他加入一家风投公司学做投资，入行一个月后互联网泡沫就破了，正好赶上资本寒冬。

辛苦摸索了两年后，他才“开始开窍”，又摸索了两年，他开始进入比较顺利的阶段，投资了百度的 B 轮、分众传媒和瑞声科技的 A 轮。

他将这种进步归结于和创始人的持续交流以及自己的长期学习。在做投资之前，他在 IBM 莲花软件工作了 7 年，这段工作经历让他能深刻理解企业家在企业经营中面临的种种挑战。但这就像是一把双刃剑。在他看来，这种严谨的工作作风的背后，形成的是相对“固化的思维”。转型做投资后，前三年他都在“不停地碰撞和学习”。

在 18 年的投资生涯里，徐传陞经历了大大小小的行业周期，风口的瞬息万变带来了很多机会，也造成了普遍的焦虑。这些经历让他能够“在所有人狂欢的时候，保持冷静”，同时不失内心深处对新事物的激情。

“每次这个行业接下来是热钱多了，还是市场冷了，DS 都会提醒我们，他的判断力非常准确。”白鸦表示。

在徐传陞看来，今年到明年，很多公司会面临融资压力，包括很多创投基金可能也会面临同样的挑战，因为初期投资太快，后续投资很可能跟不上。因此，投资需要张弛有度，按照自己的节奏，不能因为市场太热，就把钱全部投进去。

他表示，过去十年，经纬的投资一直保持着自己的节奏。虽然现在市场相对比较低迷，但是经纬依然在按照自己的节奏做投资，不会因为经济好坏去做太多调整。

这么多年的从业经历，最让徐传陞触动的是，十五六年前，他就预感互联网将会成为一个很大的产业，但让他没想到的是，互联网产业发展起来竟会那么庞大，甚至成为一个经济支柱，这让他的思维更加开阔。

“过去很多认为不可能、不可想象的事，今天其实已经成为现实了”，他认为，中国商业的崛起充满着不同的机会，不能太固化地去思考一些商业模式。

李论：不要觉得率土之滨都归阿里、腾讯

刘素宏 薛星星 / 文

李论与梁维弘、李心毅、毛圣博于 2015 年发起创立了熊猫资本。熊猫资本是专注 TMT 行业早期机会的新生代风险投资机构，拥有人民币和美元双基金，已投资摩拜单车、米么金服、凹凸租车、一智通、开云汽车等数十个明星创业项目。

在创办熊猫资本之前，李论曾任合力投资合伙人，也曾在晨兴创投负责投后管理工作。李论投资了摩拜单车、米么金服、快牛金科、好贷网等项目。他是摩拜的早期投资人，参与了摩拜的 B 轮融资。2018 年，摩拜被美团以 27 亿美元的对价收购。

在距摩拜被美团收购近百天之际，摩拜阔别了此前的风险投资人，成为美团的一部分。这对摩拜而言，是不是最好的结局？

对于熊猫资本合伙人李论而言，他是摩拜的早期投资人，在 B 轮进入，当时这辆橙色的小车让他眼前一亮。一方面，后续资本不断加持，共享单车大战一波接一波，打破了李论此前几乎只投 A 轮前案子的界限。另一方面，摩拜也有着自己的资本局中局。

摩拜被美团收购当日，李论的电话被打爆，但他并未接受媒体采访。100 天后，李论接受了寻找中国创客的专访，对他而言，摩拜已成过往，赚到了一些钱也留下了一些遗憾。他本不愿过多谈及，但摩拜无疑是一件值得研究的样本，一个能够写入商学院教材的案例。

此次复盘给李论带来了一些新的启发和思考，他认为投资人更应该去支持

创业团队“独立发展，做大做强”的野心。要让这些创业者知道，还有人愿意和他们站在一起，要让他们坚信自己最后的归宿并不只有卖给 BAT。要想做到这一切，投资人和创业者之间就要打破那种你好我好大家好的状态，变成“忠言逆耳、愿景认同”的关系。

“我们没有办法改变世界，但仍可以推动商业加速进步，这也是我们做投资最大的快乐所在。”那一刻，李论很坚定。

看完一个共享充电宝项目后，李论把项目推荐给王兴。在他看来，这个项目不适合风投，但适合美团做产业布局。

2017 年年初共享概念火热，而熊猫资本在 2016 年年底就已横扫了共享单车、按摩椅、充电宝等形式的共享，但最终只投了摩拜。

风口上，李论和他的团队每天都在做减法。

每家 VC 都有错失焦虑，熊猫资本想用“定见”来消除这种焦虑。作为一家中早期基金，他必须有所舍弃，把精力和资金聚焦于四个合伙人擅长的领域。

过去，熊猫资本和李论因为领投了摩拜单车的 B 轮而声名鹊起，之后又因为在摩拜收购案中与王晓峰站在同一战线上，成为众人关注的焦点。

即便现在，李论提及此事时仍有些激动：“如果你不跟他站在一起，不坚持，不帮他，那你跟别的投资人又有什么不一样？”

做减法：中早期投资也要聚焦

与大多数关注中早期的基金不同，熊猫资本有着自己一套独特的打法。

成立初期，这家 VC 做了不少看起来有些出格的事。他们曾在全国基金从业资格考试时，开了一辆车停在考场门口，车身上喷着“熊猫资本祝广大考生考试顺利”几个大字。

这种方式帮助熊猫在早期赚足了眼球，同时也打开了市场。但向市场宣传品牌的另一面是，这家基金成立至今一直在不遗余力地做减法。

熊猫资本的投资团队目前在 10 人左右，包括 4 名合伙人，1 位董事总经理，每人再带 1 ~ 2 名投资经理。

事实上，有限的人员不可能关注到每个赛道，他们定下规矩，重点只关注几条有机会跑出的赛道，比如消费、AI、出行、金融、文娱等，剩下的赛道就“直接 Pass”。

Pass 的意思是完全不看。比如，熊猫成立初期就 Pass 了旅游和教育两个赛道。李论认为这是一个可以提升效率的做法，一定程度上节省了时间成本。

“投资人有时候就是要有这个定见，就像你做选择题，如果你一会儿选 A 一会儿选 B，最后可能就全军覆没。”李论总结。

这种克制贯穿熊猫资本发展的始终，Pass 的另一面是聚焦。熊猫资本成立三年至今只投了不到 30 个项目，频率为一个月到一个半月敲定一个项目。

这一定程度上令他感受到压力。内部的投资经理会认为缺少独自出手的机会，“来我们这儿，半年才投了一个”；LP 也会过来问：“为什么投得这么少，是找不到项目吗？”

这时候李论就会打开调研过的项目库给对方看，其中几乎收录了所有头部项目，这是李论应对 LP 的底气，“不是没看到，而是有足够的逻辑 Pass 它”。

李论总结，熊猫资本的投资策略具化为三条准则。

项目在国内是否有 1 亿以上的用户。因为互联网公司做大的本质一定还是人口红利。

投后回报是否有 20 倍。理由是 VC 本身就有很高的死亡率，如果单个 deal 成功了，但不能挣到 20 倍，整个基金就不能挣到 3 ~ 4 倍。

18 个月内能否有 6 倍账面回报。一个早期项目如果能成功，必须在有限的时间里跑到龙头，市场不会给第三名、第四名留机会。

摩拜单车等项目的成功退出，让熊猫资本获得了优异的财务回报。

好成绩带了更多投资人的信任，2018 年 7 月 12 日，熊猫资本宣布二期 7 亿元规模的人民币基金完成最终交割，主要出资人包括红杉资本、IDG、紫荆资本等知名机构。同时，熊猫资本一期美元基金即将完成首期封闭募集。此前，熊猫资本一期人民币基金规模为 6 亿元元。

打破边界：中早期投资不以轮次、金额衡量

熊猫是一家专注于中早期的投资机构，但它又时常打破单笔投资规模及轮

次的边界。

摩拜单车是熊猫资本的第一个 B 轮项目，此前大多聚焦在 A 轮及 A 轮前。而到了 2018 年，米么金服又打破了熊猫资本 C 轮的边界。

2018 年 5 月，熊猫资本参投了米么金服的 C+ 轮融资，但并未透露具体融资数额。此前，熊猫资本领投了米么金服亿元及以上的 C 轮融资。作为一家中早期基金，在 C 轮后依然多轮投资一家创业公司的做法并不常见。

其实，熊猫资本并非一开始就是这种打法。此前，李论曾接触过教育行业后来成为新兴独角兽的 VIPKID，其 CEO 米雯娟是熊猫资本其他几位合伙人在长江商学院的同学，合伙人梁维弘还在策源资本时就已经接触到了 VIPKID，但当时囿于关注的领域、投资轮次、估值等原因，他们并未投资 VIPKID。

反思的结果是，中早期投资并不应该以投资轮次或投资金额来衡量。“现在的市场已经不允许你用阶段来衡量自己了。时代在变，钱也在变。对基金的定义方式不能以公司估值或者融资数额为标准，而是以回报倍数为标准”。

“什么是中早期，中早期就是风险大回报倍数高。如果这个项目的回报倍数可以，那么我为什么不投？”

边界的打开来自摩拜单车。2016 年 8 月，熊猫资本领投摩拜单车数千万美元的 B 轮融资，一炮而红。此后又接连跟投多轮。

“摩拜是我们投的第一个 B 轮，先是投了数百万美元，然后紧接着一个月之后又投了几百万美元。”单个基金的份额不够，他们甚至又临时找了一些 LP 做了一个专项基金，连续投了四轮。

“你觉得现在熊猫资本证明了自己吗？”

“没有。这个市场上真正证明了自己的基金没几个，知晓度和美誉度是两件完全不同的事情。”李论呷了一口茶，冷静地说。

对话

本可以有 40% 的年化回报，一打仗利润都没了

寻找中国创客：你和摩拜单车前 CEO 王晓峰是怎么认识的？

李论：我们以前有个计划，估值2亿美元以上公司要一个不落全聊过去，我和Davis就是这么认识的，他当时是Uber中国的上海总经理。第一次见面也没什么故事，约他喝咖啡还被他放了鸽子，第二次约才见到他。

寻找中国创客：在摩拜之前熊猫似乎还没有投过B轮的项目。

李论：摩拜是我们投的第一个B轮项目，金额也是当时投资项目里面最高的。这笔钱我们用了两个基金来投，因为要做风险控制，不可能在一个项目上砸超过基金规模15%的资金。当份额花掉之后，我觉得应该还要追加投资，就找了一些LP临时做了一个专项基金投钱，最后总共参与了4轮摩拜的融资。

寻找中国创客：你们当时为什么会这么笃定地看好摩拜？

李论：摩拜虽然本身资产比较重，但它是一个挺好的资产管理模型。我们算了一笔账，即便把所有成本加上去，依靠租金的收入最后依然可以获得40%的综合年化回报。只是后来因为“打仗”了，大家才都没利润了。

寻找中国创客：年化回报40%是怎么算的？

李论：这个绝对算得出来，我们当时算一台车一天被骑5次，就有5块钱的收入。摩拜在北京只有5万台车时，每天一台车最高平均使用频率是11次。

寻找中国创客：但模型后来难以实现吧，摩拜最高峰时全国一共投了多少台车？

李论：1000多万台车吧，投这么多完全是因为要和ofo“打仗”。

寻找中国创客：所以就非理性了。

李论：说白了就是冲锋与反冲锋，你堆人海我也堆人海。

寻找中国创客：你当时持什么意见？

李论：我反对，但他们当时杀红了眼，我的声音完全淹没在炮火声中，没有用。中国市场这么大，为什么总想着你死我活，还有人叫嚣三个月结束战斗，这哪里是互联网思维呢？

摩拜不只是单车，在出行领域有很多想象力

寻找中国创客：你觉得两家的理想状态应该是什么？

李论：其实两家完全可以坐下来谈，中国市场这么大，任何事情如果只有

一家在做，就离死不远了。为什么非要把别人干死呢，两家更应该拼的是运营能力和创新技术。在拼杀的过程中，大家都没有意识到共享单车是一个社会公共资源，大家投产那么多车结果堵成那样，社会因此变得更好了吗？没有。

寻找中国创客：被美团收购，是摩拜最好的结局吗？

李论：第一，单纯从商业化角度出发，摩拜应该深耕单车市场，然后把自己变成一种新的线下流量模型，并借此去连接人和线下场景，这里面是有机会的。通过骑行把每个人活动的起始点统计出来后，可能延伸出大量好吃好玩的店、路径的分享等，里面有很多事情可以做。第二，从社会意义上来说，共享单车应该是一个由商业投资机构推动，最后回归到社会公共资源的事物。

寻找中国创客：基于单车，摩拜在出行领域还有哪些想象力？

李论：摩拜至少做到了几件事。首先，它的确有效地把城市中的人群用一种方式集中在交通出行领域，并建立了自己的账号体系。其次，它拥有的人群样本量远远超过滴滴或者 Uber，上到 70 岁的老人下到十几岁的小孩都在骑。同时它又是一家具有物联网思维的公司，本来是有机会通过账号体系和物联网技术，真正提升整个交通效率的。

它解决了单车这一刚需，这是别人取代不了的，同时它也可以在此基础上把自己变成一个出行平台。比如，能否在摩拜 App 里加入地铁和公交车的班次、临时车道转向以及拼车等信息，从而把摩拜 App 变成一个大交通的入口；比如，摩拜拥有那么多车子的数据，能否做红绿灯托管，并利用物联网技术对公交车等加以改造，能做公交巴士的社会化运营等。我觉得如果摩拜真的要想成为一家伟大的公司，拥有两三百亿美元市值，就应该守住这些。

寻找中国创客：你和胡玮炜交流过这些想法吗？

李论：交流过，但她忙着“打仗”呢。不能怪他们，竞争太激烈了。别人打过来，你总得应战，不能把公司打没了。

寻找中国创客：为什么最后选了胡玮炜做 CEO，而不是王晓峰？

李论：晓峰自己想退了。

创业团队最后的归宿并不只有 BAT

寻找中国创客： 摩拜的收购后来被很多人认为是腾讯的意志。

李论： 很多时候，BAT 对一个公司价值的诉求，跟投资人或者创始团队是不一致的。BAT 有流量、交易、护城河等诉求，与此相比，创业公司独立发展的理想就变得没有那么重要。BAT 已经是伟大的公司了，在一个伟大公司的羽翼之下，很难再诞生出另一家伟大的公司。

所以我们更愿意去支持团队独立的思想、独立的判断、独立做大的野心。做大只是一个结果，不少创业者还是有改变一些东西的愿望和努力，如果你不坚持跟他站在一起，不帮他，那你跟只逐利的投资人又有什么不一样？

寻找中国创客： 你能改变这种现状吗？

李论： 改变不了，但这不代表我不去努力、不去发声。至少要让天下赤子之心不要死掉，至少要让他们知道还有人愿意和他们站在一起。不要让所有的创业者觉得我再努力，干得再好，有再大的愿景都没有用，最后都是只能卖给 BAT。不要觉得率土之滨都归阿里、腾讯了。

寻找中国创客： 这其中，投资人和创业者的关系带给你什么启发？

李论： 这件事给我们敲响警钟，一方面要找到那些真的有独立核心竞争力的创业团队，另一方面投资人应该告诉创始人什么才是应该坚持的。创业者可能只创一次业，但投资人看了那么多项目的成功或失败，要对他们知无不言、言无不尽。要打破投资人和创始人之间的你好我好大家好的状态，变成魏征和李世民的关系，变成一种愿景认同的关系。

寻找中国创客： 摩拜被收购后，你觉得投资市场应该有什么反思？

李论： 我觉得市场上应该有更多专注于中早期的独立投资人，应该用更长远的眼光来看待投资这件事，真正能够推动社会进步的仍然是中早期投资，它具有一定的历史价值，这也是我们坚持投中早期的原因。我们没有办法改变世界，但是可以推动商业的加速进步，这可能也是我们做投资最大的快乐所在。

第四篇

创头条

倪光南回忆造芯：没做成事之前，都可能被当成“堂吉诃德”

刘素宏　王艺锭　黎明 / 文

中兴被罚事件唤醒了公众对“中国芯”的关注，曾任中国工程院院士倪光南助手的梁宁发表文章《一段关于国产芯片和操作系统的往事》，回忆了当年和倪光南等人一起研发芯片和操作系统的历史，在朋友圈广泛传播。倪光南，这位79岁的国产芯片和操作系统领域的权威人物，又一次成为焦点，对于中国的芯片事业，他又是怎么看的？

倪光南与中国芯、操作系统一共有两段渊源。

1983年，倪光南放弃在加拿大国家研究院（NRC）的优厚薪酬选择回国，彼时中国正面临发展第四代计算机缺乏超大规模集成电路芯片的支持的困境。在国外工作开阔了眼界的倪光南在这样的背景下回国，他渴望做中国自己的芯片和操作系统。

回国后，倪光南先加入中科院计算所公司（联想集团前身），担任公司首任总工程师，后加入方舟公司。但这两段经历都以科学家、核心技术人员的离场而收尾。甚至，方舟计划失败后，倪光南本人向科技部“负荆请罪”。

力主政府部门桌面操作系统自主化

很多人认为Windows和Intel的垄断无法打破，只能接受已有的游戏规则。甚至有芯片研发人员觉得，芯片的自主可控实现之日依然无法预期。更有人嘲笑倪光南想用举国体制去和全球生态抗衡。

对于误解，倪光南不急于辩解，面对非议，他也依然语气平和，不急不缓。

事实上，倪光南深谙 Wintel 的走势，云计算、移动互联网的影响以及网络信息安全的需求发展。

他所提倡的操作系统的自主可控，其实首先是在政府、大型企业范围内，尤其是关涉到国家安全的部门,在办公场景中实现桌面操作系统的国产化替代。

在他看来，政府部门实现桌面操作系统的自主化是完全可能的。并且经历了十几年的发展，技术已经不再是主要的问题，主要的问题在于，在使用中，让生态丰富起来，从政府领域逐步推进到企业，最后进入更广泛的领域。

风和日丽时也要警惕安全风险

然而，替代垄断绝非易事。

倪光南作为首批中国工程院院士，在他看来，去推行操作系统的自主可控义不容辞，就像每个人都要做好自己的工作。作为科学家，他呼吁人们警惕那些尚未爆发的安全风险，未雨绸缪，哪怕在风和日丽时。

中国是网络大国，拥有全世界最大规模的用户和市场，苹果近 1/5 的收入都来自中国。如果没有禁售芯片这样的大事件发生，可能整个 IT 界依然可以自豪于做最大的应用市场。

但从 PC 时代的 Wintel 垄断，到移动端出现安卓、苹果 iOS，中国错失了移动端操作系统迭代的重大机遇。

在倪光南看来，芯片禁售事件不只是在供应链、核心技术上被卡脖子，潜在的更大风险在于网络安全。

北理工大学网络中心助理研究员，网络信息安全专家谦恒就曾撰文详细阐述了这种安全隐患，从技术上植入硬件木马是可能的，即利用芯片的设计和生产改变芯片的运算逻辑，从而可以达到攻击的目的。若有硬件木马的存在，一旦触发木马生效的条件，其破坏性将是巨大的，会导致数据丢失、功能失效甚至系统瘫痪。

硬件木马并非危言耸听。

早在 2018 年年初，网络安全研究人员就发现了英特尔、AMD 和 ARM 架构的芯片当中存在“熔断”（Meltdown）和“幽灵”（Spectre）两个安全漏洞。这些漏洞对包括笔记本电脑、台式机、智能手机、平板电脑和服务器在内的硬件设备均有不同程度的影响，能够让黑客盗取盗用其中的敏感数据信息。

用最通俗的话来说，即便芯片已经被安装到全世界各地的计算机，但依然可以通过远程控制的方法对芯片所在的终端进行控制。

这样的说法也得到了中国智能终端操作系统产业联盟秘书长曹冬的认可。

“就好像你们家在那儿，我有你们家钥匙，只不过想不想去，去不去是我的事”，曹冬说，手机丢了你着急，信息丢了你不知道。通过芯片后门可以获取用户信息，其实很容易设计一些机制在芯片上做手脚。

对话

“芯片禁售事件给人的教育挺大，比我们讲 100 遍都有用”，倪光南穿梭在五道口的路上，这是他一天里难得的悠闲时光。

经历联想、方舟的波折后，他再也没有实际加入任何一家公司。2013 年，倪光南发起成立中国智能终端操作系统产业联盟，致力于推广国产操作系统。

谈“芯片自研”——资金不足，借用别人实验室

寻找中国创客: 你的助手梁宁写的《一段关于国产芯片和操作系统的往事》一文在网上广泛传播，现在回忆起来，联想的那段经历，芯片研发具体是什么情况？

倪光南： 我们持续感受到芯片的重要性。

20 年代 80 年代，中国在第四代超大规模集成电路上落后，早期能生产大型计算机的包括美国、苏联、英国、法国，中国是第五家。

第三代计算机的集成电路主要是单片、中小规模的，都还是国产的，但到了第四代超大规模计算机时，我们发现没有超大规模集成电路，计算机就做不下去了。

20 世纪 80 年代，我们有的成果，比如汉字激光照排，包括联想式汉卡，

都是计算机的一个扩展功能，不是计算机主体。那时候我就觉得中国要做计算机，就一定要做芯片。

集成电路怎么做？企业很小，没有那么多的投入。当时有一个“909”工程（编者注：1995 年 12 月，中国电子工业有史以来投资规模最大的国家项目——“909”工程确定，其内容是建设一条 8 英寸、0.5 微米技术起步、月加工 2 万片的超大规模集成电路生产线。“909”工程是国家发展微电子产业重点工程的简称，其主体为上海华虹集团。投资 100 亿），但实际上比起国际发达国家的投入依然很小，有一部分投资还是企业投的。

寻找中国创客：资金投入不足，如何做芯片研发？

倪光南：当时在联想时觉得，集成电路的设计可以做，设计投入不大，这是力所能及的。芯片的设计需要 EDA 软件和一些测试设备，也很昂贵，因为我们跟一些客户关系好，就到别人家的设计实验室做设计，借用别人的工具。

当时为了节省费用，大半年左右，计算所孙祖希研究员带着年轻人到新加坡 CHARTER 公司的设计实验室做投片，就这样用很少的钱做出汉卡的芯片。设计公司比较容易起步。后来中国也有成百上千设计公司，投入较小。目前我国在芯片设计上并不比国外落后很多。

在我离开联想前，我们后来一共研发了五个 ASIC（专用集成电路），用在汉卡、汉字打印机、微型机上，获得了成功。尝试从集成电路设计入门的思路走通了。很多企业在设计上都起来了，设计以人的智力为主，再加上一些工具，起步低。中国目前设计业发展不错，跟国际上大体差不多。

谈“被人利用”——就像刮风下雨，你碰到，躲不开

寻找中国创客：梁宁提到，你冒着一次次被人利用的风险，依然要推行自主可控。

倪光南：你碰到的这些，不是你想要或者你愿意的，就像刮风下雨，你碰到，躲不开。李德磊（方舟科技创办人）不做高科技，炒房产，这是最初无法预料的。当年法制不完善，知识产权没有股权，也就没有话语权。现在的公司科技人员的知识产权都有股权，是在不断进步。

寻找中国创客：国产操作系统的可替代需要迭代的窗口期，是不是错失了移动端迭代的时机？

倪光南：Wintel已经垄断了桌面操作系统，一般领域做国产替代是比较难的，但涉及信息安全的国家政府层面办公桌面的国产替代比较容易些。而移动端目前还没有很理想的国产操作系统。

过去人们往往会注意终端硬件，对操作系统没有认真研究，软件不被重视。现在国家投入1400亿做集成电路基金，但光是有芯片不够，还要有软件。硬件没有软件支撑是不行的。

苹果推出iOS智能手机是2007年，安卓手机大约2009年才推出来，如果中国在苹果手机一出来时，就立刻组织人搞移动操作系统，未必搞不出来，不至于现在被安卓、苹果的操作系统所垄断。

寻找中国创客：这个过程里有哪些经验教训？

倪光南：现在国家对操作系统的项目，支持千万元就算大的，而且往往“撒胡椒面”，不符合操作系统发展规律。世界上就那么几个主要的操作系统，中国能有几家？操作系统高度垄断，要么不支持，要么只支持一两家，“撒胡椒面”的支持方式不符合操作系统的发展规律。

寻找中国创客：你之前提到，操作系统国产化替换在2020年会有一个比较显著的成果，现在看来可实现吗？

倪光南：政府领域实现这个目标也不是不可能。一般领域要有很大的生态支持才行。目前很多省、地方都在分散搞芯片。芯片需要非常大的投入，各自为战可能产生分散、重复投入。

希望国家基金牵头，民间资金参与，包括企业，共同来做，但要考虑产业布局自主可控。集成电路制造要做好国家层面顶层设计，不能遍地开花，否则会分散、重复建设。

谈“举国体制”——只有政府没企业也有问题

寻找中国创客：操作系统除了国家力量，企业可能做出来吗？

倪光南：中国企业整体还是有希望的。华为有八万研发人员，还有BAT

等也在加强知识产权储备，加大研发投入。但单个来看，产业界没有足够和微软、Intel、Oracle、苹果相比肩的公司，企业相对弱时政府需要起作用，中国举国体制也比较好做，用中国的资源和能力来做事情。政府不是带领，而是帮助、联合企业，可能事半功倍。

寻找中国创客：有人觉得，在全球化市场的大规律下，举国体制已经不适用了。

倪光南：并不是说举国体制就是不按市场规律办事，可以又有举国体制又有市场竞争的好处，引入良性竞争。没有举国体制很难启动。比如北斗，整合航天和网信领域，政府做有好处。但只有政府没有企业也有问题。

寻找中国创客：你认为BAT有可能实现芯片的自主可控吗？

倪光南：企业是创新主体，具体芯片、CPU还是靠企业。相信中国很多能干的企业，现在有足够的钱，可以在基础技术领域有所贡献。人工智能芯片，也许BAT会做得很好。

寻找中国创客：有人评价你对自主可控的坚持有些像堂吉诃德，你怎么看？

倪光南：没做成事之前，可能都会被当成堂吉诃德。成功需要很长的过程，急功近利不一定有好的结果。另外，不一定要自己成功，我做一段，人家接着做，不一定在乎自己有什么成果，要有这个心胸，超脱一些，不要斤斤计较自己的得失。从大局看，一个企业不行还有更多企业出来，依托产业界发展是一定可以的。

谈资本投入——芯片项目周期长投入大，要有长远眼光

寻找中国创客：资本对于创新的作用体现在哪些方面？

倪光南：在推动创新时，资本有很重要的地位，特别是对于一些关键的项目。

对于软件的项目，我们往往把人才放在第一位。但是在芯片项目，资金的作用很大，没有资金的话，人才也发挥不了作用。

中国很多投资人过去往往感兴趣的是一些容易短期见效的（项目），例如房地产。而芯片这类项目周期比较长，不像有些项目几年就看到回报，而且投

入量也很大，一条普通的生产线可能（要投入）两三百亿。

比如做液晶屏的京东方，现在在世界上很有影响力，但是它大概做了十年才有利润。所以投资芯片产业，特别是制造类的，要有长期的思想准备和十年左右的眼光。

其实这不奇怪，传统产业都这样，比如说空客到了三四十年以后才有利润。我们宁愿把芯片产业生产的部分看作接近于传统产业。

寻找中国创客：你对投资界有什么建议？

倪光南：集成电路芯片的生产，要有长期的准备和投入，要用一二十年的眼光，不要期望一两年、两三年就取得回报。我希望投资界能够真正把资金用在需要的地方，把眼光放远一点，不要都把资金投入比较容易见效的、短期能够见效的项目。

王晓峰离开摩拜的下午

薛星星 / 文

美团收购摩拜　2018 年 4 月 3 日，美团网创始人兼 CEO 王兴发内部信正式宣布全资收购摩拜，随后的 4 月 28 日，摩拜组织架构调整，王晓峰卸任摩拜 CEO。在被披露的收购投票细节中，坚持反对的王晓峰是最具悲情色彩的一位。

直至股东大会投票的最后环节，在明知大部分股东都已达成赞同被美团收购的意向后，他和 CTO 夏一平依然投了反对票。

这位有过多年外企经验的职业经理人在摩拜单车融资最艰难的时刻加入，他的到来弥补了早期摩拜单车在管理上的短板。

在被美团收入麾下之后，摩拜单车早早就有所探索的大出行业务也被迫停滞，有消息称内部的四轮车业务团队都已经转岗至美团方面。根据美团公布的财报数据，摩拜单车依然处于严重的亏损状态。

2018 年下半年以来，共享单车的颓势日趋明显。昔日与摩拜分庭抗礼的 ofo 小黄车正在盈利困境上而苦苦挣扎，不断缩减规模。

下楼时，几个员工向他打着招呼："拜拜，Davis。"至少从表面上看，王晓峰没有流露出任何能表现出情绪的神情，做了 18 年职业经理人的他始终面带微笑。

2018 年 4 月 28 日下午 5 点 17 分，曼宁国际中心三楼，摩拜单车北京总部。王晓峰在三楼的卫生间里用冷水洗了好几遍脸，之后回到工位上。一位负责技术的员工过来和他聊天，王晓峰的脸上一直保持着微笑，看不出有其他任何的情绪。

大约一小时之前，王兴及胡玮炜发布联名内部邮件，宣布公司内部组织调整：由于个人原因，摩拜单车联合创始人王晓峰将卸任摩拜单车 CEO 职位，出任摩拜单车顾问。创始人胡玮炜担任 CEO。

内部邮件发出大约 10 分钟后，王晓峰发布了一封邮件，称：“过去三年一直对家人有愧疚，每年和他们在一起相处的时间少之又少……当公司走向正轨后，我觉得是时候多花些时间陪伴家人了……”

在距美团正式收购摩拜单车 25 天之后，王晓峰终于离开。

离开

摩拜单车在 2017 年年初搬至亮马河边上的曼宁国际中心，员工的工位占满了整整三层。整个办公室都装饰着摩拜橙。

4 月 28 日下午，大厅的沙发上不断有新人过来面试，旁边的墙上，画着摩拜的历史发展时间线，不过尚未更新 4 月 4 日摩拜单车被美团收购的节点。

公司一楼甲板状平台上，几名员工抱着电脑在桌椅旁交谈，一旁有两个孩子在蹦床上嬉闹。

王晓峰及摩拜的高管团队在三楼办公，里面的会议室均以摩拜进驻的城市命名。王晓峰的工位在三楼的一个靠墙的角落，黑色短袖，蓝色牛仔裤，头发剪得短短的，工位上大大的电脑屏幕几乎快要遮住他。

下楼时，几个员工向他打着招呼，“拜拜，Davis”。

至少从表面上看，王晓峰没有流露出任何能表现出情绪的神情，做了 18 年职业经理人的他始终面带微笑。

他在这个下午正式卸任摩拜单车 CEO 一职，大部分员工都感到惊讶，因为之前对此一无所知。只有一些早期员工隐隐察觉到有些异样。“要是这点东西都察觉不出来，那真是在这里白待了两年。”2016 年入职摩拜单车的员工吴昊（化名）说。

在美团收购摩拜单车后，王兴曾公开表态，摩拜的管理团队将保持不变。但吴昊并不相信，“暂时不变的，不可能一直不变”。

事实上，离开早已成为这里的常态。摩拜单车内部正处于激烈的变动期，

“每天都有人提离职”。

离职的高潮是刚刚过去的冬天。在经历过2017年上半年的密集融资之后，这家公司在下半年开始沉寂。第二梯队的共享单车已经开始接二连三地倒闭，投资人们在市场上鼓吹它与另一家单车巨头ofo合并，但未能如愿。

长时间未能完成新一轮融资，导致摩拜单车的资金压力越发紧张。有媒体称，在美团收购摩拜之前，摩拜挪用用户押金超过60亿，拖欠供应商贷款10亿元。

2018年年初，摩拜及ofo都相继取消了月卡优惠政策，月卡恢复为20元/月，季卡恢复为60元/月。

“从各方面都感觉到公司没钱了，”吴昊说，“前一段时间公司一直都在裁员，一线的运营人员支出是大头，几乎都被裁完了。”另一个例子来自快递：“我们原先寄快递都是寄顺丰，后来只要不是急件，都不让寄顺丰。”

摩拜单车的年终奖也直到2018年3月23日才发放，发完年终奖后就又有一批人提离职。

吴昊也萌生出离开的想法，但美团收购摩拜的消息打乱了他的计划。他仍在等待，“听说之前点评被美团收购了薪资好像涨了30%，但不知道我们怎么样”。

更多的人开始担心摩拜未来的走向。4月11日，摩拜单车召开了全员大会，王兴以新任董事长的身份参加。一位摩拜员工在职场社交软件脉脉上写道：“开完会之后，大家就觉得自己吃了颗定心丸。”

现在这颗定心丸不在了。“刚刚还有几个提离职的”。

但王晓峰显然不愿多谈自己的离开，面对来访者的提问，他始终面露微笑，没有回答任何问题。

闭嘴

对于这家明星创业公司来说，创始团队的话语权被严重地削弱了。媒体将美团收购摩拜视为腾讯的意志。

在被披露的收购投票细节中，坚持反对的王晓峰是最具悲情色彩的一位。

直至股东大会投票的最后环节，在明知大部分股东都已达成赞同被美团收购的意向后，他和 CTO 夏一平依然投了反对票。

王晓峰曾在摩拜融资最困难时加入，当时已年满 40 岁的他，在此前有过 18 年的职业经理人生涯。摩拜是第一个让他有机会完全掌握、施展拳脚的创业公司。

但那时资本市场并不看好这种把自行车铺满城市的故事，王晓峰最主要的任务是“找钱”。刚刚过去的这个冬天与王晓峰初次加入摩拜时有些类似，只不过这次结局看起来并没有那么美好。

在内部，王晓峰负责具体的研发、运营及市场工作，而胡玮炜则更多负责活动、品牌及海外部分。两个人看起来是截然不同的个体，胡早年做过记者，敏感、理想。在摩拜最知名的一句话是“如果失败了，就当自己做公益了”。

后来有记者拿这句话问王晓峰，那是 2016 年冬天，王晓峰打着哈哈说“这不完全是公益”“摩拜单车现在离成功还很远”“最关键的是这个产品是对的”。

“他好像完全不用休息，身体很好。”吴昊的记忆里，王晓峰是一个工作狂，“经常半夜两三点回邮件，甚至在公司发展初期时常通宵加班，困了就在办公室的沙发上眯一会儿。”

“规则就是规则，投票就是投票，如果大家做了这个决定，希望大家不要后悔。”王晓峰在股东会投票决定被收购的最后陈词中说。

当晚，胡玮炜发了一条朋友圈，澄清创始团队并未出局。而直到两天后，王晓峰才在微博上感慨：“从宣布正式运营到收购完成，不足两年时间。时光飞逝，仿佛如昨。”

这条微博下，他几乎给每一位留言支持摩拜的网友都点了赞。有网友在回复中问：怎么卖了摩拜单车啊？他回复了一个闭嘴的表情。

似乎收购结束的那个晚上就已经预示了王晓峰与摩拜故事的结局，离开或许只是时间问题。

28 日下午的邮件中除了宣布王晓峰的变动，还新任命了一名公司总裁刘禹，向 CEO 胡玮炜汇报。邮件中称，刘禹此前曾担任过阿里巴巴旗下阿里语言总经理，并同时担任摩拜的特别顾问。

摩拜的员工们依然对他一无所知。“之前完全没有听说过这个人。”吴昊说。

"看邮件说他之前担任过阿里的语言总经理，应该是在技术上有些帮助吧？"一位员工在楼下猜测。

目前尚未清楚这位新任总裁的负责内容。而原来的 CTO 夏一平将担任新组建的智慧交通实验室的部门负责人，向美团高级副总裁王慧文汇报。

这个部门的作用是为城市提供智慧出行综合解决方案。在吴昊看来，夏一平似乎也离出局不远了。"这明显就是下调了嘛，从一个 CTO 变成了一个部门负责人。"他略带不满地说。

"欢送"

28 日下午 5 点 30 分，摩拜单车的一名中层员工因为婚期临近，拉上另外两名员工一起，准备在一层平台上以"跳河"的方式来庆祝，平台上站满了同部门的同事，连河边也聚集了不少围观的居民。

胡玮炜在朋友圈中发了一条"跳河"的短视频，配文："我就猜，你们停不下来……"

晚上 10 点多，胡玮炜在朋友圈中表达了对王晓峰的感谢。

事实上，很少有员工在社交媒体上公开表露对高层人事变动的看法，即便大家私下或多或少都有谈论过王的离开。这一切好像是意料之外，又在情理之中。

就像那天收购的消息传出之后，他们一整天都在媒体的报道轰炸中度过，一会儿美团一会儿滴滴，直到最后从媒体争相抢发的各式快讯中知道了公司最后的宿命。

从某种程度上，王晓峰扮演的角色也和摩拜单车的大多数员工类似。他虽然提前得知了这一消息，却无力改变它。

他曾寄望于摩拜单车可以实现独立发展，甚至考虑过拿滴滴的投资。

"坦率说如果公司独立发展有着非常大的机会，也有挑战，但是我没有办法……"王晓峰在股东会上无奈地说。

第二天一早，王兴就来到了摩拜单车，上午找了 P9 以上的中层员工开全体会议，之后在一个小会议室坐了一整天，间或叫公司员工过来聊天，或者就忙着自己的事。

王兴那天在摩拜待到很晚，直到晚上 9 点 30 分仍然没有离开。在这点上王兴和王晓峰出奇的一致，但王兴的野心显然更大。

下午的这场“跳河”活动是整整一天里曼宁国际中心唯一一个看起来热热闹闹的事件了。浩大的声势吸引了许多不明真相员工的围观，甚至被人误以为是为了欢送王晓峰的离开。

但王晓峰一直没有出现，这场活动的三名主角在20分钟后终于跳进河中，河边等待的同事急忙将毛巾递了上去。

傍晚 6 点 59 分，王晓峰走出摩拜单车的大门，身上没有背包。他伸手同身边的同事告别，之后快步离开。

几分钟后，他发了一条朋友圈，写着：“陪伴是最好的爱。过去这些年一直亏欠家人太多……”

亦庄的马斯克们

蔡浩爽 / 文

民营火箭潮　2018 年，中国民营火箭创业正式进入大众视野。经历了两波创业浪潮，民营火箭正在加速发展。随着政策的逐渐放开，民营资本进入航天赛道，为民营火箭行业添了一把火。在北京亦庄 50.8 平方公里的土地上，至少散布着 6 家民营火箭公司，并且都获得了融资。一群年轻人在亦庄的土地上造火箭，他们被贴上“中国马斯克”的标签，在实现中国的航天梦。他们是中国民营火箭行业的追梦者、瞭望者、探路者。

多谢马斯克和他的 Space X，中国民营火箭创业在 2018 年进入大众视野。

切身经历了市场温度变化的零壹空间 CEO 舒畅有些感慨。2015 年年初的一个冬夜，在又一次被投资人泼了冷水后，舒畅在出租车后座情绪激动地给爱人打电话：“他们凭什么说民营火箭是不可能的！他们真的做过调查吗？”

2018 年 5 月 17 日，零壹第一枚固体商用亚轨道火箭顺利升空。舒畅终于有闲暇陪女儿在小区里玩轮滑，还跟看门的老大爷聊起“一群年轻人造火箭”的报道。

民营火箭在中国已经历了两波创业浪潮：2015 年前后，在军民融合政策的影响下，嗅觉敏锐的金融业者成为第一批掘金者。2017 年，军民融合推进力度进一步加大，相关配套细则逐渐出台，体制内技术人员也相继明确市场风向，大胆出走。

政策的逐渐开放拉开了民营资本进入航天赛道的闸口，2018 年 2 月 Space X 重型猎鹰火箭的成功发射又给商业火箭添了一把柴。

据记者不完全统计，在北京亦庄50.8平方公里的土地上，至少散布着6家民营火箭公司，并且都获得了融资。其中，星际荣耀、零壹空间、蓝箭科技相继融资过亿元。

创业者们被贴上“中国马斯克”的标签，但他们并没有提出把人送上火星的远大目标，而是紧盯微小卫星组网的市场，研发中小型火箭，未来把微小卫星运入近地轨道，实现在通信联网、天气预测、航空Wi-Fi等方面的价值。

追梦者

在马斯克和Space X刚刚进入国人视野的2013年，20岁的华南理工大学工商管理系学生胡振宇凭借一段火箭发射的视频，成为国内最早对标马斯克的对象。

2018年，当记者提出采访创始人胡振宇的意愿时，翎客航天公关人员拿出一份《媒体发布协议》要求其签署：“因为很多次采访完以后，媒体出稿会把我们摆在一个很不利的位置，导致后期沟通成本很高。”

在这份“北京翎客航天科技有限公司”为甲方、采访媒体为乙方的协议中，明确列出“甲方有权就乙方拟进行媒体发布的最终内容进行审核”“双方沟通无异议后，乙方方可确定媒体发布的最终内容”等要求。

在2018年5月的科博会上，一位民营航天从业者碰到了胡振宇。“很谨慎，非常有自我防御意识，感觉被媒体和公众伤得够呛。”交谈后，胡振宇给他留下这样的印象。

胡振宇一度是媒体的宠儿。2013年，作为火箭爱好者团体“科创航天局”的一员，胡振宇和同伴一起在内蒙古科左后旗的空地上发射了一枚代号为“YT-4”的火箭。

凭借这段火箭点火升空的视频，胡振宇参加了《天天向上》《鲁豫有约》《中国梦想秀》等节目的录制。那时，胡振宇的人设还是业余火箭爱好者。

2014年1月，胡振宇成立翎客航天，成为媒体口中“中国第一家民营航天公司”CEO。

《财富》杂志2014年“中国40位40岁以下的商界精英”“火箭垄断市

场的闯入者”“民营航天拓荒者”……一系列头衔相继落到这个长着雀斑的娃娃脸少年身上。

变故开始于2015年下半年。在GQ一篇题为《22岁、身家1亿、火箭天才、“恐怖分子”……一个创业少年的时代样本》的长篇报道中，曾经同为科创航天局亲密战友的罗澍称，他和胡振宇在科创航天局期间造的火箭从未达到探空火箭的标准，只是大学生们的业余爱好。作为参考，中国最早的探空火箭发射于1958年，研制者是北京航空航天大学的学生。

而那枚在媒体上反复出现的“YT-4”火箭，“以10度偏航蹿入天空，因伞绳断裂未能成功伞降，除了罗澍捡回一个头罩，箭体的其余部分失踪，也没有实现数据上的收集”。

彼时尚在原科研单位的毛洪涛（化名）也在一直关注着这个要自造火箭的年轻人。“在中国，有人来做（民营火箭）倒也不是件坏事。”随后，他又补充道，“但还是要尊重航天本质，火箭并不是谁都能做成的。”

胡振宇在公众眼中消失了一段时间。在事后的报道中，胡振宇给出的解释是“鉴于开始融资，刻意降低自己的曝光度”。

低调了近两年后，2018年5月，胡振宇携翎客航天再度出现在《经济日报》、凤凰网财经频道等媒体上。

据报道，翎客航天2018年计划完成运载火箭一子级主发动机整机点火试车以及亚轨道可重复发射火箭试飞任务，2020年完成首次载荷入轨飞行试验。团队方面，“具有技术人员30余人，七成来自航天及军方，部分合伙人拥有不少于15年的行业从业经验”。

瞭望者

在距翎客航天两公里远的地方，蓝箭的工作人员热衷于让访客猜测CEO张昌武的年龄，得到的答案往往比其实际年龄大5岁到10岁。

张昌武拥有清华MBA学位，曾在汇丰银行、西班牙桑坦德银行从事金融投资业务，30多岁的他显得老成持重。

“现在是发展民营火箭最好的时代。”在2018年4月的首届中国航天大会商业航天产业国际论坛上，张昌武说。

2014 年年底，国家出台政策鼓励社会资本进入航天市场，航天梦不再只是体制内的梦。

2015 年 5 月，国务院印发《中国制造 2025》，航空航天装备被列为十大重点发展领域之一，民营火箭创业迎来第一波高潮。

与此同时，Space X 于 2015 年获得富达投资和谷歌 10 亿美元融资，估值约为 110 亿美元，证明了火箭发射这一事业脱离体制的可行性。

另外，微小卫星组网的需求进一步刺激了民营火箭创业。根据 SIA（美国卫星工业协会）的数据，2014 年、2015 年、2016 年，商业卫星发射服务市场规模分别为 62 亿美元、54 亿美元、55 亿美元。

“到 2020 年，总共有超过 6000 颗的低轨卫星需要被发射，当然其中有接近 50% 是美国的卫星，但是剩下的这些都是我们将来可以去触及的市场，整个规模超过 100 亿美元。”商业卫星发射供不应求，张昌武将其形容为火箭的卖方市场。

最先闻风而动的是像张昌武一样的金融从业者。

2015 年 6 月，张昌武与国家“千人计划”专家、曾在欧洲航天局工作 15 年的吴树范一起，在亦庄成立北京蓝箭科技有限公司。

2015 年 8 月，同样在亦庄，一家名为“零壹”的民营火箭公司成立。其创始人舒畅与张昌武拥有相似的背景：研究生学历，毕业于北大光华管理学院，先后在联想控股、航天产业基金投资部门工作。

投资人出身的创业者，选择赛道时做的第一件事就是尽调（谨慎性调查）。

2014 年下半年，张昌武和合伙人对国内航天技术人才储备、供应链体系的开放程度以及国际市场对来自中国的运载火箭企业的看法等进行调研，但得到的结果并不乐观：无论是人才还是核心元器件都掌握在体制内的两大集团手中。

好在政策的口子及时打开，张昌武判断，以当前国内航天技术以及资源方面的积累，民营公司想要做火箭并非不可能。

舒畅同样是个实干派。2014 年下半年，舒畅几乎每天都泡在航天某院附近的一家咖啡厅，约各个环节的技术人员谈民营火箭的可行性。在这家咖啡厅里，舒畅被拒绝了四五十次。

“但这个拒绝的过程是有价值的，我搞明白了做商业火箭，其实各个技术环节都没有问题。”舒畅的结论坚定了他投身民营火箭创业的决心。

探路者

验证了民营火箭模式的可行性后，摆在张昌武和舒畅面前的首要问题是说服投资人和工程师。

回想2015年创业之初，张昌武形容自己是“拎包造火箭”：很长一段时间里，公司包括他在内只有两个员工，而赛道上，几乎没有能看懂火箭项目的投资人。直到2016年3月，蓝箭成立九个月后，才拿到来自创想天使的第一笔融资。

除了钱，紧俏的还有人。

“航天工程师都非常严谨，不是靠卖弄情怀就可以打动的。”接触了几十位两大集团技术人员后，张昌武总结出三条规律：一是对方本身要相信民营企业造火箭这件事，二是对方要认可你的技术路线，三是要充分向对方展示你驾驭资源的能力。

零壹的早期投资人何文把舒畅寻找技术合伙人的过程比作谈恋爱。

“舒畅早期追了几十位体制内的技术人员，每次都被拒绝。”何文是春晓资本的创始合伙人，也是舒畅在联想创投的同事，“有些人会跟你谈得非常深入，可是往往就在‘领证’的那一天，突然跟你说不行。”对很多体制内技术人员而言，这个选择是放弃终生的铁饭碗、金饭碗，来蹚一条充满荆棘的路。

为追求现在的技术合伙人，很长一段时间内，舒畅每天在对方家附近的酒店里点一杯牛奶，两个人整整谈了半年。回忆起两人一遍遍论证人才、政策、资本的冬天，舒畅觉得这段经历对零壹未来的战略发展起到了决定性作用。

如今，蓝箭已有近200位员工，其中核心技术人员超过140人，并于2018年4月完成2亿元B轮融资，此外，浙江省湖州市还为其提供了超过2亿元的军民融合专项综合投资。蓝箭自主研发的10吨级液氧/甲烷火箭发动机推力室试车也在2018年年初试验成功。

零壹也组建起了一个约140人的技术团队，成员主要来自航天科技集团、航天科工集团、中航工业、中国科学院等院所。2018年5月17日，零壹固体亚轨道火箭“重庆两江之星”在西北某基地成功发射，并计划于2018年年底发射入轨运载火箭。

“过去在体制内做航天，是‘皇帝的女儿不愁嫁’，而对于纯商业的市场来讲，有时候是‘酒香也怕巷子深’”。

当张昌武和舒畅的公司已经落户亦庄时，星际荣耀董事长毛洪涛还是某航天院所的技术骨干。

跟第一拨投身民营火箭的创业者四处见投资人碰壁相比，毛洪涛反而是被资本推了一把。

2015年3月，军民融合发展上升为国家战略后，不断有投资人主动接触毛洪涛。直到2017年，中央军民融合发展委员会成立，中央办公厅、国防科工局、中央军委关于军民融合的文件陆续下发，毛洪涛终于下定决心：就是现在了！

这名航天集团青壮年专家决意将自己24年的工龄清零，跳入民营航天浪潮中。

2017年8月，第一笔投资进入星际荣耀账户；2018年4月，星际荣耀第一枚固体亚轨道火箭“双曲线-1S”在海南发射升空；又过了两个月，星际荣耀15吨级液氧/甲烷发动机关键部件的点火试验在中国航空航天大学沙河校区成功完成。星际荣耀也在2018年3月完成由科工局·中信聚信、久泰蓝山、天风天睿、顺为资本等参与的pre-A轮融资，目前估值超过30亿元。

如果说第一波浪潮下海的多为金融业者，第二波趋势中，更多像毛洪涛一样的技术人员加入创业大军，创办了星际荣耀、星途探索、九州云箭、灵动飞天、深蓝航天……

过去的痕迹仍然会在不经意间流露。

毛洪涛办公室南面的墙上，挂着“大干90天，确保再飞圆满成功”的横幅。在发射火箭“双曲线-1S”之前，同样的位置上是一条类似的横幅。

“人嘛，总是会有一些路径依赖。”毛洪涛的手里习惯性地把玩着打火机和烟，“在没有找到更合适的方法之前，原来单位有很多行之有效的方法，也还要继续贯彻。”他办公室的醒目位置，还挂着写有“民族复兴”四个字的书法作品。

办公室东南角堆着几箱方便面，这是毛洪涛雷打不动的早餐。有从原单位起就跟在毛洪涛身边的工作人员介绍：“毛总非常不在意自己的生活，他一生可能只执着于航天这一件事。”

工作人员回忆，离职创业前的告别会上，毛洪涛从裤兜里拿出一张磨得破破烂烂的字条，上面列有七八项他当初开创新部门时设立的目标，他逐一向大家说明每个目标超额完成了多少。“在场所有人都感受到了他对自己的苛刻要求。”工作人员说。

角色的转变带来视角的转变。体制内的毛洪涛更多的是看到差距，体制外的毛洪涛更多的是看到市场。

“过去在体制内做航天，是‘皇帝的女儿不愁嫁’，而对于纯商业的市场来讲，有时候是‘酒香也怕巷子深’。”过去，毛洪涛的设计工作带有科研的性质，或多或少会考虑成果评定、报奖的因素；创业后，市场需求、报价、成本控制、技术方案的实现难度成为毛洪涛考虑更多的问题。

“小学生水平”

北京时间 2018 年 2 月 7 日，Space X 的重型猎鹰火箭成功点火升空，这枚使用了 27 个梅林发动机的火箭起飞时推力可达 2280 多吨——大约相当于 18 架波音 747 全力推进，近地轨道有效载荷 63.8 吨，是现役运载力最强的火箭。

成立 16 年，马斯克和 Space X 讲了一个带领地球人移民火星的飞升梦。

同为科技狂人，亚马逊 CEO 杰夫·贝索斯也拥有名为“蓝天起源”的航空公司。这家比 Space X 历史更悠久的航天公司目标是将人类送往外太空旅行。2017 年 12 月，蓝色起源发射并降落了其太空“旅游车”New Shepard。

和从小就酷爱《银河系漫游指南》的马斯克不同，亦庄的创业者们结缘火箭并没有戏剧化的故事。

比如，张昌武是因为家人在航天领域工作而对该领域的市场需求有所了解，对于毕业于北京航空航天大学的毛洪涛、舒畅来讲，进入这个行业更是顺理成章。

跟美国的极客们相比，国内民营火箭创业公司显得“接地气”很多。研发中小型火箭、把微小卫星运入近地轨道，是包括蓝箭航天、星际荣耀、零壹在内的民营公司的共同目标。通俗地说，当火箭搭载着一个个微小卫星入轨后，便可形成微小卫星组网，实现通信联网、天气预测、航空 Wi-Fi 等方面的价值。

在毛洪涛看来，国内的民营航天公司，目前还是“小学生水平”。毕竟，目前成功发射的两枚民营火箭还只是不能入轨的亚轨道火箭。

据报道，零壹发射的“重庆两江之星”最高飞行高度为 38.8 千米，星际荣耀发射的“双曲线 -1S”最高飞行高度为 108 千米，均为亚轨道飞行器，而国际空间站的运行轨道在 400 千米左右。

至于发射入轨运载火箭，则被放在了这些公司下一步的计划里。

“作为初期的公司，在包装出精彩的故事之前，首先还是要具备入轨的能力。”毛洪涛说。对于火箭而言，进入轨道之后才有把卫星、货物、人送入轨道的运载能力可言，有了运载能力，火箭才能真正产生商业价值。

困局

德联资本曾经系统梳理过民营火箭赛道，最终决定放弃。

“民营企业做火箭，相当于把新中国成立半个世纪以来航天体系做的事再重复一遍，投入非常大，周期也极其长。”据德联资本投资总监樊雪松估算，民营资本造火箭，至少要花费 10 亿元。

在拿到 A 轮 1 亿元融资前，某社交平台上对零壹最大的质疑声是：只有 1000 万，你凭什么造火箭？

舒畅的应对是，把造火箭这件事分成几个阶段，用 1000 万完成第一个阶段性目标——组织一个精干的总体设计团队，先设计出总体方案。

“在没从体制内出来前，我也觉得火箭研制是个资本特别密集的行业。”毛洪涛坦言，“但跟共享单车这种 To C 的互联网创业资金规模相比，我倒觉得火箭没那么烧钱。”

资本的犹疑还有另一个原因。“固体发动机火箭，装上战斗部，就相当于一枚导弹。”樊雪松担忧，未来国家会有相关政策约束。

有这种担心的不只是樊雪松一人。北极光风险投资合伙人黄河也曾公开表示：“火箭和导弹的研制技术类似，火箭军是中国最具威慑力的军事力量，一且体制内外溢火箭制造技术的人才，也就是说导弹技术向社会大规模扩散，这甚至会引起航天的政策逆动。”

以固体燃料作为发动机的火箭，其燃料与核心元器件的生产制造工艺多掌握在军方及国企手中，也容易卡住民营火箭公司的脖子。

蓝箭原计划通过采购固体发动机，率先组装发射固体亚轨道火箭。经过跟供应商长达一年的交涉，蓝箭把发射日期定在 2017 年第三季度。

但变故突然传来，供应商最终决定不向民营公司出售固体发动机。

这让张昌武意识到，只有自主研发出安全可靠的大推力发动机这一火箭的心脏，民营火箭创业公司才有护城河可言。

蓝箭决定将研发自主可控的液体发动机作为未来业务重点。据介绍，液体火箭发动机具有安全可靠、比冲性能高、启动工作平稳、易于批量生产、可重复使用等诸多优点。

现在国际上主流的、可重复使用的火箭动力系统，均采用液体发动机。如中国的长征 1 ~ 7 系列，欧空局的阿里安 1 ~ 4 系列，苏联 / 俄罗斯的联盟号系列、旋风号、质子号、天顶号，美国的德尔塔 2/3 系列。

推进剂方面，蓝箭选择了成本相对低廉的液氧甲烷方案。目前国际领先的民用火箭如 Space X 新款的 Raptor（猛禽）、蓝色起源的 BE–4 均为液氧甲烷的新型推进剂发动机。

星际荣耀动力系统技术负责人同样认为，液氧甲烷动力系统具备良好的可重复使用性，可以做到燃料的多次填充、发动机的多次点火，且燃料具有一定的价格优势。

目前，星际荣耀和蓝箭在研的液体发动机还停留在十吨级别。

好消息是，星际荣耀、蓝箭航天在 2018 年年内都有百吨级推力的液体发动机热试车计划，零壹的液体发动机研制计划也正在论证中。

“在航天业内，我们打过一个比方：国家队就好比是世界杯，是国与国之间的较量，好看，但不是天天有；民营火箭公司就好像是俱乐部联赛，更加市场化、商业化。”毛洪涛说，“国家队在完成一些重大任务上具有不可替代的优势，而对于国家队无法充分满足的商业发射市场，恰恰需要民营公司来补位。”

毛洪涛认为，中国商业航天的环境就像现在的天气，“越来越暖”。

投资机构的“还债时刻”

张姝欣　刘素宏　赵雷 / 文

资本寒冬　在经历了五年高速发展后，投资机构迎来了寒冬。2018 年以来，VC/PE 市场的基金延续募集低潮，完成募集的基金在募资规模和数量上都大幅下降。4 月，新发布的资管新规限定基金入场，抬高个人 LP 门槛，进一步加剧了基金募集的困难。

募资陷入低潮，私募机构受到冲击。在“钱荒”加剧的背景下，GP 想尽办法找钱，LP 变得更加谨慎，部分项目签了 TS 还是拿不到投资，中小私募基金出现多人离职现象。创投市场迎来资本寒冬，这是投资机构的“还债时刻”。

踏着双创浪潮在 2015 年投身到私募行业的李强，如今打算离开了。在他看来，裁员潮和离职潮，笼罩着整个行业。

“一级市场的惨淡超乎你的想象，这波行业低谷期来临之后，我身边不管是做大型还是小型私募基金的投资人，都有被辞退的。我们基金账面上实在没有钱，没得投。”一家中型股权私募基金的投资总监李强告诉寻找中国创客。

“2018 年是许多投资机构的清算期。”熊猫资本合伙人李论对寻找中国创客表示，2011 年、2012 年，诞生了很多新基金，一级市场投资回报周期很长，五六年之后才能见分晓。投的项目好与不好？为 LP（有限合伙人）赚了多少钱？检验投资机构的时候到了。

整个 VC/PE 市场的募资规模已经做出反应。投中研究院 2018 年 1 月发布的报告显示，2017 年开始募集的基金数量比 2016 年略微提升，目标基金规模达到近几年峰值，但 2017 年完成募集的基金规模为 2469 亿美元，比 2016 年的 2610 亿美元环比下降 5.4%，募资缺口明显。

“潮水退去，就知道谁在裸泳”，巴菲特的话折射了如今的投资机构现状。

“钱荒”——新募集基金数量断崖式下降

在经历了五年高速发展后，寒冬来了。“从 2017 年年底到 2018 年年初，圈内陆续透出资管新规的风声，我们都知道行业低潮期要来了。”李强表示。

这不仅是李强等圈内人的个人感受。投中研究院报告显示，2012—2017 年，VC/PE 市场开始募资和募资完成的基金数量在 2015 年达到最高，紧接着，募资完成的基金数量从 2015 年的 2371 支，降至 2017 年的 955 支。

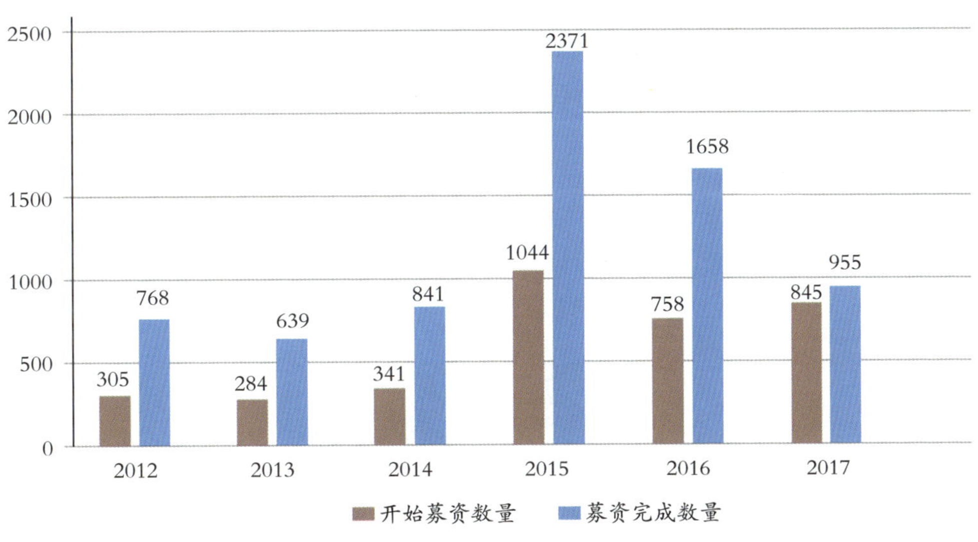

资料来源：投中研究院

再从市场的募资基金规模来看，2012—2017 年，开始募资的基金规模在 2017 年上涨明显，升至 5349 亿美元，但是完成募资的基金规模基本和 2015 年持平。2017 年私募基金市场资金缺口明显。

清科研究中心 2018 年 6 月发布的数据显示，从 2017 年 6 月至 2018 年 5 月基金新募集情况月度走势图来看，新募集基金数从 2018 年 1 月达到最高峰后出现“断崖式”下降。新增资本量从 2017 年 12 月至 2018 年 4 月持续下降。

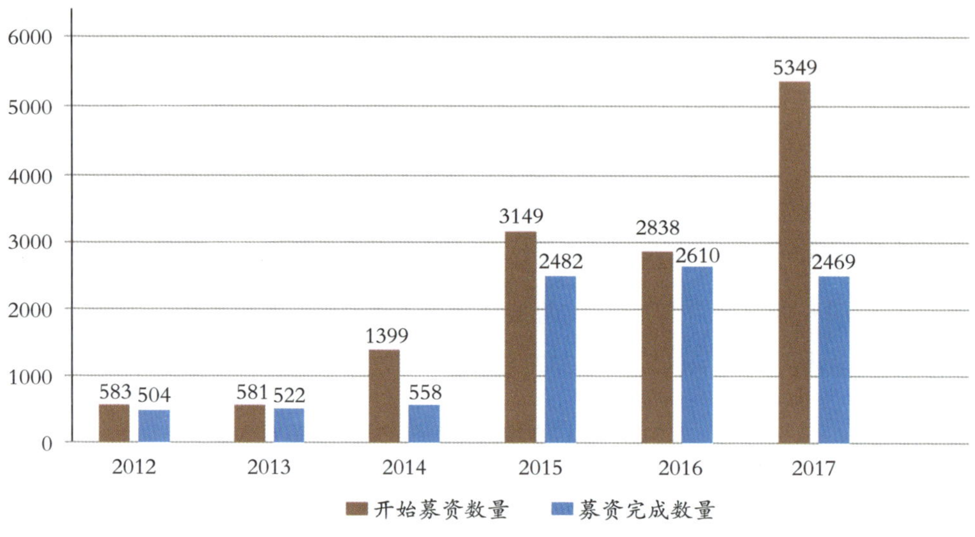

资料来源：投中研究院

2017 年 6 月至 2018 年 5 月基金新募集情况月度走势图

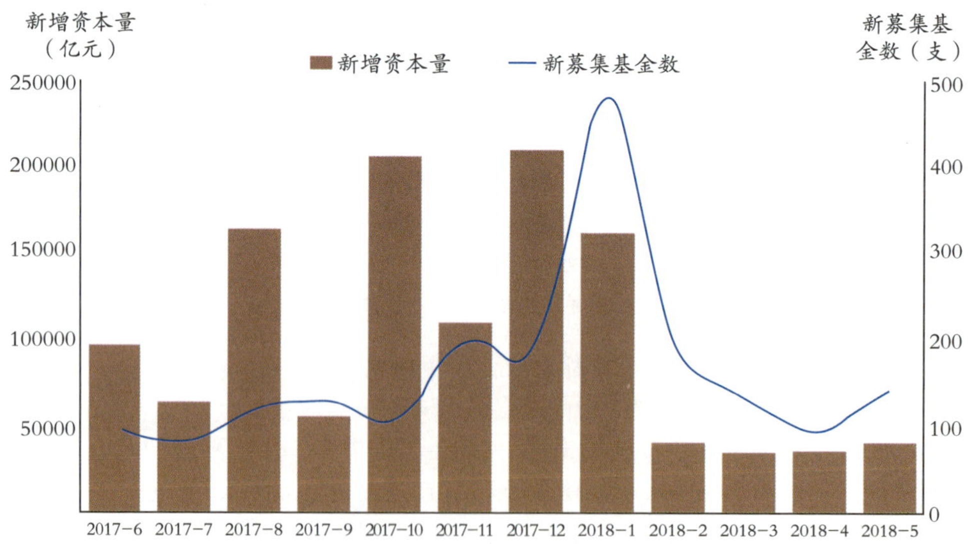

2018 年 4 月发布的资管新规限定了银行理财基金等多种基金的入场，同时抬高私募股权投资个人 LP 的门槛。银根收紧后，以银行通道为主的市场化

母基金募资受限，VC/PE 机构很难从母基金获得资金。

新规发布后，“钱荒”加剧。投中研究院发布的数据显示，2018 年 5 月，VC/PE 市场的基金延续募集低潮，完成募集的基金在募资规模和数量上都大幅下降。募资规模同比降幅高达 90%，数量同比大降 76%；募资规模和数量环比降幅分别为 78.94% 和 44.19%。

疯狂——GP 找钱“无所不用其极”

创投圈流行一个段子，资本寒冬来了，会有张颖内部信流出，王冉发文跟上，包凡总结陈词。

易凯资本创始人王冉两年前的一篇文章称，如果中国经济真的进入了下行周期，那么资本将会从高风险高回报的项目上，逐渐过渡到安全的领域，创业者融资将变得异常困难。今年 6 月，王冉再发朋友圈称“募资越来越难，GP（普通合伙人）们势必开始珍惜子弹”。

“市面上的钱大部分都是银行流出来的，资管新规后，现在 LP 的钱也紧。”一位小型私募股权基金的投资人马东表示。

马东正在为一个有政策扶植资金的光学显示项目募资，即使政府资金到账了，LP 的钱也很难募到。“有一些 LP 是大企业的母资金，银根收紧后，他们发的大型企业债券不好还，他们自己的资金就出了问题，就算很看好我们这个项目，也没钱投”。

账面上还有钱的 LP，则变得更加谨慎。

“我拿新项目去找还有钱的 LP 时，他们会直接告诉我，现在大环境不好，2019 年再说。现在 LP 风险意识很强，我接触到一个证券市场资产有几十亿规模的‘牛散’（指非机构的自然人账户，择股能力很强，盈利能力非凡，“很牛”的散户），也只愿意投资回报周期短的项目，对长期项目并没有信心。”马东说。

多位私募基金从业者说，即使有些之前的项目让 LP 赚钱了，因为慎重配比资金盘，下一期项目 LP 也不计划继续追加投资。

多位小型私募机构的投资人告诉寻找中国创客，LP 资金紧张是一大痛点。

为了找钱，GP 可以说“无所不用其极”。发动身边的亲朋好友只是最基本的方法，财富公司、银行、信托、保险、券商、国企、大企业对外投资的系统，只要是有钱的机构和个人都要找。

人慌——“熬不住了”的年轻人

并不是每个从大机构出来做中小私募的机构都能获得像此前供职于 IDG 的张震、红杉的曹毅那样的成绩。

募资陷入低潮，中小私募机构首先受到冲击。

“有几个顶级投资机构的合伙人，本来打算自己成立中小型私募，看到这种情况最后都放弃了。”李强说。

其中缘由是，中小机构在大环境不好的情况下更难说服 LP 出资。

“我为一个明星项目募资，很多 LP 都会觉得估值太高而不愿投，虽然我们算出可观的回报率，但还是很多 LP 不相信有这么大的市场价值”，一位新成立的小型私募机构 GP 说。

尽管后来事实证明，他对项目的估值增长判断完全正确，但是因为募不到钱，他的基金只能无奈延期，妻子和女儿劝他离开行业。

“熬不住了”，一家 PE 的 HR 高管黎明这样形容当下中小投资机构里的年轻人。

在他看来，大批年轻人正在离开中小私募、VC 行业，一方面，现在行情不好，机构手中无“子弹”，只看项目不出手。投资经理的基础薪酬普遍不高，项目投不下去就无法分 carry，而 carry 才是投资机构最核心的激励机制；另一方面，行情不好，项目退出也会受影响，一些机构无法回血，越来越归于沉寂。

某投资机构高级品牌经理表示，2018 年春节之后，他开始感觉到募资难，最明显的迹象是圈子里听到的募资新闻越来越少，PR 也越来越少推广这些新闻。个别机构甚至传出发不出工资、需要向投资人借钱的消息，还经常有工作人员抱怨年终奖“行业最低”。至于机构的年会和各种峰会，规模也比前两年小。

另外，2018 年春节后，他工作中接触到的 PR 已经有十多人离职，还有一个机构负责募资的合伙人也选择了离职。

融资难——签了 TS 还是拿不到投资

现在，资金紧张的影响已经传到了创业者身上。

一位互金行业创业者表示，在2016年年初曾获某教育行业的大企业投资，但在 2017 年年末到 2018 年年初，投资人表示不会再投资此项目并商议退出事宜，理由是目前资金有限，要布局在更看好的领域。目前，他计划将公司转型做大学生训练营，因为“找不到钱，做训练营成本比较低”。

一位正在考虑接受华兴投资的创业者说，他本来打算把融资分两步走，2018 年丨一前后各进行一次，但在投资人提醒下，他决定尽快把两轮融资放到一轮内做完，金额大幅压缩。

“投资人预测未来两到三年都是资本寒冬期，先拿到融资肯定更有利，精力放到项目发展。”该创业者说。

多名创业者表示，他们的项目和一些中小机构签了 TS，以为终于能拿到钱时，私募基金突然放弃了投资。

“在 2017 年年底到 2018 年年初，资管新规有风声后，那时候大家还觉得有募到钱的可能性，TS 本身没有法律约束力，所以我们就会签大量 TS 占坑，再尝试募资。这就会造成大量签了 TS 募不到钱，放弃投资的情况。”李强说。

而如今靴子落地后，他认为，大家都意识到我拿不到钱，不会做无意义的劳动，连签 TS 占坑都不做了。

相比于目前市场上涌现的众多独角兽项目，早期项目的处境更艰难。多位私募基金从业人士称，投资人因为资金缺乏，更倾向于稳健投资，早期投资往往是大风险、大收益，现在大家不愿意冒风险投资，他们更偏好在资本市场上已经跑出来的头部企业。

以资本热捧的 AI 行业为例，IT 桔子收录的 AI 企业投资事件显示，2017 年前，A 轮、B 轮早中期获投事件融资金额是主力，2017 年后，C 轮及之后的投资金融超过总金额的 65%。同时，2017 年，AI 行业整体投资事件减少。

“我们也知道投资人最大的价值在于项目还没有发展壮大时，发现了项目的独特价值，享受早期投资后的高额退出回报。现在整个的资本都涌到中后期了，这是不正常的。但这也是资本减低风险的一种方式。”一位投资人表示。

形势——头部机构和创业者“不缺钱”

过去十年，中国的经济市场大致经历了三次低谷：2008 年经济危机、2012—2013 年的小低谷期以及 2015 年股灾。

在金融业深耕 20 多年的洪泰基金创始合伙人盛希泰表示，20 年来几乎从未遇到过国家从架构和战略层面的基金紧缩，由于目前地方债务、企业债务、个人债务负债很高，同时又伴随着中美贸易纠纷的外力影响，目前行业资金严重紧缺。

此次的募资难，除了是“史上最严”资管新规的连锁反应外，有分析认为，还有着市场优胜劣汰的因素，一些业绩不好、业内欠缺声誉的机构会被淘汰。这一波低谷期从 2017 年年末开始，预计会持续四到五年。

悦享资本投资经理扶持介绍，行业里曾经有一个测算，有些基金 LP 的投资收益还不如买理财产品高，这也意味着洗牌不可避免，但洗牌不一定是坏事，至少能让行业更净化。

以太创服创始人、CEO 周子敬表示，资管新规和去杠杆的大环境总体对市场的影响，要针对不同 LP 类型来看，LP 主要分为富裕个人、上市公司、银行等金融机构。

对于在 2015 年、2016 年冲动投资的富裕个人，现在到了回报周期，回报率不高的个人可能会受影响不愿投资；资管新规和国家去杠杆的大环境对上市公司和银行的影响比较大，因为上市公司的钱本来大部分就来自股市和银行股市，因此受大环境负面影响比较大，银行是本身受资管新规影响银根收紧。

不过，在一些投资人看来，头部机构和创业者不存在“钱荒”。

周子敬曾表示，头部项目依旧受到资本的青睐，尤其是在市场不好、优秀项目不多的情况下，头部项目争抢更加激烈。对那些非一线基金来说，处境可能会比较尴尬。

猎鹰创投合伙人李圆峰也认为，对于投资机构和创业公司来讲，更重要的是看你是不是头部的那 20%，这部分在任何市场下都不会“钱荒”，一个行业不可能 100% 都能得到好的发展。

未来，李强也打算在大基金和产业基金里面找机会，“毕竟账面上还有钱”。

他分析，像红杉、经纬这样顶级投资机构，资金渠道比较稳定，历史业绩让它们不愁募资。而产业基金的资金来源于产业本身，像美团、恒大等都有自己的产业基金，它们的资金来源于自己的产业集团，有兜底，募资也更容易。

（注：李强、马东、黎明为化名）

解剖美团

薛星星　唐亚华　刘景丰　黎明　赵雷／文

美团上市　2018年，互联网企业迎来继2000年、2014年后的第三波上市潮。在近一年的时间里，已有爱奇艺、B站、虎牙、拼多多、小米、美团等众多新经济公司成功IPO。但在火热上市的背后，一些独角兽公司却面临估值缩水、“流血上市”的窘境，上市后的市值甚至低于IPO前的估值。

这些公司为何会在此时集中申请上市？让我们从美团的上市之路中一窥究竟。

8年时间，美团已经成长为一个本地生活服务巨头，与今日头条和滴滴出行一并被称为TMD。它拥有繁杂的业务线，每个领域均面临强悍的对手，它共融资8轮，累计融资超过80亿美元。它不断拓展边界，在2018年4月以27亿美元的对价收购摩拜单车。

2018年9月20日，美团点评正式在港交所敲钟上市，当天市值一度高达500亿美元，超过京东和小米，仅次于BAT。但两个月后，美团市值已经缩水20%。作为千团大战的胜出者，美团究竟是一家什么样的公司？

王兴正在将美团点评打造成一家前所未有的公司。

这家从团购网站起家的公司，正迅速成长为一个本地生活服务巨头，与另外两家公司今日头条和滴滴出行一并被称为TMD，意为继BAT之后中国互联网的新巨头。

和另外两家不同的是，美团拥有繁杂的业务线，涉及十几个领域，且每个领域均面临强悍的对手，它不得不一次又一次深陷烧钱的泥淖之中。

好在每一次业务线扩张的背后，都让美团的资本故事扩大一步。它在进攻之中不断提升自己的估值，最近一次的融资金额是 40 亿美元，投后估值达到 300 亿美元。

2018 年 9 月 20 日，美团点评正式在港交所敲钟上市。王兴仅用了 1 分钟就结束了发言，连说 7 个感谢，几乎包括所有与美团相关的人士，甚至还有乔布斯。“如果没有乔布斯发明的 iPhone，没有移动互联网，就不会有我们的今天”。

十多分钟后，他敲响铜锣，旁边站着的是美团外卖的骑手、用户及商户代表。敲完后，他盯着铜锣背后的大屏幕，看到跳出来 72.9 港元的开盘价后，终于露出满意的笑容。

截至当天收盘，美团点评股价报 72.65 港元，较发行价上涨 5.29%，总市值约 3989 亿港元，合 509 亿美元，超过京东和小米，仅次于 BAT。

但上市仅 4 日后，美团点评便跌破发行价。此后股价不断走低，在之后的一个月里跌幅达 26%。截至 11 月 15 日收盘，美团点评股价报 57.5 港元，市值 3157.89 亿港元，较首日市值已经缩水 20%。

老业务——外卖 + 酒旅贡献营收超九成

核心数据：2017 年，餐饮外卖的年度交易金额达到 1710 亿元，营收占比 62%，毛利率仅 8.1%。

到店、酒店及旅游业务的年度交易金额为 1580 亿元，营收占比 32%，毛利率达 88.3%。

招股书中，美团将自己定义为“中国领先的生活服务电子商务平台”，通过满足人们日常“吃”的需求，进一步扩展至多种生活和旅游服务。

过去一年，美团平台的交易笔数超过 58 亿单，交易金额约 3570 亿元，为全国超过 2800 个市县的 3.1 亿年度交易用户和约 440 万年度活跃商家提供服务。

美团将旗下业务分为餐饮外卖，到店、酒店及旅游，新业务及其他三个板块。招股书中透露的信息显示，美团整体营收的大头主要来自其外卖领域。

2017 年，餐饮外卖的年度交易金额达到 1710 亿元，占美团年交易金额的 47.9%，但其营收却占到了总营收的 62%。这部分收入来自商家向美团平台订单支付的押金，美团向商家提供的在线营销服务及向用户及商家收取的配送费等。

美团在 2013 年推出外卖业务，据说当时团队内部试水了多条业务线，最后发现外卖业务频次高、需求旺盛，于是将外卖业务独立出来，由联合创始人王慧文直接负责。

根据 Trustdata 发布的《2018 年 Q1 中国外卖 O2O 行业发展分析报告》，美团外卖、饿了么及百度外卖的市场份额占比达到 94%，行业形成两极分立格局，美团外卖的市场份额甚至领先另外两家之和。

即便如此，外卖业务本身而言却并不性感，美团外卖的毛利率仅为 8.1%，是三块业务中最低的。

实际上，外卖的想象力并不在于外卖本身。一方面，外卖需求量大、使用频次高，可以为美团其他业务实现源源不断的流量导流；另一方面，基于建立的规模庞大的骑手团队，美团构建了一张可以深入城市大街小巷的即时配送网络。艾瑞报告指出，按 2017 年交易笔数计算，美团点评拥有全球规模最大的即时配送网络。

这张网络成为美团搭建起大零售体系承上启下的一环。在各家争相布局的新零售领域，即时配送网络的建立至关重要。

营收的另一个大头，是美团早年开拓的到店、酒店及旅游业务。招股书显示，2017 年美团到店、酒店及旅游业务的年度交易金额为 1580 亿元，占比 44.26%，营收占比 32%，毛利率高达 88.3%，是美团三个业务分部中最为成熟的分部。

商家在平台上售出的代金券、优惠券、订票及预订票支付的押金，来自提供给商家的在线营销服务及根据年度套餐提供的营销服务是该业务收入的主要来源。

美团在 2017 年 12 月底进行组织架构调整后，成立了新到店事业群，融合了原到店餐饮、餐饮生态、到店综合及智能支付业务。招股书显示，美团的在线商家数量呈逐年上升之势，从 2015 年的 300 万增长至 2017 年的 550 万，同

	截至12月31日					
	2015年		2016年		2017年	
	人民币	%	人民币	%	人民币	%
	（以千计，百分比除外）					
收入：						
餐饮外卖	174,754	4.3	5,300,993	40.8	21,031,933	62.0
到店、酒店及旅游	3,773,721	93.9	7,019,642	54.0	10,852,810	32.0
新业务及其他	70,484	1.8	667,442	5.2	2,043,244	6.0
统计	**4,018,959**	**100.0**	**12,988,077**	**100.0**	**33,927,987**	**100.0**

期活跃商家从66%升至80%。艾瑞报告称，美团目前是中国最大的到店餐饮平台。

而在酒旅方面，美团入手较早，早在2012年就以团购形式入局酒旅行业，其核心打法在于以三、四线城市的中低端酒店入手，以本地消费切入异地消费。2014年，美团酒店业务被划拨成独立的事业部，主要业务包括住宿、境内度假、境外度假及大交通，集中在三、四线城市的低中档区域。

此外，在本地生活服务方面建立的庞大用户量也为其酒旅业务实现导流。招股书显示，美团酒店预定业务80%的新增用户来自即时配送及到店餐饮交易用户。2017年美团国内酒店间夜量总计达到2.05亿，美团称在国内同行业中排名第二。

新边界——生鲜及出行等营收占比约6%

核心数据：生鲜零售等新业务及其他服务营收占比约为6%。2018年4月，美团以27亿美元全资收购了国内共享单车品牌摩拜单车。

美团一直不吝于扩展自己的边界，生鲜零售及出行领域是近几年美团新进入的领域。但在这两个业务板块之中，美团都是新来者，其业务规模也未形成一定优势，尚处于发展初期。在招股书中，这部分业务与向商家提供的供应链及投融资服务一并被归为新业务及其他服务，营收占比约为6%。

以生鲜零售为代表的线下新零售在近几年成为各家关注的风口。美团在2017年组织架构调整后，新成立大零售事业群，宣布要建设生鲜零售等新能力，全面布局大零售生态。

早在2017年7月，美团就在北京望京开设了自己的第一家实体生鲜超市“掌鱼生鲜”，经营面积2000平方米，以生鲜食品为主，但开业后效果却不尽如人意。

与其他生鲜超市如盒马鲜生、超级物种、苏鲜生、7FRESH相比，掌鱼生鲜仍以果蔬农产品为主，海鲜水产多为冰鲜，而非鲜活水鲜，开业初期门店中也无餐饮板块。甚至有报道称其为传统超市豪华版，而非新零售新物种。截至目前，掌鱼生鲜也只开了一家门店。

2018年5月，美团将“掌鱼生鲜”升级为“小象生鲜”，在北京方庄开设了第一家门店，以“越快越新鲜”为口号，门店面积约2000平方米，设有生鲜食品和餐饮区域，门店场景外可以提供电商和即时配送。

出行更是此前和美团完全不相干的业务，唯一相同的一点的是，它同样是靠大额补贴烧出的市场。过去，Uber中国在网约车市场同滴滴对抗，烧光了至少20亿美元。后来，两家进行了合并。现在滴滴统治着网约车至少80%的市场份额。

美团打车在2017年2月先行于南京进行了试运营，通过降低司机端的抽成比例及给予用户补贴来抢占市场。试水近一年后，美团在年底高调宣布将进行全国扩张，首批开放城市包括北京、上海、杭州、厦门等七座城市。但截至目前，美团打车仍只进驻了南京和上海两座城市。

“开了上海之后，我们对于开城速度的预期确实是下降了。”王慧文在一次采访承认美团打车开城速度的下滑。有消息称美团已在杭州、成都和温州拿到了《网络预约出租汽车经营许可证》，不过目前尚未开始在以上几座城市开展运营。

随着滴滴顺风车的两起安全事件的发生，政策对网约车的管控更加严厉，美团打车的布局几近停滞。

2018年4月，美团以27亿美元全资收购了国内共享单车品牌摩拜单车，顺带包揽了这家公司背后的一堆债务。招股书显示，摩拜单车成立至今仍处于亏损状态，且无法保证其未来能获得盈利。

而之后更新的财务数据显示，从 2018 年 4 月 4 日美团收购摩拜到 2018 年 4 月 30 日的 26 天时间里，摩拜总收入 1.47 亿元，折旧 3.96 亿元，经营成本 1.58 亿元，总亏损达 4.07 亿元。

打法——融无可融，硬着头皮上市？

核心数据：截至 2017 年年底，美团总交易额为 3570 亿元，整体收入为 339 亿，净亏损为 190 亿元，经调整净亏损 28 亿元。

多种业务线的扩展提升着美团的营收能力，2017 年美团的总收入达到 339 亿元，同比增长高达 161.2%，平台总体毛利率为 36%。

但不容忽视的是，它仍处于亏损状态。过去三年，这家公司累计亏损了 141.5 亿元（经调整亏损净额）。截至 2017 年年底，美团总交易额为 3570 亿元，整体收入为 339 亿，净亏损为 190 亿元，经调整净亏损 28 亿元。

常年亏损的一部分原因是美团在多条业务线同时作战，而几乎每一项业务都面临强大的对手，这就需要用持续不断的补贴来稳固市场。

同时，它又在飞速成长中不断扩张边界，这导致美团几乎无法在短期内实现盈利。外卖至今仍处于亏损状态，大零售布局刚刚启动，而出行市场同样面临着滴滴的防守。

以外卖业务为例，美团在 2013 年推出该业务，成立之初便面临市场上存在已久的饿了么的竞争。它与美团之前面临的团购市场不同，几乎完全依靠资金启动，各平台不断通过大额融资补贴用户来抢占市场，“新用户下单立减 8 元”“满 50 减 18”等补贴方式，是吸引用户的重要手段。

过去几年，几方在外卖领域烧光了百亿级别的资金，在全国几十座城市进行激烈的“巷战”。有消息称美团在初期一个月的补贴就高达 2 亿元，截至目前美团的外卖业务尚未实现真正盈利。

招股书的数据证实了这一点，数据显示，美团餐饮外卖的成本占美团总成本的 89.1%，这其中大部分用于支付骑手的工资。

为了维持高效的配送效率（招股书称 2017 年美团的平均每单配送时间约

	截至12月31日					
	2015年		2016年		2017年	
	人民币	*%*	*人民币*	*%*	*人民币*	*%*
	（以千元计，百分比除外）					
非国际财务报告准则计量：						
经调整EBITDA（未经审计）[1]	(5,693,387)	(141.7)	(4,998,311)	(38.5)	(2,691,811)	(7.9)
经调整亏损净额（未经审计）[2]	(5,914,106)	(147.2)	(5,353,117)	(41.2)	(2,852,716)	(8.4)

美团招股书显示，2017年经调整净亏损28亿元

为30分钟），美团不得不大量招募配送骑手，截至2017年第四季度，美团日均活跃配送骑手数为53.1万，骑手成本达到183亿元。

在最新进入的网约车市场，美团同样实行高补贴政策与滴滴抢夺市场。2018年3月，美团打车进驻上海时，司机端抽成比例仅为8%，且前三个月免抽成，仅收取象征性的服务费。乘客端前3单最高可减免14元，号称1元钱打车。上线两天后宣布日订单量突破30万单，拿到30%的市场份额。

招股书数据显示，2017年美团打车的总支出为2.93亿元。需要指出的是，2017年美团打车仅在南京一地运营。如果美团打车之后加大布局，其支出势必增加。

但政府已经不能容忍网约车市场的高补贴政策。美团打车进入上海后，滴滴同样以大额补贴应对美团，在乘客端和司机端均提高了补贴力度。随后两家均遭到交管部门约谈，要求停止价格战。

好消息是得益于其他业务线的逐渐成熟，美团的总体亏损正在逐年缩减，2015年至2017年，美团经调整后的亏损为59亿元、54亿元以及28亿元，三年内亏损减半。有分析认为，美团希望借助其他业务线的盈利，来弥补其在外卖及打车市场的亏损。

也许是意识到短期内盈利不足，美团在招股书中强调，衡量其成功的主要指标是美团长期创造的价值，而非短期盈利能力。

“虽然我们还远远不是一个很有钱、很赚钱的公司，但是我们有足够的

资金积累。”王兴在2018年4月的一次采访中说。招股书的信息显示，截至2017年年末，美团现金及等价物达到约194亿元，短期理财258亿，合计约452亿元（约合70亿美元）。

不过，2018年4月美团对摩拜单车的收购花掉了27亿美元，再加上打车及外卖的补贴开支，这笔钱够不够花还有待商榷。相关报道称，加上上述相关开支及投资布局，美团账面资金到2018年4月约有34亿美元。

因此，近日有报道称，美团“着急上市”是不得已而为之。过去8年间，这家公司一共进行了8轮融资，累计融资金额超过80亿美元。最新的一笔融资发生于2017年10月，融资金额40亿美元，投后估值达300亿美元。

有分析认为，现在的美团，还想通过非上市手段获得能满足自己胃口的融资，已非易事。而据外媒报道，此次IPO，美团希望以约600亿美元的估值募集大约60亿美元的资金。

招股书显示，此次募集到的资金将有约35%用于升级技术并提升研发能力；约35%用于开发新服务及产品；约20%用于有选择地进行收购或投资于与我们的业务互补并符合策略的资产及业务；约10%用作营运资金及一般企业用途。

未来想象力——美团是下一个亚马逊吗？

核心数据：在公开报道中，美团至少投资或收购了近70家企业。最为显著的例子是2018年4月对摩拜单车的收购。

美团成立至今，不断有人发问，美团的边界到底在哪里？王兴的回答是：“看起来我们什么都做，但实际上我们只做一件事。”

他将美团视为出售服务的电子商务平台。多次采访中他都提到了亚马逊作为类比，看起来亚马逊似乎也是什么都做，它拥有自己的电商平台，还涉及媒体制作、云服务及智能硬件等多个领域。

“你所看到的美团覆盖了很多垂直领域，是因为这些用户群体或多或少地存在交集。想要下馆子的、点外卖的、看电影的、旅游的、租车的，基本上是同一个群体。”王兴说。

早期这家公司奉行“T 战略”，横向为团购，纵向为从团购出发引申出来的多个垂直场景。基于这个逻辑，美团内部孵化了猫眼电影，将外卖业务独立出来，进入酒旅行业等。

这个战略并非次次生效。过去，美团关闭了几十种线下业务尝试，包括美团早餐、排队机、Wi-Fi 等近十个业务。2016 年，美团还因用户对其黏度不如预期，宣布停止上门按摩、上门保养、上门保洁等点评到家的服务。

2017 年 11 月，美团宣布关闭了餐饮平台“松鼠便利店”和“共享充电宝”两个试点项目的运营，王慧文发布内部信称，探索新业务的标准包括未来的市场规模、与已有业务之间的联系、未来一段时间是否会发生巨大变化等，而新业务的探索资源则以“满足最小测试单元为默认标准”。

2017 年 11 月中旬，美团在四川试水运营了近一年的分时租赁业务被爆出已经关停，美团方面给出的说法是因为业务调整需要，美团租车将不再在四川郫都区提供服务，停止分时租赁试点运营。有知情人士对媒体表示，美团关停该业务的原因是“商业模式无法跑通，也很难实现盈利”。

此外，当进入某些新业务场景时，美团还会选择通过投资或收购来进行布局——越来越像巨头的打法，在公开报道中，美团至少投资或收购了 70 家企业。最为显著的例子是 2018 年 4 月对摩拜单车的收购，此前，王兴曾以个人名义投资了这家公司。有消息称美团原本的计划是投资而非收购，但王兴在后来改变了主意。

更早之前，美团在进入酒旅市场时，通过收购酷讯来加强其在旅游领域的产品技术能力；在中低端酒店业务上，投资了酒店 SaaS + PaaS 服务商别样红。此外，美团还投资了大量餐饮 ERP 企业，以加强自己在餐饮 B2B 的实力。

2017 年 2 月，美团宣布成立 30 亿元的美团点评产业基金，专注于大消费领域 C 轮以前的项目投资。

现在，美团已经很少在公开场合表露自己的“T 战略”，而是强调内部各条业务线的协同作用。美团在招股书中解释，在即时配送及到店餐饮等大众、刚需、高频的服务种类的领导地位，可以使其快速地扩展至低频的消费场景，从而不断增加营收。

这是平台的价值所在。在单个领域，美团并没有建立起强大的护城河。但当这些业务相互融合并层层相扣之后，美团借此构建了其核心的竞争壁垒。“还有哪个平台每天可能拥有数百万甚至数十亿单的交易量？”王兴在一次采访中反问。

美团上市的当晚，王兴在公司内部发布了全员信，谈了谈“耐心”这件事情，要长期有耐心，对未来越有信心，对现在越有耐心。上市不是耐心的结束，而是真正考验耐心的开始。被大家称为“连续创业者”的王兴，应该不会有人比他更有耐心了吧？

“建设比见证更重要。”正式敲钟前 19 小时，王兴在他早年的 SNS 创业项目饭否上说道。

他没有微博账号。但在他 2007 年创立的这家类似于 Twitter 的社交媒体上，他至今仍会不间断地更新。

趣头条、拼多多：
上海滩精英的五环外生意

黎明 / 文

互联网下沉 2018年下半年，电商黑马拼多多和资讯平台趣头条先后在美国纳斯达克上市。拼多多和趣头条有着相似的产品逻辑，它们都瞄准了中国数量庞大的草根群体，娴熟运用拼单和红包完成流量获取。他们在短时间内获得了爆发式增长，但也分别因山寨和内容低俗而饱受质疑。

拼多多和趣头条的上市，也代表着创投圈的新趋势——“互联网下沉”，即“三、四线城市用户”“五环外人群”的崛起。

然而，这两家企业的总部却位于繁华的上海，他们的创始人都属于上流精英阶层。他们在讲述的，是上海滩精英的五环外生意。

上海人的洋气，是在骨子里的。

20世纪20年代和30年代，当中国大部分地区还是贫困农村的时候，上海就已经完成了从传统市镇向近代都市的转型。“夜上海”“东方巴黎”成为这座城市的代名词，也使其成为上流精英的聚集地。

而当历史的镜头聚焦到颠覆创新的互联网时代，清华高才生王兴做起外卖的生意，互联网名人雕爷公开售卖牛腩，曾经的阿里铁军程维和出租车司机打成一片，我们突然意识到，“草根”这一远离精英社会的词汇，突然被赋予了特殊的意味。

2018年7月26日，拼多多在美国纳斯达克上市，9月14日，趣头条也正式登陆美国纳斯达克。

在一度被互联网创业者唱衰的上海，默默走出了拼多多和趣头条两家独角兽，其背后的掌舵者黄峥和谭思亮，将精英与草根之间的关系以一种直白的方式呈现，而在这种时代冲突下，上海也再一次站在了聚光灯下。

黄峥和谭思亮都有着精英教育带来的漂亮履历，在中国最富庶的长三角地区打拼至财务自由，跻身精英阶层。他们都瞄准了数量庞大的草根群体，娴熟运用拼单和红包完成流量获取，但他们倾力打造出来的产品，一家因山寨产品陷入舆论旋涡，一家被指内容低俗。

他们深谙人性弱点，快速收割流量，却免不了被质疑。无论如何，他们至少验证了一句话：农村包围城市，得草根者得天下。

瞄准上海滩

2015 年 1 月 20 日，谭思亮走出他在上海的办公室，脸上难掩兴奋之情。他刚卖掉一手创办的公司“互众广告”，作价 13.5 亿元。

两年前，谭思亮在上海嘉定区出资 450 万元成立了互众广告；两年后，他卖掉这家公司，银行卡上多了近 4 亿元现金，并获得了上市公司吴通控股 14.38% 的股权。

一夜之间财富自由，这是在上海随处可见的故事，但谭思亮本人却并不普通。

他毕业于清华大学和中科院，创业前，曾在雅虎、51.com、若邻网从事技术管理和高级管理职务，之后在盛大负责管理广告业务，盛大广告是当时国内最大的需求方平台。

名校毕业，知名互联网公司从技术岗到管理岗，这是典型的互联网精英的职业路径。当他的同龄人还在职业路上迷茫探索时，他早已将他们甩在身后。

当谭思亮揣着几个亿的现金考虑下一站应该怎么规划时，同样在上海的黄峥，则正在紧锣密鼓地筹备他的下一个创业项目。

若论造富速度，黄峥比谭思亮要更快一步。这个 80 后的人生，简直可以用开挂来形容。从杭州外国语学校保送至浙江大学竺可桢学院（名校中的王牌学院），后进入美国常青藤盟校攻读硕士，毕业后加入谷歌。

在谷歌工作三年后，他手中所持期权已经让他的人生从此衣食无忧。在黄峥的朋友圈里，有段永平、丁磊、孙彤宇等商业大佬，而且他在26岁时就与巴菲特亲密交流。

这样两个看似没有交集，各自飞速狂奔的年轻人，却不约而同地选择了上海作为发家之地。黄峥是浙江人，大学四年在杭州度过，谭思亮在北京完成学业，但他们都没有留在号称最适合互联网创业的杭州和北京。

他们选择上海是有道理的，毕竟在这里，满大街都能嗅到精英和金钱的味道。

相比之下，离上海更近的黄峥也离钱更近。

2007年从谷歌出走后，黄峥启动了第一个创业项目欧酷，三年后将其出售；随后他又创办了电商代运营公司乐其，很快实现了盈利，并在内部孵化了第三个创业项目寻梦游戏，不久后成为最赚钱的业务。

在普通人眼中，黄峥和谭思亮在天上，自己则在地上，完全属于两个不同的世界。2015年之前，黄峥和谭思亮应该也确信自己是在天上飞的，不管有没有风口，他们都飞了起来。

谭思亮每天接触的都是大客户，在他们的商业世界里，有自己通行的语言和规则，五环外的人不会懂。黄峥则一直处在社会高点，和商业大佬平等对话毫无压力，三个创业项目的主体客户，也都不属于五环外人群。

转折发生在2015年，高飞的鸟开始落地了。

下沉市场的机会

2016年6月，在卖掉互众广告一年之后，谭思亮开始启动他的另一个创业项目——趣头条。

上线两年多时间，趣头条就成为苹果App Store中国区排名前四的新闻应用之一。这是一款非常特别的应用，专注于三、四线城市及以下用户。

在今日头条、一点资讯、天天快报等诸多资讯类产品厮杀成一片红海时，在一、二线城市用户的视野之外，趣头条开始默默收割流量和用户，但实际上，它的内容并不“洋气”。

你很有可能没用过，甚至完全没听过这款产品，但你无法忽视这个平台上活跃着的巨大人群。他们熟练地将趣头条的链接分享至各大微信群，让更多人用自己的邀请码下载趣头条客户端，这一行为被称为“收徒”，可以获取现金奖励。随后，师父会主动提醒徒弟看新闻，看得越多赚得越多。

优势媒体—趣头条同质化，在新闻资讯类 App 中独具特点

趣头条与今日头条 / 腾讯新闻的人群重合度低于 20%

App	趣头条	一点资讯	今日头条	ZAKER 新闻
区域	非一线城市，北方为主	较发达城市，南方为主	一、二线城市	一、二线城市 70%+
性别	女性 70%	男性 61.9%	男性 55%	男性 70%
周人均打开次数	51.3	32.1	49.4	78.7

一、二线城市的用户可能会出于好奇下载趣头条，但大部分人马上会因为各种标题党的娱乐新闻、婆媳关系、养生健康等内容而卸载。趣头条在一、二线城市和三线以下城市的互联网用户之间构建了一条巨大的鸿沟，两侧是两个截然不同的平行世界。

在中国广袤的农村，最不值钱的恐怕就是时间。在收获“知识”的同时，还能获得“小费”，何乐而不为？谭思亮成功地抓住了鸿沟另一侧 BAT 无法触及的人群。

谭思亮总认为自己介于精英和草根之间，“你要比较草根一点，才能够贴近这些人。但另外一方面你要有意识和视野，这样能够看得更远”。按照他自己的说法，能上能下。

这种能力是在实践的历练中得来，在做趣头条之前，谭思亮还尝试过社交和 O2O，不过这几个项目都不太成功，“我们杀死过很多项目”，但毕竟不差钱。

黄峥也不差钱，而且黄峥在五环外的营地开工更早。

早在 2015 年，黄峥就创办了拼好货，后来从游戏公司内部孵化出拼多多，一年后黄峥将两者合并变成现在的拼多多，全力进军下沉市场。通过低价商品和优惠活动，依托社交拼团的强大裂变效应，拼多多迅速崛起，将广大小镇青年收入囊中。

黄峥和谭思亮很默契，他们都先后接受了腾讯的投资，成为腾讯庞大投资帝国的一员。而在接下来的两年里，他们以令人咋舌的速度，奠定了自己的江湖地位。

精英和草根的游戏

在中国的商业史上，有一个传奇案例，21 世纪初期在中国的边疆地区还人迹罕至的时候，已经能买到娃哈哈矿泉水。依靠布局全国的销售网络，卖水的宗庆后成了中国首富。

时代在变，但商业的本质并没变。

在网络并不发达的过去，娃哈哈打破的是地域限制，如今，拼多多和趣头条打破的是阶层和技术的樊篱。只不过在当今的语境下，矿泉水变成了拼多多平台上的各式商品，以及趣头条平台上永远刷不完的信息。

高明之处在于，黄峥要卖的，并非商品；谭思亮要卖的，也并非信息。

黄峥曾说，拼多多的核心不是便宜，而是满足用户占便宜的心理。“除了满足人们的基础物质需求，我们还做了大量产品设计、运营来满足人们不同精神层面的消费需求，比如冲动消费、理性消费、发泄性消费”。

在拼多多的平台上，除了拼单有优惠，抽奖和抢红包是常见的娱乐行为。你以为你是在购物，其实你是在娱乐。在尚未充分开发的下沉市场，用户对价格更敏感，对于品质的辨别力并不高，拼多多毫无疑问抓住了机遇。

在创办拼多多之前，黄峥早已对这套手法烂熟于胸。在运营寻梦游戏公司时，时常充值送道具。但实际上，黄峥本人并不玩游戏，他只是研究游戏而已，换句话说，黄峥洞察人性。

而在谭思亮眼中，世界上只有两种商业模式，一种是用来 save time（节省时间），核心是通过技术提高效率；另一种是用来 kill time（消磨时间），他认为后一种模式的市场空间会越来越大。

毫无疑问，趣头条属于后一种模式。

在趣头条的商业设计里，时间是可以用来交易的，阅读时间越长，获得的奖励越多。在快节奏的都市里，留给趣头条的时间并不多，但对于用户体量庞大并且刚会熟练上网的农村用户，时间是最过剩的资源。

和黄峥的思路不谋而合，谭思亮在趣头条中加入了红包，“有点小红包，加强了用户的参与感和游戏的乐趣”。大多数用户都不会拒绝这种红包，这在本质上是对下沉群体的深刻洞察。

早在谭思亮负责盛大广告业务时，盛大推出过一个推广员系统，平台提供20多款当红热门网游任推广员选择，推广员在享受50%分红比例的基础上，每月还可以领取最高2000元的保底工资。从这套推广系统，隐约可见趣头条金币系统收徒纳贡机制的雏形。

当大家都在吐槽流量成本越来越贵时，在一度被互联网创业者唱衰的上海，悄无声息地走出了拼多多和趣头条，成为继盛大之后崛起最迅猛的独角兽。

精明的社会精英们，通过广大的草根阶层，赚得盆满钵满。这就是互联网创业下半场，发生在上海滩的故事，也是一部没有英雄的商业史。

网游进入冰冻期

张皓月 / 文

网游审查冻结　2018年8月13日，腾讯旗下游戏分发平台We Game发布公告，刚刚上线6天的3A大作《怪物猎人：世界》由于监管原因被迫下架。数据显示，2018年二季度，腾讯手机游戏收入为人民币176亿元，同比增长19%，但环比下降19%。腾讯提示这主要是由于绝地求生尚未商业化及新游戏的发布排期的影响。

伽马数据显示，2018年1—6月，中国游戏市场实际销售1050亿元，同比增长5.2%。这是有史以来的最低增长。而网络游戏审查被冻结，更是让无数厂家为之焦虑。

伽马数据显示，2018年1—6月，中国游戏市场实际销售1050亿元，同比增长5.2%。

这是有史以来的最低增长，也意味着中国游戏市场的寒冬到来。

移动流量的红利已然到头。而网络游戏审查被冻结，更是让无数厂家为之焦虑。没有拿到原国家新闻出版广电总局的版本号，任何游戏都无法收费变现。这让从腾讯、网易等游戏巨头到二三梯队的创业公司都陷入了僵局。

8月13日，腾讯旗下游戏分发平台We Game发布公告，刚刚上线6天的3A大作《怪物猎人：世界》由于监管原因被迫下架。

而腾讯第二季度的财报则显示，游戏的收入环比大幅下降。其中也特意提到了《绝地求生》，承认无法获得版本号影响了收入。腾讯总裁刘炽平则表示，游戏的基本面还是很强的，监管的问题我们很难评价，但我相信最终会解决。

然而不可否认的现实是，目前的游戏市场已经陷入了冰冻期。除了政策监管之外，2015 年以来的数据显示，中国游戏用户规模的增长稳定在较低水平。同时，一些消耗碎片时间的产品如抖音、快手等 App 不断出现，从侧面消耗了游戏的流量。

已过审游戏也非“一劳永逸”

暂停游戏审查的消息并非新动向。

此前，游戏在上市前会先向文化部申请备案，同时向国家新闻出版广电总局申请版本号。没有版本号，即使通过了文化部备案，也无法收费。

2018 年 3 月，中央印发《深化党和国家机构改革方案》，计划将新闻出版广电总局重组，其中的新闻出版和电影监管职能均划归中宣部管辖。意味着中宣部将承担游戏版本号的审批工作。但目前机构改革仍在进行之中，版号审批处于暂停状态。

自 3 月 28 日起，国产网络游戏版本号就没有发放过。进口游戏的版本号则从 2 月 5 日以来就没有发放过了。

根据游戏媒体 Gamelook 测算，此前单月版号审批量大概为 700 款。如果按照这个数量计算，这意味着，已经有超出 2000 个新游被排出了市场之外。在伽马数据的热度榜前三中，已经连续三个月没有出现过新游。

此前已经过审的游戏也不意味着一劳永逸。8 月 15 日，仅仅上线 5 天的《怪物猎人：世界》下架，虽然此前已经获得了备案审批和版本号，但依然被要求重新过审。官方给出的下架原因是《怪物猎人：世界》部分游戏内容未完全符合相关法规政策要求，已经购买游戏的玩家可以在 8 月 20 日 8 点之前无条件申请退款。

《怪物猎人：世界》是在 7 月初举行的 We Game 游戏之夜上，腾讯宣布代理 PC 国区的游戏。这款游戏上线三天就拿下了 2018 年 1 月游戏销量榜第一。这次下线，也意味着又有一个网游的吸金时间将被延长。

受制于版本号，游戏变现难

财报显示，腾讯2018年第二季度游戏收入占总收入的比重下降至34.19%。此前游戏收入可以占到总收入的一半。而腾讯财报发布后，股价一度下跌14%。

在大部分人眼里，腾讯是家游戏公司。《王者荣耀》也一直是移动网游时代的巅峰之作，仅在2017年就贡献了全球第一的19亿美元营收。伽马数据显示，在2018年7月收入榜单中，《王者荣耀》依然位列第一。

而《王者荣耀》之后，腾讯一直没有接棒的游戏出现。《绝地求生》也因为版本号的问题，在变现方面遇到了极大的问题。

因为版本号的问题，多家公司都已经受到了影响。彭博此前报道，中国网游股在香港和内地股市持续大跌，IGG一度下跌8.7%；网龙下跌5.6%；巨人网络一度下跌4.18%。

“焦虑的背后是进入平台期的游戏市场。”业内的独立游戏开发者表示，监管的确直接让游戏市场进入了冰冻期，但这最多算是导火索。

盛大游戏副总裁谭雁峰曾评论，目前整个游戏产业面临三荒，即产品荒、流量荒、用户荒。根据《2018年1—6月中国游戏产业报告》，中国游戏用户规模5.3亿人，同比增长4.0%。结合2015年以来的数据观察，中国游戏用户规模的增长已经稳定在较低水平。

流量红利期已过，很多消耗碎片时间的产品也不断出现，比如抖音等，也从侧面消耗了游戏的流量。

而大公司生产的超级IP也让游戏行业的生产门槛越来越高。爆款IP几乎都来自腾讯和网易，中小型游戏公司的生存空间也越来越狭窄。

对于未来趋势，国金证券分析，监管流程的放缓是暂时现象，不会成为常态。改革正在推进之中，原文化部、原广电总局对游戏的审批流程并未真正“冻结”，只是速度大幅度减缓。2018年年底、2019年年初，新的游戏监管机制有望彻底建立，流程也将恢复正常。

致命顺风车

薛星星 / 文

滴滴顺风车事件　在郑州空姐搭乘顺风车遇害百天之后，浙江乐清一名 20 岁女孩在 2018 年 8 月 24 日搭乘滴滴顺风车的途中遇害。

作为一项天生带有“公益”属性的共享经济产品，顺风车在一经推出就受到相关政策的鼓励。但在发展后期，顺风车这一“私家车共享”的模式逐渐演变成专职司机以盈利为目的营运模式。

2018 年 8 月 28 日，滴滴发布道歉信，宣布无限期下线顺风车业务，并将开展多项安全整治措施。12 月 5 日，滴滴在最近一次的组织架构调整中新增了“首席安全官”职位，对外表达公司对安全的重视，试图挽回滴滴在公众层面的信心。

滴滴出行——这家中国新经济公司中成长最为迅猛的超级独角兽，正在面临自成立以来最大的考验。因为 2018 年持续发生的两起安全事故，滴滴在公众中的形象落至低点。

即便滴滴在近几个月中不断增加多项安全举措，也未能完全挽回公众的信心。此前多家媒体曾报道称滴滴有意在 2018 年启动 IPO，现在看来仍任重道远。

整个网约车行业在 2018 年都面临着安全的审问。2018 年 3 月大举进军网约车的美团点评在进入上海之后，扩张就陷入了停滞。

对安全的忽视并非只有网约车这一孤例。近年来，民宿、网约车、分时租赁等一系列共享经济产物在资本的助推下迎来飞速的发展，但相关犯罪事件却时有发生。无论如何，都需要人们重新思考共享经济对整个社会带来的影响。

互联网可以在线上席卷一切，但在具体到线下场景的代入时却往往无法对人、物进行有效、严格的管理，无论是顺风车还是共享单车，都在高速发展之后暴露了业务本身存在的漏洞。

在郑州空姐搭乘顺风车遇害百天之后，浙江乐清一名 20 岁女孩在 2018 年 8 月 24 日搭乘滴滴顺风车的途中遇害。

案发前，遇害女孩曾向好友发出明确的求救信号——“救命”“抢救”，却依然无法阻止犯罪行为的发生。而在案发前日，已有另一名女性乘客投诉该司机存在不轨意图，但未获得平台方滴滴的重视。

警方公布的细节也显示，在与滴滴的三次沟通中，两次未果。

种种迹象都在表明，这原本是一起事先可以预防的犯罪。危险的信号多次发出，但都被人为地忽略掉，直至事件发生。

“营救”时刻：警方三次要信息，两次未果

危险的信号第一次发出，是遇害女孩在微信群聊中透露的。她从乐清出发，搭乘一辆滴滴顺风车前往60多公里外的永嘉上塘，准备参加同学的生日宴会。乘车前，她曾向好友报备自己已在车上。

据遇害者友人透露，24 日下午 2 点 09 分左右，遇害女孩在微信群聊中说“……怕怕”“这个师傅开的山路，一辆车都没有”。此时，遇害女孩刚上车不过半小时。

五分钟后，她向另一位好友发出了明确的求救信号——“救命”“抢救”。随后友人多次拨打遇害女孩的电话，但均处于关机状态。

一个多小时后，遇害者友人开始同滴滴方面进行沟通，滴滴方面称“将有相关安全专家介入处理此事，会在一小时内回复”。

此后一小时内，遇害者友人七次拨打滴滴客服电话，滴滴客服均称请对方耐心等待，表示反馈已加急标红处理。直至两小时后，滴滴方面才最终回复遇害者友人，称已联系上司机，但司机表示受害者没有上车。友人要求滴滴提供车主信息，遭到拒绝。

温州警方发布的通报显示，24 日下午 4 点 22 分左右，遇害者的另一位好友前往永嘉县上塘派出所报案，警方利用报案人手机同滴滴客服沟通，希望滴

滴提供顺风车主及车辆信息，滴滴称安全专家会介入，要求继续等待回复。

此后，滴滴向警方表示，遇害女孩在下午1点许预约了顺风车后，已于下午2点10分将订单取消，并未上车。警方质疑为何上车后还可以在中途取消订单，并再次要求平台提供车主信息，“未果”。

但滴滴在25日的回应中称，“得知此事的第一时间，滴滴内部成立了安全专项组，密切配合警方开展案件调查工作，提供了乘客及车主的行驶轨迹，协助警方14小时内快速破案”。

与此同时，24日下午5点30分，遇害者家属在乐清当地报案。温州警方通报显示，乐清警方接案后同样联系滴滴方面，滴滴客服称需三到四小时提供查询结果。“乐清警方表示情况紧急后，滴滴公司同意加急处理”。

下午5点49分，滴滴致电警方，称需提供介绍信及民警证件。警方在下午6点04分将资料以邮件发送至滴滴。6点13分，乐清警方收到滴滴发来的顺风车主及车辆信息。

此时，距遇害女孩发出明确的求救信号，已过去整整四个小时。

25日凌晨，警方在一处宾馆内抓获犯罪嫌疑人钟某，钟某系遇害女孩当日搭乘的顺风车司机。警方在通报中称，经初步侦查，该滴滴司机钟某交代了对赵某实施强奸，并将其杀害的犯罪事实。

据犯罪嫌疑人交代，他在24日下午2点50分将女孩带至山路，强奸后以匕首将其杀害。随后将其抛在道路护栏外的悬崖下，驾车逃离现场。

“失灵”的投诉反馈机制

乐清警方披露女孩已遇害信息后，社交媒体上针对滴滴及当地警方是否在事件处理过程中存在过失掀起激烈讨论。

遇害者友人称，滴滴公司一直以保护用户隐私为由拒绝提供车主信息；网传称，遇害者亲友向警方报案后，警方表示没有车牌号及司机电话不予立案。

温州警方在26日凌晨发布了一份详细的案情通报，以时间为序还原当地民警处理案件的全过程，表示“经公安机关调查，不存在此类情况”。

滴滴方面解释称，“由于平台每天会接到大量他人询问乘客或车主的个人信息的客服电话，而我们无法短时间内核实来电人身份的真实性，也无法确认用户本人是否愿意平台将相关信息给到他人。所以我们无法将乘客和车主任何一方的个人信息给到警方之外的人，希望能获得公众的谅解。我们在接到赵女士（遇害女孩）亲属电话反馈后建议其尽快报警，并在接到警方依法调证的需求后及时提交了相关信息”。

但滴滴方面承认，“作为平台，我们辜负了大家的信任，负有不可推卸的责任”。

案发后，乐清当地一名女性乘客林女士在接受媒体采访时表示，8 月 23 日下午，她搭乘犯罪嫌疑人钟某的车辆时，犯罪嫌疑人将其带到偏僻处意图不轨，但她最后成功逃脱。随后她将此事投诉给滴滴平台，截至案发都未收到相关反馈和处理结果。

滴滴在回应中证实了这一说法，“在该车主作案的前一天，有另一名顺风车乘客投诉其多次要求乘客坐到前排，开到偏僻的地方，下车后司机继续跟随了一段距离”。

滴滴对这一情况没有给予足够的重视。滴滴称客服承诺两小时内回复但并未做到，也没有针对这一投诉进行调查处理，“无论什么原因，我们都负有不可推卸的责任”。

林女士在看到新闻后感到自责，她对媒体表示：“深深自责中，当时如果不畏缩去报警，这姑娘会不会就没有事了。”

而在此前郑州空姐遇害事件中，犯罪嫌疑人在作案前同样遭到乘客投诉。滴滴在当时的回应中称，嫌疑人在案发前，曾有一起言语性骚扰投诉记录，客服五次通话联系不上嫌疑人，由于判责规则不合理，后续未对投诉做妥善处理。

乐清女孩遇害事件发酵之后，社交媒体上多名滴滴用户均表示滴滴的投诉机制存在问题，对用户投诉未能及时跟进解决，投诉涉及滴滴旗下快车、专车、顺风车等多条业务线。

2018 年 6 月，一名乘客在桂林某地搭乘滴滴快车时，司机要求线下现金结算，遭到乘客拒绝后拒载。该乘客向滴滴方面投诉，但滴滴一直未向乘客公布处罚结果。

该乘客表示，他建议滴滴应该在平台上及时公开对车主的处罚信息，这样才能避免下一个用户遭遇上一个用户投诉的问题。但滴滴同样以要保护车主隐私为由，拒绝公开。

有顺风车司机称此前能看到乘客性别

2018 年 5 月，一名空姐在郑州航空港区搭乘一辆顺风车后遇害，女性乘车安全开始受到公众广泛关注。

此后，滴滴宣布对顺风车业务进行整改。在下线相关业务一周后，滴滴推出整改措施，将顺风车中备受质疑的“社交化”元素下线，举措包括可能暴露用户隐私的标签及评论功能下线，合乘双方的个人信息和头像改为仅自己可见等。并推出人脸识别机制，车主在每一单接单前都需通过人脸识别。

接下来三个月中，滴滴又相继推出多项安全措施，包括上线新版紧急求助功能、上线人车不符评价机制、顺风车提供“护航模式”（乘客开启该模式后可自动分享轨迹给紧急联系人，平台实时关注行程轨迹并在异常时介入）等。

但相关措施似乎并未起到应尽的效果。乐清女孩遇害事件中，即便女孩已经在事发前发出了明确的求救信号，依然未能阻止犯罪行为的发生。

北京一名顺风车司机高何光（化名）说，如果有的人本身就别有用心，滴滴的安全机制不一定能完全保证用户的安全，即便要人脸识别，仍然有漏洞可钻。比如，可以在司机人脸识别验证通过后，立马换一个人继续驾驶。

高何光称，滴滴虽然曾下线了乘客个人信息，但他在接单时仍然可以查看乘客性别，“（头像旁）粉色的就是女孩，蓝色的就是男孩嘛”。

但在 8 月 25 日晚间，顺风车主高何光表示，在订单中已无法看到乘客的个人信息。

顺风车走向何方？

更多的分析认为，顺风车这一新兴的共享乘车模式在安全性上存在不可弥补的漏洞，即便其具有一定的社会价值意义，但考虑到司乘双方的安全性方面，无论是平台方抑或是政府方面都无法给出有效的保证。

作为一项天生带有“公益”属性的共享经济产品，顺风车在一经推出就受到相关政策的鼓励。在滴滴发展初期，快车业务一直在灰色地带游走，而顺风车则迅速地得到了交管部门的认可。从更严格的定义上来看，顺风车才是最符合共享经济模式的产品。

早在2014年北京市交通委就发文鼓励顺风车、拼车等行为，认为其是缓解交通拥堵、减轻机动车排放对大气污染的解决办法之一。

2015年，交通运输部也发布政策，明确提出顺风车和拼车概念，鼓励以顺风车形式的私家车营运性行为。在每年的春运时期，顺风车这一拼车模式更是会受到或多或少的鼓励。

但和出租车、网约车等营运车辆不同，顺风车的私人属性在一定程度上加大了对其监管的难度。在车辆及人员管控上，无论是平台或交管部门都无法进行统一、有效的管理。

发展后期，顺风车这一“私家车共享”的模式甚至会演变成专职司机以盈利为目的的营运模式。往返于首都机场和常营一带的“专职顺风车”，司机们选择跑顺风车而不是快车的原因是“抽成少，多拼几个人就比跑快车划算”。一些无法注册快车的司机也会选用车辆要求较低的顺风车进行注册。

滴滴作为平台，仅能在软件层面对司机加以约束，但在各种情况都可能发生的线下场景，软件层面的约束已经多次被证明无法发挥既定的效果。

滴滴在回应中证实，对犯罪嫌疑人钟某此前的背景审查并未发现其犯罪记录，注册信息均为其本人真实信息，在接单前也通过了平台的人脸识别，但案发车牌系钟某线下临时伪造。相关知情人士表示，钟某在事发前曾在多个贷款平台借贷，有不良信息记录。

事后滴滴向犯罪嫌疑人钟某致电询问时，钟某谎称乘客没有上车，滴滴也无法第一时间进行核实，甚至乘客订单也在案发前被取消。滴滴在近三个月中进行的整改措施，事实证明仍有系统性的漏洞存在。

“未来平台上发生的所有刑事案件，滴滴都将参照法律规定人身伤害赔偿标准给予3倍的补偿。”滴滴在回应中承诺。

8月25日下午，浙江省道路运输管理局紧急约谈滴滴平台浙江区负责人，表示鉴于滴滴平台顺风车业务存在重大安全隐患，要求滴滴平台立即整改，整改期间暂停其在浙江区域的顺风车业务。乐清市检察院在随后表示，已提前介入此案，司机已被刑拘。

2018 年 8 月 28 日，滴滴发布道歉信，宣布无限期下线顺风车业务，并将开展多项安全整治措施，之后更是短暂暂停了深夜服务。几个月以来，滴滴相继开通了一键报警、行程分享、车内录音、紧急联系人等多项功能，以保证乘客乘车安全。

只是，已经失去的信任，很难在短时间内重建。

区块链寒冬大逃亡

林默默 / 文

数字货币暴跌 在2018年春节达到顶峰后，区块链和数字货币正在经历经济周期的洗礼。从巅峰到谷底仅仅用了半年时间，区块链行业一步步临近冰点。恐慌的情绪在市场蔓延，募资越来越难，从业者难以幸免。项目方、交易所、周边公司都头顶着倒闭的风险，数以万计的从业者身处降薪或被裁的窘境。相比以往，这一次殃及的范围似乎更广，相同的故事在新的周期再一次上演。想穿越寒冬，就需要不断进化。降薪、裁员、倒闭，区块链正在上演真实的寒冬大逃亡。

七月在野，八月在宇，九月在户，十月都在裁员。气温一点点降低，区块链行业也一步步临近冰点。

从业者难以幸免。项目方、交易所、服务区块链行业的周边公司都头顶着倒闭的风险，数以万计的从业者身处降薪或被裁的窘境；Token Fund（代币基金）近乎停滞，募资已不在乎是ETH还是法币；散户哀号，维权的故事每天都在上演。

问世9年，区块链以及数字货币再一次经历经济周期的洗礼，只是这一次殃及的范围似乎更广一些。

降薪、裁员

李鸿飞满心欢喜来办入职，却被给了当头一棒。

他准备加入的是一家钱包公司，在业内颇有名气。本来是一份相当靠谱的工作，但签约当天，谈好的年薪从25万骤降到15万，这样的待遇，比他上一份工作还降了40%。

李鸿飞心有不甘，这不是钱包公司第一次提出降薪的要求。起初，李鸿飞要价年薪30万，比上一份工资涨了20%，这本是大多数人离职跳槽时正常的薪资浮动水平，但钱包公司不能接受。

“要得太高了，他们拒绝安排面试。”负责对接的猎头表示。双方商议之后，年薪降了5万，面试才提上议程，在经历了长达两个月寻找“下家”的“闲暇”时光后，李鸿飞不得不接受这个offer。

但在入职那一刻，钱包公司提出的新要求还是让他有点惊讶。李鸿飞没有更好的选择。“现在的行情是，许多公司都在裁员或者倒闭。”一位不愿具名的区块链创业者坦言。

李鸿飞勉强度过了危险期，但更多的人仍在被裁的边缘徘徊，汤哲便是其中之一。一周前，汤哲所在的区块链公司刚刚裁掉了成都分部的五个员工。为弥补员工，公司给每个人发放了半个月工资的补偿。

消息传到北京，汤哲有些担忧。“我们这边还没有动静。不过我猜裁员是肯定要走到的一步。”言语中，汤哲似乎已经预见了未来不可避免的结果。

汤哲所在的公司是一家区块链媒体，成立半年有余。这是一条拥挤的赛道，据相关数据统计，2018年年初仅三个月便有数百家区块链媒体冒出来。虽然没有明确的盈利模式，但依托行业红利，一些媒体靠着软文在牛市赚了第一桶金。

行业鱼龙混杂，自然没什么规矩。汤哲所在的媒体也饱受诟病。有人说他们就是写黑稿的，想要撤稿就得收费，“名声出去了，到处都是项目找他们撤稿”。

谩骂声一片，这家区块链媒体却不断壮大，从年初的10余人扩张到80多人，一派欣欣向荣的景象。如今，行业下行，本身缺乏过硬商业模式的媒体最先迎来倒闭潮。“很多知名的区块链自媒体，也都融资百万级甚至千万级，但上次更新文章已经是一个月以前了。”区块链行业从业者柯龙表示。

某家流量还不错的媒体，其创始人公开表示：由于退掉了之前大批投资款，公司一下到了一个尴尬的处境，他们不得已开启了软文服务、全案服务，开源节流，让自己此前精心挑选、招募而来的同事离开。

大公司未曾幸免

即便是处于食物链顶端的交易所也难逃此劫。

2018 年 8 月 28 日，打着改革幌子的 Fcoin 再一次被推上风口浪尖。网上流传的截图显示，Fcoin 已解散了市场部、品牌部，连产品研发部门也在大幅度裁员，其原本的办公地址早已人去楼空。彼时，Fcoin 声称消息是谣言，属于恶意中伤。

如今看来，当时的传言并非子虚乌有。“8 月，Fcoin 一大批人更新简历、投简历、找工作。”一位熟悉交易所的猎头表示。

Fcoin 日渐式微，张健的老东家火币看上去风光无限。它从 600 人扩张到 800 人，又一度壮大到 1300 多人，更是一度传出要上市的喜讯。1300 多人的规模在三大交易所中算得上顶配，其人数是 OK 公司的近 4 倍。

这样庞大的团队怕是维持不了多久。算一笔账：如果月薪按照 15000 元 / 人估算，火币每月需要负担近 3000 万元（包含社保公积金等）的工资成本。

倘若根据 Coinmarketgap 公布的数据，火币如今每天仍有 800 多万的手续费收益，自然能支付如此高额的工资。但现实是，“火币和 OK 的真实单量并不多”，一位对交易所颇有研究的人士表示。

刷量早就成为公开的秘密。区块链透明度研究所（BTI）8 月 25 日发布的报告显示，全球 130 家交易所有超过 60 亿美元的日交易额被伪造，占 24 小时交易额的 2/3 以上。

早有媒体报道称：在交易所头部阵营中，真实日活能达到 1000 的都很少，火币的真实日活其实也只有几千人。交易所需要维持虚假的繁荣以吸引用户，因此必须刷量。同时，这也让它们的获客成本持续升高，“获客成本（入金用户）一个就要七八千”。

开源不行，只能节流。因此，有传言称火币即将开始大规模裁员。

裁员之外，巨头们还在探索其他途径。9 月 17 日，迅雷公开出售其区块链业务链克。近 3 亿元的研发费用却仅仅换来 478.5 万元净利润（2018 年第二季度），迅雷不得不减负。

小到几十人的区块链媒体，大到上千人的交易所，都在以不同的方式挣扎。而从巅峰到谷底仅仅用了半年时间。

狂欢的巅峰，衰败的起点

狂欢的巅峰亦是衰败的起点。

狂欢起，数字货币价格疯涨。比特币一度从2017年年初的900多美元上涨到18000多美元，ETH也从2017年年初的8美元飙升到1300多美元，涨势一发不可收拾，一扫2016年熊市阴霾。

一切在2018年春节达到巅峰。在汇集了币圈大佬的三点钟群里，区块链被以物理学、生物学、社会学、经济学、哲学等各种角度解读。在怪力乱神的时刻，大佬们的焦虑被点燃。

百合网创始人慕岩在三点钟群里公开唱反调。“现在和1998年、2000年互联网泡沫时期太像了，基础设施还没完善，用户端认知还没建立，三五年后才是多数应用类项目最佳启动时间，现在启动的很可能是先烈”。

但很多人甘愿做“先烈”，热钱“哗”的一下子涌了进来，就像失控的水龙头。Coin Desk数据显示，仅2018年第一季度，ICO全球资金为63亿美元；而2017年全年，ICO全球筹集的资金为53.38亿美元。

那些经历过比特币周期的人感觉到了不对劲儿。“我的合伙人赵东经历过大的周期，对流动性非常敏感，当时他就跟大家说熊市来了，都别瞎折腾了。”DFund合伙人杨林苑表示，“创业者和Token Fund大部分都是春节后进来的，投资人有一个典型的顾虑是怕被落下，看到别人赚钱，比自己亏了钱还难受。”

于是，Token Fund遍地开花。Autonmous Next公司2018年2月的统计数据显示，加密货币的对冲基金已经超过230个，管理资产总额超过50亿美元。与此同时，传统VC也相中了这块香饽饽。

创业者趋之若鹜。一家原本做无人货架的项目悄然转身拥抱区块链，希望借此解决货损；一家为公众号运营者服务的互助化推广平台转型区块链，希望解决数据孤岛问题。他们都在奔忙，他们必须加快速度，赶在牛市结束前完成收割。

嗅觉敏锐的聪明人开始刻意放慢速度。“我们从那个时候开始，投资就比较谨慎了。”杨林苑坦言。没经历过周期的小白依旧疯狂加速，他们在加密货币的世界中不眠不休，混浊的眼球散发着无尽的欲望，眼中的红血丝是心中对人民币的奢望。

很快，冰冷的现实让他们仓皇失措。

压倒项目方的稻草们

泡沫筑起的高楼一点点坍塌。

衰败最先反映到币价上。比特币价格从 18000 多美元跌到 6400 美元，跌幅高达 64%。ETH 价格从 1300 多美元跌到 220 美元左右，跌幅高达 83%。

破发率轰然上升。据统计，2018 年 1 月 1 日至 6 月 30 日，OKEx、火币 HADAX 的项目破发率均为 100%，币安的破发率超过 95%，火币 Pro 的破发率为 98.24%，Ku Coin 的破发率为 99.02%。

恐慌的情绪传递到散户身边，募资越来越难。据统计，Q2 ICO 募集资金总额为 48.32 亿美元，较 Q1 减少约 28 亿美元，降幅达到 55.06%。

二级市场募资骤减，一级市场几乎停滞。有媒体曾公开报道称，现在 Token Fund 闲得没事干，它们抛弃了募资头牌 ETH，或对标 USTD，或收取 BTC，或直接收法币。只要能换成钱的，都来者不拒。

项目方还要继续运转。“项目方需要资金来支撑团队，但是那些原本没有实体业务的，仅为区块链发币而产生的项目方本身可能就没有钱，只能卖 ETH 换成法币来支撑业务发展。”白强表示。恶性循环就此开始。由于 ETH 价格越来越低，项目方需要不断抛售更多的 ETH 来维持基本运营，随着 ETH 价格持续下跌，行业越来越恐慌。

发币成功的尚可依靠出售 ETH 勉强维持，那些没来得及发币的项目则一筹莫展。“做项目的你如果没发成币，一下就没钱了，有个找工作的人跟我说，他们的项目两个月没发工资了。”一位猎头表示。

招人变得谨慎了。“以前打算发的 offer，现在开始慎重了。比如，原来想招 10 个人，现在可能得缩减到 2 个。”区块链从业者杨怀远表示。

刚刚入职的员工也需要做出妥协和让步。“本来这些人是薪水翻了 2 倍，甚至 3 倍、4 倍过来的，但现在大家就要协商，比如工资变成上一份工作工资的 120% ~ 150%，就是一个正常跳槽的薪水待遇。”杨怀远坦言。

降薪起码保住了工作，裁员或许是项目方能够抓到的最后一根稻草。“我们对职能类的人员，比如财务、人事、行政等，以及一些不能直接变现或者转型的岗位，都做了调整。”某区块链项目 CEO 坦言。

一位不愿具名的投资人称，自己投的项目，有的在裁员，有的没裁，但招聘要求比原来更高。项目方显然想找到更优秀的人才，让自己付出的薪资值当。

混乱与规则

他们的想法似乎有些天真了。

“以前做理财的、保险的、三流网站的编辑都过来了。一些三流编辑到了区块链就能做个 PR 高级经理。”对于从业者的基本素质，猎头张明朗连连感叹。

他用“好玩”来形容在币圈的见闻。一个偏商务的项目经理，没有投资案例，资历尚浅，想转行做 VC（风险投资）。在原本的互联网行业，想完成这样的“蜕变”怕是很难。但到了币圈，项目经理成功逆袭，成为某某资本的合伙人。

在人才链创始人张书霖看来，区块链行业的从业者主要有三类人：第一类是来自金融行业，第二类是来自互联网行业，第三类是来自传统营销行业，“他们之前都不是搞区块链的”。

跨行让从业者本身就不具备优势，但即便是从区块链行业挖人，也并非最佳选择。“他们在圈子里待久了，只想干一件事，就是线上、线下聊天和到处去混会。具体到某一件事上，他们什么都不想做，你让他们写文件，他们都不写（大部分也不会写）。”白强感叹。言语中这位曾经历过互联网泡沫的创始人对年轻人的现状有诸多惋惜，但也无奈，他不得不劝退招来的部分员工。那些习惯了赚快钱的人，早就无法安安稳稳地工作。

币圈没有规则，这是猎头张明朗得出的结论。但作为服务币圈的猎头公司，他们得照章办事。一旦面试者成功被聘用，聘用公司可按照两种方式付费：第一，收取年薪的 20%，一周内付清；第二，收取年薪的 22%，一周内付 70%，剩下 30% 三个月内付清。面试者若三个月内离职，猎头公司需要帮助聘用公司找到替代者或者退掉一部分钱。

这本是保护猎头收益的方法，但到了币圈，猎头公司有点儿栽跟头。“区块链行业的流失率太高了，我们公司最近的生意也不行，十几个猎头开周会，每周就只发了一个 offer，养不活这些人。”张明朗的语气中透露着无奈。

泡沫过剩，币价虚高，乱象横生，根源何在?

模式和人性，谁之罪

有人把矛头指向了 ICO。

这样的新型融资模式给了更多创业者获得资本青睐的机会。“在股权融资市场，一些项目是拿不到融资的。但到了区块链，一些项目经过包装之后，把之前的积分模式换成通证，就完成了融资。”区块链投资人刘艳武表示。

ICO 有自己的优点。在股权融资领域，存在 A 轮、B 轮、C 轮、D 轮的轮次划分。而到了 ICO，融资一次性完成，“就是没有中间商赚差价，它是一种平权金融的形态，这是优点”，DFund 合伙人杨林苑表示。

这样的优点反而成了症结所在。“一般做企业是先苦后甜，而 ICO 是先甜后苦。这个模式让项目方先实现财富目标，然后再去为这个目标努力，本身就是逆着人性的。”白强表示。“对于 V 神这种绝对的技术极客、理想主义者，钱无所谓，ICO 完成后可以踏实做事，但绝大部分人不是这样的。”

钱一次性到位，人性的缺点再一次暴露了出来。DFund 合伙人杨林苑表示，一个初创企业，业务发展还是天使轮的状态，在 2017 年的情况下，他会一下子拿很大一笔的钱。企业在很幼小的情况下，拿到了他所能驾驭的钱，市场是不理性的。

创业者的良莠不齐让行业混浊不堪。一些创业者原本就不是创投领域的香饽饽，被古典 VC 抛弃，反而来收割散户们。更有一些小白新加入了区块链创业，对于创业，他们一知半解。

ICO 发挥了最大的“善”。这些创业者得到资本垂青，迅速募资得以展现自己的“抱负”，但他们却缺乏合理花钱的能力。同时，它也揭开了人性的黑暗面。为了圈钱前来的创业者们，在 ICO 的帮助下打开“潘多拉的盒子”，圈完就跑路，留下哀号的散户和一堆空气币。

眼下，ICO 已全然失控。在 Preangel 王利杰看来，今天 99% 的通证（Token）预售（ICO）项目都偏离了区块链社群精神，甚至与区块链社群精神背道而驰，他们封闭、专制、不平等、暗箱操作、自私自利，他们无为也不治。

市场狂躁，泡沫越吹越大。他在自己的专栏里写道，区块链是啤酒，ICO 是泡沫，疯狂且躁动的投机客们把啤酒瓶晃了又晃，然后打开了瓶盖。啤酒和泡沫被喷得到处都是，瓶中所剩的啤酒也不多了。

或许，ICO 天生存在问题。但多位投资人表示，技术本身是无罪的，只是别有用心的人给技术披上了灰色的外衣，而 ICO 给人性缺点的爆发提供了温床。

寒冬里的两个共识

但是区块链项目一定要 ICO 吗？投资人们意见不一。

“我觉得股权融资和 ICO 在相当长一段时间是共存的，ICO 对股权融资是一种补充，但真正要替代的话也有可能。未来如果公司制度都不存在了，股权融资也没有必要了。” DFund 合伙人杨林苑表示。

一切都未可知，但一个明显的趋势是：传统 VC 都在建立自己的 Token Fund，开始投有币区块链；很多 Token Fund 都在建立自己的法币基金，开始投无币区块链。“Token Fund 是对原来的股权融资的一个补充。优秀的团队、和区块链有天然结合属性的项目一定是选择以区块链的方式来运作和募资，不需要走 VC 烦琐的流程，因为 VC 的流程比较长、周期长、决策慢，VC 倘若没有 Token Fund，就会错过一些好的项目。”区块链投资人刘艳武表示。

在 Preangel 王利杰看来，可以没有 ICO，但不能没有 Token。Token 仍然可以通过挖矿来发挥作用。在王利杰看来，通证（Token）项目方如果采用 100% 挖矿的机制来发行通证（Token），因为没有集资（更没有非法集资），所以也没有资金用于市值管理（币值管理）。这样的场景下，通证（Token）

发行价为“零”，但每个人能“挖到”的通证（Token）数量也有限，只要任何两位社群成员私下里交易通证（Token），就会形成一个真正的“市场价格”，这个价格就反映了该社群的“价值共识”。如此，就在一定程度上抑制了虚高的币价。

DFund合伙人杨林苑同样看中Token的价值。他给出了两点理由。

一、区块链本身是信任机器。没有Token的区块链，还是依赖中心化机制去建立信任，所以还是换汤不换药。这些项目其实不需要区块链，做一个中心化的数据库就好。

二、Token构建了大范围的协作机制，是协作的关键要素。区块链项目可以形成千万人的社群，靠的是Token作为奖励机制，驱动大家在一个体系里协作。没有Token，不可能有这样的协作机制，整个生态是长不出来的。

Token的价值是投资人和创业者们达成的第一个共识。

第二个共识是：此刻，并非寒冬，寒冬正在来的路上。

“95%的人并没经历过寒冬。”DFund合伙人杨林苑表示。从互联网到区块链，每一个新兴技术的发展都存在一个泡沫期。1999年，美国出现了457个IPO，其中117家公司在上市当天股价翻倍。2001年，IPO的数字锐减到76个，而没有一家公司股价上市当天就翻倍。新浪的股价一度跌至每ADS1美元，腾讯进入了最为困难的时期，曾险些把开发出的ICQ软件以60万元的价格卖给深圳电信数据局，但终因价格原因告吹。

此刻，正是挤泡沫的时间，从业者迎来大洗牌。“过去能赚钱，很多人不是靠自己的能力，而是靠整个行业发展的红利。现在Token Fund必须有非常严谨的投资逻辑和强大的投后服务能力才能活下来。”DFund合伙人杨林苑表示。

Token Fund想穿越寒冬，需要不断进化。“第一，要对行业趋势和技术路线图有清晰的认知和判断。第二，要有Token Finance Service系统级别的竞争力，提高在一级市场的投资管理和二级市场退出效率，因为好的退出比好的投资更重要。第三，要有生态布局，提升整体的抗风险能力。”DFund合伙人杨林苑表示。

在白强看来，想穿越寒冬，项目方研发的产品必须解决刚需。“技术和产品之间存在很大的鸿沟，我是做技术出身，但一个残酷的事实是人类社会需要的还是你的商业模式，你的产品，满足了需求，才会有人买单”。

泡沫破，光明至

市场给从业者上了生动又深刻的一课，那些经历过周期的人早就做好了准备。

环球悦旅会创始人戴政没有任何裁员的打算。短短半个月内，他在朋友圈两次发布招聘需求。“我们没有走一步看一步，而是已经提前规划好了三年、五年的目标，然后倒推战术，觉得可以做到，就创业了”。

环球悦旅会专心区块链底层技术，拿的是股权融资。如今，古典 VC 也遭遇“钱荒”，但戴政却一点儿不担心现金流，“2017 年 9 月完成天使轮融资，2018 年 3 月以后，一直处于不亏损的状态”。

即便是最不敏感的创业者也开始采取某种行动获取更多的收益。一位专注于技术的创业者停止了产品开发的进度，他打算接一些外包之类的技术服务项目先活下去。

另一家为交易所提供一整套解决方案的公司全然不受外界影响。“我们没有裁员，也没有降薪，公司大部分是技术，都挺稳定的。”一位开发者坦言。

好的项目依然有人关注，好的团队依然有人注资。9 月 12 日，区块链游戏开发平台 Cocos-BCX 宣布完成 4000 万美元融资。其背后团队是《愤怒的小鸟》（*Angry Birds*）、《荒地》（*Badlands*）和《国王之战》（*Clash of Kings*）等热门游戏的开创者。在凛冽的寒冬中，融资消息就像一股暖流，让人振奋。

好在，寒冬终会过去。2000 年，互联网泡沫破灭；2003 年，亚马逊、eBay、雅虎三家公司穿越了寒冬，成为佼佼者，如今，当初险些卖掉的腾讯成长为参天大树，枝繁叶茂。

而每一个周期里都会上演相同的故事，一条 hype cycle（技术成熟度曲线）囊括了所有的真理。泡沫过后，真相浮现，凛冬之后，万物复苏。对于高端玩家而言，眼下正是积蓄力量的最好时刻。

腾讯更换引擎

黎明 / 文

腾讯调整架构 2018年下半年，腾讯进行了历史上第三次架构调整。前两次架构调整发生在2005年和2012年，奠定了腾讯在PC互联网和移动互联网的行业地位，这次架构调整正在推动腾讯从消费互联网向产业互联网转型。

自2018年1月达到475.6港元的历史高位之后，腾讯的股价就一路向下，长期徘徊在300港元以下。本次架构调整是腾讯正在进行的一场自我进化，增值服务在腾讯总营收中的占比，以及对腾讯总体营收的贡献率正逐步降低，而以支付和云服务为代表的其他收入，正成为拉动腾讯增长的新动力。

腾讯正在进行一场进化，无论是被迫还是主动。

11月14日收盘后公布的第三季度业绩报告显示，腾讯第三季度营收805.95亿，同比增长24%；净利润233.33亿，同比增长30%，超过市场预期。

相比3个月前公布二季度业绩时的胆战心惊，腾讯第三季度的财务表现，暂时让市场松了口气。3个月前的第二季度财报，腾讯单季度净利润13年来首次出现同比负增长，并出现13年来的环比最大降幅。

增速放缓的腾讯选择了自我革新。9月底，腾讯宣告完成新的一轮架构调整，第三季度财报是架构调整后的首份财报。

腾讯历史上有三次大的架构调整。2005年的事业部制推动腾讯向规模化的生态协同转变，2012年的事业群制推动腾讯从PC互联网向移动互联网升级，今年的架构调整正在推动腾讯从消费互联网向产业互联网转型。

转型的直接成效尚不可见，但可从第三季度的财报中看到未来的方向。

这份最新的财报数据显示，增值服务在腾讯总营收中的占比，以及对腾讯总体营收的贡献率正逐步降低，而以支付和云服务为代表的其他收入，正成为拉动腾讯增长的新动力。

腾讯正在高速行驶中被动或主动地减速，踩下刹车并装上新的引擎。

支付和云服务正成为新引擎

游戏曾一直是腾讯最大的增长引擎，以游戏为核心的增值服务收入，是其最重要的盈利来源。

而腾讯 Q3 财报透露出的趋势是，游戏业务对腾讯营收增长的拉动作用正在减弱。

数据显示，从 2017 年 Q3 开始，腾讯增值服务收入的增长速度明显放缓。在 2017 年 Q3 达到历史性的 421.24 亿高峰后，增值服务收入在 2017 年 Q4 出现两年内的首次负增长，虽然随后又实现了增长，但 2018 年前三个季度，基本维持在 440 亿元左右的规模。增值服务在总营收中的比例，也从 2016 年的 75% 左右，一路跌至本季度的 55%，这也是近两年来的最低值。

另外，增值服务对腾讯总体营收的贡献率，也呈现出明显的下降趋势。2017 年 Q1，增值服务对腾讯的营收增长贡献率是 58%，随后这个比例逐渐降低，2018 年 Q2 降至 31%，本季度降至 13%。

游戏收入在 Q3 财报中录得 285.1 亿元，在腾讯总营收中占比 32%，而在过去，游戏收入在腾讯总收入中占比曾一度接近 50% 左右，到了 2017 年逐渐降低到 40%。本季度腾讯手游虽然实现了增长，但 PC 端游戏收入同比下降 15%，环比下降 4%。

相比之下，其他收入正逐渐加大对腾讯总营收的贡献力度，成为新的增长点。其他收入主要包括支付业务和云服务。

从 2016 年 Q1 开始，其他收入在腾讯总营收中的占比逐年稳步提升，从 7.28% 增加至 2018 年 Q3 的 25.19%。2016 年 Q1，其他收入的绝对值是 23.3 亿，如今这个数字是 202.99 亿。另外，在 2018 年 Q3 财报中，其他收入对腾讯总营收的贡献率高达 54%，远高于增值服务的 13% 和网络广告的 34%，成为增长迅猛的新生力量。而在过去两年里，其他收入的贡献率平均在 30% 左右。

在 Q3 的财报中，腾讯首次公开了腾讯云业务的收入数据。云服务今年首三季的收入超过 60 亿元，第三季度收入同比增长逾一倍，并实现了环比两位数百分比增长，云服务的付费客户数录得同比三位数百分比增长。

在不久前的组织架构调整中，腾讯新成立云与智慧产业事业群（CSIG），提高了云业务在腾讯体系中的重要性，这被视为腾讯从以往熟悉的通信业务向产业互联网转型的标志。

从财报数据来看，以支付和云服务为代表的其他业务，正在成为拉动腾讯增长的新引擎。

游戏业务受限，动力转换势在必行

有分析认为，腾讯通过一次组织架构调整，明确了更换引擎的决心和方案。这种动力转换，符合腾讯当前的处境。

自今年 1 月股价达到 475.6 港元的历史高位之后，腾讯的股价就一路向下。今年 8 月 15 日腾讯公布 Q2 财报时，腾讯股价在上一个交易日下跌 3.61%，收于每股 336 港元。在发布 Q3 财报的上一个交易日，腾讯股价收于每股 272 港元，相比 3 个月前腾讯公布的 Q2 财报，腾讯股价已经再度跌去 19%。

除了宏观环境因素，政策监管对腾讯游戏业务造成的冲击，在一定程度上影响了投资者对腾讯的信心。游戏是腾讯的主要盈利点，业内人士认为，腾讯是一家互联网公司，如果主营业务下滑，那么这将影响腾讯的估值。

手机游戏《王者荣耀》的火爆，给腾讯在 2017 年带来了巨额营收。但政策的不确定性加大了对腾讯游戏业务的影响。今年 8 月，监管机构取消了相关资质文件后，腾讯的《怪物猎人：世界》在其游戏平台 We Game 下架，股价应声下跌了 3.4%。8 月底，教育部等八部门印发《综合防控儿童青少年近视实施方案》的通知，对网络游戏总量、未成年人使用时间等做出限制，次日腾讯控股开盘大跌近 5%。

腾讯在 Q2 财报中就已经提示过，腾讯游戏业务增速降低的原因是因为政策监管导致无法商业化。因为监管收紧，中国监管机构对新游戏暂停审批，腾讯过去两年大量投入的《吃鸡》等游戏目前尚无法进行商业化变现。当游戏业务增长乏力，投资者会质疑腾讯是否还能长期保持高速增长。

但是，也有人认为腾讯游戏业务收入的下滑是暂时的。北京艾美谷投资管理有限公司合伙人 Ricky 撰文表示，腾讯游戏之所以强大，不仅是游戏内容的强大，而且是游戏分发渠道的强大，腾讯游戏内容的制作和分发在这期间并没有出现任何问题，只是《绝对求生》这个优秀的爆款游戏因为监管审批问题无法变现，网游行业仍然在增长，腾讯游戏用户也仍在增长，所以长期仍然看好腾讯游戏业务的增长。

处于股价持续下跌和市场质疑之中的腾讯选择自我革新。新兴业务的增长填补了游戏业务下滑导致的缺口，让腾讯在寒冬中依然实现了增长，并达到市场预期。

但腾讯游戏业务的下滑，并非市场因素使然，不仅腾讯，其他游戏公司也在监管中被波及。所以游戏对营收拉动作用减弱，短期并不代表腾讯业务下滑。但从长期来看，腾讯主动启动新的增长引擎依然非常有必要。

从消费互联网到产业互联网

在腾讯体系中重要性日益提升的支付、云服务等业务，代表了腾讯向产业互联网进军的趋势。不论是小程序生态的发力，还是在云服务领域的重兵投入，都显示了腾讯对 To B 领域的重视。

在消费互联网时代，腾讯依靠微信的流量优势，能找到多场景的变现渠道，而游戏成为流量变现的重要方式。在流量红利消退之前，腾讯已经开始寻找下一个着力点。

去年 3 月，腾讯云以 1 分钱的价格中标厦门市信息中心对外招标的厦门市政务外网云服务，以不计成本的方式强势切入政务云市场，而在过去，政务云一直是阿里的市场，早在 2016 年，阿里就提出了“城市大脑”的概念，每年的云栖大会，阿里云都会有新动作。这意味着，在云服务市场，腾讯首先要面对的是阿里的直面竞争。

支付业务也是腾讯向产业互联网转型的重要抓手之一，依托微信生态，腾讯在支付领域具备天然优势，但阿里的支付宝依然是腾讯支付的首要对手。

传统认知里，腾讯的基因是社交，阿里的基因是电商。因为电商模式很重，阿里走出了一条更贴近产业、更注重线下的路。腾讯依托庞大的平台流量，编织起互联网时代的连接网络，走出了一条更轻巧的路。

而新旧动能转换，消费互联网向产业互联网转型，意味着腾讯需要从轻巧的互联网模式，向更重的服务模式切换，这也意味着“躺着赚钱”的时代已经过去。

中国电竞 15 年：选手“王者荣耀”，投资人“荒野求生”

闫丽娇 / 文

iG 夺冠　经历过十余年“长途跋涉”，电竞在 2018 年发生了令人惊叹的变化。由于雅加达亚运会的胜利及 iG 夺冠激起的全民热潮，很多人将 2018 年称为电竞的高光时刻。

作为电竞产业的核心一环，电竞俱乐部频频迎来产业风投及品牌赞助商的关注，未来电竞产业的价值将进一步攀升。同时，刚刚开始告别“富二代”资本的电竞俱乐部，也在面临自己的问题，譬如将如何摆脱过去相对单一的商业模式？一朝登顶，中国电竞的商业化之路到底通向何方？

iG 夺冠以后，王思聪掀起了一波声势浩大的“冠军月”造势，在微博发起抽奖活动。“为庆祝 iG 夺冠，抽取 113 人，每人一万元现金奖励”。最终，这条微博被转了将近 2000 万。

经历过十余年“长途跋涉”的电子竞技，在即将过去的这一年的发展速度着实令人惊叹。

2018 年，无疑是属于电竞选手和普通玩家们的高光时刻，在此之前，这个饱受争议的行业经历了漫长的煎熬。

这背后，当然少不了苦苦守候的资本。

早在 2016 年，VC 们就开始关注并布局电竞产业上、下游，当时还引来一些 PE 侧目。而大部分电竞俱乐部直到去年才相继宣布完成融资，告别“富二代”包养，背后开始出现投资机构和品牌的身影。

苏宁、京东、华硕先后成立了自己的电竞俱乐部SNG、JDG与ROG。2017年，百丽国际旗下业务线滔搏运动全资收购DAN战队，组成全新的TOP俱乐部。

艾瑞咨询发布的《2018年中国电竞行业研究报告》显示，2017年中国电竞市场的增长主要来自移动电竞游戏的爆发，市场规模已突破650亿元。而另一份来自企鹅智酷的报告显示，2017年，国内电竞用户规模已达2.5亿，2018年将突破3亿。

而当下，不得不面对的事实是，2018年以后，中国电竞用户的增长可能趋缓，进入用户培养、商业价值开发和细分市场运营的阶段。曾经的非产业资本野蛮续命，导致如今俱乐部在专业化运营及多元化商业变现方面，棘手不已。

一朝登顶之后，中国电竞商业化之路何从？

2018：电竞出圈，资本围观

2018年，两个代表性事件，将电竞推出小众圈层。

一件是中国战队拿下了第18届雅加达亚运会的《英雄联盟》表演赛冠军。一件是11月3日，S8总决赛上，iG以3∶0战胜老牌劲旅FNC，夺得LPL（中国大陆英雄联盟职业联赛）第一个冠军。这个冠军，对于关注LPL和中国电竞的铁粉来说，足足等了7年。

iG夺冠，朋友圈的一半人在怀念青春，一半在追问iG是谁。即便不玩《英雄联盟》，对于iG这个瓜，众多网友也是妥妥地吃了。从社交媒体声量可见，电竞开始走出自己的小圈子。

生于1997年的Uzi，拥有340万微博粉丝，最近转发的一条皇族俱乐部的微博，获得了12.6万评论和3.5万个赞。另一位人气选手，中国LOL首个世界冠军、前WE俱乐部队长Misaya若风，微博粉丝近千万。

粉丝在某种程度，意味着这些电竞选手的商业价值。

《电子竞技》杂志10月刊公布的中国电竞俱乐部排行榜中，前20位有iG、RNG、EDG、LGD、RW、JDG、VG、BA黑凤梨、OMG、Aster、TOP、JC、SNG、NewBee、4AM、FPX、Team Serenlty、Snake、QG和EHOME。

JDG、SNG和TOP背后分别有京东、苏宁和滔搏运动的资金支持，iG是王思聪的战队，其余的LGD、RW、QG、EDG、VG在近两年也分别拿到了融资。

iG夺冠后，电竞的市场价值再一次被证明，但对于产业资本来说，似乎已经错过了最佳投资时机。被誉为LOL牌面的RNG，在今年7月被曝出估值已达20亿。一些优质项目也已经被瓜分，投资人纷纷摇头，头部俱乐部已经很难进了。

竞远资本创始合伙人顾宇灏，今年依旧在关注电竞产业，但决策上却趋于审慎。经过前两年产业资本的一轮筛选，适合风投进入的优质初创项目，实际上并不多了。他觉得，对于资本入局，明年会有更合适的时间点，尤其对于手中握有核心资源、职业联盟席位的电竞俱乐部。

除了时间点不合适，资本也有自己对俱乐部的担心。一方面，俱乐部的估值还处在波动期。投资者和被投者在估值上意见难得一致，他们均认为，由于电竞产业还处于初期，未来俱乐部的估值会进一步升高。另一方面，俱乐部也在调整自己的商业模式，刚刚告别野蛮生长，风投对于俱乐部的商业模式探索还处于观望状态。

"为什么我们今年会审慎？因为看到了很多行业公司的起起落落，包括电竞。它未来的商业模式必须承载这个行业快速发展所带来的商业机会。资本会更关注这些企业真正的商业运营能力。"顾宇灏提到对未来的判断。

但这并不影响资本对于电竞俱乐部未来价值的看重，一位长期关注电竞领域的投资人透露，最近"大的资本"正在加速对电竞产业的研究和布局。"经过今年和明年上半年经济形势的疲态，活下来的就是优秀团队，估值又不会很高，电竞俱乐部会成为值得投资的标的"。据他了解，上海一线的PE、VC合伙人、上市公司及财团，最近都纷纷表示了对电竞俱乐部投资的兴趣。

2016：低谷之后迎来的爆发

16年前，电竞也曾经有过一小段辉煌。

2002年，东方卫视曾推出过一档电竞电视节目《游点疯狂》。节目方尝试在电视上举办"CS电视大赛""FIFA世界杯之夜"等电竞赛事。

次年，央视体育频道也推出了一档电竞相关的综艺《电子竞技世界》。这档节目分为电玩资讯、电竞资讯及评点、行业评述、业内名人介绍、电竞赛事的报道和转播等，由著名主持人及体育评论员段暄主持。

TOP 俱乐部 CEO 孙政在上学期间做过半职业选手。东方卫视的电竞综艺播出期间，他在上海念大学。当时上海生活时尚频道每周末播出的《衣食住行玩》节目，经常邀请一些电竞选手参与、解说 CS 的表演赛。“那时候，电竞选手活得不错”，孙政回忆，电视台录节目之前还要和这些选手提前敲定档期。

iG 夺冠以后，之所以能够引起那么多人的共鸣，很重要的一个原因是，电竞产业曾经历过一个长达十几年的“低潮期”。

“为了梦想打比赛”几乎是那个年代大家做俱乐部的共同出发点，英雄主义色彩多过经营生意。

早期电竞俱乐部的条件普遍比较艰苦，尤其是中小俱乐部，一间出租屋、几台电脑，一个教练带着几个队员不停地练习、参加各类比赛，毫无商业模式可言。“赚不到钱”是业内人士最深的感触，也是对野蛮生长时代特点的简单粗暴概括。

这个时期，打出成绩对俱乐部来说是最重要的，这也成了他们的精神支柱。在 iG 成立前，大部分职业选手的生存状况也并不是很好，“以 Dota、LOL 为首的职业选手的工资普遍在 1500 元左右，一线选手能够拿到 3000 元。”

“关注电竞圈很久，我看见的是一个模式不成熟、赛事不规范、俱乐部不稳定、产业链不完善的电竞圈。”7 年前，王思聪在一篇文章中写道。

转折发生在 2011 年 8 月，王思聪发微博宣布将打破原有的格局和传统的运营模式，整合电竞产业。那一年，他收购濒临解散的 CCM 战队，从一线俱乐部 LGD 挖来四名队员，组成 iG 俱乐部。用系统化的管理、透明的制度建立更为专业的俱乐部体系。

同时，国内电竞圈在规范上有了一定进步。2012 年，两家头部俱乐部 iG 和 WE 联合其他战队，一同成立了 ACE 联盟（中国电子竞技俱乐部联盟）。在王思聪的推动下，2015 年 10 月，中国移动电竞联盟成立，推动电竞圈朝着更规范的方向发展。

一度，电竞是“富二代们”追逐的资本游戏，成了业内人士的共识。除了王思聪，上市公司雏鹰农牧大股东侯建芳的儿子侯阁亭也是电竞圈著名的幕后推手。侯阁亭从 2012 年开始投资电竞战队，并在之后收购了国内头部战队 OMG。

直到 2016 年，产业资本开始关注电竞俱乐部。这一年“电子竞技运动与管理专业”成为教育部的增补专业，全国不少院校相继开设该课程。加上直播大火，加大了直播上游内容采购方对于电竞内容的需求。

同时，《王者荣耀》的成功也让外界看见了移动电竞的潜力。中国电竞产业报告显示，2016 年中国移动电竞收入 171 亿元，增幅达 187%，成为最具潜力的游戏细分领域。QG 俱乐部执行董事王洋认为，移动电竞起势降低了电竞行业的门槛。

竞远资本就是从这个时期开始布局电竞赛道，据顾宇灏回忆，2016 年那波电竞浪潮，不仅 VC 们关注，连 PE 也纷纷驻足。但由于电竞所呈现的爆发力远不及今天，资本都在研究，真正入局的人却很少。

竞远先后投资了以电竞赛事内容为核心的香蕉游戏，以及电竞数据服务商浮冬数据。顾宇灏解释，之所以前两年没投电竞俱乐部，是因为当时的职业联盟商业化、俱乐部运营模式并不足以支撑风投们遵循的投资逻辑。

“电竞俱乐部的经营到底走向何方，在 2016 年是不明确的。那时候，电竞俱乐部背后的资金更多还是以个人企业家为主。而到了 2017 年下半年，随着联盟的商业化突破以及更多商业品牌集团的进入，俱乐部的商业价值开始快速显现。”顾宇灏表示。

体育经济 or 偶像产业？

2017 年开始，俱乐部在商业化运营上开始发生一些变化。

2017 年 5 月，老牌俱乐部 LGD 宣布，于 3 月完成 3000 万元的 A 轮融资，由五岳资本领投。

这家成立于 2000 年的俱乐部，旗下拥有 Dota2、王者荣耀、守望先锋、英雄联盟等多个游戏分部。作为国内最早成立的电竞俱乐部之一，LGD 见证了中国电竞从蛮荒到规范的发展过程。在一部分投资人眼中，LGD 也是比较早摸索出自己商业模式的电竞俱乐部之一。

A 轮完成后，LGD 表示此轮融资将用于青训资源的投入及商业地产布局，在 LPL 正式实行联盟生态化、主客场制的前提下打造电竞小镇。

2016 年 7 月，三部委联合发布了《关于开展特色小镇培育工作的通知》，计划在 2020 年培育 1000 个左右的特色小镇，电竞小镇就是其中之一。

从 2017 年开始，江苏太仓、重庆忠县、河南孟州、安徽芜湖、辽宁葫芦岛、浙江杭州等地相继宣布开发电竞小镇计划，在当地文化基础上融合电竞元素，引进国内外赛事，以此吸引众多电竞俱乐部的驻扎和电竞赛事的聚集。2017 年，LGD 将主场落在杭州电竞数娱小镇，这是头部俱乐部对于营收多元化探索的先例。

理论上，传统俱乐部的收入来源可以有：冠名、赞助、合作定制、周边产品、代言、直播收入、赛事奖金。其中，品牌冠名及赞助、直播、版权属于 B 端收入，也是其目前主要的收入来源；C 端收入与其他行业的 IP 变现类似，包括周边衍生品开发，但这块市场目前并不成熟。

孙政认为，目前电竞行业 B2B 的盈利模式还不完全成熟，B2C 相比传统体育娱乐产业更是发展缓慢。投资人提到，未来也有可能跑出一些新的商业空间，比如联盟席位转让、主客场形成的商业价值及选手的经纪收益等。

一个成熟的顶级体育俱乐部的盈利模式，一般有一个三分之一原则。也就是说，三分之一收入来自联盟，三分之一来自他自己的 B2B 销售，另外三分之一来自商业赞助和活动。

在辰海资本投资经理刘仲连看来，电竞俱乐部的终极状态将参考国际职业联赛的模型，变现模式主要以门票、IP 转播、广告、衍生品、球员竞技等为主。而对于电竞俱乐部最终更偏向于传统体育俱乐部还是娱乐经纪的模型，则不必纠结。“经纪公司有可能成为传统体育产业中的一环，中国市场有着独特的发展属性，电竞未来肯定是无法严丝合缝地套进这些范式里的，另辟蹊径才能走得更远更好”。

例如，QG 从一开始就把俱乐部定义为，一家类似偶像产业的电竞经纪公司，在营收上更偏重 C 端。B 端与 C 端中间需要用 IP 连接，QG 将选手进行 IP 孵化，除了旗下人气选手与腾讯综艺有合作外，他们将围绕电竞，在音乐和综艺等领域增加更多自制内容。

“我们的目标是用五年左右的时间进入世界级的电竞俱乐部行列，相较其他体育项目，电竞的跨国界性更强。”孙政讲述了 TOP 俱乐部的长期规划。他表示，一旦涉及线下、零售，一定是个漫长的过程，要教育的不单单是玩家，还有所有的消费者。

另一种逻辑：抓住 Z 世代的商业支点

孙政表示，像滔搏运动这样的传统零售品牌，之所以投资电竞俱乐部，押注的是电竞对年轻人的影响力，看中的是主流人群的消费能力。当电竞影响两代人以上，它的商业黄金期才会真正开始。

传统商业综合体面临很大的问题就是难以吸引年轻用户。电竞发展背后辐射的是年轻人对于文化内容的需要，线下承载的上升空间巨大，而电竞恰恰是一个重要支点。

更加关注娱乐精神消费的 Z 世代（指在 20 世纪 90 年代中叶至 2010 年前出生的人）在慢慢成为社会的主流消费群体，但他们的精神需求与社会产能存在不匹配。所有与年轻人兴趣相关的产业，都会不约而同地思考未来将如何影响这批人，甚至是他们的下一代。顾宇灏认为，这一块未来会有非常大的空间。

孙政有着相同看法，一个好的品牌要能影响两代人，因此电竞俱乐部，要有 10 ~ 20 年的发展规划。父母为孩子的消费，才是现在布局电竞产业的人所看重的。15 ~ 25 岁的用户最有价值，但不一定最有购买力。

刘仲连认为，获得 Z 世代年轻人的流量逻辑已和获取移动互联流量红利的逻辑不同，Z 世代的年轻人非常关注体验，他们愿意为有满足感的东西支付高溢价。

“电竞行业处于流量红利期，现在还只是停留在内容层面，可以预见，未来三至五年，电竞内容领域里会跑出来一批新消费品牌，比如 Monster，就是从极限运动爱好者群体里跑出来的品牌”。

未来路在何方?

即便前景美好，但整个电竞行业仍然无法忽略自己的生存发展问题，摆在面前的，有三座大山。

一个是顶级联赛的席位。由于联赛实行固定席位制，席位有限，未来顶级联赛的席位可能没办法通过晋升通道进入,更多是通过俱乐部的权益转让促成。

以王者荣耀职业联赛 KPL 为例。2018 年秋季赛开始，KPL 正式取消保级赛和降级机制，实施固定席位制，通过预选赛成绩加上席位招募的双通道选拔机制决定新增席位的最终归属。秋季赛的参赛队伍将由春季赛的 12 支扩编至 14 支，2019 年及 2020 年春季赛持续招募固定席位，其中席位赛每年各 1 席，公开招募每年 0 ~ 1 席。

门槛重重，对于中小俱乐部而言，光席位费就是一个问题。据了解，今年 KPL 固定席位的加盟费用定价为 1 亿元。此外，联盟对俱乐部其他资质有多项考量。

腾讯互娱移动电竞业务部总经理、KPL 联盟主席张易加表示，联盟在竞标席位时主要有三个考量维度：

1. 俱乐部和背后企业的职业化管理和体系化的运作方式；

2. 俱乐部的赛训、内容和粉丝运营以及商务开发的能力；

3. 新俱乐部和背后资源能否帮助 KPL 联盟扩大社会影响力、与现有俱乐部形成资源互补。

主客场制是第二座大山，这是职业体育联赛发展成熟的标志之一。要想真正成长起来，主客场制度势在必行。张易加披露了 KPL 主客场制的相关信息。在腾讯的计划中，KPL 将率先开启上海与成都的双城主客场模式，之后在这个基础上进行裂变，直至最终实现全面的主客场制。

孙政预测，电竞的最终形态一定是联盟化。最大的电竞联盟可能只会存在两到三个，一个联盟能容纳几个俱乐部，且很多大俱乐部会跨联盟。

不难想象，未来的年轻人们会像关注 NBA 和英超那样，为自己的“主队”和“爱将”呐喊。

现在，微博上已经有人自封为“电竞女孩”，由粉 idol（偶像）变成了为电竞选手和俱乐部打 call。

养成系偶像兴起以后，有些粉丝把自称为偶像女友的癖好，变成以“老母亲”自居。现在，他们开始把俱乐部称为孩子，并会连发一堆感叹号。“今天的比赛也要加油鸭！！！”

小区新战役：寻找“团长”

黎明 / 文

社区团购成为风口 2018年下半年，近10家公司在3个月内宣布获得总额约30亿元的融资。在被认为没有风口的2018年，社区团购却打得火热。房产销售、便利店主、美食达人、无业宝妈甚至微商，在社区团购的风口下，摇身变为社区里的意见领袖，他们由此获得了一个新的称号——“团长”。

入场玩家快速跑马圈地，行业加速并购整合。随着资本的进入，竞争加剧，各地玩家感受到明显的压力。头部玩家除了自身业务加速扩张，也在抢夺各地的优质社团资源，团长成为影响战局的关键角色。这是一场发生在小区的新战役，寻找优质团长，成为制胜关键。

冯仕平在他的果蔬种植合作社里，发现了一些“奇奇怪怪”的人。

这些人不怎么说话，开着一辆面包车，每天准时来合作社拿货。他们将水果装成几十袋，扔进面包车里，掏出一把现金，结完账就走。

“他们每天都会来，虽然单品的量不是很大，但频率非常高。”冯仕平说。

这让冯仕平觉得蹊跷。做农产品供应链这么多年，大大小小的场面都见过，但这帮人的行为让他有点摸不着头脑。“他们没有店面，也不知道他们的客户是怎么来的”。

经过打听，冯仕平搞清楚了这帮人的生意模式——社区团购。

“开着一辆车，备上一些货，招一个团长，在每个小区里做地推，做一场活动给物业300块钱，然后把货卖给小区业主”。

这是2016年的事，当时并没有引起冯仕平太大兴趣。“小打小闹，反正量也不大”。

让他没想到的是，两年后，这种模式火了。大大小小的社区团购项目集中诞生，尤其是 2018 年下半年，大量资本涌入这个赛道，近 10 家公司在 3 个月内宣布获得总额约 30 亿元的融资。

在被认为没有风口的 2018 年，社区团购却打得火热。

房产销售、便利店主、美食达人、无业宝妈甚至微商，在社区团购的风口下，摇身变为社区里的意见领袖，他们由此获得了一个新的称号——“团长”。

与此同时，一支更具狼性和战斗力的地面部队也在集结。他们来自当年“千团大战”的幸存者，外卖地推军，以及共享单车团队，如今他们的任务是在短时间内快速抢占小区，找到更多的社区宝妈。

“随着资本的进入，竞争加剧，各地玩家感受到明显的压力。”社区团购公司十荟团 CEO 王鹏在接受寻找中国创客采访时说。根据他的观察，最近几个月，行业整合在悄悄进行，头部玩家除了自身业务加速扩张，也在抢夺各地的优质社团资源。

“社区团购应该能跑出一家公司来，它的商业模式是真实的。”经纬中国投资经理表示。

从千团大战，到 O2O，到无人货架，再到如今的社区团购，这一轮风口，能吹多久？

被自己的顾客抢生意

远远没想到，自己的顾客居然“抛弃”了她。

在社区团购平台食享会做了两年社区团长，远远认为自己做得还不错。不仅在小区积累了一批忠实用户，还将自己管理的小区从一个拓展到了三个。

远远所在的小区位于扬州西区的一座新城，属于黄金地段，大约有 1200 户居民。在加入食享会之前，远远是一名房产销售。生完宝宝后，她在家时间充裕，于是做起团长。

团长的工作并不复杂。2016 年年底，远远新建了一个微信群，然后在社区物业群里一边发小广告一边发红包，把社区住户拉进团购群里。她根据食享会的安排，每天向群里推荐商品。群里的订单汇总后，货物会由公司集中配送到小区，远远完成最后一公里的配送交付。经过一段时间的运营，她手上已经建起了 3 个 500 人的微信群。

今年夏天，远远突然发现，自己的一个顾客变成了另外一个团购平台的团长。虽然这个顾客还留在自己的团购群里，并表示还会跟她买东西，但明眼人都看得出来，这是要“抢生意”。

这是一个明显的信号：狼来了。

实际上，要抢生意的团购公司，早就开始行动了。

今年下半年开始，远远发现不停地有新的团购公司进入扬州，尤其是 8 月以来特别明显。不停地有顾客告诉她：“我们小区又有了一个新的团购，又拉我进群了。”

最开始远远没在意，因为食享会在扬州做得早，扎根比较深。食享会由原本来生活副总裁戴山辉在 2017 年 12 月创立，通过合并扬州本地的味罗天下拓展扬州市场。

直到自己群内有顾客被拉走，远远才发现事情有点不妙。不久，她打听到，大本营位于南京的十荟团，正在打这边的主意。

这也是社区团购江湖里每天都在发生的事情。8 月，十荟团将战场选在了扬州。“就是想试试，在竞争对手高度覆盖的城市，能否通过我们的团队撕开一道口子。”王鹏说。

王鹏是当年“千团大战”的亲历者，曾任社区零售电商爱鲜蜂高级运营副总裁。他所说的团队，是“军事化的高效地推团队”。

团队的搭建颇有讲究：碰过货，控过店，是理想的城市经理模型，再往下的销售团队来自早期的团购团队，中期的外卖团队，以及后期的共享单车团队。既懂经营，又有战斗力，是一个好的城市团队需要具备的基因。

同时攻进扬州的不止十荟团一家，战火燃起的标志之一就是价格。

十荟团一进场就开始做促销，每周三是特权日，周二和周四是针对水果和休闲食品的主题日，以此调动消费者的购买欲望。

当扬州的团购公司打得火热时，总部位于杭州的小区乐，在 11 月宣布已完成 1.08 亿美元 A 轮融资，创造社区电商行业最大融资金额纪录。

大资本入局后，对资源的争夺已经不止于小区层面，地方团之间的兼并整合如火如荼。

王鹏表示，一般并购对象是在区域做到前三的公司，在当地有一定的用户和交易额。资本“关照”下的战局十分激烈。“在地方上排不到前三，要么直接出局，要么被并掉。”一位社区团购创业者说。

高频打低频，永远适用

杨女士是扬州的一位宝妈，自从被拉进了食享会的团购群，她每个月的购物花销大幅增加。

最开始是便宜的水果，然后开始买零食，后来“每天会点进群里，看看大家都在买什么”。

这是一个极其便利的购物场景。在团购群里，杨女士每天会收到三波开团信息，点开团购链接，会跳转到微信小程序的商品详情页，点击就可以预约购买。

团长在群里进行一波又一波的宣传造势：物美价廉！绝对新鲜！东西不好随时退……这让杨女士很难控制住不去“剁手”。几个月下来，她平均每个月在群里买东西要花两三千元，而当地普通工薪阶层的平均月工资是 5100 元。

随着使用次数增加，杨女士发现，食享会推送的商品种类在慢慢发生变化。从最开始只有水果，增加零食和酒，后来增加衣服、日用品和化妆品，到现在几乎日常生活中所需要的一切都能在群里购买。

“衣食住行，我觉得每一样东西都用得到，而且比外边便宜。”杨女士说。以橘子为例，三十几元的橘子，在群里二十多元就可以买到，而且是同样的品质。

瓜果、蔬菜等生鲜类产品，成了小区居民们最高频的消费品，也是大部分社区团购最先切入的品类。这和美团用高频的餐饮切入低频的酒店和旅游的逻辑非常相似。在周晓看来，高频打低频的逻辑在互联网里永远适用。

随着商品品类的丰富，供应链的变革也在进行中。

在传统的供应链里，蔬菜先由产地进入大型批发市场，然后经过中间漫长的经销环节，最后才能到达消费者手中，但在社区团购的模型里，采用产地直发、基地直采、集中配送的方式，绕过中间环节。而对于牛奶这种保质期较短的标品，社区团购的供应链不仅省去了经销环节，还通过预售保证最新生产日期，大大压缩流转周期。

冯仕平的果蔬合作社根据团购公司的需求，将货物以落地配的方式从产地发到团购公司的前置仓，再由仓库进行分发。

新希望蓝海乳业特通客户经理刘永强说，新希望以出厂价格将乳制品供应给团购公司，一般采取先打款后发货的方式，这样能保证产品的生产日期是最新的，同时价格有优势。

这是两种不同的供应商类别，分别提供非标品和标品。

“去掉所有中间环节，直接连接产地，从产地到用户餐桌，价格可以打得非常有竞争力。”王鹏说。

格家网络董事长李潇以配送成本为例算了一笔账，全国最便宜的快递大约每单 2 元，加上包装和人工等成本合计约每单 5 元。在社区团购的模型下，一筐 50 到 80 个包裹，筐子可以重复使用，从仓库到小区的物流成本可以做到平均每单 5 毛到 8.4 毛之间。

GGV 纪源资本管理合伙人徐炳东说，社区电商不仅在用户的获取和关系维护上具有特点，更是在交易订单履约上突破了原有模型实现了效率和成本的优化。

多位社区团购公司创始人表示，社区团购本质上还是一个零售生意。

周晓认为：“所有零售生意的本质都是商品和供应链，流量只不过是产品组织形式而已。谁提供的商品和供应链的效率更高，成本更低，流量会更愿意跟谁合作”。

依托便利店将走得更远？

这并不是一个全新的行业，冲进战场的玩家们，都已在各细分领域摸爬滚打多年。

湖南长沙是社区团购的发源地，后发展至山东、江苏、河南、浙江、江西、湖南、湖北等省份的二、三线城市。仅仅在长沙，现已出现松鼠拼拼、你我您、考拉精选、兴盛优选四家头部企业。

其中，兴盛优选由社区便利超市芙蓉兴盛孵化，考拉精选由快消品企业新高桥孵化，它们以便利店主为节点切入小区市场；松鼠拼拼和你我您则通过公开招募社区宝妈、小区业主成为团长，以兼职团长为节点展开业务。

这代表着两种不同的商业模型，一种是“社区店＋社群”，另一种是“宝妈＋社群”。

已经具备便利店资源的玩家显现出更大优势。在小区有实体店面，具备一定的客户资源，能够相互引流，这些都是便利店的天然优势。

王鹏认为，便利店天然就有线下提货的场景，也具备线下存储特定商品的条件。随着业务和订单的增长，有线下提货点的小店将会获得更多的增长机会和承载能力，未来一定要有一个线下自提点。

一位消费行业投资人表示，便利店＋社群的模型在未来是更稳固的模型，宝妈有可能只是一个过渡阶段。

但小区便利店毕竟数量有限，目前大部分社区团购公司是两种模式并用。“归根结底，优秀的团长才是稀缺资源，宝妈和社区店主其实只是团长的具体分类。”上述投资人表示。

在社区团购的商业模型里，社区团购公司就像是一个大型连锁社区微店，每个社区团长是社区微店的店长，这些团长的任务是给团购公司卖货。团长解决流量和渠道，公司负责产品和供应链。

“这是典型的S2B2C模式，B是团长，C是社区用户，团购公司是平台。”食享会创始人兼CEO戴山辉表示。

金沙江创投董事总经理朱啸虎在接受采访时称，几年以前就已经兴起过的社区拼团和现在的拼团有本质上的差别，以前集中在一、二线城市，比如在上海、北京，但这些城市的消费者选择面非常广泛，用户黏性没有这么高。现在是在二、三线城市兴起，消费者的选择没有这么多，它的用户黏性和复购率相应也就高很多。

他认为，社区拼团的逻辑非常清晰，它的经济模型很容易算出来。这种模型已经在市场上跑通。多位社区团购创始人表示，已经实现单一社区盈利。

熟人关系，成败关键

对于社区团购公司而言，优秀的社区团长成为稀缺资源。如何保证团长的忠诚度，是团购公司必须考虑的问题。目前社区团购公司和团长的合作大部分采用销售抽佣的形式，平均提成比例在10%左右。

有社区团购公司放出了“火热招募社区团长”的通知，它们宣传的套路大部分如出一辙：平台团长讲述带团心得，分享致富经验。“90后女孩放弃大公司offer，做团长月赚两万”“宝妈放弃高薪，当团长收获广泛人脉”。总结下来，是一个又一个社区宝妈通过个人努力，逆袭致富的励志故事。

然而，因为流量的中心化，导致团长并不依赖于某一个平台。周晓认为，流量掌控在团长手里，只不过团长利用社区团购平台来做流量变现。这导致团长的迁移成本不高。“哪个平台能够给我提供最好变现效果的商品，我就会跟谁合作”。

社区团购公司攻占小区的重要方式就是争抢优质团长。它们通常会就地组建地面部队，区域和路径划分完成后，前期靠地面部队打头阵，主要任务是找社区的宝妈，以及社区周边的便利店，谁能更多地将这些潜在团长纳入自己的社群运营体系，谁就能抢占先机。

实际上，在对优质团长的争夺中，已经出现团长带着微信群集体“跳槽”的情况。“有时候突然就被团长拉到另外一个群，新群里还是之前群里那些人，但招牌换了。”一位社区宝妈说。

对于用户而言，由于社区团购是基于地理位置的熟人关系，“用户不会看到某一个平台，只是通过平台来成交，真正能够让用户去做决策的，其实是团长。”周晓说。

某社区团购平台的一位资深社区团长说，有段时间自己因为太累想放弃，公司在群里招募新团长，结果群里瞬间炸锅，用户全部站出来挽留。

这些铁杆用户集体抵制代理团长，坚持什么都不买。最后因为自己实在割舍不下这些用户，才选择留下来。她归来开团第一天，群里就爆了，所有人都抢着下单购买。

这种牢固的熟人关系，成为团长迅速打开销路的钥匙，却也成为团购公司直接触达用户的障碍。

食享会从所有权上进行规避。据戴山辉介绍，食享会所有的社区群的群主都是食享会公司的正式员工，微信群的所有权归公司所有，团长可以换人，但微信群的权属不变。

十荟团则试图从激励机制上进行引导。十荟团对社区合伙人进行分级，新发展来的社区合伙人，首先要进入新兵营接受培训。不同等级的社区合伙人，对应不同的考核标准和佣金比例。针对头部社区合伙人，十荟团会签独家协议。

李潇希望小区乐的团长能够有更多收益，格家网络旗下的其他平台可以同时为小区乐团长赋能，让小区长至少有两份以上收益。让团长赚更多钱，团长自然就会选择留下。

决战微信生态

社区团长这份工作带给孙玲最直接的影响是：使用手机微信的频率大大增加。

一天三次开团，开团前要在群里预热，群里的提问五花八门，售后服务还必须及时。这让孙玲的手机几乎时刻都有新消息提示。

但这种状态相比之前，实际上已经轻松许多。

刚开始做团长的时候，群里的订单信息全部需要孙玲手工统计，支付结算靠人工转账。“全部是手动，生意好了以后就特别累，要自己抄写名单，很麻烦。”孙玲说。

2017 年下半年，微信小程序开始火起来。上了小程序的新系统后，孙玲的工作量大大减少，而且错误率也明显降低。

这一切都基于微信基础设施的完善。周晓表示：“社区团购的快速发展，本质是基于微信流量分发体系的成熟，很重要的一个标志就是小程序”。

某互联网公司产品经理表示，腾讯鼓励小程序这样一种交易形式，是为了提高整个交易在微信体系内的留存度，对于腾讯而言，这是一个繁荣生态的事情，而社区团购很好地利用了这一点，对于双方是双赢。

但这并不代表没有风险。在借力微信基础设施的同时，社区团购对腾讯的依赖也正在加大。

一位电商领域投资人认为，社区团购在本质上属于社群电商，其发展壮大的基础是微信社交生态，拼多多的上市已经证明了社交电商的巨大潜能。但这同时也意味着，腾讯对发端于微信生态的社交电商影响巨大。

上述投资人表示，从现阶段来看，腾讯对社交电商的态度是默许和鼓励的。而随着小程序的成熟，腾讯想要将那些很容易被洗到淘宝里的交易和流量，留在腾讯生态里。

对于社区团购项目而言，这是发展机遇。

多位创业者说，社区团购将是一个千亿级别的市场，最后会跑出一家大公司。

在戴山辉看来，围绕社区消费，未来主流的消费渠道会呈现一个三足鼎立的局面。“第一是各种形态的社区店，第二是传统的B2C电商，第三就是社区团购”。这三种形态分别满足用户的选择性购物需求、即时性购物需求、半计划性需求。

“如果在效率和体验上，是明显进化的业态，那么最后就会成为一个大生意，社区团购在这两点上都具备优势。”李潇说。

在越来越稀缺的风口面前，头部玩家利用各自优势，“八仙过海，各显神通”。

生鲜老兵、团购幸存者、地推铁军，各路人马齐聚在小区里，一决高下。没人知道在这个盘子里，谁会最后胜出。

这是一场赛跑，在这个蓬勃兴起的风口上，社区团购的入场者，不仅在和对手较量，也在跟时间和资本赛跑；这也是一场战争，一场正席卷全国的小区攻防战，越来越多投资机构入场，为战场输送弹药。

“明年要打下10万个小区。”李潇说。

教育：
STEAM 成主战场，渠道下沉存超车机遇

张皓月 / 文

教育一直是“慢功夫”的代名词，2018 年，教育这个在过去不太受人关注的赛道反而迎来爆发。

前瞻产业研究院数据显示，2018 年上半年，教育行业总投资金额达到 147.1 亿元，平均每天有 0.81 个教育项目获得融资，平均每个案例获投金额达到 6566 万元。

随着人工智能时代的来临，编程被称为“未来世界的第一语言”，STEAM 教育也被视作 2018 年教育领域厮杀的主战场。与此同时，教育领域也将面临与电商相似的渠道下沉，在三、四线城市，创业公司仍存在着超车机会。

从 2017 年起，在线教育逐渐走上风口。这不仅体现在融资数量上，更体现在渠道下沉的速度和营收能力上。

在过去的两三年间，中国的“互联网 + 教育”的渗透率逐渐攀升，CNNIC 第 40 次《中国互联网网络发展状况统计报告》显示，截至 2017 年，中国互联网教育的用户规模已经到了 1.44 亿。以此计算，渗透率已达到 10%，走过了电商将近 20 年间走过的路。

2017 年度创客、专注北美外教一对一线上教学的 VIPKID 成立四年五轮融资，在其成为十亿美元估值独角兽后，无数投资人继续选择在教育领域纷纷押宝。而在政策红利的影响下，STEAM 教育（集科学、技术、工程、艺术、数学多学科于一身的综合教育）下的少儿编程等方向也正在由蓝海变成红海。随

着人工智能时代的来临，编程被称为“未来世界的第一语言”，STEAM 教育也被视作 2018 年教育领域厮杀的主战场。

与此同时，教育领域也将面临与电商相似的渠道下沉。在创新工场投资总监周家骏看来，一、二线城市的 K12 教育日趋饱和，而三、四线领域的用户刚刚觉醒，二胎政策也成为一种新的驱动红利，供给端仍呈高度分散的格局，给创业公司创造了超车机遇。

STEAM 教育迎来井喷式发展

2017 年 7 月，国务院印发《新一代人工智能发展规划》，明确提出要在中小学阶段设置人工智能相关课程，逐步推广编程教育；2018 年年初，教育部召开新闻发布会介绍 2017 年版高中“新课标”改革，人工智能、物联网、大数据处理、算法、开源硬件项目设计等正式划入新课标。《义务教育小学科学课程标准》也将小学科学课程起始年级从三年级调整为一年级。

这一系列教育领域的课标改革，把 STEAM 教育推上了风口。STEAM 代表科学（Science）、技术（Technology）、工程（Engineering）、艺术（Art）、数学（Mathematics），最早是由美国政府主导的教育计划，旨在打破学科界限，让学生通过对学科素养的综合应用解决实际问题。

与其他的单一学科应试培养不同，STEAM 教育以素质教育为主。随着政策利好，STEAM 教育也正式变成红海市场。市场上以儿童编程教育、机器人教育和科学教育为主。其中，少儿编程又成为人气火爆的领域。

“人类已经要开始与人工智能对话，未来世界的第一语言，将会是编程。”编程猫的创始人李天驰说，这也是他创业的初心。

创新工场的教育投资领域的负责人包蓓蓓认为，一、二线城市的中产阶级家庭迎来了教育升级的第二波浪潮，更多的是家长在安排孩子的课外时间时，更加注重孩子的兴趣和选择，也越发把关注点放在“软素质”“软技能”的培养上。

自 2013 年以来，STEAM 教育就开始出现，并获得了投资人的关注。融资事件和融资金额也大规模上升。鲸准数据显示，2017 年 STEAM 教育的总融资额已经高达 6.8 亿。更是跑出了两家融资过亿的公司——2017 年 11 月底完成 B 轮 1.2 亿融资的编程猫和在近日完成 1.3 亿 B 轮融资的小码王。

《2017—2023 年中国少儿编程市场分析预测研究报告》显示，当下中国大陆少儿编程教育的渗透率为 0.96%，每人每年在编程教育领域消费金额约 6000 元，粗略估计，目前国内少儿编程市场规模或达百亿。

投资 STEAM 教育就是押注未来。从趋势分析，2018 年 STEAM 教育的投融资将迎来井喷。

渠道下沉成教育创业主战场

三、四线城市将成为互联网争夺的下半场，在教育领域同样如此。

《中国人才蓝皮书：基础教育发展报告》显示，与 2008 年相比，我国二、三线城市居民人均教育支出增加近 6 倍，教育支出在家庭消费结构中的占比接近甚至超过 30%。一、二线城市的 K12 教育日趋饱和，而三、四线城市的用户刚刚觉醒，亟待开发，二胎政策红利也成为驱动的一方面。

成立于 2008 年的精锐教育，其创始人张熙曾公开表示，要将扩张重心放到二、三、四线城市。老牌校外教育机构学大和龙文也已经开始进入一些三线城市。而不少创业公司最初就将市场定位到了三、四线城市。比如，凹凸教育就以加盟校的模式突破三、四线城市的市场。

与此同时，技术的发展也为更多互联网教育公司的发展提供了很多便利。在线直播和双师课堂在经历了两年的发展后，也渐渐成熟，成本正在逐年下降。

过去优质师资不愿意常驻偏远城市，如今用线上远程直播解决异地优质师资供给需求，用线下场地和助教来解决学生托管和社交需求。双师课堂就是典型的案例。

对于教育创业公司而言，最“重”的成本是营销和获客。而三、四线城市的培训市场分散度过高，还没有被大品牌完全占有；与此同时，获客成本、渠道成本、人员薪资等都相对较低。嗨课堂创始人季忆介绍，嗨课堂于 2016 年在上海成立，在所有的付费用户中，三、四线付费用户占比为 47%，三、四线城市的流量获取量在 50% ~ 60% 之间。

“教育业本质是服务业，业务向三、四线城市扩展意味着享受到类似于渠道下沉的结构性红利。”创新工场投资总监周家骏表示，即使考虑到国内教育界大小巨头的城市下沉，三、四线城市的供给端仍呈高度分散的格局，而需求端却有强于一、二线城市的增长红利，这意味着创业公司也有较好的超车机遇。

教育领域独角兽突起

在线教育是个慢行业，但在发展五年后也迎来了收割期。

2017 年，VIPKID 已经长成了 10 亿美元估值的独角兽，并获选 2018 年度中国创客。资本也开始大规模催生教育领域，作业帮、猿辅导、作业盒子等公司都获得了一亿美元以上的融资。

2018 年 3 月发布的一份《2017 年中国独角兽企业发展报告》显示，互联网教育领域共有 9 家企业上榜，其中，VIPKID、一起作业、沪江网校分别以 15 亿美元、12.5 亿美元、10 亿美元的估值位列该领域的前三。

教育独角兽仍然集中在 K12 领域。在教育 O2O 经历洗牌后，教育公司都开始着力于内容建设。在形式上分为大班课、一对一和小班课三种模式。2017 年冲上风口的就是以 VIPKID 为代表的在线英语外教一对一模式。

“VIPKID 非常幸运地赶上了在线教育最好的时代。”米雯娟曾把这个幸运归于市场体量、消费升级、技术进步等因素。技术不断发展迭代，互联网可以连接两端的需求，人工智能也给未来的在线教育带来了更大的想象力。

目前，这些独角兽的公司都瞄准了辅导付费的模式。虽然用户买账，但一对一的盈利模式依然受到广泛质疑。有业内人士预计，2018 年小班课或许也将成为独角兽角逐的新战场。

教育代表着社会的未来，在创业大潮日趋冷静的今天，在风口浪尖上的，也依然是教育领域。

医疗：在线问诊成标配，重心转向诊前诊后

唐亚华／文

一直以来，移动问诊、医药电商等医疗形式以标准化服务和轻医疗需求为主，轻服务直接导致用户付费意愿不强，盈利困难，市场逐步趋于饱和。互联网医疗平台通过智能化运营、延长供应链、深入诊疗环节等主动提供高品质的医疗服务已经成为趋势。如今，在线问诊作为移动医疗的入口已成为行业标配，同时向诊前诊后延展，连接医疗、医药、医养、医保大健康产业链。

在医疗健康领域，资本和市场关注的焦点一直在变，从2014年、2015年的互联网医疗到2016年的精准医疗，再到2017年、2018年的诊前诊后、生物医药等，在逐步地探索发展中，医疗健康行业进入细分领域遍地开花的阶段。

鲸准研究院发布的2018年《中国医疗健康产业大报告》显示，相比前两年，医疗健康行业2018年前三季度行业融资事件减少，但融资额呈上升趋势。

据该报告，2018年前三季度医疗行业总体融资额达891亿元，投资事件总数为716起，2017年的融资事件则达1100多起，2014—2017年行业平均单笔融资金额约5000万元，而2018年前三季度这一数据达到了1.2亿元。其中，药品和医疗服务是增长最快的两个板块，2018年前三季度分别达到447亿元和248亿元，约占融资总额的50%和28%。

对于行业的整体状况，复星同浩资本合伙人高兴森表示，创投行业的泡沫蔓延到一向稳健的医疗健康领域，过去该领域的明星公司2018年的融资甚少，独角兽们纷纷寻找接盘买家或忙于IPO对接二级市场。但技术创新性企业依然

春风得意，AI、区块链、基因诊断以及免疫治疗技术领域会有越来越多的玩家落地。

同时他表示，以在线预约、轻问诊服务为主的互联网医疗依然是“雷声大雨点小”，尽管各项政策春风频吹，互联网医疗暂时还未到达爆发点。

目前，创业者们呈现出了逐步将自身业务深入医疗环节中，同时向诊前诊后拓展延伸的趋势。多位创业者与投资人表示，未来，围绕技术创新、垂直细分领域、基层医疗等项目将会更受青睐。

智慧医疗深入医疗环节，重心向诊前诊后转移

一直以来，移动问诊、医药电商等医疗形式以标准化服务和轻医疗需求为主，轻服务直接导致用户付费意愿不强，盈利困难，市场逐步趋于饱和。

互联网医疗平台通过智能化运营、延长供应链、深入诊疗环节等主动提供高品质的医疗服务已经成为趋势。如今，在线问诊作为移动医疗的入口已成为行业标配，同时向诊前诊后延展，连接医疗、医药、医养、医保大健康产业链。

这种“深入医疗环节”的趋势也体现在科技前沿的 AI 医疗领域。在 AI 率先落地的医疗影像赛道，辅助诊疗、健康管理同样成为热门场景。汇医慧影、推想科技等头部项目已经在辅助筛查的同时初步实现了辅助诊疗。

以汇医慧影为例，其与北京 301 医院在主动脉夹层手术领域搭建平台，将以前需要四到六个小时做出的手术方案缩短到十几分钟。

深入和拓展对医疗健康同样重要。近年来，医疗重心向诊前和诊后转移的趋势越来越明显，业内普遍的共识是，诊前筛查预防与诊后健康管理同样重要。

复星同浩资本合伙人高兴森用需求端来解释这一领域的潜力。他表示，第一批作为重度互联网用户的 70 后已经接近 50 岁了，他们对健康的渴望、对健康产品的付费能力，都会促使健康管理行业得到巨大发展。

“随着医改大趋势，医保控费的要求越来越高，治疗中的高昂费用必然导致诊前预防筛查和诊后康复管理受鼓励，因此医疗向前后的拓展是必然的。”旦恩资本管理合伙人新纪夫说道。

安翰医疗副总裁郇丹丹认为，医疗要实现个性化健康管理，要打通从预防

到治疗的健康管理全过程。安翰医疗推出的胃镜胶囊机器人，不同于传统插管式胃镜，以一个小小的胶囊实现胃部精准检测，与医院、体检机构合作，让消化道的检测与治疗变得方便快捷。

在诊后的慢病管理领域，既有智云健康等专注于慢病管理的公司，也有平安好医生、春雨医生等提供包括慢病管理在内的诊前诊后综合性业务，通过打通医院，进行诊后持续追踪管理。还有类似于优复门诊这样的公司则专注于术后康复，患者可通过线上康复课程和线下专业治疗与居家方案调整实现康复治疗。

生物医药成为“新宠”

2018 年以来，生物医药领域融资事件、上市案例频频出现，成为健康领域的“黑马”。

5 月 10 日，基石药业完成 2.6 亿美元（约 16.5 亿元）B 轮融资，当时被称作中国生物医药领域 B 轮最大单笔融资。据不完全统计，2018 年上半年，共有包括基石药业、亚盛医药、信达生物、礼进生物在内的十多家生物医药企业宣布完成融资，总规模超 10 亿美元。据鲸鱼研究院数据，2018 年前三季度药品融资总额为 447 亿元，占融资额的 50%。

政策新规又推动了这一领域的加速。2018 年 4 月港股发布 IPO 新规，允许未盈利生物医药公司上市，此后，未盈利的歌礼生物、华领医药已相继赴港上市。

新纪夫认为，从产业本身发展来看，近年来越来越多有产业积累的医药研发领域的人才投入这一领域，也有越来越多的 PE 参与到这一行业，同时，国家药监局对创新药的审批的速度、专业度有很大进展，监管上有一定的推进作用。

此外，港股、美股、证监会对研发型生物医药企业的鼓励政策推出，促成了这一领域的火热。

“生物医药领域的火热一方面是行业积累所致，耕耘多年部分项目已经到产出期，另一方面有行业的示范效应带动，以药明康德为首的 A 股上市、贝瑞医疗的净利大涨、复宏汉霖的新药研发进展顺利，这对行业内低头扎实做研发的项目无疑是一种有力的推动。”高兴森说。

技术创新：行业变革原动力

高兴森对未来技术的应用持乐观态度。“过去的几年资本在技术应用领域投入了太多‘弹药’，未来的三到五年是产出期，且部分技术在其他行业已经有了先验的应用，移植到医疗领域顺理成章”。

新技术驱动下的创新会是未来医疗领域的方向，在郇丹丹看来，在互联网、人工智能、大数据、机器人、基因工程、新生物材料等技术创新驱动下，未来可以重新想象，新物种爆发，新技术、新模式、新要素匹配，会展现出新的结构。

她举例，以前医疗机器人的技术发展思路一直是如何给医生提供更好的手术治疗工具和手段，技术核心是精密的机械手，其“智能”方面主要体现在增强人眼功能的影像和自动控制方面。

而新一代AI和大数据技术的发展，使医疗机器人结合精巧的机器手控制，把原来需要专业医生做的很多繁杂的工作替代了，同时在医学个性化分析诊疗方面提供原来个体医生很难完成的海量数据分析工作，进一步实现个性化诊疗。

汇医慧影CFO王宜生也表示，区块链、深度学习、3D打印等新技术带来新的发展机会，拥抱新技术，“创新技术将成为医疗行业变革的原动力”。

新纪夫认为，单纯技术创新还需与临床相结合，“技术创新最终的标准还是要看临床，在现有的市场环境下能满足临床需求，并且能有足够的商业空间，能形成企业良性发展”。

医疗细分化、基层医疗暗藏潜力

医疗细分化是下一个趋势所在。

未来，医疗行业将推进分级诊疗，走向精准医疗，提供更加优质和个性化的医疗服务，具体到细分领域，无论是深入单病种全流程的新产品，还是涉及流程再造的新服务，都有很多机会。“深入医疗临床应用场景，涉及全流程、解决真需求、易用度高的项目更容易脱颖而出。”王宜生说。

此外，随着分级诊疗的推行，基层医疗、社区医疗也将成为未来医疗的重要部分。

新纪夫表示，基层医疗是大的发展方向，与基层医疗有关的医药、产品、服务都值得关注，要用大的趋势去看细分领域的项目。

社区 580 就是一个基层医疗平台，其产品包括移动家庭医生 App、移动随访 App、双向转诊平台、社区医院融合通信系统、慢病管理评估系统等，公司通过引导居民与社区医生签约和推广家庭医生制度，将慢病、小病放在社区解决。

医疗领域的前沿技术在基层医院比在三甲医院更容易发挥出优势。基于医疗影像的 AI 平台智影医疗就和深圳市慢性病防治中心合作推出了基层肺结核筛查服务。“因为在基层，放射科医生不足，同时专业能力还有提升空间，我们的肺结核筛查产品就能很好地帮助基层医生。”智影医疗创始人周浩表示。

康复也是基层医疗的部分，优复门诊创始人兼 CEO 孙晓怡表示，如关节置换手术，专家也可到基层做手术，但术后的康复和患者教育非常重要，基层和社区医疗在康复领域就将起主要作用。

人工智能：自动驾驶窗口期将关闭，AI 芯片井喷式发展

蔡浩爽　张姝欣 / 文

人工智能时代已经来临，2018 年，狂飙突进了三四年之久的人工智能行业终于开始面临商业化落地等现实问题。与此同时，人工智能遭遇商业化落地之痛。有研究报告显示，90% 以上的 AI 企业依然处在亏损阶段，绝大多数企业年营业收入不足两亿。

人工智能在各细分领域的落地速度不同，AI 结合自动驾驶走在前面。而受到中兴事件的影响，国内一批人工智能创业公司乃至互联网巨头宣布进军 AI 芯片领域。

尽管资本变得越来越谨慎，但人工智能投资在 2018 年仍备受关注，多家头部企业相继完成大额融资。

2018 年，狂飙突进了三四年之久的人工智能行业终于开始面临商业化落地等现实问题。在行业细分领域，AI 结合医疗、汽车出行（自动驾驶）、语音交互、AI 芯片等也呈现出新业态。

作为继移动互联网之后的下一个时代，2015—2016 年，人工智能企业呈现爆发式增长。官方披露的最新数据显示，截至 2018 年 5 月 8 日，全国人工智能企业数量达到 4040 家，其中获得过风险投资的公司达 1237 家。

在 2018 年 3 月发布的《2017 中国独角兽企业发展报告》中，Face++（旷视科技）、商汤科技、依图科技、出门问问、寒武纪等多家人工智能企业榜上有名，图像识别、智能语音、AI 芯片成为主要创业方向。

与此同时，在 2018 年，人工智能遭遇商业化落地之痛。有研究报告显示，

90% 以上的 AI 企业依然处在亏损阶段，绝大多数企业年营业收入不足两亿。

资本也变得更加谨慎。旷视科技副总裁谢鹏称："从 2017 年开始，所有的资本都会问，如何变现？"

2018 年，人工智能乃至前沿科技领域创投环境发生了哪些变化？新形势下的创业机会在哪里？细分领域的商业化落地面临哪些具体问题？

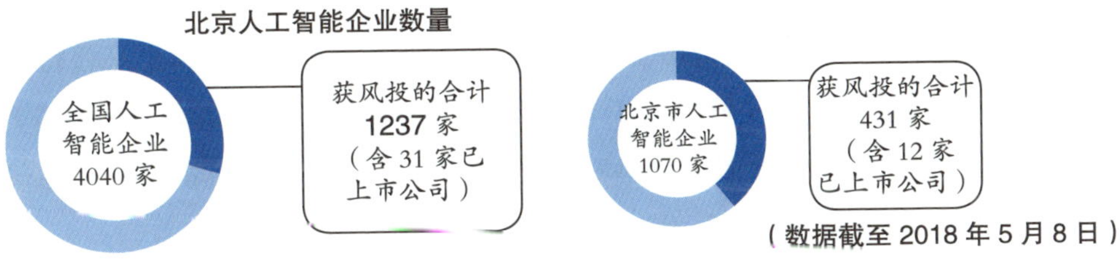

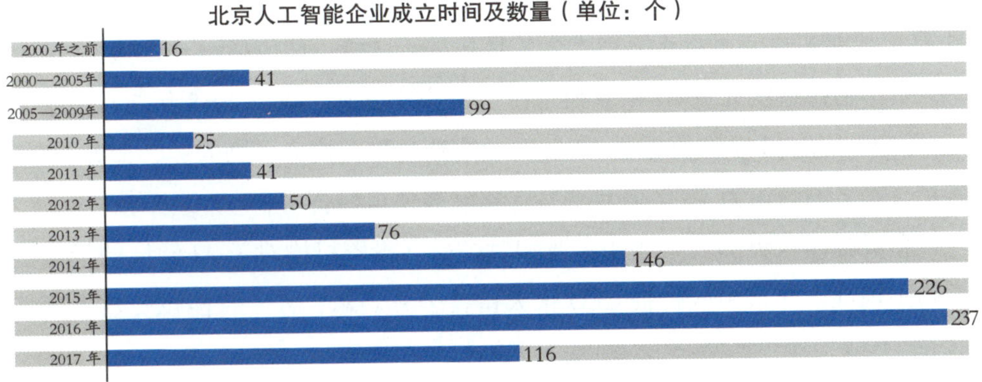

资料来源：北京市经信委《北京人工智能产业发展白皮书》

资本流向——头部企业获大额融资，投资趋于理性

作为结构性改革的突破口，人工智能创业投资在 2018 年依然备受关注，多家头部企业相继完成大额融资。但与之前相比，资本在 2018 年趋于理性。

2017 年 7 月，国务院发布了《新一代人工智能发展规划》。文件要求，2020 年人工智能总体技术和应用与世界先进水平同步，人工智能产业成为新的重要经济增长点，人工智能核心产业规模超过 1500 亿元，带动相关产业规模超过 1 万亿元。

巨大的市场蛋糕吸引着资本的视线。IDG 全球常务副总裁、IDG 资本创始合伙人熊晓鸽就曾在公开活动时表示，IDG 年初发布的未来三大投资领域里人工智能排在了第一位。

资金越来越多地流向头部创业公司。

2017 年 10 月计算机视觉公司旷视科技 Face++ 宣布完成 C 轮 4.6 亿美元融资后，2018 年 AI 领域融资大火越烧越旺，多家企业敲定大笔融资。

2018 年年初，人工智能公司 Rokid、自动驾驶技术方案解决商小马智行获得约 1 亿美元融资；5 月 3 日，人工智能高科技企业优必选宣布完成 8.2 亿美元的 C 轮融资，刷新 AI 领域单轮融资纪录；5 月 31 日，计算机视觉公司商汤科技宣布获得 6.2 亿美元 C+ 轮融资。

6 月初，计算机视觉公司云从科技完成最新一轮 10 亿元级别的融资；6 月 21 日，智能芯片公司寒武纪完成 B 轮数亿美元融资，估值猛增至 25 亿美元。

资本追捧造就大量 AI 领域独角兽。据公开报道，截至 2018 年 7 月，中国 AI 领域已经有 13 家估值超过 10 亿美元的独角兽，估值最高的优必选为 50 亿美元，次之的商汤为 45 亿美元。另有 9 家准独角兽公司。

和资金涌入头部人工智能企业相对的是，投资机构对于 AI 领域的投资逐渐趋于理性。北京主线科技 CEO 张天雷曾公开表示，人工智能投资热潮逐渐退去。

这个观点也可以从投资数据上有所体现，IT 桔子收录的 2017 全年投资事件 353 起，数量有所回落，新增 AI 企业数量有所下滑，不足 50 家。

落地之痛——只靠博士创业的 AI 时代已过去

《AI 商业化“二次革命”的产业落地——2017 中国 AI 投资市场研究报告》显示，从投资结构来看，2017 年，中国 AI 投资市场已向发展期转移，但孕育期和出生期企业投资增长迹象不明显。截至 2017 年上半年，就有超过 50 家 AI 企业因资金链断裂宣布倒闭。

“现在的人工智能创业公司可能不同于前两年，之前是有豪华的团队、大笔的钱，从 2017 年开始，所有的资本都会问，如何变现？”人工智能独角兽公司、旷视科技副总裁谢鹏不久前在公开活动中的发言，直指人工智能产业正在遭遇的商业落地之痛。

6 月 30 日，北京市经济和信息化委员会首次发布《北京人工智能产业发展白皮书》，摸清了全国人工智能企业数量。“人工智能企业于 2015—2016 年呈现爆发性增长，截至 2018 年 5 月 8 日，全国人工智能企业共计 4040 家，中关村成为我国人工智能创新的高地。”该委员会软件处副处长尤靖表示。

然而据亿欧智库发布的相关报告，随着 2016 年之后的 AI 投资创业大潮发展起来的 AI 企业，90% 以上依然处在亏损阶段。

业内普遍认为，2018 年是人工智能商业化落地元年，如何成为行业中不到 10% 的盈利公司，是资本和企业关注的重点。

专注于视觉智能领域的人工智能公司云天励飞采取的办法是，寻找懂得跨界的行业专家、组建全方位的跨界团队。

“做垂直应用要横跨很多不同的领域，但这不是说几个领域的专家往一块一坐就能简单地把事情搞定的，垂直应用场景涉及很多领域，所以需要具备跨界创新的素质。我们从研发产品到市场拓展再到团队建设，全方位做跨界探索。”“千人计划”国家特聘专家、云天励飞 CEO 兼联合创始人陈宁表示。

针对技术型企业产品化落地的问题，陈宁已有所考虑。他认为，现阶段 AI 公司需要做的，就是为其他行业的企业提供服务，并且能够直接解决其问题。这就要求在垂直细分领域中，AI 公司必须深入行业中，才能捕捉到对方的痛点。基于此，云天励飞团队内部在不断引入宏观安全领域、安防领域内的专家，辅助云天励飞进行商业模式的探索，使成熟的技术尽快落地。

陈宁的观点与寻找中国创客导师、创新工场董事长兼 CEO 李开复不谋而合。

在李开复看来，在 AI 创业初期，拥有稀缺知识资源的博士就能把一个公司打造出来，而进入 AI 赋能商业时代，AI 公司还需要一个懂技术、懂产品、懂落地的商业领导。“只靠博士创业的 AI 时代已经过去”。

自动驾驶——入局者拉开身位，窗口期将关闭

人工智能在各细分场景的落地速度不同，AI 结合自动驾驶走在了前面。

资本和创业者早已预判到自动驾驶会开启继 PC、互联网和智能手机之后的下一个人机交互时代，李开复曾断言：“继 Windows 和谷歌之后，自动驾驶很可能成为下一阶段的操作系统。”

2012 年，随着美国的 Hilton 突破了深度学习在局部收敛方面的一些缺陷，在当年的 Image Net 竞赛中，卷积神经网络以压倒性优势取得胜利，谷歌、Facebook 等科技巨头开始将这一突破应用于自动驾驶研发，自动驾驶创业大潮自此开始。

根据中国电动汽车百人会的统计，2015 年到 2017 年 11 月，自动驾驶相关领域投融资事件共发生 193 起，金额达 1438 亿美元。而据德国管理咨询公司罗兰贝格预测，到 2030 年，无人驾驶出租车的全球收入将高达 1.5 万亿欧元（约 1.7 万亿美元）。万亿规模的市场蛋糕也使得这一赛道入局者众。

中国自动驾驶入局虽晚，但发展迅速。老牌车厂、新造车势力、自动驾驶解决方案提供商、车队运营商……细数一遍，单是创业型公司，中国自动驾驶赛道上的玩家大大小小已超过 40 个。

在 2018 年 3 月科技部发布的《2017 年中国独角兽企业发展报告》中，小鹏汽车、威马汽车、蔚来汽车等涉及自动驾驶业务的新造车势力榜上有名。车和家也于近日对外公布了公司的无人驾驶战略和共享出行战略——打造专门为共享出行定制的无人驾驶 Robo-taxi。据悉，首批量产车计划于 2025 年投入商业化运营，每天为用户提供 1 亿公里的出行服务。

自动驾驶解决方案商方面，小马智行、景驰科技、禾多科技等“百度系”（创始团队多出身于百度无人车团队）成为最受人瞩目的新星。

成立于 2016 年下半年的小马智行，于 2018 年年初完成 1.12 亿美元 A 轮融资，不久前，小马智行获得北京市政府颁发的自动驾驶车辆道路测试许可，成为第一家获得北京自动驾驶路测许可的初创企业。有知情人士透露，目前小马智行的估值已超过 10 亿美元，成为自动驾驶领域独角兽。

2017年9月，景驰科技获得由启明创投领投的5200万美元Pre-A轮融资，10月31日，景驰改名为文远知行，并宣布完成A轮融资，具体金额未公布；10月，禾多科技获得由IDG资本、四维图新领投的数千万美元天使轮融资；2018年5月，Roadstar.ai获得1.28亿美元A轮融资，创下当时国内公开的初创自动驾驶公司最高融资金额……

仅从资本层面看，自动驾驶创业公司已经拉升身位，随之而来的是自动驾驶创业形势的改变。

“无人驾驶创业的窗口期马上就要关了。”在L4级别自动驾驶卡车公司图森未来CEO陈默看来，如果2018年年底还没组建起一支50人以上的队伍，无论是从资金、人才还是从技术积累而言，基本就很难跟第一梯队竞争了。

而在当下竞位赛阶段，小马智行CEO彭军认为“最重要的就是抢人和抢钱”。

自动驾驶的特性决定了这是一门重资产的生意，小玩家跟进模仿的门槛较高。这也同时意味着，现阶段自动驾驶行业的竞争逻辑是：谁能更快找到更多的钱、集结更多的顶尖人才，谁就能领跑这个赛道。

AI芯片——“中国芯”井喷式发展

2018年4月的中兴事件，也让国人意识到掌握芯片核心技术的重要性。国内一批人工智能创业公司乃至互联网巨头借势宣布进军AI芯片领域。

4月19日，阿里巴巴对外透露，阿里巴巴达摩院正在研发一款神经网络芯片——Ali-NPU，将运用于图像视频分析、机器学习等AI推理计算；5月16日，云知声发布了首款面向物联网的AI系列芯片UniOne以及第一代芯片“雨燕”；5月24日，出门问问发布了国内首款已经量产的AI语音芯片模组“问芯”Mobvoi AI；6月26日，Rokid发布了旗下AI语音专用SoC芯片KAMINO18……

6月，AI创业公司深鉴科技也对外宣布，其AI芯片听涛系列将于2018年下半年面世；思必驰CEO高始兴几乎同一时间确认公司正在打造AI语音芯片，预计2018年下半年流片（像流水线一样通过一系列工艺步骤制造芯片）。

算上已经流片的寒武纪、地平线科技、比特大陆等创业公司，以及华为、海康威视、大华、大疆等著名硬件厂商，人工智能芯片市场俨然已是一片红海。

即便没有中兴事件，研发 AI 专用芯片也已经被提上这些企业的日程。云知声创始人兼 CEO 黄伟曾公开表示：不做芯片，必死无疑。这一观点也得到 Rokid CEO 祝铭明的认可。

这是因为，人工智能的快速发展离不开三个核心要素：数据、算法和计算力。芯片相当于 AI 的汽油，为人工智能提供赖以生存的计算力。如果采购市面上现有的芯片，会大大增加这些创业公司的成本。

一方面，市面上现有的芯片本身售价高。比如，使用在自动驾驶汽车上的英伟达 Drive PX2，公开售价 1.5 万美元。另一方面，现有能量产的多为通用芯片，功能的针对性没有那么强，考虑到通用性和修改的灵活性，在设计时需要加入很多预留模块，所以功耗会很高，换句话说，也就是电费极贵。

“如果 Rokid 不自研芯片，现在售价 799 元的‘Rokid Me’音箱，售价至少提高到 1500 元。”祝铭明说。

但地平线 CEO 余凯也发出警示：“我们也要清醒地认识到芯片研发是项复杂工程，需要科学严谨的态度。中国芯片当自强，但也要冷静，切忌大跃进式的全民造芯。”

新消费：IP、下沉和新体验

黎明 / 文

《中国新消费投融资研究报告》指出，以“千禧一代”为代名词的90后、00后逐步成长为个性化、圈层化消费的主力军。

“IP”逐步取代“性价比”作为新的消费入口；在三、四线城市，移动互联网的红利正在将人口的消费能力大量释放；在新技术的驱动下，从“无人超市”到“无人酒店”，“新物种”大量爆发。

日趋壮大的中产阶级，逐渐发力的小镇青年，他们所蕴含的巨大消费能力成为支撑中国新消费崛起的原动力。

距国务院常务会议于2015年11月11日提出“新消费”一词已经过去三年了，但行业里的新兴故事从未间断。

阿里投资的盒马鲜生和永辉的超级物种被视为“新零售”模式的风口，在创新零售业态的同时，被赋予了更多新生代的元素。以社交拼团为核心模式的电商“黑马”拼多多专注下沉市场，短短三年赴美上市。以喜茶为代表的新兴茶饮品牌崛起，更强调品牌的年轻化和消费体验的个性化。

新消费领域也持续投资热潮，投中信息数据终端CVSource数据显示，2013—2017年共有11168个新消费类项目发生融资。项目平均融资金额均获得较大提升，并购类项目平均融资金额由2013年的5796万美元提升至2017年的6344万美元，VC/PE类项目平均融资金额由2013年的4328万美元提升至2017年的5179万美元。

日趋壮大的中产阶级，逐渐发力的小镇青年，他们所蕴含的巨大消费能力

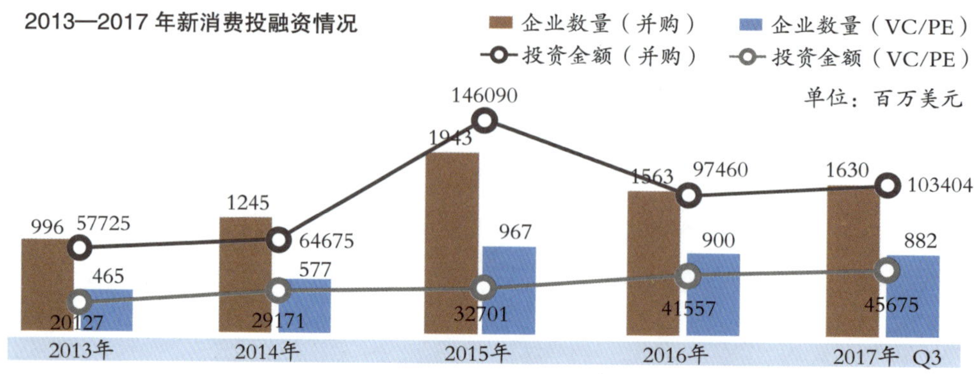

资料来源：投中信息数据终端 CVSource

成为支撑中国新消费崛起的原动力。在消费升级的呼声中，哪些新消费领域的创业公司将领跑潮流？

消费品牌——新品类涌现，“IP”取代性价比

根据《2018 新消费崛起趋势白皮书》，消费者对于产品的需求，从以前的性价比为王，逐步变为产品的品质感、品牌和口碑能否满足个性化需求。

新消费品牌不断出现，其中最有代表性的领域是茶饮业。从 2017 年开始，一年多时间，新式茶饮席卷市场，主打健康、时尚、轻奢概念的新品牌，深受年轻消费者和都市白领的追捧，这一领域投融资事件也较为频繁。

数据显示，2017 年新茶饮行业融资纪录突破 13 亿，创下行业历史新高，2018 年 3 月至 8 月，茶饮品牌共发生 10 起投资事件。奈雪的茶获得天图资本 1 亿元 A+ 轮融资，茶饮业诞生首个独角兽；喜茶完成 4 亿元 B 轮融资，创造 2018 年茶饮业最大融资纪录。

中信证券预测，新中式茶饮的潜在市场规模在 400 亿元至 500 亿元。中国食品产业评论员朱丹蓬表示，茶饮业爆红的主要原因有：茶饮行业可复制成本更低，进入壁垒较低；新生代消费者对于茶饮的诉求更多，除了产品功能还注重社交功能。

相比之下，对标星巴克的瑞幸咖啡在营销上亮点突出。半年多时间，瑞幸咖啡完成了从 0 到 660 家门店的大跨越，明星汤唯、张震手捧咖啡的广告铺天

盖地，烧钱抢市场成效显著。在 2018 年 7 月获得 2 亿美元 A 轮融资后，瑞幸咖啡估值 10 亿美元。

《中国新消费投融资研究报告》指出，以“千禧一代”为代名词的 90 后、00 后逐步成长为个性化、圈层化消费的主力军。“IP”逐步取代“性价比”作为新的消费入口。所以食物消费已经不仅是满足消费者生存需求的手段，而开始变为提升生活品质的途径。

在这样的背景下，传统消费品行业迎来了新的爆发机遇。层出不穷的新鲜品类，以及快速迭代的网红店，正是商家对新一代消费者消费心理洞察的体现。

在食享会创始人戴山辉看来，2018 年新消费行业创业在细分市场、垂直市场以及新兴市场异常活跃。消费行业在未来三到五年或者更长的时间维度里，本质都不会发生变化，就是持续关注消费需求的变化和升级。

觅跑创始人毕振认为，新消费最大的特征是创新、智能和竞争。新消费的“新”肯定就是创新，只有创新才能持续发展，并随着智能的升级，这个赛道竞争也会非常激烈。

“从投资角度来讲，我们还是想找一个大的品类，相对安全，比如说咖啡、茶、啤酒、白酒、休闲餐饮，这些品类机会很大。”光控众盈执行董事兼总裁高扬说。

市场下沉——小镇青年觉醒，消费分层明显

进入 2018 年，“小镇青年”这个词汇频频出现。曾经处于主流视野之外的三、四线城市消费群体，正成为中国消费崛起过程中一股不可忽视的力量，只关注一线城市的品牌运营策略也将发生重大转变。

互联网瑜伽品牌 Wake 创始人熊明俊认为，新消费行业呈现出三个典型特点，即新的消费主体，80 后成为支柱、90 后引人关注；新的消费习惯，高端化、个性化、碎片化；新的消费产品及服务。

根据麦肯锡预测，我国中产阶层占比预计 2022 年达到 81%，成为中国消费升级的最主要力量。其中，三、四线城市的中产阶层将成为未来占比增长最快的群体，预计 2022 年达到 40%。尼尔森的消费信心指数调查显示，2017 年

三线城市消费信心指数为113，增速为4.63%，高于一、二线城市增速。

星瀚资本创始合伙人杨歌表示，消费升级从深度转为广度，对于广泛的三、四、五线城市的普惠升级成为消费转向的热点。

《中国新消费投融资研究报告》指出，中国的消费市场正逐步从按照垂直品类、消费场景、线上线下的划分向按照多维度化、圈层化、跨界化的方式演变。

2017年，oppo和vivo在全球的出货量双双进入全球前五，这离不开中国中小城市与农村市场的支撑。

2018年，拼多多月GMV（总成交额）突破百亿元大关，拼多多创始人黄峥曾说："我们的核心就是五环内的人理解不了。"虽然这家公司从创立之初就被打上了假货、山寨、低质的标签，但从数据上来看，它通过深耕下沉市场实现弯道超车，在2018年成功在美国纳斯达克上市。

根据罗兰贝格的统计数据，90后已经逐渐成为当前国内汽车市场的消费主力军，其中三、四、五线城市的中端汽车消费市场增长最为迅速。

富基控股公司创始人颜艳春认为，在三、四线城市，移动互联网的红利正在将人口的消费能力大量释放，这是一种消费能力的释放，孕育着巨大的市场机遇。

技术驱动——新技术支撑新场景，催生新市场

在新技术的驱动下，从无人超市到无人便利店、办公室无人货架，"新物种"大爆发。新消费领域中，以技术驱动为导向的企业将具备重要的投资价值。

通过互联网、数据及技术的赋能，人脸识别、远程客服、智能收银、大数据分析等前沿技术纷纷被运用到零售行业，在提升零售效率的同时，升级购物体验，彻底重构传统零售的人、货、场。

从2016年开出首家门店，截至2018年8月，盒马鲜生已在全国开出66家门店，仅2018年4月28日一天就在全国10座城市同时开出11家，刷新开店纪录。盒马鲜生将自身定义为以数据和技术驱动的新零售平台。与此同时，永辉超级物种业已累计在全国13座城市开出49家门店。

在以阿里巴巴和永辉超市为代表的零售巨头抢滩新物种的同时，更多创业

公司从不同环节和场景切入，以技术赋能传统商业。

毕振表示，新消费行业未来三到五年竞争渐趋白热化，会出现更多的跨界融合，场景消费衍生更多机会。

智能硬件新品发布与零售服务平台黑口袋创始人兼 CEO 范若愚表示，之前很多消费的项目提供的是吃、喝、住等基本生活的需求和服务，有很大发展机会但是创新并不彻底，而智能科技硬件提供的是更多精神层面的体验和服务，这种需求之前几乎没有被充分满足。

元璟资本合伙人陈洪亮认为，我们正在见证的消费领域的变化是从商品使用价值到用户便利性价值的转化。

继无人货架的短暂风口过后，"无人超市""无人餐厅""无人酒店"给"无人经济"增添了更多想象空间，这背后是消费者对便利和多元需求的升级，而新技术的运用则给场景化落地提供了支撑。

有业内人士认为，无人店更多的是新技术、新场景的"试验田"，和物联网相关的智能方案将因此迎来又一个蓝海。

颜艳春认为，新技术运转的零售市场，打破了 BAT 垄断的格局，很多三、四线城市的消费品牌一定会有机会大量崛起，但目前在这个领域资本的投入还不够充分。

未来机会——生活体验类需求将大幅增长

对于新消费领域未来的创业机会和发展方向，多名创业者和投资人都谈到了以用户需求为导向，并注重体验。

陈洪亮表示："从 2017 年到 2018 年，在消费领域持续去抓用户的、持续能抓到用户的创业项目，可能会持续被看好。"

颜艳春强调了对年轻群体消费需求的把握："现在年轻人需要仪式感、存在感、幸福感，而咖啡是最适合这种消费需求变化的，无论是小资情怀，还是新消费主义，咖啡都能够很好地满足。未来，咖啡茶饮市场还会继续增长，爆发期还未到来，在新消费浪潮席卷而来时，会有一些像星巴克的本土化品牌崛起。"

杨歌认为，在消费行业整体向降低成本提升效率继续发展的同时，对于用户体验的要求，包括文化的融入、设计的理念，也会逐步渗透到大众消费群体中。

不过，光控众盈执行董事兼总裁高扬对消费渠道的投资持审慎态度，他认为线上渠道在 2016 年之前市场已经基本投资布局完成，现在已经过了移动互联网的红利期。“大的资本都在往渠道端砸，但是渠道端的好产品很少”。

对于创业者来说，主打设计美学的新媒体品牌“Major 大调”创始人牛文怡认为，品牌跨界将成为新消费行业的发展趋势，某一领域的强势品牌会扩张自己的边界，同时，文化消费或者是有文化基因的消费品，尤其是具备民族性的消费品将发展更快。

范若愚则表示，随着中产阶级越来越多地成为消费最大主力，生活体验类的革新和需求会飞速增长，科技和消费结合的垂直细分领域蕴含着更大机遇。

附录

2018 年度中国创客 50 强

寻找影响未来的伟大公司

2018年度中国创客50强

寻找中国创客

第四季

安翰医疗	活动行	食亨	易保全
安声科技	火花思维	食享会	优复门诊
宝宝玩英语	机器之心	数澜科技	有书
叮当快药	考拉阅读	松鼠AI智适应	幼师口袋
动次	联帮在线	钛米机器人	跃盟科技
非码	墨云科技	天空之城影业	云学堂
盖饭内容工场	南大菲特	烯湾科技	掌通家园
公路商店	七鑫易维	想象传媒	Figure
共享际	奇客巴士	小恒水饺	Roadstar.ai
冠勇科技	千聊	晓羊教育	Video++
光鉴科技	千鸟互联	星际荣耀	VIP陪练
鸿逸达科技	瑞幸咖啡	眼擎科技	
汇医慧影	杉数科技	洋葱数学	

（按首字母排序）

扫码看“2018 年度中国创客 50 强”项目报道

年度中国创客

(2015—2018)

2018 年度中国创客

安翰医疗
叮当快药
共享际
火花思维
瑞幸咖啡
Roadstar.ai
数澜科技
天空之城影业
Video++
VIP 陪练

2017 年度中国创客

VIPKID
作业盒子
科学队长
编程猫
橘子娱乐
暴走漫画
智云健康
诺辉健康
深之蓝
摩贝
花点时间
众盟数据
智融集团
柏睿数据

2016 年度中国创客

量化派
牛电科技
Blued
美味不用等
名医主刀
燃石医学
触宝科技
衣二三
悦跑圈
作业帮
第四范式
赤子城
云天励飞
冰鉴科技

2015 年度中国创客

优客工场
EverString
找钢网
小赢理财
AnG
爱鲜蜂
住百家
上上签
罗计物流
买单侠
地平线机器人
格灵深瞳